由三峡大学马克思主义理论重点学科建设经费资助

湖北省教育厅人文社会科学研究一般项目《美国官僚制度的现代化转型及其对我国公务员制度改革的启示》（编号：2011jyty100）

传统性与现代性的冲突与交融

现代化视野中的美国官员制度转型研究（1865—1929）

林　畅◎著

中国社会科学出版社

图书在版编目（CIP）数据

传统性与现代性的冲突与交融：现代化视野中的美国官员制度转型研究：1865—1929／林畅著．—北京：中国社会科学出版社，2015．2

ISBN 978－7－5161－5306－2

Ⅰ．①传…　Ⅱ．①林…　Ⅲ．①公务员制度－研究－美国－1865—1929　Ⅳ．①D771．233

中国版本图书馆 CIP 数据核字（2014）第 308887 号

出 版 人　赵剑英
责任编辑　任　明
特约编辑　陈雅慧
责任校对　王　斐
责任印制　何　艳

出　　版　中国社会科学出版社
社　　址　北京鼓楼西大街甲 158 号（邮编 100720）
网　　址　http：//www．csspw．cn
发 行 部　010－84083685
门 市 部　010－84029450
经　　销　新华书店及其他书店

印刷装订　北京市兴怀印刷厂
版　　次　2015 年 2 月第 1 版
印　　次　2015 年 2 月第 1 次印刷

开　　本　710×1000　1/16
印　　张　19
插　　页　2
字　　数　340 千字
定　　价　68．00 元

凡购买中国社会科学出版社图书，如有质量问题请与本社联系调换
电话：010－84083683

总　　序

政治发展是现代化在政治层面的体现，是一个政治体系从传统政治形态转向现代政治形态的行为和过程。美国哈佛大学著名学者亨廷顿先生在研究了发展中国家和发达国家的现代化进程后认为，一个社会要现代化，政治权威化是关键，这是现代化的第一条件，没有一个权威的政治体系，特别是没有一个权威的中央政府，资源总量有限而且十分分散的传统社会不可能大规模地推进社会的现代化。[①] 所以，现代化进程中，当经济发展启动以后，政治发展就成为大规模经济发展和文化发展的火车头。

从明末清初开始萌生的中国社会的现代化之所以举步维艰、进展缓慢，原因就在于政治发展步履蹒跚，从而使中国社会现代化的第一条件不充分。

1840 年以来，在西方列强的冲击之下，中国开始进入现代化的进程。这种特殊的起点为中国后来的现代化和政治发展刻上了深深的烙印，产生了深远的影响。西方的冲击直接导致了中国传统社会的迅速解体和现代经济的产生，但另一方面，它也使中国社会陷入主权危机和治权分裂之中，现代化资源匮乏，社会分化严重，使得中国的现代化在危机中前行。

中国在“危机现代化”中前行，政治发展布满荆棘、步履蹒跚。在清朝末期，内忧外患迫使中国的有志之士寻找应对之策。但是这个过程也助推了中国政治精英的分裂。精英分裂在十九世纪 60 年代就已经开始。洋务派与顽固派分离，洋务派主张“中学为体，西学为用”，学习西方的科学技术来实现现代化。十九世纪末，传统政治精英进一步分裂，君主专制政体遭受质疑，君主立宪派从传统政治精英中分离出来，他们试图通过政治体制改良来走向现代化。但是，传统政治精英为保护自身利益拒绝改良，戊戌变法失

---

① ［美］塞缪尔·P·亨廷顿：《变动社会的政治秩序》，张岱云等译，上海译文出版社 1989 年版，第 1—9 页。

败，体制内改良的道路被传统政治精英抛弃。二十世纪初，科举制的废除对传统政治体制更是带来颠覆性的后果，知识分子通向体制内政治参与的道路被割断，知识分子被边缘化，被迫进行现代化转型，他们与传统社会割裂。与此同时，军人也实现了现代化的转型，出现了离心倾向。他们在革命派的领导下汇聚成一股强大的力量向传统政治体制提出了挑战，军阀政治初露端倪。

在二十世纪初期，革命已经成为中国现代化的唯一路径，它是由中国传统社会"全面危机"、精英逐步分裂、政府权威流失、地方权力分散等因素共同作用的。辛亥革命推翻了君主专制政体，但是没有建构一个强有力的政府特别是中央政府，所以，造成治权的进一步分裂。正如巴林顿·摩尔所言，在辛亥革命之后"事实上，政治的权力落到了地方总督的手中，这种情况至少持续了十五年。在这一阶段中，在一些重要区域，掌握着权力的贵族要么是转变成军阀，要么和个别军阀联合起来。整个社会和文化中赋予乡绅以合法地位的机构已成昨日黄花，乡绅的后代将变成彻头彻尾的地主、强盗，或是地主加强盗，这种趋势早在帝国时期就已潜伏在表层现象之下。"① 所以，即使是在辛亥革命之后，权力分散仍然是中国现代化的主要障碍，民族国家只是具有文化意义上的形式，政治制度的一体化还遥遥无期，通过政治整合实现社会整合是中国现代化迫切需要解决的问题。与旧阶级、旧经济、旧政治和旧文化有千丝万缕联系的军阀政治显然无法实现中国政治现代化的彻底转型（军阀政治是从传统专制政治走向现代民主政治的过渡或曰转型形态）。

1928 年国民党建立的党国体制本质上是辛亥革命失败或至少可以说是革命不彻底的产物，当然也受到了苏联模式的影响。国民党政府收回了部分主权，政治录用也倾向于现代化知识分子，初步完成了国家的统一，满足了现代化最初的和最有战略意义的需要。但是，国民党党国体制仍然处于现代化的困境之中，虽然与军阀政府相比，它已经在政治发展的道路上向前走了一步，但它并没有大规模促进中国农业商品经济化的成功，原因是，与军阀政府一样，它与旧阶级、旧经济、旧政治和旧文化仍有千丝万缕的联系，它推进现代化进程的能力非常微弱。国民党政府是表面上的民主共和政权实质上的极权主义政权，是城市工商业、金融业和乡绅后裔的联盟政权，其在农

---

① ［美］巴林顿·摩尔：《民主和专制的社会起源》，拓夫等译，华夏出版社 1987 年版，第 147 页。

村的土地政策无非是力图维护旧有秩序，商业的影响蚕食着农民的所有权，财富高度集中于新兴联盟阶层手中，其无益于农业的商品经济化。[①] 国民党社会动员能力低下，它的社会动员仅限于农村和城市中的食利阶层，无法深入到社会的最基层。日本的入侵和社会主义革命的兴起再一次使国民政府陷入主权危机和治权分裂的两难境地。国民政府的统一是有限的，在南方，共产党军事力量继续存在，军阀势力在地方上仍然限于表面的忠诚。日本的入侵使国民政府恢复主权的努力毁于一旦，民族主义的兴起也困扰着国民党的政治决策。在党国体制下，国民党垄断了国家权力，它不仅压制大众政治参与，还直接导致国民党政权与民族主义精英的分裂。中国社会的第二次革命不可避免。可见，政治体系的再次革命已经成为中国现代化的唯一路径，它是由中国传统政治与社会力量的刚性结构决定的，即国民党政府如果无法彻底突破军阀政治的框框，政治一体化，特别是政治权威化的政治发展目标就不可能真正实现，中国社会现代化的第一条件就无法具备。

1949 年，中国共产党取得了革命的胜利，推翻了帝国主义、封建主义和官僚资本主义的统治，建立了新中国，实现了真正的主权独立。在毛泽东的领导下，中国于 20 世纪 50 年代建立了一体化的政权体系，实现了治权的统一。从而自 1840 年以来，中国首次完成了政治权威化的两个先决条件：主权独立和治权统一。但是，不幸的是，政治权威化的两个先决条件是凭借高度集权的权力结构和运动式的政治统治实现的。高度集权的权力结构和运动式的政治统治有利于把政治资源集中起来，有利于政治系统的高效运转，在中国共产党的革命斗争和建国初期的政权建设中发挥了举足轻重的作用，但是，同时也为后来的十年政治悲剧埋下了种子。原因是，政治运动的目的是要将松散的政治体系和社会体系在共产党的一元化领导下得以集中化或曰一体化，使党的领导贯彻到政治体系和社会体系的各个细胞和单元（单位和个人），但政治和社会一体化的目标需要利用大量的经济资源来达成，在当时经济总量非常有限的情况下，用政治和行政权力集中和利用总量有限的经济资源是没有办法的办法，加上根据地原有的统制经济和苏联计划经济的影响，排斥商品经济，采用计划经济就是一种自然的政治选择。而为了为集权的政治和经济博取合法性，文化和意识形态领域的高度控制或曰一元化也是不可避免的。当政治、经济和文化高度一元化后，政治和社会精英就会分

---

① ［美］巴林顿·摩尔：《民主和专制的社会起源》，拓夫等译，华夏出版社 1987 年版，第 140—142 页。

化，要么认同这种高度一元化，要么抵触甚至反抗这种高度一元化，后者就会与政治体系中认同性政治和社会精英发生矛盾和冲突。在认同性政治和社会精英内部，随着时间的推移，部分人士也逐步认识到高度一元化的弊端，呼吁适当放松控制，于是，认同性政治和社会精英内部也发生矛盾和冲突。上述两种分化和冲突随政治运动扩展到社会大众中，造成大众的分裂。最后导致了政治和社会精英之间、社会大众之间的一场政治、经济、文化大冲突，这就是十年“文化大革命”。

回顾中国的现代化和政治发展史，从晚清改革到军阀政治，从民国党国体制到建国初期到文革前夕国家与社会一体化的政治体制，中国政治发展一直在挫折中前进，在危急中革新。但是，令人遗憾的是，迄今为止中国政治发展的任务仍没有彻底完成，中国仍然没有建立起完善的现代政治体系。因为，现代政治体系除政治权威化外，至少还有政治世俗化（结构功能分化）、政治制度化和政治民主化等几项指标。显然，这后三项指标在现实中国没有完全实现。之所以如此，一个重要原因在于：在中国政治发展进程中，中国政府创新障碍重重，空间有限。在内忧外患的“危机现代化”中，在大一统的传统政治背景中，很难形成既中国化又现代化的政治体系。

幸运的是，十年动乱后，从濒临崩溃的计划经济中汲取教训，接受了商品经济理念。从而走上了改革开放道路。中国逐步建立起社会主义市场经济，形成了比较多元的利益和文化格局。市场经济所蕴含的自由、平等和契约精神，都为中国政府创新注入了动力。市场经济的发展促进了社会的利益分化。在多元化的文化格局中马克思主义仍然占据主导地位，但社会也为其他思想文化的输入和生长提供了一定的空间。政府和社会获得了一定的自主性，从而发展成为政治现代化的动力源。一定的政府自主性比较有利于国家与社会、政府与公民之间的互动。政府自主性的获得也促进了国家职能的扩张和国家能力的增强。强大的现代政府在中国开始出现，很大程度解决了中国政治现代化的政治权威、政治整合和政治民主问题。同时，社会也获得了一定的独立性：市民社会的经济、文化和社会等私人领域逐渐从全能国家控制中独立出来，公共利益取向的私人社会组织即半公半私的社会组织系统——公民社会在中国也开始萌芽、壮大，相对自主的社团迅猛发展。国家和社会朝着二元化、三元化方向发展，政府从传统的“统治型政府”逐渐走向“管理型政府”，21 世纪初以来，随着执政党提出“以人为本”的科学发展观，政府日益朝着“服务型政府”的方向努力。

随着全球化的浪潮，西方的政治理念和制度涌入中国。经济全球化的客观结果加大了西方政治文化对中国政治的冲击。中国加入 WTO 对中国政府治理和法治建设提出了挑战。作为经济全球化的后果，全球公民社会的发展为中国公民社会的发展提供了空间和支撑。另外一个不可忽视的力量是国家一体化过程中香港、澳门以及台湾政治模式对中国大陆政治的影响。随着中国收回香港和澳门的主权，“一国两制”在中国变成了现实。在“一国两制”下，中国大陆的政治体制加强了对香港、澳门的政治影响。反过来，香港、澳门相对独立的、法治和程序民主程度比较高的政治模式也对大陆的政治体制形成了压力。

无论是国外环境还是国内现状都为中国政府创新注入了动力，提供了机遇和生长空间。人民代表大会制度、政治协商制度、基层民主制度、党内民主制度等民主形式不断完善和发展，农村基层选举、公推直选、党代表常任制、民主恳谈机制等政府和政治创新实践开始在中国一些地区展开，这些政府创新和政治改革无疑让我们看到了中国政治发展的希望和未来。同时，这让我们充分认识到政府创新和政治改革对于中国政治发展的重要意义，也为当前国内外政治学学者的研究提供了丰富的素材。

正是认识到这些，我们决定出版《政治发展与政府创新研究丛书》，力求探讨世界和中国政治发展和政府创新问题，当然重点是中国政治发展与政府创新问题。通过研究世界和中国政治发展进程，总结经验吸取教训，为中国政府创新提供启发和理论指导。另外，通过探索中国政府创新，为中国政治发展寻找新的突破口和逻辑起点。当我把这些想法提出来以后获得了我的历届学生的一致赞同，他们公推我为这套丛书的主编并为丛书写总序，我当然义不容辞、欣然答应。把我们这个十多年来形成的以师生为主体的学术群体对政治发展与政府创新领域的学术思考和研究成果奉献给大家，希望能够对党和政府的理论创新和政策制定有所启示，对国内外学者和社会人士进一步思考和研究这些问题提供一块引玉之砖。

是为序。

施雪华

（北京师范大学教授、博士生导师、博士后合作导师）

2010 年 8 月 11 日于北师大塔四楼

目　　录

第一章

现代化与官员制度的基本理论及关联

研究现代化进程中的文官制度问题，并不是把现代化作为一个简单的背景、陪衬或修饰语，也不是追逐学术噱头以就应景之作，而是在深刻把握现代化与文官制度关系问题的基础上，本着克服官僚主义，提高行政效率，建设廉洁、高效、负责的文官队伍，以促进现代化顺利发展的目的去研究。因此，从理论上和实践上搞清楚文官制度与现代化这二者之间的关系是十分必要的。

第一节 “官员制度”与“现代化”

一 “官员制度”概念及起源

“文官”一词在我国古已有之，《后汉书·礼仪志》中就有：“立春，遣使者赍束帛以赐文官。”“官员制度”亦称官僚制，英文为 bureaucracy，法语为 bureaucratie。西方的“文官”通常也称为“公务员”，该词是从英文 Civil Servant 或 Civil Service 翻译过来的。

现代西方国家的文官并不等于军官以外的官员，它包括在政府部门工作的大量工程技术人员、教师、一般职员和打字员、勤杂工等。而国会议员、政府首脑、内阁官员、法官等官员却不在文官之列。那么西方国家的“文官”到底包括哪些人呢？英国文官是指政府行政部门中除去“政治人员”（政务官）以外的所有工作人员。美国文官，广义上讲，是和军人相区别的所有政府雇员，除了英国文官包括的那些人员外，还包括所有政治任命的文职人员。狭义上讲，是指职业文官，不包括由选举产生和政治任命的官员。法国的公务员也有广义和狭义两种。广义公务员包括中央和地方行政机关中非选举、非政治任命的正式工作人员及公共企事业单位的正式人员；狭义公务员只包括中央和地方行政机关中非选举、非政治任命的正式工作人员。日本的公务员分为特别职和一般职两大类，特别职公务员相当于英美的政务官加法官及在立法和司法部门的其他工作人员，一般职公务员则相当于美国的职业文官。① 因此，虽然各国文官的范围不尽相同，但我们可将“文官”定义为包括政务官员和职业文官的行政官员。

作为组织形式的官僚制在古代中国、埃及和晚期罗马帝国就已经存在。在古埃及，由于全国要自上而下地对水利进行公有经济的调节，掌管尼罗河灌溉和营造金字塔的官吏群构成的行政组织因此而出现了。② 同样的，韦伯将官僚制在中国产生的原因归结为公共工程建设的需要，如治水、建筑的官僚制“从一开始就控制着战国时代的封建性质，并将儒士阶层的思维一再纳入管理技术与功利主义的科层官僚制的轨道”③。

西方现代官僚制的产生发展经历了一个漫长的过程。在古代和中世纪，欧洲的政治结构缺乏一个具有独占的财政资源、行政结构、军事力量和国内普遍司法权等国家特征的中央政府。现代官僚制国家的形成在较大程度上出于新兴的权力集团的需要，因为这些权力集团在强权政治的背景下要建立由合法的财政制度提供资金的常备军，以维护资本主义的利益，维持秩序与社会稳定。在现代国家，国内动乱和远方敌人所引起的战争迫使国家建立永久性的、集中管理的和在技术上有效的武器库。④

由此可见，现代官僚制是伴随着现代国家集权过程出现的。此外，当时的一些历史条件也使得官僚制的发展成为可能。官僚制发展的历史条件之一是货币经济。货币经济容许定量计算收入与支出，进而计算官僚制结构的绩效和预期性。官僚制发展的另一个历史条件是大众教育。此外，官员和行政工具所有权的分离使得以专业资格为条件的自由任命成为可能，货币形式的支付制度才能实施，官职作为一种职业而非闲职才有现实可能性。⑤

二 “现代化”概念及其源流

现代化，指一种过程，在这个过程中，传统的社会或前技术的社会逐渐消逝，转变成为另一种社会，其特征是具有机械技术以及理性的或世俗的态

---

① 杨百揆、陈子明等：《西方文官系统》，四川人民出版社1985年版，第19—21页。

② ［德］马克斯·韦伯：《经济与社会》下卷，林荣远译，商务印书馆1998年版，第294页。

③ ［德］马克斯·韦伯：《儒教与道教》，王容芬译，商务印书馆1999年版，第87页。

④ ［英］约翰·基恩：《公共生活与晚期资本主义》，马音等译，社会科学文献出版社1999年版，第40页。

⑤ ［美］彼得·布劳、马歇尔·梅耶：《现代社会中的科层制》，马戎等译，学林出版社2001年版，第25—30页。

度，并具有高度差异的社会结构。① 它包括三个基本方面：（1）对事物的相互联系和因果关系的存在，有坚定的信念。这种信念维持着一种连续不断的、系统的和创造性的知识探索——换言之，便是具有分析因果关系式的观念和创造发明的观念；（2）产生于第一种观念并加以促进的工具和技术的大量增加；（3）在个人和社会结构的基础上形成了接受不断变化的愿望，与此同时又具有保留个人和社会特色的能力。②

第二节　官员制度的一般理论

一　马克思主义的官员制度理论

西方的文官，在社会主义国家则是指一般的国家干部。马克思主义的文官制度理论即马克思主义国家干部理论。

（一）马克思、恩格斯、列宁与斯大林的干部理论

马克思、恩格斯、列宁与斯大林在他们的科学社会主义的著作中，所阐述的社会主义国家干部理论，主要体现在以下两个方面。

1. 关于社会主义国家干部的产生

马克思、恩格斯从分析研究国家的产生及其历史形态的演变着手，得出了只有打碎资产阶级的官僚、军事机器，社会主义国家的干部才能产生的结论。恩格斯指出："以往国家的特征是什么呢？社会起初用简单分工的办法为自己建立了一些特殊的机关来保护自己共同的利益，但是后来，这些机关，而其中主要的是国家政权，为了追求自己特殊的利益，从社会的公仆变成了社会的主人。"③ 因此，无产阶级革命的任务，就是要打碎旧的国家机器，铲除国家本身的"寄生赘瘤"。马克思指出："旧政府权力的纯粹压迫机关应该铲除，而旧政府权力的合理职能应该从妄图凌驾于社会之上的权力那里夺取过来，交给社会的负责的公仆。"④ 马克思在这里所说的"社会的负责的公仆"，即社会主义国家的干部。

列宁完全继承了马克思、恩格斯的干部思想。十月革命前，列宁从他的"半国家"理论出发，指出在未来的社会主义国家中，每个识字的人都能参

---

① ［尼日利亚］詹姆斯·奥康内尔：《现代化的概念》，见［美］西里尔·E. 布莱克编，杨豫、陈祖洲译《比较现代化》，上海译文出版社1996年版，第19页。

② 同上书，第25页。

③ 《马克思恩格斯选集》第2卷，人民出版社1995年版，第334页。

④ 同上书，第376页。

加国家管理，都能成为干部。列宁认为，无产阶级夺取政权后的国家已经不是原来意义上的国家了，是“半国家”，是正在消亡着的国家制度。这时，一方面大多数人民亲自镇压少数剥削者，这样实行镇压的“特殊力量”就不需要了；另一方面，旧官吏的特殊的“长官职能”已经简化为可以由“监工和会计”的简单职能来代替，这样官吏机构也就不需要了，因而国家在上述两个方面开始消亡。①

十月革命胜利后，列宁对新生的苏维埃国家提出了实现全民对经济和社会进行计算和监督的任务，试图从根本上克服官僚制的弊端。但实践证明，在俄国这样物质文化不发达的国家，实现他革命前提出的人人都参加国家管理的设想，是不可能的。列宁指出，这不是由于法律上的原因造成的，而事实上是劳动群众在文化水平方面的差距限制了他们参加国家管理。所以，列宁不得不承认，苏维埃这一无产阶级专政的国家机关，虽然在口头上或纲领上是通过劳动群众来实行管理，但“实际上却是通过无产阶级先进阶层来为劳动群众实行管理而不是通过劳动群众来实行管理的机关”②。列宁在这里深刻指出，由于文化的落后，社会主义国家的干部只能由无产阶级的先进阶层所组成。

斯大林领导苏联进行了数十年的社会主义建设，在“干部决定一切”、“技术决定一切”的口号下，他强调要大量吸收知识分子加入干部队伍。对旧社会过来的知识分子，斯大林认为，只要他们愿意同苏维埃合作，就大胆地吸收他们参加工作，而不要求“他们立刻抛弃或立刻改变他们的社会政治观点”③。1936 年，斯大林指出：随着苏联社会阶级结构发生变化，“工人阶级和农民中间以及这两个阶级和知识分子中间的界限正在消除”，苏联的知识分子“是同工人阶级和农民骨肉相连的完全新的知识分子”，“他们现在是苏联社会中享有平等权利的成员，在这里，他们同工农并肩前进，建设无阶级的社会主义新社会”④。在他的这个理论指导下，大批知识分子被吸收到干部队伍中来。

2. 关于社会主义国家干部的本质及如何防止他们蜕化变质

马克思、恩格斯在分析巴黎公社时认为，公社的真正秘密就在于它实质

---

① 《列宁选集》第 3 卷，人民出版社 1995 年版，第 319 页。

② 同上书，第 789 页。

③ 《斯大林全集》第 11 卷，人民出版社 1955 年版，第 186 页。

④ 《斯大林文选》，人民出版社 1962 年版，第 87 页。

上是工人阶级的政府，公社所采取的某些措施，“只能表明通过人民自己实现的人民管理制的发展方向”。[①] 他们高度赞扬巴黎公社的无产阶级，一举把所有职务变成真正工人的职务，使它们不再归一个受过训练的特殊阶层所私有，以随时可以罢免的勤务员来代替骑在人民头上作威作福的老爷们。马克思指出，无产阶级为自己找到干部，“正如个人选择的权利为任何一个工厂主服务，使他们能为自己的企业找到工人、监工和会计一样”[②]。

马克思、恩格斯认为，为了追求自己的特殊利益，社会公仆有变为社会主人的可能，这不仅在世袭君主国可以看到，而且在当时的资产阶级民主共和国内也可以看到。恩格斯指出：“工人阶级为了不至失去刚刚争得的统治，一方面应当铲除全部旧的、一直被利用来反对它的压迫机器，另一方面应当以宣布它自己所有的代表和官吏毫无例外地可以随时撤换，来保证自己有可能防范他们。”[③] 为此，恩格斯充分地肯定了巴黎公社的民主措施：第一，它把行政、司法和国家教育方面的一切职位交给普选选出的人担任，而且规定选举者可以随时撤换被选举者。第二，它对所有公职人员，不论职位高低，都只付给跟其他工人同样的工资。“这样，即使公社没有另外给各代议机构的代表规定限权委托书，也能可靠地防止人们去追求升官发财了。”[④]

为防止苏维埃干部蜕化变质，列宁提出了要用完善监察制度的方法来防止蜕变的思想。他指出：“应当承认，目前党的无产阶级政策不是决定于党员成分，而是决定于可以称为党的近卫军的那小部分党员所拥有的巨大无比的威信。”[⑤] 为防止个别人专权，加强集体领导，他建议把中央委员会的人数扩大到50—100人，把中央委员会变成党的“最高代表会议”。他还建议把中央监察委员会扩大到75—100人，中央监察委员“享有中央委员的一切权利”，其任务就是对中央委员会及政治局的工作进行监督。“那些必须有一定人数出席政治局每次会议的中央监察委员，应该形成一个紧密的集体，应该‘不顾情面’，要注意不因任何人的威信而妨碍他们提出质问，审查各种文件，并且总要做到绝对地了解情况和使问题处理地非常正确。”[⑥] 同时，列宁提出要改组工农检查院，“用特殊的形式把党的监察机关同苏维埃的监

---

① 《马克思恩格斯选集》第2卷，人民出版社1995年版，第382—383页。

② 同上书，第379页。

③ 同上书，第334页。

④ 同上书，第335页。

⑤ 《列宁全集》第33卷，人民出版社1956年版，第226页。

⑥ 《列宁选集》第4卷，人民出版社1995年版，第696—697页。

察机关合并起来”。[1] 另外，列宁还指出：应当“加重法庭对共产党员的判罪”。[2] 这对于防止社会主义国家干部的蜕变无疑是正确的。

斯大林领导苏联建立了普遍、平等、直接和不记名投票的选举制度。他指出：“苏联普遍的、平等的、直接的不记名的选举制度，将成为人民手中的鞭子，用来鞭策工作做得不好的机关。”[3] 斯大林还从党的建设角度指出选举对执政党的监督作用，他认为：“选举运动就是选民对作为执政党的共产党进行裁判的法庭。选举结果便是选民的判决。”[4]

（二）毛泽东、邓小平、江泽民等中国马克思主义者的干部理论

在领导党的干部队伍建设的实践中，作为党的三代领导集体的核心，毛泽东、邓小平和江泽民围绕着党的干部队伍建设提出了许多重要思想。这其中既有一以贯之的继承，也有随着时代的发展而做出的创新。

1. 关于党的干部队伍建设重要性的思想

在长期的革命和建设时期，毛泽东同志非常重视干部的作用。他说：“政治路线确定之后，干部就是决定的因素。”[5] “指导伟大的革命，要有伟大的党，要有许多最好的干部。……我们的组织要向全国发展，要自觉地造就成万数的干部，要有几百个最好的群众领袖。”[6] “我们的革命依靠干部，正像斯大林所说的话：‘干部决定一切’。”[7] 1938 年 10 月，毛泽东在《中国共产党在民族战争中的地位》一文中又指出：“中国共产党是在一个几万万人的大民族中领导伟大革命斗争的党。……政治路线确定之后，干部就是决定的因素。因此，有计划地培养大批的新干部，就是我们的战斗任务。”[8] 中华人民共和国成立后，毛泽东又从党和国家命运的高度阐述了党的干部的重要性。他在 1958 年党的八届二中全会上指出：县委以上的干部有几十万，国家的命运就掌握在他们的手里。东欧一些国家不很稳，一个重要的原因就是他们没有这样一套干部。我们有在不同时期经过考验的这样一套干部，就可以“任凭风浪起，稳坐钓鱼船”。

作为党的第二代领导集体核心的邓小平在“文化大革命”结束后，总

① 《列宁选集》第 4 卷，人民出版社 1995 年版，第 706 页。
② 《列宁文稿》第 4 卷，人民出版社 1977 年版，第 168 页。
③ 《斯大林文选》，人民出版社 1995 年版，第 80 页。
④ 同上书，第 453 页。
⑤ 《毛泽东选集》第一卷，人民出版社 1991 年版，第 526 页。
⑥ 同上书，第 277 页。
⑦ 同上。
⑧ 《毛泽东选集》第二卷，人民出版社 1991 年版，第 526 页。

结“文化大革命”的教训，在领导进行改革开放的社会主义建设中，坚持和继承了毛泽东的“干部是决定因素”的思想，阐述了在社会主义建设事业中党的干部的作用，强调社会主义现代化建设需要许多最好的干部。“国家要长治久安，关键在人”，干部问题是党的事业成败的关键。早在1979年他就指出：“政治路线确立了，要由人来具体贯彻执行。由什么样的人来执行，是由赞成党的政治路线的人，还是由不赞成的人，或者是由持中间态度的人来执行，结果不一样。”① “现在我们国家面临的一个严重问题，不是现代化的路线、方针对不对，而是缺少一大批实现这个路线、方针的人才。……现在我们面临的问题，是缺少一批年富力强、有专业知识的干部。而没有这样一批干部，四个现代化就搞不起来。”② “我们一定要认识到，认真选好接班人，这是一个战略问题，是关系到我们党和国家长远利益的大问题。”③ “中国要出问题，还是出在共产党内部。对这个问题要清醒，要注意培养人，要按照革命化、年轻化、知识化、专业化的标准，选拔德才兼备的人进班子。我们说党的基本路线要管一百年，要长治久安，就靠这一条。真正关系到大局的是这个事。”④

面对着世纪之交世界格局的新变化、改革开放、发展社会主义市场经济错综复杂的新情况，作为党的第三代领导核心的江泽民同志站在时代高度、战略高度，从坚持党的基本路线，发展社会主义市场经济，反对腐败和防止和平演变等多个角度阐述了建设高素质干部队伍的重要性。在纪念中国共产党建党75周年座谈会上的讲话中，他又指出：“七十五年来，我们有一条基本的经验，这就是：党领导的事业要取得胜利，不但必须有正确的理论和路线，还必须有一支能坚决贯彻执行党的理论和路线的高素质干部队伍。”⑤

2. 关于党的干部队伍建设的方针、政策和标准

根据形势任务的要求和干部队伍变化的实际情况，适时提出加强干部队伍建设的指导思想和方针，是我们党在干部队伍建设中的一条重要经验。

毛泽东同志在长期领导中国革命斗争实践中，确立了“德才兼备”的干部标准和“任人唯贤”的干部路线。第一，善于识别干部。毛泽东认为：“不但要看干部的一时一事，而且要看干部的全部历史和全部工作，这是识

① 《邓小平文选》第二卷，人民出版社1993年版，第191页。

② 同上书，第220—221页。

③ 同上书，第222页。

④ 《邓小平文选》第三卷，人民出版社1993年版，第380页。

⑤ 江泽民：《论党的建设》，中央文献出版社2001年版，第217页。

别干部的主要方法。”① 第二，要善于使用干部。毛泽东认为，作为党的领导干部必须善于用才，做到用人得当，适得其所。把干部安排到党最需要并能充分发挥其才干的岗位上去。第三，要爱护干部。第四，要坚持五湖四海全面团结干部的原则。具体包括：加强党内干部的团结，加强同非党干部的团结，正确对待犯错误的干部。

邓小平提出的干部“四化”的方针和“要选人民公认是支持改革开放路线并有政绩的人进班子”的思想。邓小平指出：“我们选干部，要注意德才兼备，所谓德，最主要的，就是支持社会主义道路和党的领导。在这个前提下，干部队伍要年轻化、知识化、专业化，并且要把对于这种干部的选拔使用制度化。”② 邓小平实际上提出了三个具体标准：一是“必须是支持改革开放路线的人”，二是必须是“有政绩”的人，三是“必须是人民所公认的人”。这些标准，是对“四化”方针的具体化。它为按照四化方针去进行党的干部队伍建设提供了可操作性的依据。

江泽民同志提出了按照“三个代表”重要思想要求建设“高素质”干部队伍的标准。对于“高素质”标准，江泽民同志不但阐明了领导干部应具备的基本的政治业务素质，而且还对省部级主要领导干部提出了要把他们培养成为“忠诚于马克思主义、支持有中国特色社会主义道路，会治党治国的政治家”。并提出了社会主义政治家的具体标准。此外，江泽民同志还提出了党要始终成为中国先进生产力的代表，始终成为中国先进文化的代表和始终成为中国最广大人民利益的代表，并强调这是“立党之本、执政之基、力量之源”，是检验党的建设的客观标准。

3. 关于党的干部的素质的思想

第一，党员干部要努力学习理论，培养和提高政治素质。毛泽东指出：“一般地说，一切有相当研究能力的共产党员，都要研究马克思、恩格斯、列宁、斯大林的理论，都要研究我们民族的历史，都要研究当前运动的情况和趋势；并经过他们去教育那些文化水准较低的党员。特殊地说，干部应当着重地研究这些，中央委员和高级干部尤其应当加紧研究。指导一个伟大的革命运动的政党，如果没有革命理论，没有历史知识，没有对于实际运动的深刻的了解，要取得胜利是不可能的。”③ 他还认为：“有工作经验的人，

① 《毛泽东选集》第二卷，人民出版社 1991 年版，第 527 页。

② 《邓小平文选》第二卷，人民出版社 1993 年版，第 326 页。

③ 《毛泽东选集》第二卷，人民出版社 1991 年版，第 532—533 页。

要向理论方面学习，要认真读书，然后才可以使经验带上条理性、综合性，上升为理论，然后才可以不把局部经验误认为即是普遍真理，才可不犯经验主义的错误。”① 中华人民共和国成立后，毛泽东同志又指出各行各业都要努力精通技术和业务，使自己成为内行，又红又专。

邓小平对新时期干部队伍建设提出了许多新要求。第一，要有较高的政治素质和必要知识；第二，要勤于思考，勇于创新；第三，要有干劲和精力。“必须年富力强，精力充沛，保持旺盛的斗志和朝气蓬勃的精神，因此要大胆选拔年轻人，在各条战线上都应有一批有专业知识、有管理能力、能干的优秀的年轻人，只有这样，才能胜任紧张、繁重、复杂的各项领导工作。”

在新形势下，江泽民坚持和发展了毛泽东、邓小平的重要思想，提出了“高素质”的概念。高素质干部队伍，应当是一支包括党政干部、企业经营管理干部、科学技术干部和其他战线干部组成的宏大队伍。江泽民要求党的干部都要具备五条政治、业务素质：第一，要有远大的共产主义理想，坚持正确的政治方向，坚定地走建设有中国特色社会主义道路，坚决贯彻执行党的基本理论、基本路线和各项方针政策；第二，努力实践党的全心全意为人民服务的宗旨，密切联系群众，特别是工农群众，坚决维护人民群众的利益；第三，解放思想，实事求是，一切从实际出发，善于开拓前进；第四，具有唯物辩证法的思想方法和工作方法，保持清正廉洁，发扬艰苦奋斗精神，自觉拒腐防变，坚决反对消极腐败现象；第五，刻苦学习，勤奋敬业，不断加强知识积累和经验积累，具备做好本职工作的专业知识和能力。

4　关于领导班子建设思想

围绕着班子建设问题，毛泽东主要阐述了两方面的问题。第一，加强党的领袖群体建设对推动中国革命的重要性。毛泽东指出：“在一个四亿五千万人的中国里面，进行历史上空前的大革命，如果领导者是一个狭隘的小团体是不行的，党内仅有一些委琐不识大体、没有远见、没有能力的领袖和干部也是不行的。……我们党的组织要向全国发展，要自觉地造就成万数的干部，要有几百个最好的群众领袖。这些干部和领袖懂得马克思列宁主义，有政治远见，有工作能力，富于牺牲精神，能独立解决问题，在困难中不动摇，忠心耿耿地为民族、为阶级、为党而工作。”② 第二，明确了党的领导

① 《毛泽东选集》第三卷，人民出版社 1991 年版，第 818 页。
② 《毛泽东选集》第一卷，人民出版社 1991 年版，第 277 页。

者在领导革命和建设中的责任，“领导者的责任，归结起来，主要地是出主意、用干部两件事”。又说：“共产党领导机关的基本任务，就在于了解情况和掌握政策两件大事。”①

在改革开放的新的历史时期，邓小平同志为领导班子建设理论注入了新的内容。邓小平指出：“领导班子问题，是关系到党的路线能不能贯彻执行的问题。……因此，我们首先强调要把领导班子问题解决好。”② 第一，改革开放在领导班子中的重要地位。邓小平说：“有一个新的改革的面貌，是确定新班子成员的一个十分重要的问题。对于新进入政治局、书记处，特别是常委会的人，更要从改革开放这个角度来选。新的领导机构要坚持做几件改革开放的事情，证明你们起码是坚持改革开放，是在真正执行改革开放政策，这样人民就可以放心了。”③ 第二，领导班子必须有一个坚强的核心。领导班子建设的“关键在领导核心”。

江泽民同志继承了毛泽东和邓小平关于领导班子建设的思想，他主要提出了三个方面的要求。第一，建设好班子，关键是选好班长。班长是班子中的领导核心和领头人，在政治上起着把关导向的作用，在全面工作和全面建设中起着总策划和总指挥的作用。他强调班长要“坚持原则，把握全局，团结同志，加强修养”。第二，必须把领导班子建设成为整体素质优良，成员优势互补的坚强集体。江泽民指出：“在选配好‘班长’的同时，要重视搞好群体配备，实现领导班子的优化组合。”④ 第三，团结，是衡量和检验领导班子素质的重要标志。江泽民同志提出领导班子成员要做到互相信任、互相支持、互相尊重、互相谅解。

5. 关于干部制度改革思想

邓小平同志分析了原有干部制度的弊端，主要有：干部选拔使用中的论资排辈现象；干部队伍中实际存在的领导职务终身制以及缺乏对干部明确而有效的监督、弹劾、罢免制度和对各级各类干部的考核、奖惩、培训、淘汰等科学制度。从制度入手，从根本上解决干部队伍建设问题，这是邓小平关于新时期干部队伍建设的一个十分重要的思想。邓小平同志在总结国际共运和中国共产党历史经验教训的基础上深刻指出：“我们过去发生的各种错

① 《毛泽东选集》第二卷，人民出版社 1991 年版，第 527 页。
② 《邓小平文选》第二卷，人民出版社 1993 年版，第 9 页。
③ 《邓小平文选》第三卷，人民出版社 1993 年版，第 299 页。
④ 江泽民：《论党的建设》，中央文献出版社 2001 年版，第 230 页。

误，固然与某些领导人的思想、作风有关，但是组织制度、工作制度方面的问题更重要，这些方面的制度好可以使坏人无法任意横行，制度不好可以使好人无法充分做好事，甚至会走向反面。”“领导制度、组织制度问题更带有根本性、全局性、稳定性和长期性。”①

江泽民同志继承了邓小平关于干部制度改革的思想，并进一步提出了要加快干部制度改革步伐，深化干部制度改革。江泽民同志提出：“要把大批优秀年轻干部及时发现和选拔出来，必须克服思想障碍。”②“要不断拓宽选拔任用干部的范围和渠道，不能老是在领导同志周围的一点点人和领导机关工作的人中选来选去，要放眼于基层，放眼于各方面，尤其要注意从基层和群众中选拔优秀人才。”③ 他指出：“推进干部制度改革的总目标是，从我们的国情出发，通过深化改革，逐步创造一个公开、平等、竞争、择优的用人环境，建立一套干部能上能下、能进能出、充满活力的管理机制，形成一套法制完备、纪律严明的监督体系。”④

二　西方社会的官员制度理论

众所周知，现代化起源于西方国家。西方发达国家在建立现代官员制度的过程中，对中西方的官员制度理论与实践进行了长期深入细致的考察和研究，并形成了系统的官员制度理论。

（一）马克斯·韦伯的科层制理论

以理性权威为特征的科层制（Burearcracy）的终极目标是追求组织效率，与法理型现代社会相吻合，因而是大规模机构组织的最有效机制。韦伯认为：现代社会是一种法定身份和地位、法定权力和程序的有效活动。所谓有效包含两层意思，即有效性和效率，基于这种意义上的理性模式，韦伯系统地总结了科层制的六大特征：⑤

（1）根据法律或行政规则，组织内部的各单位和个人都有固定不变、明确规定的工作范围；

（2）存在一个等级制的权力体系，上级监督下级工作；

（3）通过书面文件来施行严格的现代化管理；

（4）组织雇佣经过专业培训的职员，这些人懂得规章制度并在工作中

① 《邓小平文选》第二卷，人民出版社 1993 年版，第 333 页。

② 《江泽民论有中国特色社会主义》（专题摘编），中央文献出版社 2002 年版，第 682 页。

③ 江泽民：《论党的建设》，中央文献出版社 2001 年版，第 228 页。

④ 同上书，第 228—229 页。

⑤ ［德］马克斯·韦伯：《经济与社会》下册，商务印书馆 1998 年版，第 279—280 页。

不掺杂个人感情因素；

（5）职员们的工作时间是有限定的，但工作要求他们贡献出全部力量；

（6）职员们的位置由上级官员任命，他们把组织内的工作看成是自己的终身事业，他们在工作中得到晋升，在退休后有可靠保障。

马克斯·韦伯对科层制度的三大价值目标进行详细分析，在他看来科层制的价值理性正是科层制的重大意义所在。

第一，科层制度的首要目标是创造一种“效率”。科层制的效率通过三个方面来实现。

（1）通过理性的“制度行为”实现“制度超越”

科层制首先依靠理性的、精心设计的组织制度克服个体在所难免的缺陷，产生一种“倍增效应”，使得整体的“制度行为”超越组织中单个的“个体行为”的总和。

（2）通过理性的官员考试制度使得管理人员“专家化”

理性的官员选拔是“根据专业业务资格任命（不是选举）——在最合理的情况下，通过考试获得的、通过证书确认的专业业务资格”，由于“在正常情况下，只有证明接受专业培训者成绩合格，才有资格参加一个团体的行政管理班子，才允许被任命为‘官员’”①。因此，理性科层制度系统里的“官员”都是各自领域里的专家，他们业务熟练，职责明确，纪律严明，效率得到制度的保证。

（3）通过科层系统的官员的“功利主义”实现

韦伯认为：合理科层制“功利”地对待被管理者这一“实质上的合理倾向，得到所有那些被统治者方面的支持”，使得管理者与被管理者之间出现互动。被统治者通过扩展“公众舆论”的影响范围使“只要有可能，就力争通过罢免，不受专业资格约束，短期任职”，以实现官员的“公仆”地位和“统治的暴力最低限度化”。

第二，科层制的第二价值目标是实现社会实体的“稳定”。

杜尔克姆（Emile Durkheim）认为：一个对“占有行为”的调节缺少规范或缺乏制度化的社会，常常处于缺少规范与丧失整合的状态，即“失范（anomie）”。② 防止和解决社会动乱的办法是“需要集体生活较完善、较理智的组织，要依靠这种组织将个人整合于社会架构和社会群体之中”。显

① ［德］马克斯·韦伯：《经济与社会》下册，商务印书馆1998年版，第283页。

② 宋林飞：《西方社会学理论》，南京大学出版社1997年版，第39页。

然，科层制起到了这样的整合作用进而形成“社会有机体”，从而使得个人与社会融合，形成广泛意义上的统一意志。所以马克斯·韦伯说：“一旦充分地实行官僚体制，就属于最难摧毁的社会实体。”

第三，科层制的第三个价值目标是“平等”。平等通过以下两方面来实现。

（1）“形式主义”精神

韦伯认为：“在社会方面，科层制的统治一般意味着‘形式主义’的非人格化的统治：没有憎恨和激情，因此也没有‘爱’和‘狂热’，处于一般的义务概念的压力下，‘不因人而异’，形式上对‘人人’都一样。”① “理性科层制”的官员选拔方面，马克斯·韦伯说：“为了能普遍地从专业业务上最有资格的人当中招募人才，倾向于等级拉平化，阻止形成一个封闭的‘官员等级’，以利于普遍能有机会可以担任官职。”②

（2）法律精神

韦伯说：“科层制的典型原则是实施统治的抽象的规律性。因为这种规律性产生于要求在人与物的意义上的‘法律平等’，即产生于断然拒绝‘特权’和原则上拒绝‘按具体个案一个一个地’解决问题。”显然，科层制度“成功地从解决职位上的事务中，排除爱、憎和一切纯粹个人的、从根据上说一切非理性的、不可预计的感觉因素”。

科层制的影响程度已经远超出当初人们设定的范围。马克斯·韦伯说：“没有科层体制的机构，除了那些自己还占有供应物资的人（农民）以外，对所有的人来说，现代的生存可能性都将不复存在。”③ 科层制就其“理性”的广泛意义已涉及一个国家的国际形象、实力地位、政治统治及意识形态等各个方面。④ 马克斯·韦伯关于科层制的理论至今仍然是最权威、最全面的主导性理论。

（二）米歇尔·克罗齐的科层制理论

科层制是否偶尔或有规律地偏离理想的管理效率？学者们对这个问题的回答相当不一致，有的甚至针锋相对。与韦伯相左，克罗齐通过对大型组织非优化状态的各种模型论证，提出了科层制组织的低效率刚性理论。该理论

① ［德］马克斯·韦伯：《经济与社会》下册，商务印书馆 1998 年版，第 250 页。

② 同上书，第 307 页。

③ 同上书，第 294—295 页。

④ 李德全：《科层制及其官僚化过程研究》（博士学位论文），马庆国教授指导，浙江大学，2004 年，第 23—27 页。

认为："科层制不仅低效率，随时间的发展，刚性还会不断增强。"① 克罗齐认为科层制结构应该被理解为天生的低效率，而不是有效率的管理手段。他指出："在科层制所追寻的稳定世界，规则可以管理所有的权变，并不给个人决策留下空间，而在不确定的世界，在规则管理不到的地方问题就发生了，并给那些需要做出决策并有能力决策的人，提供了运用权力的机会。"②

通过对非等级权力关系产生的观察，克罗齐建立了科层制的一般过程理论，其核心就是"科层制反功能怪圈"。怪圈的第一个要素就是非人格规则，它消除人判断力并代之以管理理性。判断性决策的集中化是这个怪圈的第二个要素。细致的规则与规则触及不到的决策集中化会合起来形成怪圈的第三个要素：等级地位的彼此孤立。平行权力是怪圈的第四个要素，它引发了对新规则和更集中决策的需求，进而弱化了垂直命令，并为非等级影响开辟了新的空间。因此，克罗齐模型预测将出现不断增加的规则、集中化、地位孤立和平行权力，并使科层制变得更加刚性。如果不是改变环境，科层制将抵制变迁，直至无法抵抗的危机出现。克罗齐认为，科层制是没有能力纠正自己错误的组织，"科层制的反功能正好是其自我平衡的一部分"③。

（三）罗伯特·默顿的科层制反功能理论

对韦伯理论最著名的批评来自著名学者、诺贝尔奖获得者罗伯特·默顿。默顿观察到的科层制结构与韦伯的完全一致：科层制结构体现的就是管理效率的理想。但是，默顿还有补充：在许多不断发生的例子中，一些为了效率的非常操作化的设计，常常会导致仪式化的或特别刚性的行为，两种行为都有损效率。默顿把科层制结构和物理结构做了一个类比。比如把桥梁或房屋设计得过于坚固一样，科层制的规则也常常被设计得过于详细，以期涵盖所有的情况。规则原本只是手段，现在却变成了终极目标；当"工具性价值转变为终极价值"时，就会出现人们所熟悉的目标置换。④ 纪律（常等同于规则）不被看成是针对具体目的的手段，而是变成了科层人员所在组织的直接价值观。

科层制中的冲突是由于科层制的扩张特性。在默顿看来，一旦科层制的

---

① ［美］彼得·布劳、马歇尔·梅耶：《现代社会中的科层制》，学林出版社2001年版，第142页。

② ［德］马克斯·韦伯：《经济与社会》下册，商务印书馆1998年版，第142页。

③ ［美］彼得·布劳、马歇尔·梅耶：《现代社会中的科层制》，学林出版社2001年版，第144页。

④ 李德全：《科层制及其官僚化过程研究》（博士学位论文），马庆国教授指导，浙江大学，2004年，第28页。

过度扩张危及社会功能结构，危机就发生了。可能造成社会和科层制度两方面的危机。这两个问题的出现削弱了科层制度的效能，背离了科层制度的价值目标，对科层制立基的社会机体产生侵害和功能瓦解，从“功能理论”的观点来看出现了所谓的“反功能”，对政治统治价值的反向互动违背了统治阶级的利益欲求，表现为德国哲学家康德批判的“二律背反”，即科层制的形式的合理性与实际的合理性的背离。这便是“科层制的反功能”。罗伯特·默顿把这种“反功能”分为两类：① 第一，一般功能失调，即某些事物发生功能性失调的社会后果。用他的话来说，即是一个事物具有“减少系统的适应性和调节性的后果”。第二，相对功能失调，即是否属于功能失调是根据所论对象而定。用他的话来说，即要看某事物“对谁是功能的和对谁是反功能的”。对科层制而言，在某些方面可能是功能和谐的，对于另一方面可能是功能失调的。默顿富有哲理地指出：一切美德超越了极限就成为恶习。

（四）哈贝马斯和达伦多夫的科层制扩张机理理论

关于科层制度过度扩张问题一直是学者们关注的问题，人们设计宪政制度很大程度上也是为了解决这个人类千古难题。关于科层制过度扩张引起的社会危机的作用机理很多社会学家们作过详尽的探索，形成众多学术理论。科层制扩张代表性理论有：

（1）科层制度调节延伸功能不足的危机。德国当代著名社会批判理论家、思想家尤根·哈贝马斯（Jurgen Habermas）在他的名著《交往行动理论》中提出了“系统对于生活世界殖民化”的理论。哈贝马斯相信生活世界越是变得合理，互动越是可能为“理性驱动的相互理解”所控制，这种理解，亦即达成共识的理性方法，最终是建立在更好的论证的权威基础之上。随着系统结构的进化，它们离生活世界越来越远，取得更大的自足性并反过来对生活世界施加越来越大的驾驭能力，这种通过施加外部控制来威胁沟通和共识的过程就是“系统对生活世界的殖民化”过程。

（2）在科层制度调节失当的地方，出现普遍社会“功能结构紧张”。拉尔夫·达伦多夫（Ralf Dahrendorf）认为：一个整合和均衡的社会体系仍能够产生结构上严重的和模式化的冲突，冲突是一种功能失调现象。为此，他提出了社会冲突模式（Conflict Model of Society）的概念：社会中每一个要素都可促使产生社会变迁，甚至不整合，每个社会均建立在某些成员对其他

---

① 李德全：《科层制及其官僚化过程研究》（博士学位论文），马庆国教授指导，浙江大学，2004 年，第 29 页。

成员的压制的基础上。他指出社会冲突的起因首先归结为权力分配不均，科层制度行为是一种强制权力。他认为，权力和权威都是稀缺资源，社会组织中的权力和权威的分配都存在着差别，这种差别性分配，转变成社会对立的决定因素，即导致某一"强制性协作团体"中各次群体之间的竞争和搏斗，任何ICA中的角色都可以分为统治与服从这两个基本角色类型，统治的角色对维持现状感兴趣，而服从的角色则热衷于权力和职位的重新分配，只要角色存在，社会对立就必然存在，危机就随时可能出现。①

（五）关于科层制官僚化的一些理论观点

科层制获得广泛应用是由于它体现出价值理性。在日新月异的现代社会，即便现代理性科层制也明显暴露出某些不足，这对科层制未来的应用提出挑战。理性科层体制的确遇到前所未有的挑战并暴露出一些问题，这些问题主要有：②

（1）繁多而又陈旧的规章制度和工作程序使官员失去了解决问题的主动性和实际操作的灵活性，压制和阻隔了内部的交流和沟通，妨碍了个人的成长和个性成熟，鼓励了盲目服从和随大流，压抑创新和趋向保守，阻碍学习新知识和利用人力资源。

（2）政府社会功能的增加和职权范围的扩大使官僚和官僚机构只注重争取更多的经费和更大的权力，脱离人民大众和社会的实际需求，机构越来越庞大臃肿，增加了合作和管理成本，实施政策的行动迟缓，解决问题的能力不足，产生严重的腐败浪费。

（3）官僚制机构的集权控制把大量资源和决策集中到中央，使基层组织虚弱，降低了基层组织服务的灵活性、适应性、创造性和速度，官僚机构的全面控制排除了竞争的必要与可能，无法激发人的主观能动性和创造性，这些都使社会失去了活力，降低了效率。

（4）官僚体制对专门技术知识的崇拜，并依靠条块分割的"鸽笼式"的专业化单位来解决不断出现的新老问题，导致"鸽笼"无休止扩大，使解决具体问题缺乏总体的思维和方法。

（5）政府机构和所有大型组织都存在着诸如杂乱无章、怕负责任等官僚主义问题。

---

① 李德全：《科层制及其官僚化过程研究》（博士学位论文），马庆国教授指导，浙江大学，2004年，第30—31页。

② 同上书，第32页。

第三节　现代化理论及其检讨

社会变化是个亘古不变的自然现象。按照马克思的观点，现代社会是从16世纪开始形成的。“虽然在14和15世纪，在地中海沿岸的某些城市已经稀疏地出现了资本主义生产的最初萌芽，但是资本主义时代是从16世纪开始的。在这个时代来到的地方，农奴制早已废除，中世纪的顶点——主权城市也早已衰落。”① 正是从16世纪开始，世界逐步进入历史发展的一个新阶段，揭开了人类历史的新纪元。现代化历史可谓源远流长。然而，关于现代化的系统理论研究却是从20世纪50年代开始的。

20世纪50年代以来，关于世界现代化的理论研究没有停止过，学术论著汗牛充栋，学术流派异彩纷呈。纵观之，现代化理论研究大致经历了三个阶段。第一阶段是20世纪50—60年代的现代化研究，其理论成果是经典现代化理论。第二阶段是20世纪70—80年代的后现代化研究，包括对经典现代化理论的批评和发展，以及后现代主义和后现代理论的兴起。第三阶段是从20世纪90年代至今的新现代化研究，涌现出了一批新的现代化理论，如生态现代化理论、再现代化理论和第二次现代化理论等。

一　经典现代化理论

经典现代化理论是对18世纪工业革命以来世界现代化进程的理论阐述。不同学者看法不尽相同，一般而言，现代化指18世纪工业革命以来人类社会所发生的深刻变化，它包括从传统经济向现代经济、传统社会向现代社会、传统政治向现代政治、传统文明向现代文明转变的历史过程及其变化；它既发生在先进国家的社会变迁里，也存在于后进国家追赶先进水平的过程中。经典现代化指从传统农业社会向现代工业社会转变的历史过程及其深刻变化。北京大学罗荣渠教授在《现代化新论》一书中指出，作为人类近期历史发展的特定过程，把高度发达的工业社会的实现作为现代化完成的一个主要标志也许是合适的。

经典现代化理论，一方面阐述了现代化过程的特点和规律，另一方面阐述了现代化的结果——现代性，即已经完成现代化过程的工业化国家的状态和特点。不同学者对现代性的认识有一定差别，但现代性具有一些基本特征。20世纪70年代美国哈佛大学亨廷顿教授归纳了现代化过程的九

① 《马克思恩格斯全集》第23卷，人民出版社2007年版，第784页。

个特征①：现代化是革命的、复杂的、系统的、全球的、长期的、有阶段的、趋同的、不可逆的、进步的过程。现代性在不同领域有不同表现，如政治民主化、经济工业化、社会城市化、宗教世俗化、观念理性化等。

二　后现代化理论

如果说，经典现代化理论向我们描述了一个工业化世界，那么，后现代化理论探索了工业化以后的发展。后现代化理念认为，从传统社会向现代社会（农业社会向工业社会）的转变是现代化，从现代社会向后现代社会（工业社会向后工业社会）的转变是后现代化。从现代化向后现代化的转变还包括政治、经济、性和家庭、宗教观念等的深刻变化。现代化的核心目标是经济增长，后现代化的核心目标是使个人幸福最大化。在专业化、世俗化和个性化方面，后现代化是现代化的继续。

同后工业社会和后现代主义一样，后现代化研究也是一种与“后现代”相关的学术思潮。但是，后现代化理论不仅是一种学术思潮，也是对发达工业国家的新发展的一种理论阐述。德国学者贝克认为②，“第一次现代化的代表人物提出的反对后现代化的所有观点都不成其为反对后现代化的重要论据。后现代化是启蒙的启蒙。它将自己的利刃磨得更为锋利，对第一次启蒙的苛求与普遍主义进行鞭策，并在这种意义上成为第二次启蒙”。

三　新现代化理论

在20世纪80—90年代里，现代化理论研究孕育了许多新思想。例如，德国马丁·路德大学胡伯教授（1985）提出生态现代化理论、德国慕尼黑大学贝克教授（1986）提出再现代化理论等。

胡伯认为，生态现代化是一种利用人类智慧去协调经济发展和生态进步的理论。贝克认为，我们的现代世界处于转变之中，即从工业社会向风险社会的转变。风险社会描绘了现代社会的人的发展阶段。在这个阶段，社会的、政治的、经济的和个人的风险日益趋向于逃脱工业社会建立的风险预防和监督机制。从工业社会向风险社会的转变就是再现代化（有人译作自反性现代化、反省现代化等）。再现代化理论的主要观点有：（1）世界现代化包括两个阶段，即普通现代化（正统现代化）和再现代化。（2）普通现代

---

① ［美］西里尔·E. 布莱克编：《比较现代化》，杨豫译，上海译文出版社1996年版，第44—47页。

② ［德］贝克、威尔姆斯：《自由与资本主义》，路国林译，浙江人民出版社2001年版，第226页。

化是建立现代工业社会，再现代化是消解现代工业社会，风险社会是再现代化的结果。(3) 工业社会的现代性是普通现代性（第一现代性），风险社会的现代性是反射现代性（第二现代性）。

综上所述，从内容和实质上讲，现代化是社会的整体变迁和深刻变化，包含从传统经济向现代经济、传统价值观念向现代价值观念、传统政治向现代政治、传统社会向现代社会等各个领域。它几乎涉及人类活动和人类思想的一切领域，涵盖了社会系统中的所有子系统，它是多层面、多领域转变的过程，涉及人类社会所有方面的深刻变化。

第四节　官员制度与现代化的关系

现代化的进程是一个社会文明全方面进步的历史过程，它起因于经济的现代化，并逐渐向政治、文化、社会等领域蔓延。政治现代化是现代化向纵深层次发展的反映。现代化决定了官员制度的转型，现代官员制度是现代化的一个重要标志。

一　现代化决定了官员制度的转型

现代理性精神在政治领域得以落实的结果，就是推动了现代官僚制的建立与形成。因为，现代官僚制是以现代理性作为其内核的，它的行为是以法律和民主为基础。官僚制的行动以体现现代民主的法律和制度为准则，这就意味着，人们对现代官僚制的未来行动有了一个相对明确的预期。它的行为和权力的行使也有一个法律底线和制度保证。这样，官僚制才能成为一只拴在民主与法律铁链上的“利维坦”，人民的生命、财产和自由权利才能得到保障。所以“韦伯把理性官僚制不仅视为是现代世界的理性化过程的一个主要因素，而且是最重要的社会进程之一”。①

马克斯·韦伯将官僚制分成“家产制官僚制”（patrimonial bureaucracy）和“理性官僚制”（rational bureaucracy）。这样划分的目的在于指明：管理现代社会所需要的理想组织应该是以合理性（rationality）为基础的，没有某种形式的合理性的权力，任何组织都无法达到自己的目标。因此，在韦伯看来，古代家产制官僚制是不具备合理性基础的，而现代理性官僚制恰恰是符合现代社会发展要求的一种高效率、合乎理性的管理体制。韦伯将中国古代的官僚制称为“家产制”官僚制，实际上指的就是君主专制官僚制，而

① ［英］马丁·阿尔布罗：《官僚制》，阎步克译，知识出版社1990年版，第31页。

他的“理性官僚制”，实际上就是现代民主官僚制。本书对官僚制的讨论仅限于政治领域，并以民主和法治作为区分官僚制类型的标准。

“君主专制官僚制”或韦伯所谓的“家产制官僚制”实际上是一种相当成熟的官僚统治体系，并非一种不成熟的形式。因为，古代官僚制，特别是在古代中国、古埃及和古罗马的发展，已经有几千年的历史。应该说，古代官僚制是传统农业社会形态下发展起来的，并适应了那种社会需要的成熟的政府管理模式。只是到了近代，社会已经开始从传统农业社会向现代大工业社会转型的时候，这种传统的官僚制统治才变得与新兴阶级的利益和要求格格不入。传统官员制模式的任意专断对经济行为的一个重要影响就是缺乏对于理性资本主义发展而言不可或缺的国家功能的“可计算性”，这种不可或缺的“可计算性”只有近代理性官僚制才能提供。新的理性官僚制的建立和发展适应了现代社会的发展要求，并推动了现代社会的进步与发展。然而，从现代社会向后现代社会的转型，再一次冲击了官僚体制，现代理性官僚制模式随着社会的转型而变为“后官僚制”或“后现代官僚制”模式也就成为一种必然。但需要指出的是“后官僚制”模式并非一种独立的体制模式，其本质仍然是现代官僚制的内核。

如果说在传统的农业社会中，由于人类的生活方式是分散“经营”的，需要权力意志来加以整合，从而形成了统治型或者专制型官僚制模式，那么，工业社会在生产和生活等所有领域中规模“经营”的特征，则需要法律精神的调节和科学精神的规范，从而形成现代民主型或法治型的官僚制模式。而在发达的资本主义国家，随着后工业社会的到来，人们交往的扩大化、社会化和多样化，更需要社会治理体系在服务精神和服务理念的统领下提供灵活的、方便的、具体的服务。因此，理性官僚制模式受到质疑和挑战，从而有力地促进了现代国家政府官僚制治理模式的深刻转变。由此可见，社会发展形态直接影响着官僚制发展的模式和类型。

二　现代官员制度是现代化的钥匙

（一）现代化的 CPU——政治现代化

马克思主义理论揭示了经济基础与上层建筑的辩证关系，认为经济基础决定上层建筑，上层建筑反作用于经济基础。托克维尔讲道：在现代国家中，“联合的学问是学问之本；其他一切方面的进步取决于联合矛盾的发展”。[①] 传

① ［美］塞缪尔·P. 亨廷顿：《变动社会的政治秩序》，张岱云译，上海译文出版社 1989 年版，第 34 页。

统社会要想顺利地调整其政治体系以适应现代化的要求，几乎直接取决于其人民的组织才能。

社会政治生活的控制是保障变革过程中社会秩序、社会稳定的先决条件。离开社会秩序、社会稳定，正常的社会运行和现代化建设无从谈起。第一，经济发展要求政治体系高度统一。第二，经济发展要求政治体系具有合理的结构。第三，经济发展要求政治体系发挥更大的功能。① 现代社会是急剧变革的社会。急剧变革时期的社会问题往往是连带的、巨大的，一旦失控便不可收拾。所以，现代社会越是发展，越需要加强控制。按照马克思的看法，现代社会的控制主要涉及经济过程本身的控制、社会政治生活的控制以及人与自然关系的控制，这些方面共同构成了现代社会的控制体系。②

现代社会中社会调节与协调的问题日益突出，最主要的是经济生活的矛盾逐渐复杂起来。按照马克思的分析，只要是商品经济，只要是社会化生产，本身就蕴含着经济失衡、经济波动乃至经济危机的可能性。在“生产的自发形式中，平衡本身就是一种偶然现象”。③ 首先，商品经济的内在矛盾本身就潜藏着经济危机的可能。其次，社会化大生产本身也包含着经济失衡的危险。马克思认为，在资本主义条件下，整个经济生活主要是被“看不见的手”左右着，价值规律、平均利润率规律等就是社会经济生活的调节器，但这种调节是盲目的，作用是有限的。正因如此，从20世纪初以来，以美国为代表的许多资本主义国家逐渐摒弃了传统的自由放任主义政策，改行注重国家干预的新自由主义，由国家积极干预经济生活，依靠政府来调节经济，实行国家垄断资本主义。如国家直接进行投资，增加公共开支，政府采购，对资本家实行补贴、减税、降低利息率等，以刺激私人投资。这些方法固然不能从根本上解决资本主义经济运行的痼疾，但在一定程度上也确实起到了调节和促进的作用。

（二）政治现代化的中枢——现代官员制度

汽车、电话、集会、团体、噪音监测器、广告、银行、天然气公司、核电厂和工人工资究竟有何共同之处？无论是在任何国家，它们都受到政府的某种管制和调节。在世界各国，人类各项社会活动实际上均受到这样或那样

---

① 丰子义：《现代化的理论基础——马克思现代社会发展理论研究》，北京大学出版社1995年版，第272页。

② 同上书，第271页。

③ 《马克思恩格斯全集》第24卷，人民出版社2007年版。第558页。

的管制与调节。管制和调节已经成为一项重要的工作。采取这些措施是为了消除厄普顿·辛克莱在小说《屠场》中揭露的肉类工业中的不良现象，防止出现像雷切尔·卡森在小说《寂静的春天》中所描写的那种农药污染，并对拉尔夫·纳德在《任何速度都不安全》一书中指出的汽车缺乏安全考虑等问题做出反应。最近，保护我们免受河流中未经处理的污水、涂料和汽油中的铅、奶粉中的三聚氰胺、空气中的颗粒，以及各种玩具和家具中的有害物质影响的各种规章已经制定出来。管制和调节既要鼓励竞争，又要实现某些重要的社会目标。

今天，向行政管理提出要求既尽可能快捷地，又精确地、明晰地、持续地完成职务工作，这首先是因现代资本主义的经济交往提出来的。现代交往手段传播公众机关的告示、经济情况或者哪怕是纯粹政治事实的特别迅速本身，就是施加着一种持续不断的、尖锐的压力。要求行政管理面对有关形势在这个方向上反应的速度要尽可能加速，而一般要达到最佳效果只有通过严密的官僚体制组织。①

官僚体制是一种最具优势的纯技术组织形式。一种充分发达的官僚体制与其他形式的关系，恰恰如同一台机器与货物生产的非机械化方式的关系一样。精确、迅速、明确、精通档案、持续性、保密、统一性、严格的服从、减少摩擦、节约物资费用和人力，在由训练有素的具体官员进行严格官僚体制的特别是集权体制的行政管理时，比起所有合议的或者名誉职务的和兼任职务的形式来看，能达到最佳的效果。②

首先是职业化。只要是涉及复杂的任务，那么有偿的官僚体制的工作不仅更加精确，而且结果甚至比形式上无偿的名誉职务的工作更加便宜。"名誉职务的工作是次要的职业工作，因此作用一般就小一些，较少受到固定格式的约束和更加不拘形式，因而也更不精确，更不统一，因为向上独立的、非持续性的和由于几乎不可避免地要更加不经济的建立和利用持久的和办公的机会，实际上也往往非常昂贵。"特别是倘若人们不仅想到公众财务开支的现金费用，而且也想到，由于浪费时间和缺乏精确性，被统治者往往受到经济上的损失，情况就尤其如此。一般而言，只有在"兼职职务"就足以处理事务的地方，名誉职务的绅士的行政管理，长久地看才是有可能的。③

① ［德］马克斯·韦伯：《经济与社会》下卷，林荣远译，商务印书馆1997年版，第297页。

② 同上书，第296页。

③ 同上。

随着行政管理面临的任务在量上的提高，强度上的增大——今天的中国也是如此，这种可能性就有局限性。另外，合议形式组织的工作制约着相互冲突的利益之间的摩擦、拖延和妥协，而且因此而进行得更不精确，对上级更加独立，因而更加不统一和更慢。英国、美国、法国、日本和德国的行政组织的进步曾经是而且将来也仍然是：官僚体制的特别是集权体制的原则的进步。

其次是专业化。官员的选任基于专业技术资格，通过考试或由专业训练证书为保证，或二者兼之，官员是任命的而非选举的；行政官员可在专业化分工和层级制的职业结构中升迁，升迁以业绩和（或）资历为基础。① 官僚体制化提供着最大的可能性，在行政管理中按照纯粹业务的观点，实行分工的原则，对各种具体工作进行分工，最大限度地把干部培养为专家，并在实际中不断进一步深入培训。在这种情况下，“业务上”完成任务首先意味着解决事务“不看人办事”，而是根据可以预计的规则。

再次是民主化。现代官僚体制的“不看人办事”，意味着民主化。坚决实行官僚体制意味着拉平等级的“荣誉”，即倘若市场自由的原则不同时受到限制，则意味着“阶级状况”的普遍统治。“可预计的规则”，也具有真正决定性的意义。“现代文化的特性，特别是它的技术的—经济的基础，恰恰是要求效果的这种‘可预计性’。充分发展的官僚体制在某种特殊意义上，也处于‘不急不躁’的原则支配之下。它的特殊的、受资本主义欢迎的特性，使这种可预计性发展得更为充分，它越是‘脱离人性’，发展就更为充分。”“它成功地从解决职位的一切事务中，排除爱、憎和一切纯粹个人的、从根据上说一切非理性的、不可预计的感觉因素。旧制度要用个人的偏袒、宠信、恩典、感激，推动统治者，相反，现代的文化，对于支撑着它的外在机构来说，正是要求要拥有熟悉‘业务的’专家，这种文化愈是复杂和愈是专门化，就愈加要求不掺杂人性的、因而严格‘业务的’专家。”因此，官僚体制的结构提供着这一切有利的结合体。尤其是只有它才在“法律”的基础上，为司法经常性地创造执行一种概念上系统化了的和理性的法的基础。②

---

① 黄小勇：《现代化进程中的官僚制——韦伯官僚制理论研究》，黑龙江人民出版社 2003 年版，第 201 页。

② ［德］马克斯·韦伯：《经济与社会》下卷，林荣远译，商务印书馆 1997 年版，第 297—298 页。

最后是理性化。同老的世袭统治的个人自由随意专断和恩惠相反，“法律平等”和要求法律保障不得随意专断，就需要有行政管理的形式的理性的“求实性”。这个“自由”创造的行政管理，并不像我们在传统官僚体制的形式中将要发现的那样，是一个自由的随意专断和恩宠、怀有个人动机的施惠和评价的王国，而是作为行为准则，总是存在着统治和对种种“客观”目的的理性的权衡以及献身于这些目的。在国家的行政领域里，“国家利益至上主义”的特别现代的和严格“客观的”思想尤其适用，它把官员“创造性的”随意处置的观点最强烈地神化，作为他的举止的最高的和最终的指路北斗星。……对于我们来说，具有决定性意义的仅仅是：在真正官僚体制的行政管理中任何行动的背后，原则上都存在着一种理性上可以讨论的“理由”的体系（理性），也就是说，或者：归纳在准则之下，或者：在目的与手段之间进行权衡。①

三 现代官员制度推动了现代化进程

亚里士多德说过，人天生就是政治动物。政治是共同生活的人们借以决定如何满足其基本需要，解决共同问题，组织起来求得安全与保障，及至实现“愉快生活”的过程。② 现代官僚制是理性主义在现代国家政治领域的现实化身，它的建立和普遍化过程会促进理性精神的发展。所以，韦伯说：“整个统治的官僚体制化大大促进向着理性的‘求实性’、向着‘职业化’和‘专业化’发展，官僚制的统治结构服务于生活方式的‘理性主义’的传播。”③

政治学家试图用各种方式来描述现代政治体的特征，其中最简明扼要的表达首推罗伯特·E. 沃德和拉斯托所提出的八项特征。④：（1）一个有高度差异和功能专门化政府组织体制；（2）这种政府结构内部的高度一体化；（3）理性的和世俗化的政治决策程序；（4）政治决策和行政决策数量多，范围广，效率高；（5）人民对本国的历史、领土和民族性有广泛和有效的认同；（6）人民怀有广泛的兴趣积极参与政治体制，虽然他们未必参与决策；（7）政治角色的分配是依据个人的成就而不是依据归属关系；（8）司

① ［德］马克斯·韦伯：《经济与社会》下卷，林荣远译，商务印书馆 1997 年版，第 301—302 页。

② ［美］詹姆斯·M. 伯恩斯、杰克·W. 佩尔塔森等：《美国式民主》，谭君久、楼仁煊等译，中国社会科学出版社 1993 年版，第 1 页。

③ ［德］马克斯·韦伯：《经济与社会》下卷，林荣远译，商务印书馆 1997 年版，第 320 页。

④ ［美］沃德、拉斯托编：《日本和土耳其的政治现代化》，普林斯顿，1964 年，前言，第 6—7 页。

法和制定条例以主要是世俗的和非特指某一人的法律制度为基础。更概括地说，现代政治体与传统政治体的差异：理性化的权威，区分化的结构，大众化的参与以及由此产生的一种能够实现各种广泛目标的能力。①

文官，或者说官僚，是社会历史的产物，可以说是与国家相伴相生的。国家是在社会陷入不可解决的自我矛盾，分裂为不可调和的对立面而又无力摆脱这些对立面之时，需要一种表面上凌驾于社会之上的力量以缓解冲突、将冲突保持在秩序范围之内而产生的。② 国家的产生是为了维持社会关系的秩序化，为此，它必然要对社会进行控制和管理，必然需要建立公共权力和政府，作为控制和管理的中介。在这个过程中，国家虽然表面上超越于各种社会力量之上，但往往为经济上占支配地位的阶层所控制。这些阶层成为国家权力形式上和实质上的所有者和代表者，掌握国家的最高权力，而由其任用的官僚制政府则成为国家意志的执行工具。

社会政治生活的控制是保障变革过程中社会秩序、社会稳定的先决条件。离开社会秩序、社会稳定，正常的社会运行和现代化建设无从谈起。现代管理的产生是现代生产发展的必然结果。“一切规模较大的直接社会劳动或共同劳动，都或多或少地需要指挥，以协调个人的活动，并执行生产总体的运动——不同于这一总体的独立器官的运动——所产生的各种一般职能。一个单独的提琴手是自己指挥自己，一个乐队就需要一个乐队指挥。”③ 各种“按照军队方式一律用钟声来指挥劳动的期间、界限和休息的详尽的规定，决不是议会设想出来的。它们是作为现代生产方式的自然规律从现存的关系中逐渐发展起来的”。④

韦伯划分了支配（统治）的三个纯粹类型：第一，法理型支配（统治）（Legale Herrschaft）：“确信法令、规章必须合于法律，以及行使支配者在这些法律规定之下有发号施令之权利”；第二，传统型支配（统治）（Traditionale Herrschaft）：“确信渊源悠久的传统之神圣性，及根据传统行使支配者的正当性”；第三，克里斯玛型支配（统治）（Charismatiche Herrschaft）：“对个人，及他所启示或制定的道德规范或社会秩序之超凡、英雄气概或非

① ［美］塞缪尔·P. 亨廷顿：《变动社会的政治秩序》，上海译文出版社 1989 年版，第 35—40 页。

② 恩格斯：《家庭、私有制和国家的起源》，《马克思恩格斯选集》第 4 卷，人民出版社 1995 年版，第 166 页。

③ 《马克思恩格斯全集》第 23 卷，人民出版社 2007 年版，第 367 页。

④ 同上书，第 313 页。

凡特质的献身和效忠”。作为法理型支配（统治）最纯粹、最典型形式的理性官僚制，具有以下十个明显特征：（1）官员具有私人性的人格自由，并只在非人格性职责方面服从权威；（2）官职由明确划定的等级制度加以组织；（3）由法规严格规定官职的职能；（4）官员的任命基于自由选拔达成契约关系；（5）官职人员的选任基于专业技术资格，最理想的情况是通过考试或由专业训练证书为保证，或二者兼之，这意味着官员是任命的而非选举的；（6）官员的报酬是货币形式的固定工资，工资等级与其在等级制中的层级相适应，官员一般有领取退休津贴的权利，有离职的自由，在某些情况也可被解职；（7）行政职位是唯一的或主要的职业；（8）职位构成一种职业，其中存在晋升制度，官员凭其资历或功绩或二者兼之，由上司评判予以晋升；（9）官职工作与行政管理手段之所有权完全分离，官员不得占有其职位；（10）官员服从于严格的和系统的纪律和控制。①

在西方进入“福利国家”之前，政府的职能一般限于制定维护市场秩序正常运转的各种制度和规则，控制各种破坏市场秩序的行为。然而，20世纪30年代的经济危机推出了“福利国家”的政策，政府要承担起“市场失灵”所无法履行的功能，因而导致政府规模的扩大，政府日益介入广泛的经济事务领域，承担了越来越多的经济职能。官僚制及其构成在这个过程中也随之有所改变。除了“市场失灵”导致政府职能扩张以及“预算最大化”等经济性因素促进了官僚制的增长外，技术与社会结构的变化也在不同方面促进了这一增长。② 官僚制的扩张一方面表明了官僚制在解决上述经济、社会问题时所取得的成就，另一方面，官僚制的成就更进一步提高了人们对它的期望，这种期望在促进官僚制增长的同时，也成为人们批判指责官僚制的一个参照系，亦即官僚制行政的现实与高期望值之间的差距成为批评的一个出发点。批评可能来自不同的批评者，批评的对象也各不相同。如普通公民日益强烈地指责官僚制的无能和失策，指责官僚制不能提供多种类型的公共服务，甚至怀疑其合法性；政策制定者批评官僚制扩张带来的财政危机，强烈要求缩减其规模；地方政府则要求改革官僚制的集权控制，倡导分权；私营部门则讥讽公共物品供应的集体方

① Max Weber, *Economy and Society: An Outline of Interpretive Sociology*, University of California Press, 1978, pp. 220 - 221.

② 詹姆斯·Q. 威尔逊：《美国官僚政治——政府机构的行为及其动因》，张海涛等译，中国社会科学出版社 1995 年版，第 219—220 页。

式，断定官僚制运行僵化而死板，不再适应经济和技术高速发展的当代世界。

综上所述，政治现代化是现代化进程中的一个重要的组成部分，推动了文官制度的发展演变。现代化的发展引起了政治体性质、功能和结构的变化，现代政治体的性质、功能和结构规定着官僚制的存续、官僚制行政结构本身的特征和行政行为的取向。

第二章

官员制度转型理论与历史考察

第一节 制度与制度变迁理论

官员制度转型从制度层面来讲，它是一种制度变迁。研究和分析官员制度的转型，必须以经典制度理论为基础。

一 制度的内涵与特征

制度经济学作为一种西方学说很晚才被介绍到中国来，但中国人对“制度”并不陌生。注重与自然和谐相处的中国人，对人与人的关系尤为关切，从而很早就注意到人与人关系的稳定均衡——制度的意义。关于制度及制度变迁理论的研究，最具有影响的是马克思主义和西方制度经济学两大派别。

（一）制度的定义

1. 马克思主义的制度

马克思曾经指出，“共产主义所建立的制度，正是这样的一种现实基础，它排除一切不依赖于个人而存在的东西，因为现存的制度只不过是个人之间迄今所存在的交往的产物”①。马克思主义的制度是一种社会“交往形式”，它依赖于社会中人们之间的关系，并随这种人与人关系的改变而改变。显然，马克思主义的制度亦即是社会生产关系的形式，有两个层次：一是指经济基础或经济结构，即生产关系部分，亦称为生产关系总和；二是以经济关系为基础的上层建筑，是指建立在一定的经济基础（社会生产关系的总和）之上的社会思想、观点，以及相应的制度、设施和组织的复杂体系。

2. 西方制度经济学的制度

道格拉斯·诺斯给制度下了一个经典的定义，他认为：“制度是为约束

---

① 《马克思恩格斯选集》第1卷，人民出版社1995年版，第78页。

在谋求财富或本人效用最大化中个人行为而制定的一组规章、依循程序和伦理道德行为准则。”一般说来，制度可以理解为一个社会中人与人交往时所共同遵守的一套行为准则。

从西方制度经济学来看，制度是决定人们相互关系而人为设定的一些规则，其主要作用是通过建立一个人们相互作用的、稳定的（但不一定是有效的）结构来减少不确定性。在《制度、制度变迁与经济绩效》一书中，诺斯开宗明义地写道：“制度是一个社会的游戏规则，或者更正式地，是定义人类交往的人为的约束。”① 根据这个定义，法律、习俗、道德都是制度的一部分。樊纲在综合了各家之言后认为：制度是由当时在社会上通告或被社会采纳的习惯、道德、法律、规定等构成的一组约束人的社会行为，因而是调节人与人之间社会关系的规则。

（二）制度的特性

作为社会安排（Social Arrangements）的制度具有以下特点：

1. 制度的互补性

事实上，一个制度的效率不仅受到其所处的制度环境或者制度背景影响，还要受到其他制度的影响②。而制度的互补性正是在不同制度之间相互增进作用的基础上提出来的，简单地说制度互补性是指一个特定制度体系中的各个组成要素是不可分离的③。具体而言，在一个经济体中存在多种制度要素（包括正式的和非正式的），这些制度要素相互结合、相互作用，共同形成一个有机的整体。青木昌彦和奥野正宽指出了制度系统的结构性特征，进而分析在一个经济体中，如果一个制度的存在成为另一个制度存在的理由，则它们之间具有制度互补性。④

2. 制度的外部性与内部性

制度的互补性特征实际上从另一个侧面说明了制度作为公共物品的外部性特征。萨缪尔森认为，公共物品是指“每个人对这种产品的消费，都不会导致其他人对该产品消费的减少”。相对而言，私人物品是指“如果一种

---

① ［美］道格拉斯·C. 诺斯：《制度、制度变迁与经济绩效》，上海三联书店1994年版，第2页。

② L. Davis and D. L. , North, “Institutional Change and American Economic Growth”, *Jounral of Economic History*, 1971, pp. 131 – 149.

③ Bebchuk, Lucian A. and Roe, Mark J. , “A Theory of Path Dependence in Corporate Ownership and Governance”, *Stanford Law Review*, Vol. 52, 1999, pp. 127 – 170.

④ ［日］青木昌彦、奥野正宽：《经济体制的比较制度分析》，中国发展出版社1999年版，第9页。

物品能够加以分割因而每一部分能够分别按竞争价格卖给不同的个人，而且对其他人没有产生外部效果”。①不难理解，由于组织内部规则变化带来的绩效变化，进而会对其他组织产生影响。因此，制度的外部性普遍存在，外部性分成了正、无与负三种。制度的影响可以分成内部性和外部性两种效应。因此，就内部性而言，制度对其行为主体的福利具有正的、负的或无影响三种情况，即有利、有害或无关。由此，制度的外部性与内部性的组合就有九种可能，如表 2 – 1 所示的九种可能的组合。

表 2 – 1　　制度的内部性与外部性组合②

	正外部性	无外部性	负外部性
正内部性	I_{11}	I_{12}	I_{13}
无内部性	I_{21}	I_{22}	I_{23}
负内部性	I_{31}	I_{32}	I_{33}

3. 制度的稳定性

一般而言，I_{13}组合虽然对行为者自己有益但却具有负外部性，实施过程中存在外界的巨大阻力，所以一般是不会出现和长久存在的，即使出现也是由于短期内外界没有充分认识到其负面影响。随着外界环境逐渐认识到其负面影响，反对与抵制的力量也逐渐增强。因此，哪怕是采用权威的力量或强制性的手段也不能确保此类制度的长期存续。I_{23}和I_{33}两类组合是对行为者自身无利而又对外界有害的制度，I_{32}组合是对外界无影响但对行为者自身有害的，因而这三种组合均是不可能出现和长期存在的。而组合I_{22}既无内部性也无外部性，此类制度根本就没有存在的价值，从理论上讲也不可能出现。由此，一般而言现实中将只会存在I_{11}、I_{21}、I_{31}和I_{12}这四种组合。

定义制度的外部性为 W 内部性为 N，假设存在 m 种单项制度，于是整个社会制度剩余此时为 $S = \sum_{i}^{m} W_i + \sum_{i}^{m} N_i$。若不考虑社会福利的公平性与分配问题，则 S 最大化便是一种最优的制度。但是，制度的外部性与内部性并不是绝对的、一成不变的，会随着制度环境、行为主体的文化特质、偏好

① Samuelson, P. A., “The Pure Theory of Public Expenditure”, *Review of Economics and Statisties*, 1954, Vol. 36, p. 387.

② 战松：《制度与效率：基于中国债券市场的思考》，西南财经大学出版社 2006 年版，第 24 页。

以及技术条件等的改变而改变，即 $W = w$（经济发展总水平；制度环境；技术条件……），$N = n$（经济发展总水平；制度环境；技术条件……），随着变量的变化会使得本来是正外部性的制度向负外部性的方式演进，正内部性的制度向负内部性的制度演进，于是制度之间互补性变成了互斥性，制度变迁的需求随之产生。①

（三）制度的功能

制度决定了社会和经济的激励结构。林毅夫认为，制度提供了安全（对确定性）与经济（规模经济与外部效果内部化）两方面的功能服务；张春霖认为制度提供了资源配置功能和行为动力功能；刘世锦则将制度的功能分为激励、配置、保险和约束四个方面的功能。综合起来，制度的功能可以概括为：一是为经济提供服务。二是为合作创造条件。三是降低交易成本。四是提供了激励机制。五是制度具有约束的功能。六是提供保险的功能。

制度具有很多的功能，它也是影响经济效率的重要因素，经济发展的过程也是一种制度替代另一种制度的过程。从博弈论的角度分析，制度是博弈的规则，在不同的规则条件下，行为主体会采取不同的决策。而不同的决策选择对于单一行为主体和整个行为主体的收益会产生不同的结果，所以制度本身影响资源配置的效率。②

二　制度变迁理论

制度虽然具有内在稳定性，但并非一成不变，而是随着环境变化而发生变迁。从制度经济学的角度来看，制度变迁是制度的替代、转换与交易过程。制度变迁的基本问题是变迁的特性、变迁的主体、变迁的动力与变迁的方式。

（一）制度变迁的内容

制度变迁是指制度的替代、转换与交易过程。③ 作为一种“公共物品”，制度的替代、转换与交易活动也都存在着种种技术和社会的约束条件。在制度变迁的过程中，实际制度需求的约束条件是制度的边际替代成本（即机会成本）。

① 锁利铭：《基于制度变迁的政府转型动力与实施机制研究》（博士学位论文），贾永志教授指导，西南交通大学，2007 年，第 33 页。

② 安筱鹏：《城市区域协调发展的制度变迁与组织创新》（博士学位论文），饶会林教授指导，东北财经大学，2003 年，第 110、111 页。

③ North，D. C. and Thomas，R. P.，*The Rise of the Western World：A New Economic History*，Cambridge University Press，1973.

制度变迁的内容一般包括：（1）保存原有的各种制度安排，产生新的制度安排，这样，整个社会的制度结构就增加了新的构成因素，各种制度安排的相对地位也可能随之改变，这种变迁过程可以被认为是一种增量式的制度变迁；（2）原有的某些制度安排因失去了存在的意义而消亡，整个社会的制度结构也发生变化，这种变迁可以认为是一种自然演进的过程；（3）原有的制度安排演变为新的制度安排，也许它还保留了旧制度安排的某些特征，但已不同于原来的制度安排，这种制度变迁可以认为是一种改造式的渐进过程；（4）在原有的制度结构中，各种制度安排的性质、种类不变，但相对地位发生变化，可以称为二元的过渡变迁；（5）整个社会的基本制度或基础性质制度的改变，可以称为社会的彻底革命。

（二）制度变迁的主体

关于制度变迁主体，存在两种主要观点：第一种看法认为，制度变迁是一个自然演进的过程，是无主体的，而且人本身也是受到某些制度因素决定，与制度一起变迁的。这种观点被称为“社会达尔文主义”的变迁观或演进主义的变迁观，又被称为“内生制度变迁”，代表人是哈耶克。

与之相对的则是较为主动的制度变迁观。这种观点来源于洛克“政府是人设计”的观点，认为制度变迁完全是由人的意志来决定，是人们设计、选择的结果。因而，制度变迁不仅有主体，而且是主体决定与选择的。这种观点可称为建构理性主义的变迁观，代表人是诺斯。诺斯表明：制度是人们创造出来的东西，制度演进亦是为人们有意识的行动所任意改变，并构成约束人们行为的规则。[①] 另外，林毅夫发展的“强制性制度变迁”是制度构建主义最激进的观点，认为政府可以通过法律法规等方式强制加以实施。[②]

本书认为无论是制度变迁的构建主义还是演进主义，都不是绝对的。不同性质的制度，有着不同的变迁规律。在研究美国官员制度变迁时，本书赞成构建主义的制度安排方式，认为行为主体在制度变迁中发挥着主动的作用，这种主动作用通过其个人的行为影响集体行为，集体行为又构成了制度变迁的动力或者阻力。

（三）制度变迁的动力及有效制度变迁假说

就制度变迁的动力而言，在现实社会发展中，制度总是要借助不断的创

① 程恩富、胡乐明：《新制度经济学》，经济日报出版社2005年版，第187、193页。

② 林毅夫：《关于制度变迁的经济学理论：诱致性变迁与强制性变迁》，载《财产权利与制度变迁》，上海三联书店1994年版，第371—400页。

新来拓展自身的绩效范围。一般意义而言，如出现预期的净收益超过预期的成本，一项制度就会变迁。制度变迁只在两种情况下发生：一是变迁改变了潜在利益；二是变迁成本的降低使制度的变迁变得合算。可以说，制度变迁是制度主体根据成本效益分析进行权衡的结果。

制度变迁的现实要求来自于制度的效率功能，Robbert Barro 认为解释各国经济增长差异的原因正是在于经济制度与政治制度的不同。作为国家和社会主体的个人、社团和政府都企图在实现过程中减少实施成本和摩擦成本，从宏观上谋取经济、政治和社会的最大收益。从微观上对不同主体的行动空间及其权利、义务和具体责任进行界定，有效约束主体行为，缓解社会利益冲突。几乎所有的新制度经济学家都承认，制度创新的终极动力在于追求个人利益最大化，即一项制度安排是在预期的净收益超过预期成本时就会被创新。[①] 如果组织操作一个新制度安排的成本小于其潜在制度收益，就可能发生实际的创新。

（四）制度变迁的方式

制度变迁的方式从其途径来划分，有制度移植和制度创新；从其主体来划分，有诱致性制度变迁与强制性制度变迁；从其速度来划分，有渐进式制度变迁与突进式制度变迁；从其范围来划分，有局部制度变迁与整体制度变迁，等等。

1. 渐进式变迁与突进式变迁

从制度变迁的速度来划分，制度变迁可分为渐进式变迁与突进式变迁。所谓渐进式变迁，就是变迁过程相对平衡、不引起大的振荡的变迁方式。这种方式决定了从启动变迁到变迁需要较长的时间。突进式变迁也可称为激进式变迁，它是迅速地废除或破坏旧制度，制定和实施新制度。例如，从计划经济向市场经济转型是一种制度变迁，有些国家是渐进式变迁，而有些国家是突进式变迁。

2. 主动变迁与被动变迁

这是从制度变迁的态度来划分。主动变迁是一些主体从自身利益出发对现存制度进行主动创新。制度是多个利益集团力量对比的结果，当一个利益集团发现制度不均衡而存在获利机会时，它们会支持制度变迁。另一些集团不存在潜在的收益，因而缺乏制度创新的动力。但当某些主体已经发动并实施制度变迁时，制度结构进而利益结构就会发生变化，原来缺乏变迁动力的

① 卢现祥：《西方新制度经济学》，中国发展出版社 2004 年版，第 145 页。

主体因受到变革的影响和冲击，若不适应变迁就会受损，这时也不得不进行制度变迁。这种变迁就是被动变迁。

3. 局部变迁与整体变迁

从变迁的范围来划分，制度变迁可分为局部变迁与整体变迁。局部变迁是指某个方面或某个层次的制度独立于其他制度而变革，一个国家的某些地区的制度独立于其他地区而变迁也叫局部变迁。整体制度变迁是指特定社会范围内各种制度相互配合、协调一致的变迁。

4. 诱致性变迁与强制性变迁

根据制度变迁是由一个利益主体的自发引入还是由政府强制推行，可以把制度变迁分为诱致性变迁与强制性变迁。第一，诱致性制度变迁是指制度的创新是由一群体在响应由制度不均衡引致的获利机会时，所自发倡导、组织和实行的制度变迁。其特点可以概括为：（1）营利性。即只有当制度变迁的预期收益大于预期成本时，有关创新群体才会推进制度变迁。（2）自发性。诱致性制度变迁是一种自下而上、从局部到整体的制度变迁过程。第二，强制性变迁是由政府命令、法律引入而实现的。强制性制度变迁的主体是国家或政府。①

第二节　传统官员制度及其特征

官员制度，作为一种国家管理或统御社会的行政体制，有着悠久的历史和漫长的发展过程。从古代社会到现代社会，在不同的社会形态下官员制度呈现出不同的模式。传统官员制度的典型模式是以中国古代君主专制官僚制为代表的。中国古代官僚制历经两千多年的发展，在政治统治和国家治理等方面有着许多成熟的理论和制度，官制的发达和完备是举世公认的。作为传统官员制度典型的中国古代官僚制对现代理性官僚制的形成和发展产生了深刻影响。

一　传统官员制度的产生与发展轨迹

“科层制是一个社会发明！或许是人类最伟大的社会发明！”美国学者查尔斯·佩奇（Charles H. Page）的结论代表了学者们对科层制源起的最普

① 林毅夫：《关于制度变迁的经济学理论：诱致性变迁与强制性变迁》，载《财产权利与制度变迁》，上海三联书店 1994 年版，第 371—400、399 页。

遍观点，并在一定程度上约定俗成而成为普遍定论。[①] 科层制是逐渐形成和不断完善的，至少在几千年前的文明古国埃及和中国都已初具雏形，它是人们为适应社会化合作需要而摸索和总结出的管理模式，借用哈耶克的概念来理解就是一种“试错”与“调适”的过程，是一种“扩展秩序”或者“自生自发秩序”。

传统官僚制行政最早出现在最初的家产制支配中。家产制的官职最初源自王室家计管理的宫内职务，并且是从王室和宫廷中的私人性服务中发展出来的。如雅克·雅森（Jac J. Jassen）指出，近代政府中的“部门”（department）最初是指宫廷里的“房间”（room）；在埃及古王国末期，如在其他社会中一样，对皇帝个人奴仆的称谓往往成为王室或宫廷顾问的尊称。[②] 韦伯也指出，王室官职大都出自国王家计管理的需要，如管理膳食与厨房的Truchsess，监督酒库的Kellermeister或Mundschenk，管理马厩的Marshall，管理奴婢与从臣的Hausmeier（宫宰），监督劳役的Fronvogt，负责服饰与军需品的Intendant，管理库藏与财政的Kamnerer，与负责整个宫廷管理的Seneschall。[③] 与官职乃自王室家计管理中发展而来相匹配，君主主要从其人身依附者包括奴隶与隶属民中选拔官吏，韦伯称之为“家产制的拔举”（Patrimonial Rekurtiert）。随着王室家计管理的复杂和对政治性管理的需要，君主通常也自家产制之外的范围选拔官吏，这些人或是君主的个人忠诚者，或是与君主有忠诚关系的封臣，或是对君主有个人恭顺关系的自由人。[④]

从科层制的形成过程可以推断，它首先被用于军队编制和组织，这就诞生了军队科层制，随着相互征伐和军事控制，这种模式被推广和社会化并广泛应用，科层制就逐渐传播开来并不断完备。德国著名学者、享誉世界的社会学大师马克斯·韦伯（Max Weber）认为“第一个彻底执行的世袭制——官僚体制的行政管理的是古代埃及”。在罗马第一帝国晚期，特别是戴克里先王朝和由它发展起来的拜占庭主义国家明显地发展了官僚制度，甚至罗马的天主教会和王公专制下的欧洲国家在形式上也发展了官僚制度[⑤]。

---

① ［美］彼得·布劳、马歇尔·梅耶：《现代社会中的科层制》，学林出版社2001年版，第一版序言。

② Eugene Kamenka, *Bureaucracy*, B. Blackwell, 1989, p. 18.

③ ［德］马克斯·韦伯：《支配社会学》（1），广西师范大学出版社2010年版，第100、34页。

④ 同上书，第34、101页。

⑤ 同上书，第287页。

“中国有一个世界上最古老，延续时间最长的官僚制历史。”① 它的产生经历了夏、商、周，特别是春秋战国时期官僚制思想和体制的萌芽时期，以秦朝以后的封建地主经济和中央集权的官僚政治的结合为社会基础和条件。自秦始皇统一中国以后，大一统的中央集权体制实际上已经具备了科层制的所有形式特征，特别是隋朝实行科举制度以来，中国官僚制度已经达到封建社会顶峰。因此，传统官员制度以中国古代的君主专制官僚制最为典型。

（一）传统官僚制的萌芽

从严格意义上说，夏、商、周时期政治上实行的主要是贵族政治下的“世卿世禄制”，故这一时期选任官吏的制度还不能称之为官僚制。到了春秋战国时期，古代官僚制已经开始萌芽。春秋战国时期，这是一个诸侯争霸、时局动荡的时代，也是一个各种国家和社会力量分化瓦解与重新整合的历史阶段。在这个过程中，原来在夏、商、周时期盛行的贵族君主政体开始走向瓦解。这主要表现在两个方面，第一，由于诸侯争霸，各诸侯国的地位迅速上升，使得国家最高统治者“周王”的地位受到严重削弱，并趋于被后起的霸主所替代。第二，由于社会动荡和战乱，各诸侯国急需网罗天下人才为己所用。所以，以宗法和血缘为特征的贵族地位日趋下降，而社会下层的人才却日益得到重用。到战国后期，地方行政制度、官吏的任免制度、考绩制度等都已经建立起来，中国古代官僚制已经处于萌芽和初建状态。因此，从某种意义上说，中国古代官僚制的产生“主要还是春秋战国之际社会变动的产物”。② 或者进一步说，是当时的社会进步与经济发展在政治体制层面的体现。

（二）封建专制官僚制

秦灭六国，结束了诸侯割据的战乱局面，建立起统一的中央集权的君主专制国家。也正是从这时开始，随着经济领域地主经济的逐渐确立和政治领域官员任命的血缘家族关系逐步被打破，以及行政、监察、财政、军事和考绩等管理的分化，一种比较完备的君主专制的官僚制度逐步确立起来。从经济的角度来看，“中国的专制官僚政体是随中国的封建地主经济的产生而产生的，它主要是建立在那种经济基础上的……”③ 这种中央集权的君主专制

---

① Edited by Keith M. Henderson and O. P. Dwivedi, *Bureaucracy and the Alternatives in World Perspective*, New York: St. Martin's Press, 1999, p. 131.

② 卜宪群：《秦汉官僚制度》，社会科学文献出版社 2002 年版，第 7 页。

③ 王亚南：《中国官僚政治研究》，中国社会科学出版社 1981 年版，第 54 页。

官僚制，在秦汉以后得到历朝历代的传承和发展。因此，古代官僚制在客观上起到了配合、支撑和维护封建统治的作用。所以，正如王亚南先生深刻指出的，虽然君主拥有绝对的权力和地位，“但无论是经济权力或政治权力，离开了他的官僚机构和官僚系统，都将变成空无所有的抽象”。①

由于封建官僚制能够有效组织社会、整合资源、强化管理和有利于高度集权，因而在所有需要社会化组织的地方被广泛采用，可以说随着人类社会化程度的提高和近现代民族国家等大型组织的兴起而广泛传播。正是由于封建专制官僚制在阶级统治、维护社会秩序稳定方面的强大统治功能，有力地维系了封建社会的长期延续和发展，同时自身也得到了维护和扩张。现代科层制度也就是马克斯·韦伯所说的纯粹理性科层制度则是到了 17 世纪资产阶级革命以后才逐渐出现的。

二　传统官员制度的内容

君主专制下的官僚制，是一种以“人治”为基础的政治体制。所以，君主专制官僚制从政府机构的设置到官员的选任和管理，无不深受这种理论基础的影响而表现出强烈的专制和独裁政治的特点。但是，如果仅从技术上来看，其基本制度、运转机制是相当精密有效的。

（一）封建专制官僚制的“人治”基础

在君主专制下的官僚体制下，“明君”、“清官”成为国家治理过程中追求的虚幻目标，并转变为约束和评判君主和官吏行为的模糊规则。国家的统治是通过对人的道德教化建构起一套严格的伦理制度来规范和约束人们的行为加以维持。国家虽有某种形式的法律，但整个官僚体制的运作都是以君主个人的意志为核心，并以君主和官吏们的主观判断为基础。因此，无论在权力结构方面，还是在职能行使方面，君主专制的官僚制都显示出一种强烈的“人治”特征。“人治”（ruled by man）成为古代君主专制官僚制的基础。所谓“人治”，就是国家以一套严格的道德制度去规范和约束人们的行为，从而产生社会秩序。从中国的“圣人”、“明君”到古希腊柏拉图的“哲学王”莫不如此。

（二）基本制度与运作机制

封建专制官僚制的专制性质已经为现代民主国家所抛弃，但是，古代中国官僚制其基本制度设计和运作机制却堪称是一种精致完美的行政机器。首先，在中央层面上，中国古代官僚体制的设置采用的主要是“三公九卿制”

① 王亚南：《中国官僚政治研究》，中国社会科学出版社 1981 年版，第 62 页。

和“三省六部制”；其次在地方层面上，设置郡县、府州、乡里等行政层级，形成了垂直式的权力机制链条。①

封建专制官僚制运作的另一个突出特征，是中央对地方政权实行严格控制。专制君主为防止地方官员形成独立的势力，不断强化官僚机构和官员之间的制约和牵制。这种“强干弱枝”的做法，对于加强中央集权、维护国家统一是必要的。但是，这种层层防范与制约，不仅使得各官僚机构的正常运作严重受绊，内耗巨大，许多正常的制度运行也遭到破坏。同时，没有相对独立的权力必然会影响地方机构和官员对地方政务的有效治理，地方行政机构自主性和独立性的丧失，也使得他们成为绝对遵守君主命令的傀儡，而不能根据实际情况变通规则而有所作为。

（三）基本职能和作用

封建专制官僚制作为一种政治体制或一种行政管理体制，无论从制度设计和机构设置上来看，还是从其对官员的选任与管理来看，都是一种非常成熟和完备的机制。通过科举考试，封建国家将社会上的“贤良”吸收到官僚机构中，根据才能委以不同的官职和承担相应的责任，有力地保证了封建国家官僚制的有效运转和国家政治统治的稳定。另外，通过配套考核与奖惩制度、监察制度和退休制度，形成一个系统化的选拔、培训、考核、奖惩、监督和退休等一系列管理环节和过程。

根本而言，封建专制官僚制作为一种国家为维护其政治统治而设立的政治制度，其基本的也是最根本的职能和作用就在于为维护君主的独裁专制统治服务，是专制君主统御天下的政治工具。虽然，从本质上说封建专制官僚制是以维护君主专制统治为目的与核心的，但它也承担一定的社会管理职能，如社会治安、农业和商业的管理、基础设施的修建、自然灾害的赈济等。当然，这些基本社会职能的履行，既有利于人民安居乐业，也有利于获得民众的支持，巩固和强化封建君主的统治。然而，事实上，由于封建专制官僚制反民主的本质，决定了其无论在执行其政治统御职能还是在执行社会管理职能时，往往是为了维护君主利益而肆意伤害和侵犯人民的生命、财产、自由和权利。

三　传统官员制度的特征

封建专制官僚制，作为在专制政体下的一种行政管理体制，是与当时的

① 张剑玉：《官僚制与现代民主政治》（博士学位论文），陈炳辉教授指导，厦门大学，2007年，第34页。

社会经济、政治与文化的发展状况相适应的，从某种意义上说，封建专制官僚制是古代社会发展的必然产物。因此，传统农业社会的地主经济、中央集权的政治体制和人治政治思想文化，以及落后的教育和愚民政策等因素，无不对封建专制官僚制产生深刻影响和制约，从而使其表现出许多突出特征。

（一）经济基础：封建地主经济

封建地主经济的兴起，在经济上破坏了原来土地分封制下的领主经济（landlord economy），在政治结构上冲击和破坏了血缘贵族政治。封建地主经济是促进封建专制官僚制迅速发展和完善的核心动力和经济基础。封建地主经济的建立对于封建专制官僚制的意义在于，对辽阔疆域内土地和附属其上农民的控制权的客观需要，刺激了封建君权的兴起和中央集权的形成，从而带动和促进了真正意义上官僚制的建立和发展。君主一己之力不足以达到统御天下的目的，必须建立一整套从中央到地方的官僚组织体系（包括行政官僚机构和军事指挥系统）。

另外，封建地主经济与官僚制之间存在一种互相影响的关系。封建专制官僚制植根于封建地主经济之上，封建地主经济决定了封建专制官僚制的性质和功能；封建专制官僚制推动了地主经济的发展，通过其有效运作保护和强化着这种经济形式。二者之间这种政治与经济的有机结合和协调运转的机制，虽然会逐渐引起严重的土地兼并和垄断，并最终导致一个个封建王朝的覆灭。但是，这种机制对于维护和巩固封建统治的积极作用是巨大的。漫长的封建社会，改朝换代不断上演，但封建地主经济和封建专制官僚制仍然存续，死而不僵。

（二）政治基础：中央集权的专制政体

如果说封建的地主经济是君主专制官僚制的经济基础，那么高度中央集权的专制政治体制就是它的政治基础。实质上，君主专制官僚制“是以政治的集权控制土地所有权的专制，这是政治和经济统一的制度”，这是“以暴力夺取政权，以政权控制土地所有权，进而控制全国的土地”。[①] 高度中央集权的专制政权，以所谓“天下事，无大小皆决于上”[②] 的“集权”和“专权”形式，依靠按照有才能和对君主忠诚的标准建立起来的庞大的官僚组织，来实现对国家的有效统治。

中央集权的专制政体下，君主的权力成为一种绝对权力，官僚的权力绝

① 刘永佶：《民主的权威》，中国经济出版社2005年版，第121页。

② （西汉）司马迁：《史记·秦始皇本纪》，新世界出版社2007年版，第37页。

对地服从君主的命令和意志，而不能有任何的抵触和冲突。自然，在这样的体制下，专制是绝对不可避免的，而民主也是绝对不可能存在的。虽然官僚处于从属和被动的地位，但君主专制官僚制是这种集权专制政体的有机组成部分和重要支撑，如果离开了官僚制的运作，整个君主专制政体就会陷于瘫痪。

（三）思想基础："人治"观念

君主专制官僚制是以"人治"思想作为其理论指导基础的。"人治"思想实际上是以"人性善"的假设为前提的。然而，事实上人性是不可靠的，不要说平民百姓，即便是圣贤伟人，因为个人的主观意志的错误决断而祸害社会和国家的事例比比皆是。因为，人治以依赖人的道德和人性为前提，而没有考虑设计或制定防范的制度和措施。这样就没有有效的监督和制约，导致绝对的权力和权力的滥用。因此，把国家的治理寄托于无法确定的虚幻的人性之上，显然是危险的。

而现代国家的"法治"思想则是以对法律的依赖和人性善的怀疑为前提的。对性善有怀疑，或者相信人性是恶的，就会使人们想到要设计或制定防范的制度或措施，从而可以起到预防、监督权力滥用达到避免官僚行为失范的作用，并在法律和制度遭到破坏时提供确定的和具有权威的惩罚依据和标准。显然，这是一种理性的观点和做法。因为，所谓法律实际上是人民中大多数人的共同意志的制度体现。按照法律行事，就是遵照大多数人的意愿，即人民的意愿来行动。这当然就是一种民主的治理，即"法治"。

（四）完备的官员选任和考察制度

为巩固君主专制统治，封建专制官僚通过科举考试、举荐或军功的方式从社会下层人士、能人异士和战争中立有军功的将士中选拔合适人员进入国家政治或军事机构，不断扩大官僚队伍。特别是中国的科举制度，尽管存在弊端，但它为中国封建官僚机构提供了人才资源，使其能够经常保持一种开放和流动的状态，这对于防止官僚机构的贵族化、腐朽化趋势，保持官僚体制的活力和效率具有重要的意义和作用，这也正是中国封建王朝能延续两千多年统治的奥秘。随着君主专制官僚制的产生和发展，逐步形成了完备的政府官员选任和考察等管理制度。这些制度的有效运作对于保持封建专制官僚制的稳定和强大的力量具有至关重要的作用。古代官僚制对世界各国的政府管理产生了重大而深远的影响，为现代官僚制的形成和发展提供了重要的理论借鉴和实践参照。

第三节　现代官员制度及其特征

虽然现代官僚制是在君主专制官僚制的基础上通过一系列变革转变和发展而来的，但是现代官僚制和传统官僚体制却存在着巨大的本质上的不同，体现出明显不同于旧体制的独特的基本特征。

一　现代官员制度的产生与发展轨迹

两千多年前中国已经建立起的封建专制官僚制，直到西欧中世纪结束以后才在欧洲出现。但和中国漫长的封建专制时期不同的是，欧洲君主专制的时代同时也是资本主义兴起、现代理性建立、资产阶级革命和民主政治发展的历史时期。随着资本主义和资产阶级民主政治的发展，专制君主的官僚制也在逐渐地改革演变，向着资产阶级民主政治体制下的现代官僚制模式发展。所以，到19世纪，现代意义上的组织严密的官员体制已初见雏形。当然，现代官员制产生不仅有国家政治层面的要求，也有经济社会、思想文化与政治层面的促动因素。

在经济与社会层面上，由于资本主义工商业的发展，新兴的资产阶级和普通民众都越来越乐见于一个能够保证公共治安、交通和市场安全的中央政权的发展。同时，随着现代大工业的发展出现了各种类型的大规模组织，社会政治关系日益复杂化，经济文化日益繁荣，人口的不断增多等，都带来大量、复杂而繁重的社会公共事务需要处理。这必须有一个功能强大的大规模的现代社会组织来担负管理的工作。而这个应运而生的管理组织就是现代官僚制。

19世纪中后期，随着资本主义国家经济的发展和社会的进步，政府官僚机构中存在的问题（如无能低效、政治腐败和政局动荡等）也日益显现，为了克服现行官员制度的弊病，英美等国家先后进行了官员制度的改革，通过颁布一系列法律和制度的方式对传统官员制度进行了大刀阔斧的改革，使得现代官员制度逐步确立起来。19世纪中后期，英国现代文官制度和美国现代文官制度的建立就是现代意义上的官员制度作为一种国家行政体制开始运作的重要标志。

二　现代官员制度的内容

19世纪以前，人们普遍认为官僚制“指一种行政职位为职业文官所占据（把持）的体制”。[①] 这种体制，在传统上是世袭君主统治国家的“御用

① ［英］戴维·毕瑟姆：《官僚制》，韩志明、张毅译，吉林人民出版社2005年版，第3页。

工具”。君主的权力是无限的，国家的权力是单极的，官僚制不存在对立物，当然也不可能成为君主权力的对立物。权力的运作畅通无阻，根本不存在所谓的约束与制衡问题，因此，只有专制，没有民主。随着资本主义的兴盛，资产阶级民主政治力量的壮大，在与之“共进”时，官僚制演化成代议制民主政体制度上的一个明确的“对立物”。当然，在现代民主政治体制下，这种对立的实质是指国家权力的分立与制衡，是民主的要求在国家权力结构上的一种体现。

现代官僚制，体现的是一种“法治”（ruled by law）和“理性精神”（rationalism），又称作现代理性官僚制（rational bureaucracy）。现代理性精神是贯穿于现代官僚制的精神实质，也是现代官僚制得以构建起来的思想基础。或者说，现代官僚制的制度、原则和程序机制无不内在地体现了一种否定“人治”和崇尚“法治”的理性精神。现代官僚制是理性主义在现代国家政治领域的现实化身。另外，现代官僚制的建立和普遍化过程也会促进理性精神的发展。所以，韦伯说，“整个统治的官僚体制化大大促进向着理性的‘求实性’、向着‘职业化’和‘专业化’发展，因此，官僚体制的统治结构服务于生活方式的‘理性主义’的传播”。[①] 现代社会的法治、民主的原则与法律、制度规范就是现代理性精神和民主政治在现实社会的化身。因此，官僚制的运作遵从这些原则和规范就是对现代理性精神和民主政治理念的最好体现。具体地说包括以下几个方面：

第一，崇尚并践行法治原则。亚里士多德说：“崇尚法治的人可以说是崇尚只由神和理智来统治的人，而崇尚人治的人则在其中掺入了几分兽性；因为欲望就带有兽性，而生命激情自会扭曲统治者甚至包括最优秀之人的心灵。法律即是摈绝了欲望的理智。”[②] 是的，对于人是这样，对于一种制度来说也是如此。崇尚法治与民主，并按照这种原则行动的官僚制，必然是富于理性精神和理智的。因此能够更好地通过自己的行动实行民主的目标。相反，崇尚人治与专制的官僚制则会变成一个可怕的利维坦。因此，“服从官僚制统治，就要求摆脱个人动机与个人感情的影响，排除任意性和随意性、遵守与职务相对应的原则并承担任务”。[③] 只有这样，才能使现代官僚制始

① ［德］马克斯·韦伯：《经济与社会》（上），商务印书馆1997年版，第320页。

② ［古希腊］亚里士多德：《亚里士多德选集·政治学卷》，中国人民大学出版社1999年版，第115—116页。

③ ［日］博森、矢泽修次郎：《官僚制统治》，吴春波编译，民族出版社1988年版，第38页。

终立于理性的基础之上，从而使国家权力的运作纳入法制的轨道，摆脱对人性的依赖。

第二，崇尚并践行民主原则。民主是现代官僚制的制度基础和运行框架，也是现代官僚制区别于古代官僚制的根本特征。因此，民主不仅应该成为现代官僚制努力实现的政治价值和目标，而且应该在自身体制运行的过程中自觉地克服官僚制本身所固有的非民主倾向。既主动接受民主代议机构的监督与控制，又积极采取灵活的形式和方法拓宽民主参与的渠道，吸纳社会团体和普通民众参与到政府的决策与管理的过程中来，并接受他们的建议、意见和舆论监督。总之，只有完全置于现代民主机制的控制之下的官僚制才是我们最理想的现代官僚制。以任何借口所造成的对民主原则的践踏都是不允许的。因为，遵守民主原则和实现民主目标是现代官僚制存在的基本理由和前提条件。

第三，理性信念的建立。现代官僚制是资本主义理性精神的重要载体。韦伯在对现代理性官僚制进行设计的时候，就已经“把推动资本主义进步的理性精神，以目标取向的理性行动的方式嵌入了现代政府官僚制之中”。① 所以，建立坚实的理性信念，不仅是现代社会得以建立的理念基础，而且也是现代官僚制建立的必要条件。因此，“韦伯认为，哪里的价值和信念建立在逻辑、计算与科学知识的基础上，换言之，哪里的理性化更为进步，哪里的官僚制就更为发达”。② 官僚理性，最基本的就是要保证对国家法律、制度和规范的严格遵守，保证对上级命令的严格执行。“官僚制的盛誉在于，尽管自己心存异议，也要恪守上级官方的错误命令，并忠实、准确、完全地执行它，这就是所谓的伦理规律与自我否定行为”。③

第四，建立权力分立与制衡原则。作为国家公共行政权力行使机关的政府官僚机构，由于现代社会发展的各种诱因，是极容易发生权力膨胀而突破民主规则的权力部门。因此，在行政官僚机构之外，在政治体制之内构建民主代议机构，并在社会层面上发展代表人民利益的团体和组织，从而形成从官方到民间的，能够表达人民的利益和诉求，行使人民的权力的民主机构和团体组织。也就是说，从权力结构上，要根本改变传统社会中政府官僚机构的权力一统天下的局面，加强国家民主代议机构（政党、议会等）的建设

① Ojvind Larsen, *Administration*, *Ethics and Democracy*, Aldershot: Ashgate, 2000, p. 43.

② ［英］马丁·阿尔布罗：《官僚制》，阎步克译，知识出版社 1990 年版，第 55 页。

③ ［日］博森、矢泽修次郎：《官僚制统治》，吴春波编译，民族出版社 1988 年版，第 38 页。

和社会政治团体的培育，使它们能够真正代表人民的利益，行使民主权利，以制约国家官僚机构权力的膨胀和非民主运作所带来的危害和负面影响。

王亚南先生说："某一个国家的传统封建关系愈强固，它的自由经济发展愈困难，它在此过渡阶段的官僚主义政治，就愈加要混合着专制主义和封建主义，而表现得更持续、更露骨。"① 一个国家理性的基础越坚固，现代科学与技术越发达，民主政治发展得越充分，那么，这个国家就会处处闪现着理性主义与民主主义的光芒。

三　现代官员制度的特征

虽然现代官员制度是在传统官员制度的基础上通过一系列变革演变和发展而来的，但是现代官员制度和传统官员制度却存在着巨大的本质上的区别，体现出明显不同于传统官员制度的本质特征。从宏观角度来讲，以现代民主政治体制为制度运转的基础和框架、以法律和制度作为权力运行的规则、贯彻并体现科学与理性主义的精神以及运用现代科学的技术与手段等都是现代官员制度的明显特征。

（一）法治化与制度化

实行法治化是现代官员制度的基础，也是它的精髓。法治的精神体现在官员制度建构中具体地表现为两个方面：第一，是指官员的行政职位和权责是法定的，不能任意变更。每一个职位上的官员根据法律和行政规章规定，承担明确而具体的职责并享有为完成工作而授予的权力。对行政职位进行法治化和制度化设计的意义在于，这样可以保证组织结构和人员规模的相对稳定和每个官员都能照章办事而不越权，有利于分工基础上的整体合作。第二，是指政府机构或官员的行动都必须有法律依据和制度规定，必须依法行政。而不能有超出法律和制度规定之外的任意行为。官员依据法律和制度行动，就是把官员的行为完全置于法律和制度的约束之下，从而保证了政府机构和官员行为的理性化，有力地避免了依靠"经验"和主观判断进行管理所带来的"人治"弊端。

（二）等级制与终身制

1. 等级制

现代官员制度在组织的权力结构上实行层级节制的制度。也就是说，组织权力纵向上按照职位层层授权，从而形成一个自上而下逐层控制的"金字塔式的"组织结构体系。在组织内，等级制则表现为按照地位的高低规

① 王亚南：《中国官僚政治研究》，中国社会科学出版社 1981 年版，第 34 页。

定上下级之间的命令与服从的关系。明确规定每一个职位上官员的权力和责任、命令和服从的范围。官员的等级制度主要表现在以下三个方面：第一，处于组织最高等级的官员和机构负有对整个官员组织机构进行领导和控制的权力和责任；第二，处于中间层级的官员，则既要接受上级的指挥和命令，又要对下级实施管理和控制；第三，对于下级官员来说，则必须依靠其上级的首创精神和解决问题的能力。也就是说，由于形成了一种法律化的等级制度，任何官员的行动方向往往都是由处在更高一级的官员决定的。

2. 任用制与终身制

在实行等级制度的官僚体制中，除了最高领导者和高层政治领导层以外，其他所有的官员都不是由选举产生的，而是由其上级权力当局行政任命的。也就是说，在官僚制中官员职位的委任和权力的授予实行的是一种行政任命制度。任命制产生的官员与民主选举产生的官员的最大区别就在于，行政官员的权力是来自上级的授予，而民选官员的权力则来自于一种民主方式的人民权力的转让。由此造成的不同后果是，行政任命的官员往往对授予其权力的“上级”或“领导”负责，而民选官员则自然就对选民负责。在现代官员制度下，除政务官员外，一般官员一经录用，则终身任职。

（三）行政的“非人格化”

现代官员制度的“非人格化”特征，表现在官员“对内的关系”和“对外的关系”两个方面。即无论在体制内官员与工作、官员与官员的关系方面，还是在体制外行使其职能时官员与其服务对象（民众）的关系方面，官员的行为都受到法律、制度或规则的严格约束，只有对事的关系而无对人的关系。简而言之，即“对事不对人”。官僚制的“非人格化”特征表现在组织职能的执行方面，则是指官员在执行公务的时候，应该平等地对待服务的对象，不能有任何感情因素的偏向。即要保持一种刻板的“冰冷”或“无爱亦无恨”的中立状态。

（四）考试录用制度与专业化

现代国家的官员普遍采用考试选拔录用制度。只有通过了正式考试才能获得官员任职资格，这是他们有机会进入组织并占据一定职位行使权力的依据。因为，只有通过考试并合格才能说明他们经由教育和训练获得了可以胜任行政职务的专门知识和技能。被录用并任命的官员，与组织机构之间以及与其他官员之间都是一种契约关系，官员具有完全的人格自由，不存在人身依附关系。而且，他们将随着其资历、年限和经验的增长，由低到高逐步获得晋升。

官员系统内部实行专业化的现代化管理。政府机构通过专业分工实现了对组织目标的分解，这样使每一个职位和官员都分担一定的子目标，同时又都自觉地围绕组织目标而协调工作。专业分工使得每个官员都必须对自己的职责范围内的业务非常熟练和精通，事实上他们也正是凭借这种专业技术能力取得胜任其职务的资格的。掌握了这些专门知识和技术的公务员在严格的纪律和规则的约束下，把主要的时间和精力都投入到办公室的职务和工作中，并逐步程序化和程式化，从而使其职务成为一种专业化的职业。

（五）管理的科学化

如前所述，现代官员制度的建构以法治化、非人格化和专业化为取向的，因此，官员制度在管理方法、途径和技术手段上是趋于科学化的。首先，官员在政府决策和执行方面十分倚重对各种专家的咨询和指导。其次，政府部门大量日常工作的开展几乎都是遵循精心设计的技术化的程序，并借助技术化的手段来完成。例如，在政策的制定过程中，对政策信息的收集、整理和归纳，决策方案设计、制定和政策的可行性分析与论证等，都会需要各种大量的技术手段的支持。因此，整个官员制度体系和组织的管理行为呈现出一种科学化的趋势。

（六）接受政治领袖的领导与控制

现代理性官员制度的建构是以政治与行政的二分为理论前提和基础的。所以，韦伯在进行官僚制模型的理论设计时显然也是以此为基本导向的。因为，他是以纯粹工具理性主义的标准来建构现代官员制度的。也就是说，按照韦伯的观点，现代官员制度只是一个适合现代大规模组织，特别是政府的官僚组织完成国家统治和社会管理的一种有效工具和管理体制。它的功能重在“执行”，而不在“决策”。

（七）传统性与现代性的冲突与交融

现代官僚制与传统官僚制，作为存在于两个不同社会发展阶段上的性质完全不同的两种官僚制形式，它们之间虽然存在着巨大的差异和区别，但另一方面，现代官僚制又是从古代君主专制的官僚制转变而来的。二者之间同样作为一种执行国家行政管理任务的组织体制，必然存在着许多共同的地方。现代官员制度体现了传统性与现代性的冲突与交融。传统官员制度中的“人治、专制”等因素与现代社会经济社会发展是格格不入的，传统性与现代性形成了激烈的冲突，但两者之间并不是一个简单的征服与替代的过程。从制度层面来讲，传统官员制度中“集权、专制”等落后制度形式已为社会所唾弃；传统官员制度中的“考试选拔制度、任用制、等级制、终身制等”具体制度形式为现代官员制度所继承，并结合现代社会的要求实现了创造性的转换和发展。

第四节　官员制度转型的制度经济学分析

官员制度变迁是传统官员制度向现代官员制度的转型与发展，从历史和比较的角度来看，现代官员制度的形成是传统官员制度在现代化进程中不断退去传统性、吸收现代性的量变到质变的过程，但要保留传统性精华，即传统性与现代性冲突与交融。从制度经济学的角度来分析，官员制度的变迁，无论是强制性制度变迁方式，还是诱致性制度变迁方式，均是以制度环境和制度主体为研究范围与对象。

一　官员制度变迁的生态环境

从政府在制度变迁中的地位与变迁范围来看，制度变迁可划分成政府组织外制度变迁与政府组织内制度变迁。

（一）政府组织内与组织外制度变迁

政府组织外制度变迁是指政府以外的经济主体的权利、交易机制与规则发生的变化，主要是指产权制度、契约类型、市场交易环境等，它们的变化与经济主体的经济利益直接相关。

与之对应，政府组织内制度变迁是政府组织内部主体的权利、组织结构等的变化，比如政府行为人的角色、官僚机构的规模与结构、提供公共产品的项目，以及与之对应的保障工具等。官员制度转型是政府组织内制度变迁的重要组成部分。具体来说，就是现有的政府官员制度已经不再适应新的制度环境和市场对政府的要求，此时的改革者在激励机制下，对传统制度进行改革的过程。但政府内部会不会产生制度自给自足的模式呢？直观的表示如图2－1、图2－2以及图2－3所示：

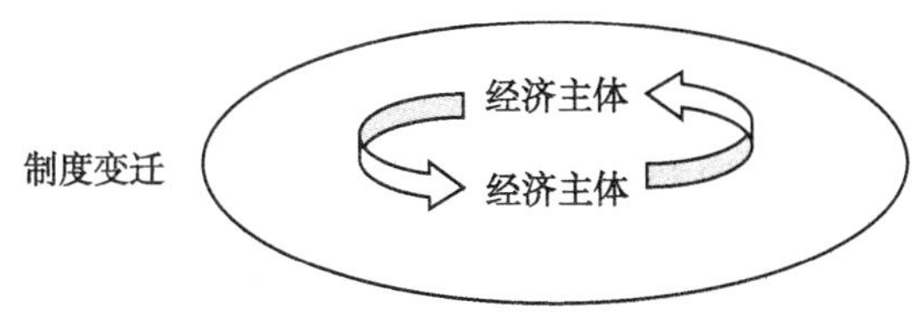

图2－1　政府组织制度变迁的自发模式

按照这两种变迁范围与两种变迁方式的划分，政府组织制度变迁模式可

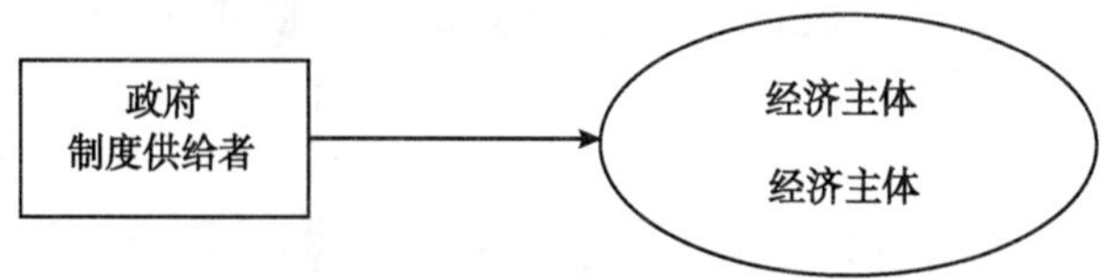

图 2-2 政府组织外制度变迁的补充模式

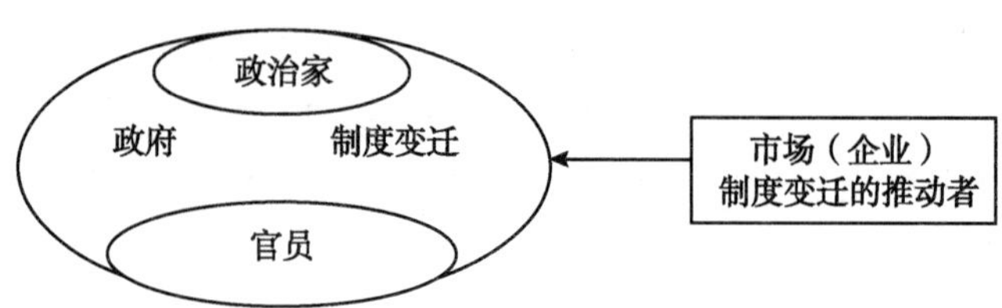

图 2-3 政府组织内制度变迁模式

以归纳成表 2-2 中的四种情况：

表 2-2 两种制度变迁范围可能变迁方式

变迁范围	变迁方式		
	范围	自发式	补充式
	政府组织内制度变迁	C_{11}内部动力不足	C_{12}新公共管理运动，海外扩张，国际竞争，加入WTO等
	政府组织外制度变迁	C_{21}组织或集体达成自愿契约	C_{22}法律制度的制定，政府进一步提供公共政策与公共服务

关于C_{21}与C_{22}上文已经做了描述，这里重点解释C_{11}与C_{12}的情况。首先，对于C_{11}而言，由于内部动力不足，无法发生，这也是“黑箱化”的制度变迁理论所无法解释的现实，反之，如果C_{11}能够自动地发生变迁的话，则整个社会的制度调整就会进入无粘性①的制度变迁机制中。然而同市场的价格机制会受到交易成本阻挠相类似，由于政府是一个非经济组织、行为人也非经济利益最大化者，内部主体的变迁动力不足，无法发生自发式的制度变迁。其次，C_{12}则是政府与外部关系的重新确定，即更多的政府职能与政府机构由社会与市场的力量来补充，于是规则便是由政府与社会力量共同制定与遵守的了。从 19 世纪后 30 年至今，西方国家正在经历的就是这种制度

① 宏观经济理论中，经常用价格粘性、菜单成本等现象来解释公共政策失灵问题。

变迁，包括国家的分权化、私有化、公司化、放松管制与重新管制、引入执行代理制、内部市场或者购买者—供给者分离制度的运用、招投标制度的建立等广泛而全面的改革，并被西方学者概称为“新公共管理运动（NPM）”。[①] 另外，在我国加入 WTO，使用全球化的规则来约束与补充政府自身的制度。

（二）二类制度变迁的关联

制度不是孤立存在的，相互之间往往（但并不一定）具有这样或那样的关系，包括各项制度之间的层次性和相关性，而相关性又可分为互斥、耦合和独立这三种情况。[②] 制度系统的重要特征就是结构性和均衡性。而制度变迁出现两种情况：由非双适态向既定双适态的变迁，双适态本身的变迁。而非双适态向双适态的变迁便是表 2－1 中的 I_{33} 向 I_{11} 的变迁，即增大社会制度剩余 S。

同样如此，政府组织内与组织外的制度之间的结构性与均衡性是该制度系统的特征。由于内部性与外部性的存在，二者之间存在着横向与纵向的双向相关性，在层次关系上，体现在政府组织外制度的私人制度特征以政府组织内制度的公共制度为基础；在结构上，体现在政府组织内与政府组织外制度的互补上，于是构成了一个制度网络。相对于政府组织内制度而言，政府组织外制度的外部性较小，也同时意味着排他成本与替换成本较小，自然推出，政府组织外制度变迁会发生在先。社会制度变迁会经历一个私人制度的自发变迁—私人制度的补充变迁—公共制度的变迁的过程，由此可以看到，变迁发生的领域从私人部门到公共部门必然是一个渐进的过程，因为每一次制度变迁的成本都在增大，时间也必然增长。如图 2－4 所示。

这就说明，以经济改革先导的模式，或者称为政府组织外制度变迁先导模式，是以一个最小的变迁成本逐步扩大的过程，则政府组织内制度变迁必然在一次制度变迁周期的最后才能发生。

二　官员制度变迁的效率

政府组织内制度变迁的方向我们已经明确，是以调整或减少其内部性来换取外部性，而我们也明白了这种制度变迁是发生在社会变迁的最后。以效率为导向的官员制度变迁一方面指明变迁目标，另一方面也为提高变迁质量提供了依据。

---

① ［英］简・莱恩：《新公共管理》，中国青年出版社 2004 年版，第 6 页。

② 张旭昆：《制度系统的结构分析》，《数量经济与技术经济研究》2002 年第 6 期。

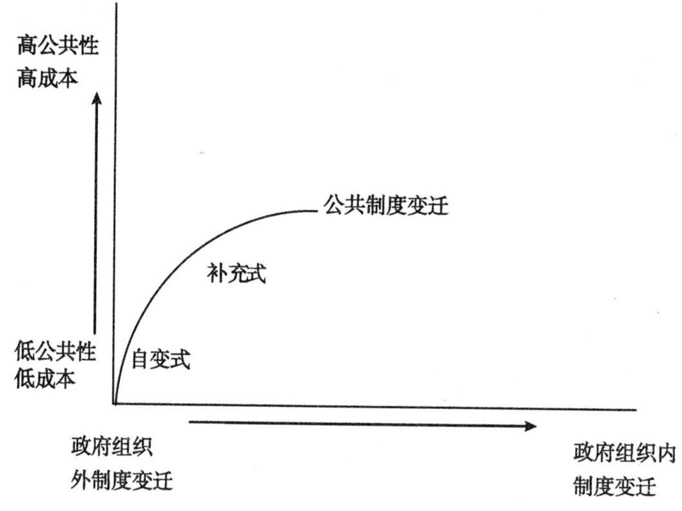

图2-4 制度变迁的社会顺序与成本收益

(一) 效率与制度效率

由于资源的“稀缺性”普遍存在，政治作为“谁得到什么，何时和如何得到”的资源的权威性分配方式，便产生了对“效率”追求。

制度经济学中的制度效率概念存在宏观与微观两个层次。在宏观层次上，主张制度对于国家的经济增长是决定性的。“有效率的经济组织是经济增长的关键；一个有效率的经济组织在西欧的发展正是西方兴起的原因所在。……有效率的组织需要在制度上作出安排和确立所有权以便造成一种刺激，将个人的经济努力变成私人收益率接近社会收益率的活动。……如果社会上个人没有去从事能引起经济增长的那些活动，便会导致停滞状态。……如果一个社会没有经济增长，那是因为没有为经济创新提供刺激。”① 在诺斯和托马斯（Thomas）的研究中，产权，特别是土地私有权在其制度分析中占据了非常重要的地位。

而在微观层次上，诺斯认为制度效率是指在一种约束机制下，“参与者的最大化行为将导致产出的增加；而无效率则是指参与者的最大化行为将不能导致产出的增长”。② 也就是说，制度提供的是一种有效的激励结构，不仅使得个人能够在获得投资的边际社会收益的同时，同时对无效率的行为和

① 锁利铭：《基于制度变迁的政府转型动力与实施机制研究》（博士学位论文），贾永志教授指导，西南交通大学，2007 年，第 50 页。

② ［美］道格拉斯·C. 诺斯：《制度、制度变迁与经济绩效》，上海三联书店 1994 年版，第 12 页。

决策进行惩罚。诺斯更强调“这些规则不仅造就了引导和确定经济活动的激励与非激励系统，而且还决定了社会福利与收入分配的基础”。①

（二）传统官员制度的非效率

公共管理学所倡导的政府行政机构改革的一个主要目标，是提高公共物品和服务提供的效率。传统官员制度在静态下存在两种非效率：一是效率低下，二是制度租金，且二者具有关联性。

封建地主经济是促进封建专制官僚制迅速发展和完善的核心动力和经济基础。传统官员制度的非理性导致了它的效率低下。根本而言，封建专制官僚制作为一种国家为维护其政治统治而设立的政治制度，其基本的也是最根本的职能和作用就在于为维护君主的独裁专制统治服务，是专制君主统御天下的政治工具。同时，没有相对独立的权力必然会影响地方机构和官员对政务的有效治理，地方行政机构自主性和独立性的丧失，也使得他们成为绝对遵守君主命令的傀儡，而不能根据实际情况变通规则而有所作为。所以，尽管封建专制官僚制从制度设计和机构设置上来看是一种非常成熟和完备的机制，但仍然效率低下。

制度租金主要是指，官僚机构在同企业打交道时，可以利用其信息优势、公共物品供给的垄断地位以及常态下供给的不足，对公共物品的需求者进行寻租。制度租金的大小反映了制度的交易成本，实质是制度效率，这种租金越低，则这种制度就越有效。传统官僚制基本不能为经济行为提供一个稳定的、可预期的环境，相反，这种支配结构及其官僚制形式会因为各种理由持续地介入经济生活，使得经济上的获利机会在很大程度上或者完全依赖于与政治权力及官僚制之间的关系。

这种君主与官员之间、官员与官员行为之间的不可预测性和不确定性，构成了近代资本主义经济行为所无法忍受的不可计算性。韦伯精辟地指出：“资本主义形式的工业组织，如要合理的运用，就必须能依靠可预测的判断和管理。无论在希腊城邦时代，或者在亚洲的宗法制国家和直到斯图亚特朝代的西方各国中，这个条件都不具备。皇家的‘虚伪的公正’同它的加恩减免，给经济生活的测算带来了无穷的麻烦。”② 与此形成鲜明对照，理性

① ［美］道格拉斯·C. 诺斯：《制度、制度变迁与经济绩效》，上海三联书店 1994 年版，第 17 页。

② ［德］马克斯·维贝尔（韦伯）：《世界经济通史》，姚曾译，上海译文出版社 1981 年版，第 235 页。

的工业资本主义以建立统一市场为目标，并有可准确计算其可能性的劳动组织。工业资本主义必须依靠具有连续性、可靠性和客观性的法律秩序，以及合理的、可预见性的司法与行政管理。

官员制度变迁中的制度租金还会以内部效率的低下为前提，以更低的内部效率可以换取更大的公共品垄断地位，于是可以获得更高的制度租金。此时，对于政府官僚而言，其理性选择都是维持低效率，或者获取制度租金，于是便使得制度效率继续损失。因为对公共服务质量的衡量是高成本的，从而监督也是高成本的，效率低下便成为寻求制度租金的基础。图 2－5 显示了政府官员制度的正内部性与负外部性的相互替代关系及制度剩余边际替代率递减规律。

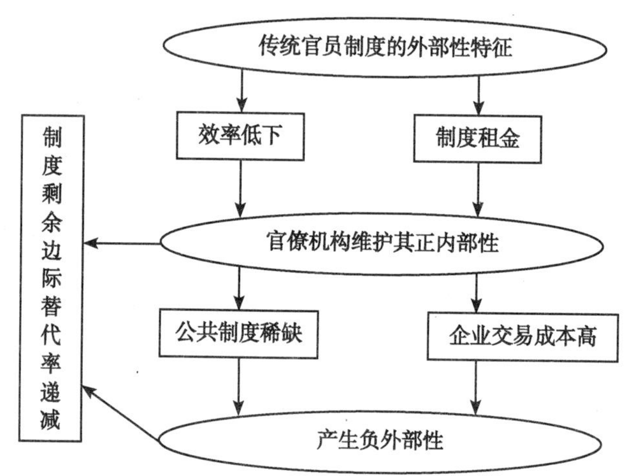

图 2－5　传统官员制度两种非效率及其外部效应

前文提到“社会制度剩余”的概念，它等于制度的内部性与外部性之和。考虑到一种制度不仅需要有效，而且需要公平，即不能通过维持少部分人的内部性，而不去减少对更大多数人的负外部性的影响。帕累托最优的概念说明了在不损失一个人的社会福利时，至少改善一个人的境况。樊纲指出，存在若不使某些人的利益受损，就不可能使另一些人获益，也不可能实现资源的重新分配的情况，可以看到帕累托最优的前提条件就是在“体制限定”。[①] 而那种只有通过改变利益分配关系，使某些人利益受损才能提高现有资源的产出水平和社会福利水平的改进，称为“非帕累托改变”（Non-

① 樊纲：《论改革的过程》，《中国的过渡经济学》，上海三联书店 1994 年版，第 38—41 页。

paretian Change）。现实生活中的改革之所以难进行，是因为面临的往往更多的是“非帕累托改变”的问题。

三　官员制度变迁的约束

官员制度转型是一个社会发生的制度变迁。作为一种公共物品的政府官员制度，同其他公共物品类似，在转换、替代与交易活动中存在着种种技术和社会的约束，而实际制度需求的约束条件是制度的替代（即机会成本）。制度变迁需要一定的成本，这些成本包括：

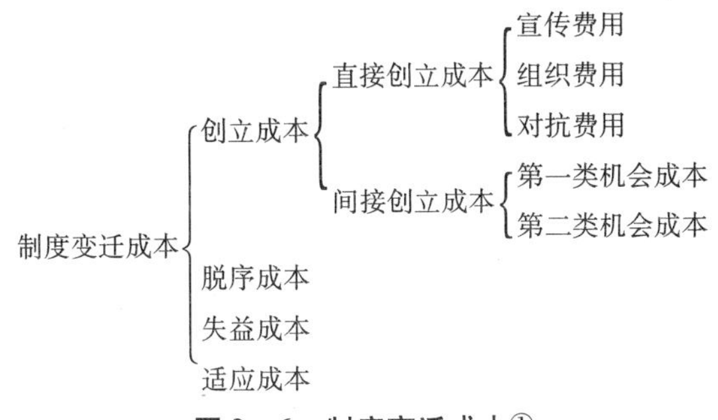

图 2－6　制度变迁成本①

传统官员制模式的任意专断对经济行为的一个重要影响就是缺乏对于理性资本主义发展而言不可或缺的国家功能的“可计算性”，这种对现代理性经济行为方式至关重要的和不可或缺的“可计算性”，只有近代理性官僚制行政的合理规则才能提供。那么，从传统官员制度向现代官员制度的转型的制度变迁成本主要包括以下两个因素：

首先，需要明确的是政府官员制度变迁的收益所在。一方面是政府内部的资源，包括人、财、物等的组合发生变化，实质上是通过分工结构的变化，使其内部资源的边际成本逐步向边际收益靠拢，从而节约了生产成本，抑制效率低下；另一方面是政府职能及其相应的组织机构发生变化，发挥政府组织的制度供给功能潜力，大幅度减少制度租金，从而节约企业的交易成本，使得制度成本得以降低。其次，要明确政府官员制度变迁成本的来源与承担者。在政府官员制度变迁的动态过程中，参与主体是多方的，包括：政治家、官僚机构（高层官僚、中层官僚、底层官僚）、企业家集团等。制度变迁的成本便由他们分别承担，如表 2－3 所示。

① 根据张旭昆《制度变迁的成本—收益分析》整理，载《经济理论与经济管理》2002 年第 5 期。

表2-3 政府组织内制度变迁的成本分析

主体	成本分类			
政治家	搜集制度信息的成本	学习制度的成本	与企业家集团沟通的成本	说服官僚机构合作的成本
企业家（集团）	搜集制度信息的成本	组织集体行动的成本	诉求成本	签订“契约”的成本
官僚机构	维持旧制度的机会成本	适应新制度的成本	与政治沟通的成本	签订“契约”的成本

其中，政治家与企业家搜集制度信息，承担确定转型方向的制度信息搜集成本。官僚机构有维持内部性的行为，在克服官僚机构阻力时，政治家承担了降低这一过程成本的任务，从而体现了政治家作用的关键所在。此时，政治家的策略将部分地决定变迁成本。换句话说，政治家的目标就是使得有效制度变迁得到有效的实施，以一种低成本的方式进行改革。

四 官员制度变迁的条件与框架

如果说在传统的农业社会中，由于人类的生活方式是分散“经营”的，需要权力意志来加以整合，从而形成了统治型或者专制型官僚制模式，那么，工业社会在生产和生活等所有领域中规模“经营”的特征，则需要法律精神的调节和科学精神的规范，从而形成现代民主型或法治型的官僚制模式；而在发达的资本主义国家，随着后工业社会的到来，人们交往的扩大化、社会化和多样化，更需要社会治理体系在服务精神和服务理念的统领下提供灵活的、方便的、具体的服务。因此，理性官僚制模式受到质疑和挑战，从而有力地促进了现代国家政府官僚制治理模式的深刻转变。由此可见，社会发展形态直接影响着官僚制发展的模式和类型。正如图2-4所示，社会制度变迁会经历一个私人制度的自发变迁—私人制度的补充变迁—公共制度的变迁的过程，变迁发生的领域从私人部门到公共部门必然是一个渐进的过程，每一次制度变迁的成本都在增大。

对于社会变迁的第三阶段，公共制度主体—政府官员制度变迁时，可以发现外部性的对象很多，而内部性的对象很少，由于二者存在替代关系，所以此时，只能靠减少内部性来增加外部性，于是这种变迁便是一个典型的帕累托改变。根据前文对制度变迁的类型的分析，对于政府官员制度变迁的有效实施，必须满足两个基本条件：

第一，制度变迁后，新制度给行动各方带来的收益高于旧制度实施时的收益。假设政府制度变迁中三个行动者分别用 A（政治家或关键行动者)、B（官僚）和 C（企业家集团）表示。这一条件要求，新制度实施后 A、B 和 C 都采纳新制度的收益仍然高于拒绝新制度的收益。则制度变迁效率如下：

$$制度变迁效率 = \frac{\min(y - Ta, y - Tb, y - Tc)}{Da + Db + Dc} > 0$$

其中，Y 表示制度变迁后三者接受新制度的收益，T 表示三者单独拒绝新制度的收益，D 表示制度变迁所付出的代价（成本）。该式的分母为由于制度变迁给 A、B 和 C 三者造成的变迁成本之和。分子为取小运算的结果，该结果表明实行制度变迁后 A、B 和 C 三者在都采纳新制度时的收益与单独拒绝新制度时的收益的最小差。这一变迁效率注重了政府官员制度变迁以强制性与依靠权威的特征，可以称之为强制效率。强制效率为正时表明惩治或强制有效，强制效率越大，表明惩治或强制越有效，此时政治家的激励策略尤为重要。

第二，新制度实施后，A，B 和 C 三者都不再愿意单独拒绝新制度。当满足第一和第二组条件，且强制效率为正值（>0），表明惩治或强制有效。政府官员制度变迁效率反映了政治家的工作效率。当政治家效率低下之后，就可能使制度变迁效率渐渐下降最后成为负值。这时，就可能出现制度从新制度向旧制度退化的现象。如同许多政府机构向事业单位的转变一样，只是换了一种说法，本质上制度结构并没有发生改变，因此，政治家的信息与监督对制度的强制实施尤为重要。

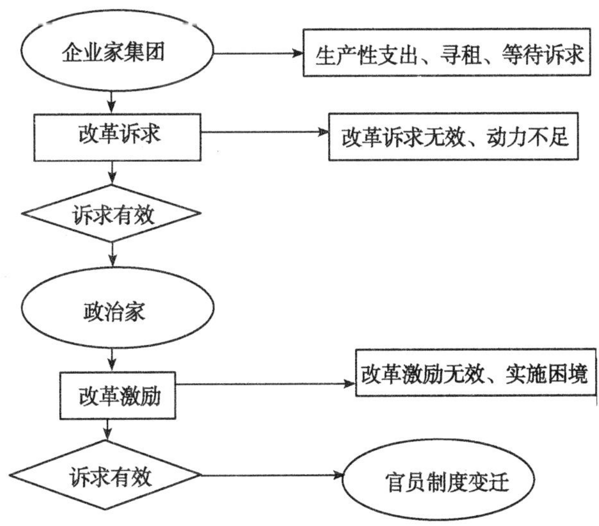

图 2－7　企业家集团、政治家、官僚机构激励行为选择的框架

关于官员制度变迁得到的几点结论分别是：

（1）在整个社会改革中，制度变迁分为政府组织内与组织外制度变迁。政府组织内与组织外制度变迁是一个成本递增的过程，政府组织内制度变迁的主体是多元的。官员制度变迁的主体是企业家集团、政治家和官僚机构。

（2）政府官员制度变迁是一种公共制度的变迁，这与私人制度变迁的根本不同在于，动力与机制均不同。官员制度转型与社会经济制度等制度环境有紧密的关联，体现了诱致性制度变迁与强制性制度变迁的综合过程。

（3）政府官员制度变迁是一次非帕累托改变，反映了正内部性与负外部性的冲突，体现了制度间的非均衡与制度内均衡的冲突。因此，政府官员制度变迁只能靠减少其内部性来增加外部性，并且新制度实施给行动各方带来的收益高于旧制度运行时的收益来达致制度变迁有效实施的目标。

第三章

美国传统官员制度及其弊端

官员制度在美国的发展分为三个阶段，每个阶段都有不同的政治特征。这三个阶段分别是：(1)"个人赡徇制"时期（the era of gentlemen，1789—1828）；(2)"政党分赃制"时期（the spoils system，1829—1882）；(3)"竞争功绩制"时期（the merit system，1883 年至今）。19 世纪中叶以前，联邦的文官制主要以个人赡徇制、政党分赃制为基础，称之为传统官员制度。

第一节　从"绅士政府"到"个人赡徇制"

一　"绅士政府"的时代背景

建国初期的美国是一个小农经济占主导地位的国家，全国 90% 以上的人口从事农业。1783 年 9 月，取得了独立战争胜利后的美国仍面临来自外部的威胁。一些欧洲国家虎视眈眈地注视着美国，力图给美国的发展设置障碍，以免形成强大的竞争对手。建国初期美国国力弱小，人口不到 300 万，面积仅限于东部 13 个州，没有常备军，也没有海军力量，经济上负债累累，政治上各行其是。联邦宪法是在下列背景下被通过的：那里从纽约到波士顿要经过六天的艰难跋涉；人们感谢每周一次的邮件；国家的贸易范围以几千元计而不是以几百万元计；国内没有什么城市，制造业刚刚建立；印第安人逼近边境；没有电报线路；没有大公司。①

在美国资本主义发展的初期，经济处于恢复发展阶段，农业经济占据统治地位，社会事务并不复杂，政府功能非常简单，除保卫和统治外，仅有小规模的管理和微不足道的服务。1787 年，对中央政府的总的态度是怀疑和

---

① ［美］威尔逊：《国会政体——美国政治研究》，商务印书馆 1989 年版，第 33 页。

不信任，如果不是公然怀有敌意的话。自由被认为是地方性的，州被看作是个人的伟大拥护者。中央政府的权力越大，对公民自由的危险也越大。“统一”政府被等同于暴政和压迫。[①] 人们认为要保证有反应灵敏的政府，新总统应该有任命他的追随者担任官职的自由，政治应该绝对控制行政。此外，人们还认为政府不应该那么复杂——而应该是差不多任何人都能做这项工作。1790 年，美国联邦政府总共才有 300 名官员，其中，国务院仅有 5 名书记官。到 1801 年美国财政部中央机构仅有 78 人，邮政局由邮政总长和 7 名办事员经营。

二 “个人赡徇制”的内容

华盛顿宣誓就任美国第一届总统后，他所面临的首要任务就是为联邦政府任命各级官员，使新政府得以正常运转。美国联邦《宪法》只规定了行政任命权归总统行使，至于按什么原则行使任命权，由于无法可依，全由总统定夺。当时，美国由邦联政府过渡到联邦政府，迫切需要树立新政府的尊严和权威。为此，华盛顿作为美国的开国之父，在为新政府选拔官员时煞费苦心，精心安排。他所创立的第一届美国联邦政府在许多方面都开创了先例。华盛顿主张：“政府的公共人事管理机构和官员必须是忠实于宪法的，必须是有道德的和有能力的。”[②] 华盛顿判断能够“胜任”的官员通常是以“家庭背景、教育水准、社会地位”[③] 等因素为基础的。不仅如此，在华盛顿总统执政的日子里，他也力图在实践中去实现他的主张。在选拔联邦官员时，他比较注重个人的品格与能力，提倡任人唯贤，反对任人唯亲。华盛顿政府在文官任命中有两种倾向。其一，对被任命者的具体政见没有要求，但必须拥护新宪法，支持联邦政府。这种要求在当时是完全有必要的，但这种倾向后来却深化为对政府政策和执政党的支持。其二，在其他方面条件相同时，对退伍军人优先任命。“与殖民地时代和英国古老的政府体制相比较，美国新国家的公共机构是有能力和有效率的。”[④] 通常来说，人们对华盛顿政府还是给予很高的评价。正如美国历史家范里普所说的：“在美国联邦政

① ［美］梅里亚姆：《美国政治学说史》，商务印书馆 1988 年版，第 157 页。

② David H. Rosenbloom, *Centenary Issues of The Pendleton Act of 1883: The Problematic Legacy of Civil Service Reform*, New York: Marcel Dekker, INC., 1982, Part Preface, p. v.

③ David A. Schultz, *The Politics of Civil Service Reform*, New York: Peter Lang Publishing, INC., 1998, p. 25.

④ Robert Maranto, *Poltlics and Bureaucracy in the Modern Presidency: Careerists and Appointees in the Regan Administration*, Conneeticut: Greenwood Press, 1993, p. 8.

府形成时期，美国政府的公共机构是当时世界上最有能力的，当然，它也是最少受腐败影响的机构之一。”①

如果从现代意义上来做一下比较性的分析，人们确实可以认为“华盛顿政府算不上是什么联邦政府”。因为“它既没有系统的内阁部门和官员划分，也没有任何法规来规范与构建联邦政府机构及管理其政府雇员”②。由于政府规模较小，行政管理工作就相对比较容易。因此，官员被免职的现象也是不多见的。在华盛顿政府时期，被免职的政府官员仅有17人，他们被免职大多是出于他们的个人品德和工作效率方面的原因。③ 因此，从这一角度上来说，即使华盛顿政府（甚至早期的几届政府）在联邦公共人事机构的管理上并不是十分成功和成熟，却至少可以说是有成就的。然而，从美国历史发展的角度来看，这一时期的联邦政府公共机构的管理实际上不是建立在法律与制度的基础上，而是建立在“小政府”和人们都是“绅士与天使”的理想主义基础之上的。

杰斐逊就任总统后，面临的最棘手的问题就是官员的任命。亚当斯政府给他留下的文官队伍，几乎是清一色的联邦党人。在600个总统直属文官中，只有6个是民主共和党人。④ 杰斐逊认为，民主政府的成功依赖于他对民主共和党的成功领导。因此，他需要把民主共和党人带进政府领导班子，贯彻执行他的政策意图。他说，“这显然是公正的。在其政府供职并作为政府代理人的官员，应该是可信任的并且坚决执行他的政策的人”。⑤ 而另一方面，他又需要稳定政局，消除联邦党人对民主共和党政府的敌视，调和两党矛盾，消除两党隔阂。他在就职演说中说，“每一种意见上的分歧并非就是原则上的不同，而只是对同一原则有不同的看法而已。我们都是共和党人，我们都是联邦党人”。⑥ 因此，杰斐逊把任命原则确定为：受任命者品

---

① Pau P. Van Riper, *History of the United States Civil Service*, Evanston, Illinois: Row, Peterson and Co., 1958, p. 11.

② David A. Schultz, *The Politics of Civil Service Reform*, New York: Peter Lang Publishing, INC., 1998, p. 19.

③ Carl R. Fish, *The Civil Service and the Patronage*, New York: Longmans, Green and Co., 1905, p. 13.

④ 伦纳德·D. 怀特：《杰斐逊党人：1801—1829年行政史研究》（Leonard D. White, *The Jeffersonians: A Study in Administrative History*, 1801－1829），纽约，1956年，第348页。“总统直属文官”指由总统直接或经参议院同意而任命的高级行政官员。

⑤ 盖拉德·亨特：《追求公职：华盛顿政府时期》，《美国历史评论》1896年第2—3期，第271页。

⑥ 李本京编：《美国历任总统就职演说集》（英文），台湾黎明出版公司1894年版，第14页。

德高尚，能力适合，两党成员在担任联邦政府公职上的“适当分享”（Moderate participation of office）。他认为亚当斯政府的“午夜任命”① 无效。他任命塞缪尔·毕肖浦代替“午夜任命者”伊莱泽·古德里奇为纽黑文港收税官，引起以伊莱亚斯·希普曼为首的纽黑文商会的书面抗议。杰斐逊在1801年7月的复信中予以驳斥，并趁机阐述他的行政思想。“适当地分享对政府事务的管理，这是在政治上不能容忍的吗？除非他们（指联邦党人）操纵所有国家事务，否则他们在社会上就没有一席之地吗？任命其他人作为奥斯汀先生（纽黑文港前任收税官——引者注）的继任者被认为是对古德里奇先生的罢免，这公正吗？”② 他接着说：“如果适当地担任公职是一种权利，怎样获得公职空缺呢？在职人员中去世的极少，辞职的没有。能有其他方式比被建议的罢免更好吗？”“如果能按多数人意志找到一种适当分享公职的办法，这对我是一种极大的安慰，我会愉快地使他们（指民主共和党人）得到他们应得的那部分公职。”③

从整体上看，杰斐逊政府是谨慎地执行“适当分享”原则的，对联邦党人的罢免在1803年夏季就停止了。按照美国早期官制史家卡尔·R. 菲什的统计，杰斐逊8年任职期间，罢免了443名总统直属文官中的109名，其中包括40名“午夜任命者”。④ 因为杰斐逊不承认“午夜任命者”是合法的，实际上，杰斐逊只罢免了69名总统直属文官，约占总统直属文官总数的15%。但是，我们也必须看到，杰斐逊提出“适当分享”原则，其本意是想打破联邦党人对政府公职的垄断，给政府输入新鲜血液，为民主共和党人担任政府公职提供理论依据。杰斐逊就任总统，是美国历史上第一次执政党更替。杰斐逊罢免部分联邦党人而任命民主共和党人接替，不论其出发点多么高尚，必然被普通民众（尤其是政客）认为这是基于政治性党派目的的任免。况且，“适当分享”理论本身，就是指在联邦党人和民主共和党人之间适当分配政府公职职位，它具有明显的党派性特征。这样，不论杰斐逊是否认识到，他按“适当分享”原则所作出的任免，对当时美国社会已有

---

① 亚当斯总统在离任前夜（1801年3月3日）任命一批联邦党人占据联邦空缺职位，这批官员的任命书已经签署，但尚未发出。

② 福特编：《杰斐逊著作》第8卷，第67页。转引自盖拉德·亨特《追求公职：华盛顿政府时期》，《美国历史评论》1896年第2—3期，第277—278页。

③ 梅莫莱尔编：《杰斐逊著作》第9卷，第273—274页。转引自伦纳德·D. 怀特《杰斐逊党人：1801—1829年行政史研究》，纽约，1956年，第379页。

④ 伦纳德·D. 怀特：《杰斐逊党人：1801—1829年行政史研究》，纽约，1956年，第379页。

的文官任命问题上的政治性倾向起着推波助澜的作用；或者说，“适当分享”公职原则是向后来杰克逊提出的“轮流任职”理论的过渡。

三　“个人赡徇制”的评价

华盛顿总统希望健全当时仅具雏形的管理系统，他认识到他的政府为以后建立先例的重要性。对他而言，任命官员最重要的标准在于“良好品德”(fitness of character)，即指那些在社会上拥有高地位并拥有诚实特质的人，他们多半是上流社会的一员。他们受命后，有些显然缺乏任何工作上所需的技术资格，但他们却为新政府带来更高的名声评价。华盛顿希望具有良好品德者能够诚实、有效率地工作，工作同样具有效能。这为日后文官的选择带来了其他的甚至相互冲突的标准。1795 年，当汉密尔顿和杰斐逊之间在有关如何推动联邦政府发展的观点上的矛盾变得明显时，华盛顿领悟到政治在公共人事上的选择与任命的重要性。他认为，任命一位反对其政策的公共行政官员可能是一种“政治自杀”行为①，换句话说，他既要求社会和行政上的适才，亦要求政治上的忠诚。

华盛顿的做法为其后几任总统继续沿用，虽然强调的重点不太一样。约翰·亚当斯总统开始极度强调政治，虽然他仍然从高层社会任命官员。此外，美国第一次政治上免职制度的产生也归因于他。然而，有关政治应该在公共人事行政上扮演的角色，杰斐逊是第一个发展出合理而又清楚的理论的人。杰斐逊抱怨亚当斯在联邦政府的行政机关里布满反对党员，他认为，这种情况也许可用两种方法解决。其 ，他要求禁止联邦政府官员参与竞选。这是联邦政府最早试图在行政部门实行政治中立。杰斐逊在任期内却是全面而大量地任命共和党党员。总之，杰斐逊和华盛顿在用人思想上是一脉相承的。他们都强调受任命者应品德上忠诚、正直和有社会威望，政治上对《宪法》和政府支持。

亚当斯和杰斐逊在政治上的表现差异程度大于社会上的表现。虽然杰斐逊略施小惠任命几名非上流社会官员，其实他和亚当斯都在维持华盛顿所建立的“上流社会地位等于适才”的传统。麦迪逊、门罗与亚当斯也不曾改变这种方式。更有甚者，除了亚当斯反对以政治为基点的任用与罢免制度之外，这些总统承继的政府服务方式与他们的政治外表相吻合，而且他们发现，没有什么可以作为政治免职的理由。联邦官员的终身任用制变得安全，

① Al Gore, *From Red Tape to Results: Creating a Government That Works Better and Costs Less*, Washington D. C.: Government Printing Office, 1933, p. 22.

而且可以一直做到年老为止。甚至成为某种倾向，即文官一职正式变成可以“赠予”给那些责任者的后裔的东西。因此，早期能担任美国政府公职的只是少数上层社会的绅士贵族。据估计，早期有资格担任政府公职的人数不到美国总人口的1%。[①] 所以，美国建国之初的几届政府又有“绅士政府”之称。这种局面的形成，与美国当时没有普及公民选举权和社会上流精英集团治国安邦思想有直接关系。

应当指出的是，“绅士政府”在文官任免上是无章可循的，它完全取决于总统个人的品德修养和爱好，以至于有人称之为“个人徇私制度”。杰斐逊之后的几任总统，对文官道德情操的要求有所降低。到19世纪初，美国文官队伍逐渐官僚化。首先表现在政治上的腐败现象开始增多，来自密苏里州的参议员托马斯·本顿一到华盛顿就任，就充当美国皮毛公司老板约翰·阿斯特的“立法代表”，每年收取一笔数额惊人的贿赂。[②] 其次，政客党魁操纵总统人选，人民意志被架空，这方面的典型事例当属民主共和党的“国会预选会”（又译“国会核心小组”）。“国会预选会”操纵总统选举的行为引起举国愤怒，尼尔斯在《纪事》杂志上讽刺道：“我宁愿辉煌的国会大殿变成普通的妓院，也不愿它变成现在这样成为国会预选会的议事场所；我宁愿各州的主权重新移交英国，也不愿人民在国会预选会支配下卑躬屈膝。”[③] 具体而言，“个人赡徇制”具有如下三点弊端：

第一，终身任用制度使得官员缺乏对人民与公共利益的回应。杰克逊广为人知的一段话是：“所有官员的责任是如此简单明了，那就是：他们必须努力让自己合于要求，而我无法不相信越来越多的人从长久的任期中失去的责任心，多过于他们在经验中得到的。”

第二，上流社会的偏见，在民主国家中是令人难以忍受的。杰克逊认为任何人应该有机会参与政府管理，成为公共行政管理者。他这样说道：“在自由政府中，对道德品质的要求应该高于对才智的要求。”通过从选民中任命官员，杰克逊回报他忠诚的支持者并加强他在政治上的力量。但是，他也

① 罗伯特·H. 埃里奥特：《公共人事行政：有意义的展望》（*Public Personal Administration：A value Perspective*），雷斯顿出版公司1985年版，第7页。

② 罗伯特·V. 雷米尼：《安德鲁·杰克逊与美国自由进程（1822—1832）》（Robert V. Remini，*Andrew Jackson and the Course of American Freedom，1822—1832*），纽约，1981年，第16—17页。

③ M. 奥斯特罗杰斯克：《国会核心小组提名制的兴衰》（M. Ostrogorski，*Rise and Fall of the Nominating Caucus*），《美国历史评论》总第5卷，第272—273页。

相信“轮换”是构成“共和信条的领导原则”，对政府体制而言也是好事。在这种结论下，他提议多数官员任职不要超过4年。

第三，政府官员的终身任职制会造成退休时的严重问题。杰克逊相信，老官员就已经无法执行任务，而且，长久以来，政府也会因此无法良好地运作。与此相关的观念是，政府工作成为一种财产，在文官受到保护的情况下，更成为一种权力。杰克逊和他的政治支持者发现这种职位与民主原则背道而驰。①

另外，随着西进运动和工业革命的顺利进行，中小资产阶级的力量迅速壮大，参政意识普遍提高。1812—1821年有6个西部州加入联邦，其州《宪法》都赋予成年白人男子普选权；有4个东部州也大大降低了选民的财产资格。1824—1828年，美国选民数由35.9万人急剧增加到115.5万人。②选民队伍的扩大，平等潮流的形成，必将把旧式官僚集团赶出政治舞台，平民出身的杰克逊当选总统，标志着一个新时代的到来。③

第二节　“政党分赃制”的功与过

作为官员委任制度的另一种形式，“政党分赃制”从某种程度上来说，是一种“政党赡徇制”。只不过恩典的主体从“个人”演变成了“政党”，“政党意志”代替了“个人意志”。因此，“政党分赃制”是在美国两党政治形成后由“个人赡徇制”发展演变而来，是“个人赡徇制”的发展和异化。

一　“政党分赃制”的时代背景

第一，19世纪20—40年代，美国社会正经历着商业资本向工业资本转化、农业经济向商品化阶段快速迈进的历史性变化。一方面，东北部工业资本在继续壮大，而另一方面，西部、南部农业利益集团也在崛起，社会阶级结构出现一些新的特点：东北部的工业资产阶级仍旧拥有很大的势力，而西部农场主、南部植园主以及与农业有关的商人阶层也成为一股不可忽视的力

① ［美］戴维·H. 罗森布鲁姆、罗伯特·S. 克拉夫丘克：《公共行政学：管理、政治和法律的途径》，中国人民大学出版社2002年版，第226页。

② R. 麦考密克：《美国政治历程》（R. McCormick, *The Growth of American Politics*），纽约，1981年，第234—250页。

③ 黄贤全、王孝询：《美国政治与政府调控——美国历史述评》，中国社会科学出版社2008年版，第89—96页。

量。在这中间，还存在手工工匠和劳工阶层，他们不满工业资本家的剥削和排斥，力图寻求新的政治保护，因而成了农业集团与商人阶层的同盟者。杰克逊的支持者主要来自后面这些社会集团，也就是所谓的“普通人”，杰克逊的共和主义立场符合他们的利益要求。可以说，当时执掌美国政权的仍旧是工商业资产阶级与农业集团的联盟。杰克逊的政策与主张，必须以维持这种联盟为目的。因此，杰克逊和民主党力图在工商业资本与农业利益之间、在资本家阶级与种植园奴隶主集团之间达成一种平衡，以保持联合执政的局面。

第二，杰克逊 1828 年入主白宫，标志着一个新的时代的开端。这个时代的基本特点是，普通人战胜了特权阶层，西部战胜了东部，民主战胜了保守。杰克逊及民主党所信奉的政治经济信条，乃是杰斐逊式的共和主义，即主张严格解释联邦宪法，限制中央政府的集权倾向，维护州权，反对经济垄断和政府干预经济，主张自由放任。早在华盛顿当政时期，担任国会议员的杰克逊就不满联邦党人的政策，站在杰斐逊一派反对华盛顿的施政计划。在当政后，杰克逊仍然恪守共和主义的信条，既反对政府过多干预经济与私人事务，又不赞成极端州权主义立场。

第三，公民选举权扩大，参政意识增强。杰克逊政府民主改革以来，美国公民权利不断扩大；西部边疆的拓殖加速了美国社会的民主化进程。到 1824 年，对白人成年男子投票权严格限制，仅限于罗德岛、路易斯安那、密西西比和弗吉尼亚四个州。绝大多数州已经摒弃了选举权的地产和纳税资格限制。由于各州普选权的扩大，使参加投票的人由 1824 年的 335000 人增至 1155000 人，从而使选举建立在一个更为广泛的民众基础之上。① 在投票方式上，采用印制选票和秘密投票代替口头表决。② 这些改革扩大了美国政权的社会基础，激发了公民的参政意识，他们渴望尝试在政府中做官的滋味。

第四，美国早期两党制在 19 世纪初期已经形成。民主共和党与联邦党对峙的格局在 20 年代又被共和党和民主党的抗衡所取代。因为选民数量的剧增，选举方式的改进，使候选人单枪匹马的竞选方式成为历史，特别是在全国党代会“国会核心小组”会议决定总统候选人之后；另外，政党组织在拉拢选民、筹集竞选经费、组织竞选宣传方面的作用日益明显，而政党机

① 理查德·霍夫斯塔特：《美国政治传统及其缔造者》，纽约，1979 年，第 49 页。

② 爱德华·佩森：《美国杰克逊党人时期的社会、人事与政治》，多尔西出版社 1978 年版，第 151—152 页。

器得以运转的凝聚力除政治主张之外，就是给忠诚政客党徒以报酬——官职。于是，官职成为政党组织的黏合剂，政党机器的权力基础和权力砝码。分赃制变成政党施加压力和恩惠的得力工具，并培植出一种职业政治活动家——政客。政客与分赃制结下了不解之缘，他们相依为命，狼狈为奸，造成美国政治生活日益腐化堕落。

二　“政党分赃制”大行其道

1828 年的总统选举与 1829 年安德鲁·杰克逊出任总统，通常被认为是 19 世纪美国社会与联邦政府的一个转折点。这次选举，不仅第一次体现了政党全国代表大会的威力，而且也第一次体现了不以财产决定选民选举资格的精神。不仅如此，杰克逊也是美国历史上第一个政治圈外的人士被选举为总统的人。因为在 1928 年当选以前，杰克逊并不是国会议员，与此同时，杰克逊又是第一个当选为总统的“西部人”。[①] 因此，他的当选，“在很大程度上代表着具有商业与企业特征选区人民的利益和意愿。这一点与此前的六位总统所代表土地贵族的利益和意愿形成了鲜明的对比。”[②] 更进一步说，从华盛顿政府模式向杰克逊政府模式的转变，也是美国从“绅士政府”向“大众政府”的转变。[③] 安德鲁·杰克逊改革文官制度的想法由来已久。早在 1821 年，杰克逊就在一次演说中表示：如果他能执掌国家政权，他的政府一定要平等对待每一个人。在 1829 年就职前夕，杰克逊又向阿·肯德尔披露其整饬官制的决心和想法，并认识到官制改革不能局限于撤换一批官僚，必须改革用人制度和管理体制。在就职演说中，杰克逊宣称必须对文官任命制度进行改革。他在 1829 年 5 月写道：“关于撤换官员的争吵一直很激烈。为此，我们将请求国会制定一项法律，按规定定期解除所有官员的职务。只有轮流任职，才能确保我们的自由与世长存。”[④]

如果说此前的几位总统（如华盛顿、亚当斯和杰斐逊等）在任用联邦官员上比较注重“精英政治”的话，那么杰克逊总统关于联邦公共机构

---

① David A. Schultz, *The Politic of Civil Service Reform*, New York: Peter Lang Publishing, INC., 1998, p. 35.

② Charles Sellers, *The Market Revolution: Jacksonian America, 1815—1864*, New York: Oxford University Press, 1991, p. 299.

③ Frederieke C. Mosher, *Democracy and the Public Service*, New York: Oxford University Press, 1982, Part Contents.

④ 罗伯特·V. 雷米尼：《安德鲁·杰克逊与美国自由进程（1822—1832）》（Robert V. Remini, *Andrew Jackson and the Course of American Freedom, 1822—1832*），纽约，1981 年，第 189—190 页。

“改革”的侧重点则开始放在所谓“民众政治”上。这种“民众政治”也是当时社会中一种新的平均主义政治哲学思想的反映。这种政治哲学认为：“政府应该是由人民设计出来的，应该是建立在自由选举的民众基础上的。联邦公共机构的官员或者是对选民负责，或者是对那些由选民选举的官员负责。”① “所有联邦政府公共机构的任务是简单和明了的，或者至少我们可以让它们达到这样的程度，因此，有才华的人便可以胜任有余。但是，我并不相信长期任职的官员所造成的损失比他们所获得的成就少。”②

通常来说，在美国历史上，人们往往把杰克逊总统与“政党分赃制”连在一起。其原因是杰克逊总统在任职后不久，就在1829年提交给国会的第一个年度咨文中表达了这一思想，系统地阐述了他的文官改革理论：“所有公共文官的职责是，至少被认为是，如此简单和明确，以至于智力正常的人完全有能力担任公职；我深信，长期任职的文官，凭其行政经验，总是得不偿失的。在只是为了人民的福利才设置公职的国家，没有一个人比另一个人享有更多的担任公职的固有权利。公职不是设置来以牺牲多数人的利益来犒赏少数人，……为了公众利益的在职文官，当要求他辞职时，他并未牺牲个人利益。当一个清官被昏官代替时，只有人民才有权力抱怨和不满。被免职的官员拥有与成千上万从未握过权柄的人同样的谋生能力。有目的地限制任期，将摧毁现在普遍认同的官职与财产有联系的观念。尽管被免职的官员可能会有个人苦恼，但是，作为共和制主要原则的轮换制度的确立，会使文官制度焕然一新。”③ 进一步说，杰克逊总统认为：“长期任职将不可避免地导致官员服从他们的工作与他们更多地为自己的利益与非公共的利益而工作等弊端。”④ 毋庸置疑，杰克逊总统在联邦政府官员的任用上的这一思想，是为他撤免有经验的反对党官员而将他们的职位安排给那些在他竞选总统中为他出力的人制造舆论根据，所以，他的选任官员理论和后来的实践带有明显的政党与政治的倾向。因此，与华盛顿总统一样，杰克逊总统的改革给美国联邦官吏制度发展所带来的影响也是巨大的。

---

① Frederieke C. Mosher, *Democracy and the Public Service*, New York: Oxford University Press, 1982, p. 64.

② Carl J. Friderich et al., *Problems of The American Public Service*, New York: McGraw-Hill Book Company, Inc., 1935, p. 83.

③ 伦纳德·D. 怀特：《杰克逊党人：1829—1861年行政史研究》(Leonard D. White, *The Jacksonians: A Study in Administrative History, 1829—1861*)，纽约，1956年，第318页。

④ Robert Maranto, *Poltlics and Bureaucracy in the Modern Presidency: Careerists and Appointees in the Regan Administration*, Conneeticut: Greenwood Press, 1993, p. 10.

在“政党分赃制”原则的指导下，杰克逊在选用联邦官员上与前几任总统有所不同。下面我们通过与亚当斯和杰斐逊总统任用的官员的家庭出身和职业的一个比较数据图表来说明这个问题：

表 3－1　三位总统任用的官员的父辈们的主要职业①　单位：人

	亚当斯	杰斐逊	杰克逊
高级职业	70	60	53
土地贵族	22	29	21
商人	22	13	17
专业人员	26	19	15
中等职业	23	25	39
不明身份	7	15	8
共计	100	100	100

通过表 3－1 我们得知，尽管在亚当斯、杰斐逊和杰克逊总统任命的三个精英集团中，多数高级职位的官员仍然是来自上流社会家庭，在这一问题上，他们之间没有多大的差别。但是，三位总统任用高级职位官员的家庭出身的比例已经有了很大的变化。上流社会家庭的比例分别是：亚当斯是 70%，杰斐逊是 60%，杰克逊是 53%，而中下层家庭的比例分别是：亚当斯是 30%，杰斐逊是 40%，杰克逊是 47%。通过这个数字，我们可以看出，从亚当斯到杰克逊，总统任用官员中上流社会家庭的比例在下降，而中下层家庭的比例却在上升。当然，仅从上面的数字我们还不能得出结论说，杰克逊总统所有任命的官员都是通过“政党分赃制”获得的职位，但是，这些数字已经显示出一种趋势，这就是政党对美国联邦政府选官的影响越来越大。

正是基于政党与政治的考虑，杰克逊总统对联邦官员的任命并不像他的前任总统们那样更多地是重视官员的家庭出身。正如前面提到的，杰克逊总统任命的高级官员，出身上层资产阶级家庭的仅占 53%，尽管他在理论上比较强调“器重受过教育与有能力的人”。但是，杰克逊总统信守的诺言是：“他所挑选的有知识和有才能的官员必须能够保证他们在各个

① Sidney H. Aronson, *Status and Kinship in the Higher Civil Service*, Cambridge: Harvard University Press, 1964, p. 61.

方面与政党进行有效的合作并对政党表示诚实。"① 杰克逊总统认为，他任命的联邦官员是"功绩制与政治忠诚的一种结合"。② 当然，在"功绩制"与"政治忠诚"发生冲突时，杰克逊总统自然还是倾向后者。而且在实际中，由于"政党分赃制"以及伴随它而出现的许多麻烦，往往使杰克逊总统本人也处于进退维谷的窘境。在这种情况下，"他的有关联邦公共机构人员任用改革的理论与实践也就不可思议了"③。例如，在他的第一届政府就职演说中，杰克逊也曾许诺要改革当时的官吏制度，特别是要纠正把"政治庇护制度"带进联邦政府并与选举自由制度发生冲突的不正之风。他特别反对"官员的滥用权力和把联邦政府的权力放在既不忠诚也没有能力的人手中"④。然而，令人失望的是，杰克逊总统在强调他所要选任的官员"不仅在业务上有能力而且在政治上忠诚"的同时，却在就职几个月以后便在向国会提交的他的第一个年度咨文中提出了一个带有"政治庇护制度"和"政党分赃制"色彩的联邦官员任命名单。在这个任命名单里，杰克逊总统已经打消他先前对"功绩制"的考虑。尽管在杰克逊总统的选官实践中反映出他并不比他的前几任总统忽视官员的教育与才华，但他还是"把官员的政治倾向和党派属性看得比较重要"。⑤ 正因为如此，"在杰克逊总统的八年任内，他任命的官员至少有1/10左右因为政党和政治的原因而被免职"⑥。

显然，一种现实的政治利益要求，在这里被涂上了人民、民主与共和的发光油彩。但其真实意图毕竟掩盖不了。威廉·马西参议员在国会的一次发言中，经典性地表述了政党分肥、官职轮流的思想：那些搞政党分肥的政客并不如人们所说的那么坏，"他们在为胜利而奋斗时即申明要享受胜利的果实。如果他们失败，他们就退出官职；如果他们成功了，他们理所当然要利用成功的优势。他们认为下述原则不言而喻：敌手的赃物应归胜利者所

---

① Frederieke C. Mosher, *Democracy and the Public Service*, New York: Oxford University Press, 1982, pp. 64 – 65.

② James D. Richard, et al., Messages and Papers of the Presidents, Vol. 11, Bureau of National Literature and Art, 1903, p. 438.

③ Leonard D. White, *The Jacksonians*, New York: Macmillan, 1954, p. 320.

④ Frederieke C. Mosher, *Democracy and the Public Service*, New York: Oxford University Press, 1982, p. 64.

⑤ Ibid., p. 65.

⑥ Paul P. Van Riper, *History of the United States Civil Service*, Evanston, Illinois: Row, Peterson and Co., 1958, p. 35.

有”。鲁宾·惠特尼也曾声称：“参加战斗的人理所当然要获得胜利的赃物。”[①] 分赃制由此而得名。平心而论，公开倡导和推行官职轮流并非完全没有情由和进步意义。“弗吉尼亚王朝”时代官职由上层社会垄断，一般百姓无从染指，杰克逊派主张的“分赃”，打破了这种局面。何况在政务官与事务官混杂一团的时代，任用本党成员无论对加强政治联系巩固本党地位还是调动官员政治热情，都有一定作用。而且可以肯定，杰克逊万万没有料到分赃制会造成那么严重的后果。

此后情形日益恶化。官职日益沦为政党政治的工具，成为犒赏政治忠诚与功劳的奖品。在任用官员的过程中，才干与品格占的地位越来越低，几乎可以忽略不计了。1841 年辉格党人威廉·哈里森总统上台后，大量撤换民主党人。詹姆斯·波尔克率民主党重返白宫时又如法炮制，且有过之而无不及。他一口气撤掉了 16000 名各级邮政局长中的 13500 名，其空缺用来奖赏自己的同党。随后辉格党的泰勒总统又回敬了一下民主党，他在职的头一年就把 30% 的职位拿来重新分配。[②] 詹姆斯·布坎南走得更远，不惜撤换本党前任所任命的大批官员以满足自己追随者的胃口。堪称“政治圣徒”的亚伯拉罕·林肯，在 1861—1865 年间也曾撤换 1639 名可以由总统直接任命的官员中的 1457 名。[③] 如此循环往复，积弊日深。

分赃制的产生是现代政党政治发展的直接后果。政党政治的基本要求乃是政治忠诚和政党内凝聚力。只有重用本党成员才能维护本党利益。随着时间的推移和流弊的日益深重，分赃制越来越不适应社会和时代的需要。内战结束以后，随着美国社会与政治的变化，美国公众便开始重新反思“政党政治”与“政党分赃制”以及它们对美国政治和社会的影响，进而要求改革官吏制度。在“政党分赃制”中，影响最坏的结果是：周期性的政治混乱。这些混乱导致 19 世纪大部分时期政府频繁更迭，公共机关与政治无能普遍而紧密地结合。在任命官员上日益增长的行政权与立法权冲突，这一冲突导致了 1868 年美国约翰逊总统弹劾案。

1861—1865 年的美国内战，基本上解决了当时困扰美国的两大问题：奴隶制度问题和合众国性质问题。但是，内战同时又带来了其他一些社会问题：首先是在通货膨胀政策影响下遍及全国的农民暴动，这一暴动同时又得

① ［美］爱德华·佩森：《杰克逊时代美国的社会、人物与政治》，多尔西出版社 1978 年版，第 314 页。
② ［美］阿里·胡吉邦：《废除分赃制》，伊利诺伊大学出版社 1961 年版，第 6 页。
③ ［美］保罗·P. 范里普：《美国文官制度史》，纽约，1958 年，第 41 页。

到那些在新工业社会中对生活失去信心的反抗者的支持；其次就是内战以后的经济大萧条、格兰特政府的政治丑闻所带来的影响、“格兰其（保护农业社）运动”（Granger Movement）、农场主联盟（Farm Alliance）、劳动骑士团（Knights of Labor）、1877 年铁路工人大罢工、“三 K 党”以及“人民主义者”（Populists）等。因此，在 19 世纪 60—70 年代，特别是在 80 年代的新形势下，许多美国人“不满足他们通过内战已经取得的那部分进步，而试图通过进一步的改革来寻求改善他们的处境”①。在上述社会运动的推动下，内战以后的几十年里，改革联邦政府体制和人事管理制度的思想才逐渐清晰和成熟起来。

三 “政党分赃制”的功与过

从杰克逊总统开始，由于平均主义哲学思想的驱动，使“政党分赃制”不仅受到鼓励和合理化，而且也使美国联邦公共机构管理改变了原有的方向，② 杰克逊轮流任职理论的闪光之处在于它把资产阶级的民主平等思想具体化，是一场思想解放运动。它认为公职十分简单，设置公职是为民众谋利益的，不是某些人的私有财产，每个人都有担任公职的自然权利和民主权利。这是对人民参政热情的肯定和鼓励，这就使杰克逊总统和他的继任者减低了绅士们对联邦政府的影响，而使联邦公共机构的大门向广大的民众敞开。政府官员的社会阶层降低，联邦文官更变成了整个社会阶层的代表。这是很重要的改变，因为它结束了发展成精英文官制度的可能。有人认为文官代表国家的社会阶层，是巨大的行政优势。③ 这也是美国新兴资产阶级急于参与、执掌国家政权愿望的直接反映，是对传统贵族政治的宣战，彻底否定了名门望族子弟对政府公职的长期把持。在实践上，杰克逊政府的官制改

① Paul P. Van Riper, *History of the United States Civil Service*, Evanston, Illinois: Row, Peterson and Co. , 1958, p. 62.

② 用美国行政管理学家毛舍的话说是，美国从此由“绅士政府变大众政府”。毛舍先生把美国建国以后一个半世纪的联邦政府历史分为四个时期：1789—1829 年，绅士的政府（1789—1829: Government by the Gentlemen）；1829—1883 年，大众的政府（1829—1883: Government by the Common Man）；1883—1906 年，健康的政府（1883—1906: Government by the Good）；1906—1937 年，效率的政府（1906—1937: Gvemment by the Efficient）。参见 Frederiek C. Mosher, *Democracy and the Public Service*, New York: Oxford University Press, 1982, Part Contents。后来美国政治学和管理学家戴维 A. 舒尔茨和罗伯特·马兰多在前四个时期的基础上又增加了两个时期：1937—1968 年，管理者的政府（1937—1968, Govemment by Managers）；1968 年至今，社会工作者的政府（Government by Social Workers）。参见 David A. Schultz, et al. , *The Politics of Civil Service Reform*, New York: Peter Lang Publishing, INC. , 1998, p. 19.

③ Paul P. Van Riper, *History of the Uinted States Civil Service*, Chap. 17, pp. 558 - 559.

革，确实免除了一批碌碌无为、靠官职谋生的昏庸官僚，在一定程度上扭转了冗官冗费、贪污浪费的腐败局面。政府行政开支大大削减，他上任第一年（1829）的政府财政支出不到1500万美元，而1828年高达1640万美元，仅一年就节省了10%；从海关和其他税收机构揭露出来的贪污案中，国家至少获得了28万美元收入。[①]

“政党分赃制”也带来了高度的政治竞争。这似乎是多少有点不可想象，因为一个人会假设政党能够充分地强化其未来在竞选中的力量优势。逻辑上而言，分赃制度应该会鼓动或强化一党政治的发展，但实际上，总统所属党派在1841年、1845年、1849年与1853年有所不同。1857年，在美国民主党内有个显著的变化，1860年共和党赢得它的第一个总统大选，由林肯当上总统。而1841年到1860年这20年间正是激烈的政党竞争和广泛的政治参与时期（至少就合格的选民而言）。一种解释是执政党只能提供一定数量的职位，无可避免地使支持者失望因而树立政敌。相反地，在野党保证只要选举获胜，就能够提供支持者足够的职位（但往后也会因此产生失望）。轮流任职思想无论在理论上还是实践上都顺应了历史发展潮流，具有进步性，值得肯定。

另外，轮流任职理论也为杰克逊政府党同伐异，罢免共和党人，把公职恩赐给民主党人找到了理论根据。经过杰克逊一番“慷慨激昂”的论述，使文官随执政党共进的轮流任职思想不但名正言顺，而且还贴上了有利于公民行使民主权利的标签。这种冠冕堂皇的轮流任职理论被威廉·马西参议员一语道破天机，“竞选失败者的赃物（指公职职位）属于胜利者”。在轮流任职思想指导下，杰克逊在8年任期中，罢免了总统直属文官612名中的252名，高达41%。[②] 另据《环球报》统计，有919人被撤职或更换了职务。据估计，在杰克逊总统的8年任期中，有10%的联邦政府官员被免职。[③]

在工业化时代，工商界的激烈竞争，对财富的疯狂追求，对享受的贪得无厌，给政界提供了效尤的榜样，随即也在政界泛滥成灾。霍夫斯塔特评论道，这时“政治上成功的标准发生了变化。它不仅仅是政治家所追求的自

① G. 范杜森：《杰克逊党人时代（1828—1848）》（G. Van Deusen, *The Jacksonian Era*, (*1828—1848*)），纽约，1959年，第34页。

② 萨缪尔·E. 莫里森：《牛津美国人民史》，纽约，1965年，第426页。

③ 爱德华·佩森：《美国杰克逊党人时期的社会、人事与政治》，（Edward Pessen, *Jacksonian America: Society, Personality and Politics*）多尔西出版社1969年版，第313页。

我表现或担任公职或荣誉——它是金钱”。布赖斯勋爵发现美国政治中的内聚力是“渴望公职，并把它作为一种获利的手段”。①

第一，造成政府机构臃肿，人浮于事，效率低下。在分赃制下，总统、部长任命的文官大多是他们的亲朋故旧、著名政客和忠诚党徒。这些受任命者对公职本身既无一技之长，又不感兴趣，他们只是在领取为党效力的报酬。用公职来奖赏政客党徒，造成“一朝天子一朝臣”，文官更迭频繁。在1881年以前的5年中，纽约海关平均每天罢免数超过1人，罢免总数等于雇员总数的两倍。② 经常更换文官，必然影响政府行政效率。美国1874年支付的税收成本分别为法国、德国、英国的3、4、5倍。③ 视公职为肥缺，各届政府竭力安置党徒亲信，造成联邦政府文官队伍急剧膨胀，尸位素餐现象突出。1792—1861年联邦文官增长50倍，④ 而同期的人口增长才近10倍。⑤ 曾在1845年任海军部长的历史学家乔治·班克罗夫特证实，“海军部里充斥着最懒惰的文官职员，他们领取巨额工资而对工作又玩忽职守”。⑥

第二，政纪废弛，道德沦丧，贪污贿赂盛行。文官把公职看作为党效力的报酬，他们上任后，利用职权，贪赃枉法，损公肥私。分赃制时期充斥着大大小小的丑闻。为了回馈政党跟随者，设立了大量不必要的行政职位。现职者明白他们的任期有限，经常利用职务之便挪用公款、收受贿赂，并假职务之名敲诈勒索。杰克逊任命的纽约港税务官缪尔·斯沃特伍特，贪污盗窃国家公款120万美元后逃往欧洲，逍遥法外。内战后，腐败现象比比皆是，贪污受贿案件更是层出不穷。如美国动产信用公司舞弊案、抢夺薪俸案、威士忌帮伙案、星号邮路贪污案。难怪著名传记作家詹姆斯·帕顿惊呼，“事实会证实，政府供职者是具有如下三种品性之一者，即冒险家、无能者或无

① 理查德·霍夫斯塔特：《美国政治传统》，纽约，1982年，第167页。

② 阿里·胡吉邦：《彭德尔顿法和文官制度》（Ari Hooginboom, *The Pendleton Act and Civil Service*），《美国历史评论》1959年1月，第302页。

③ 阿里·胡吉邦：《废除分赃制：1865—1883年文官改革运动史》（Ari Hooginboom, *Outlawing the Spoils: A History of the Civil Service Reform Movement, 1865—1883*），伊利诺伊大学出版社1961年版，第45页。

④ 保罗·P. 范里普：《美国文官制度史》，纽约，1958年，第90页。

⑤ 罗伯特·W. 伯吉斯主编：《美国历史统计》（Robert W. Bergies, *Historical Statistics of the United States*），华盛顿，1960年，第7页。

⑥ 伦纳德·D. 怀特：《共和党人时代：1869—1901年行政史研究》，纽约，1958年，第328页。

赖汉”。[1] 著名参议员乔治·F. 霍尔对美国政界的腐化堕落作过精彩的概括：“我在政界听到一些官场老将厚颜无耻地讲述其做官的秘诀：在这个共和国获得权力的真正方式是贿赂那些任命官员，获得官职后则利用职权实现自我野心和满足个人的报复欲望。”[2]

第三，公共行政与政党政治的混杂。文官自身既是分赃制的参与者，又是分赃制的受害人。在分赃制下，要想担任公职，必须先获得政党的支持。有时候行政的任命只与从事政党工作有关。有些人从未在办公室出现过，因为被指定到政党总部工作。更糟糕的例子是政党征收“政治税”，文官受政府雇佣就等于向政党欠下一笔债务，他们必须从政治上和经济上予以偿还。从19世纪30年代开始，向政党“自愿”捐献自己工资的2%—7%，成为文官应尽的一项经济义务。文官的捐献是政党活动经费的主要来源，林肯总统就曾写信劝诫那些不愿捐献的文官。此举无疑是对国库的间接抢劫，并使政府和政党财政不分的情况达到了极端。在选举年，文官还必须为本党宣传游说，偿还其“政治债务”。“对文官的强制达到极点，有时强迫按通知他们的指令投票”。[3] 这样，文官一身两任，既要完成政府机关的本职工作，又要为政党奉献金钱和时间；而且往往本末倒置，后者比前者重要，文官自身也失去独立的投票权。

内战后，美国资本主义制度得到巩固，经济获得迅猛发展。西进运动使广袤的西部处女地得以垦殖，成为美国的谷仓。东部工业化进程日新月异，美国很快由一个农业国变成工业强国。美国人口也从1790年的近400万增加到1870年的近4000万。[4] 领土面积由建国时的13个州82万平方英里扩展到墨西哥战争之后的300万平方英里。[5] 美国再也不是小国寡民的农业国。杰克逊认为，“公职十分简单，每个人都能担任”的社会基础正是小国寡民的农业社会，而美国由农业国变成工业国，国家社会管理职能扩张，政府事务增多、变化频繁，这就需要一支训练有素的职业文官队伍。因此，用适应工业化大生产的现代文官制度取缔已经过时的政党分赃制，就成为历史

① 阿里·胡吉邦：《彭德尔顿法和文官制度》，《美国历史评论》1959年1月，第311—312页。

② 伦纳德·D. 怀特：《共和党人时代：1869—1901年行政史研究》（Leonard D. White, *The Republicans Era: A Study in Administrative History, 1869—1901*），纽约，1958年，第281页。

③ 同上书，第34页。

④ 罗伯特·W. 伯吉斯主编：《美国历史统计》（Robert W. Bergies, *Historical Statistics of the United States*），华盛顿，1960年版，第7页。

⑤ 黄绍湘：《美国通史简编》，人民出版社1979年版，第188—189页。

发展的必然趋势。

第三节 美国传统官员制度的特征及弊端

不论是“个人赡徇制”盛行的时期，还是“政党分赃制”大行其道的时期，这两个时期都是以个人或政党委任制度为基础的官员制度时期，我们称之为美国传统官员制度时期。美国传统官员制度具有特殊化、简单化和非制度化等非理性特征，与现代社会的现代性存在尖锐的冲突，因此，具有严重的弊端。

一 美国传统官员制度的本质

联邦官僚机构起初并不大，在联邦政府刚成立的时候只有3000名雇员。联邦政府的作用主要限于国防和外交事务、货币和州际贸易以及邮政服务。美国的前六任总统（从乔治·华盛顿到约翰·亚当斯）都认为，只有杰出人物才应该被授予管理联邦政府之权。总统任命的几乎所有高级官员都接受过良好的教育，有着丰富的政治经验，他们当中很多人都来自社会名门望族。他们通常年复一年地待在自己的职位上。

美国第七任总统安德鲁·杰克逊并不赞成他的前任们对社会精英的推崇。按照杰克逊的观点，如果政府是由判断力良好的平民来治理的，则政府对民众的要求就更具有回应性。① 杰克逊还认为，高级行政人员的任期应该短暂，以确保不断流进新颖的想法。杰克逊对委任制度的态度很受公众欢迎，但是，批评家却给它贴上了分赃制度（spoil ststem）的标签——这种方式指的是将政府职位分配给政治亲信，以作为其对政党服务的回报。尽管杰克逊的动机中既包含回报政党支持者的欲望，也包含对回应性政府的关注，但后来的总统通常对分配获胜的战利品更感兴趣，手段替代了目的本身。杰克逊的继任者将委任制度扩展到各级行政层面。

因此，无论是个人赡徇制，还是政党分赃制，其实质上都是一种官员委任制度。委任制度，是以任命重要政府官员的方式管理官员的方法，它把任命当作对人民提供的政治服务和因为被任命者对政党的忠诚而给予的回报。从本质上来看，美国传统官员制度是建立在传统农业社会的小农经济、政府规模和权力都比较小的“小政府”和落后的科学教育文化水平基础上的一种官员委任制度。

---

① Paul Van Riper, *History of the Uinted States Civil Service*, Evanston: Peterson, 1958, p. 36.

二　美国传统官员制度的特征

作为一种建立在传统农业社会小农经济基础之上的，构成“小政府”组成部分的美国传统官员制度具有如下几个突出特征：

（一）个人的和特殊的

在个人赡徇制下，官员的任用主要以和重要官员的私人关系为转移，政府任用官员完全凭长官个人意志，凭与主要首长的关系亲疏，“对于那些想被国家雇佣的人来说，求助于‘庇护人’或‘裙带关系’，依靠朋友、亲戚找工作或花钱买官等做法是司空见惯的”①。政府用人的优与劣，取决于首长个人的良知和美德；而且维护的只是资产阶级权贵这一特殊阶层的利益。在政党分赃制下，竞选获胜的政党把官职作为战利品分配给本党的支持者，选人用人“唯党”、“唯派”、“唯亲”。它虽然在一定程度上抑制了贵族的利益，但仍然不过是为政党集团利益服务的工具。

（二）结构和功能的简单化

在个人赡徇制和政党分赃制时期，美国基本上是处于农业社会时期，当时美国政府的职责相对较少，功能也不多，结构自然非常简单。截止到1880年，美国的行政部门只有有限的五个部门：国务院（1789）、财政部（1789）、国防部（1789）、司法部（1870）和内政部（1849）。美国联邦政府公务人员人数直到1831年，才超过了10000人；直到1871年，才超过了50000人，即便是到1881年，联邦政府公务人员数仅仅是100020人。

（三）制度化不足

在个人赡徇制和政党分赃制下，人员的任用和使用以统治者、政党领袖、重要官员的自由裁量和意志为支配规则，没有任何固定的、非人格化的规则加以约束和保证，在可预期性方面没有制度化的保障，官员的任用和管理等具体环节没有严格的准绳，缺乏规范化的依据。

正如韦伯所论证的，早期的官僚制是“个人的、传统的、发散的、同类的和特殊的”。② 这些制度的出现，都有其客观依据，它们都是与早期资本主义时期的政治行政关系——政治化行政相适应的，也具有一定的历史进步性，如防止了君主专制和个人专断，体现了初期民主政治的要求。但是它毕竟是一种非理性的制度，随着民主政治的发展，随着政治与行政关系的变

---

① ［澳］欧文·休斯：《公共管理导论》（第二版），中国人民大学出版社2001年版，第28页。

② 同上书，第29页。

化，必将被新的制度所代替。

三 美国传统官员制度的合理性

从行政方面来看。一方面，在资本主义国家发展的初期，社会事务并不复杂，政府功能非常简单，除保卫和统治外，仅有小规模的管理和微不足道的服务。另一方面，出于对绝对专制主义、专制制度的深恶痛绝，国家普遍奉行的是自由放任主义的消极政策，人们提出“管理最少的政府是最好的政府”。在政府与社会关系方面提倡自由主义的同时，在政府权力内部结构方面也极力推崇分权与制衡的原则，来尽可能地限制行政权力。由于19世纪早期的政府比较小，范围有限，行政事务相对简单，那些很少或没有行政培训或经验的雇员也能管理政府。“在很早的时代，麻烦的事情几乎都出在政府结构方面，因此，结构问题就成为吸引人们思考的焦点。当时，在行政管理方面很少或完全没有遇到麻烦问题，至少没有引起行政官员注意的问题。那时候政府的职能很简单，因为生活本身就很简单。政府靠行政命令行事，驱使人们，从来没有想到过要征询人们的意见。那时候没有使财政人员感到麻烦的公共收入和公债的复杂制度，因此也并不存在感到此种麻烦的财政人员。所有掌握权力的人员都不会对怎样运用权力长期茫然不解。唯一重大的问题是：谁将掌握权力？”①

由此观之，“强政治，弱行政”成为这个时期的主要特征。政府行政主要承担着政治功能，如政治意识形态、政治价值的强化，其功能定位于“谁统治”问题，而自身管理功能则相对弱小。在权力结构体系中，行政权也受到种种约束，行政法的主旨就是限制行政权，维护私人领域的公民权利。由此，“在前工业化社会中，尽管不同时期、不同国家的政治—行政制度在性质和内容上各不相同，但其政治与行政的关系均可被概括为政治化的行政。这就是说，在政治与行政之间缺乏明确的界限，没有政治角色和行政角色的制度性区分。政治控制着行政，控制着行政官员的选拔，控制着具体的行政安排和进程；而行政在很大程度上，是一个完全由政治支配的领域，缺乏相对的独立性，严重甚至完全依附于政治的安排和决定，在这种情况下，行政在技术层面上未能得到有效的发展，行政过程充斥着政治性，本质上是一个政治过程”。②

总之，与资本主义早期社会经济生活的相对简单以及对公共行政的政治

① ［美］查尔斯·B. 比尔德：《美国政府与政治》，商务印书馆1995年版，第59页。
② 王强：《政治与行政：西方国家的实践历程》，载《南京社会科学》2001年第11期。

诉求相适应，这一时期政治与行政关系呈政治化行政状态。而这种政治化行政状态体现在国家机构这一层次，就是议会在国家权力系统中居于主导地位，立法机关控制行政机关，而行政机关从属于立法机关，甚至纳入立法机关运作的框架之内。而这种政治与行政关系将决定着行政人员的任用方式。

从政治方面来看。在美国早期资本主义时期，政治与行政的关系是一种政治化行政状态。经过独立战争，1789 年 3 月 4 日，美国成立了联邦政府，通过了美国联邦宪法，确立了统一的中央政权。在政权确立初期，自然首先面临的问题是谁统治以及如何巩固统治的问题。人们关心的主要是“谁得到什么，何时和如何得到?”（拉斯韦尔语）这样的政治问题，权力的争夺和如何分配权力成为政治家们主要任务。议会是权力斗争的主要舞台。正如托克维尔所观察到的，随着政治权力结构从封建主义形式转向绝对主义，再转向代议民主制，在绝对主义基础上建立起来的官僚制并未被废弃，它仍然存在。托克维尔认为，在反对王权的权力斗争中，“斗争差不多总是集中于政策问题，而不是集中于政府问题”，也就是说，“敌对双方所争夺的不是行政权，而是立法权”。①

“政党分赃制”正是美国政党政治发展完善过程中“传统文官制度”发展的一种比较极端的形式。政党的出现是资产阶级议会政治的客观要求。资产阶级在反对封建专制的斗争中建立了议会制度，并取得了在议会中的支配地位。为了赢得议会的多数，代表相同或相似利益的社会集团或阶层组织成政党，竞选议员或行政官员，在议会的舞台上发挥主要角色，这样，政党就成为议会发展的主要支撑力量。美国在建国初期，就已经出现了政治派别，但是并未形成严密的组织体系，真正意义上的政党并未形成。人们通常将 1828 年的总统竞选中出现的两派（民主党和国民共和党）视为美国现代政党产生的标志，到 19 世纪中期南北战争后正式形成了民主党和共和党长期轮流执政的两党制。自此，代表着资产阶级不同利益集团的两大政党通过竞选而轮流掌握国家政治权力，组织政府，主持国家政治事务。获胜政党中的直接民选的领袖成为总统，总揽行政，其他政治官员由总统任命。于是，“美国的政权也就成为以给付为基础的政权，也就是说，政府（或纳税人）支付利益给赢得胜选的政党”，“政府的权力也自此由一个团体（绅士阶级）转移到另一个团体（政党）手中”。

为了维护本利益集团的根本利益，为了在竞争政治中保持优势地位，在

① ［法］托克维尔：《旧制度与大革命》，商务印书馆 1997 年版，第 98 页。

竞选中获胜的新总统自然把政府机构中的职位分配给自己所属党派特别是那些在竞选中为自己出力的人员及其亲信，即“肥缺属于胜者”。这样，无论地方选举还是总统选举，在一个新的政党选举获胜后，从高层到基层的每一个行政职位都被获胜党指定的人所占据。在“公职轮换可保廉洁”的公职民主观下，每次总统选举后，成千上万的官员大换班，甚至波及下层邮差。这样，就逐渐形成了政党分赃制。

如上所述，在资本主义社会早期，政治与行政关系呈政治化行政状态。而这种政治化行政状态体现为议会在国家权力系统中居主导地位，立法机关控制行政机关。然而在美国，由于宪法规定实行严格的三权分立制度，国家意志的主要体现者即立法机构不可能直接控制行政机构。“所以，必须在政府以外的一些法外的制度中去寻找。事实上，可以在政党中找到它。”① 政党组织在法律体制之外发挥了一种使国家意志的表达和执行协调一致的调节功能，使美国的政府体制，仍能基本保持稳定和协调。古德诺在分析美国的政党制度时认为，政党“不仅担负起了挑选在政府体制决策中是表达国家意志的机关的成员，即立法机关成员的责任，而且担负起了挑选执行这些意志的人员，即执行官员的责任”②。这也就是说，通过政党对立法机构成员和执行机构成员的挑选实现立法机构对行政机构某种有效控制。“美国的政党，正像他们热衷于按照必须以表达国家意志为准则，选举具有明显的政治色彩的团体去进行行政和执行官员的选举。政党体制由此保证了政治功能与行政功能之间的协调。而这种协调是政府成功地开展工作所必需的。”③ 所以，从政治理论的观点考虑，“政党分赃制”就在于把所有被赋予执行法律权力的官员，主管的或从属的，委任的或选任的，都置于在美国政治体制中承担协调政治与行政功能任务的团体——政党的控制之下。

总之，在这一时期，由于政治与行政的关系是一种政治化行政关系，政党掌握国家权力，为了维护政党利益，必然通过“政党分赃制”的形式任用官员。并且，由于美国独特的三权分立政治制度，又客观上要求通过政党对立法机构成员和执行机构成员的挑选实现立法机构对行政机构的某种有效的控制。从政治行政关系的角度可以发现政党分赃制产生的根本原因，也从而提示了美国的政党分赃制与其他国家（如英国）相比更为

---

① 丁煌：《西方行政学说史》，武汉大学出版社1999年版，第41页。

② ［美］古德诺：《政治与行政》中译本，华夏出版社1987年版，第57页。

③ 同上书，第64页。

典型的原因。

四　美国传统官员制度的弊端及其替代

从制度变迁的角度来分析美国传统官员制度，可以更全面地了解“个人赡徇制”和“政党分赃制”的功能与弊端的发展演化。

（一）美国传统官员制度的制度分析

马克思主义认为制度是一种社会“交往形式”，亦即社会生产关系的形式，它依赖于社会中人们之间的关系，并随这种人与人关系的改变而改变。道格拉斯·诺斯认为：“制度是为约束在谋求财富或本人效用最大化中个人行为而制定的一组规章、依循程序和伦理道德行为准则。”一般说来，制度可以理解为一个社会中人与人交往时所共同遵守的一套行为准则。因此，不论是“个人赡徇制”，还是“政党分赃制”，都不是无端地凭空设想的，而是与美国特定历史时期的社会生产关系紧密联系的，是为约束在谋求财富或本人效用最大化中个人行为而制定的一组规章、依循程序和伦理道德行为准则，并成为当时社会中人与人交往时所共同遵守的一套行为准则。制度是与人类行为自利性假说相联系的、调节人们之间经济利益关系的总和。没有私利就没有利益冲突，因而就没有制度设计的必要。如在“个人赡徇制”下，作为资产阶级权贵的代表，几任总统自然地把重要官员的选任放在人的声望与门第上，即“绅士与贵族标准”。一项统计分析表明，当时的联邦官员具有浓厚的精英治理色彩，将近65%的高层政治任命人物来自地方的绅士、商贾以及具备专业知识的上流社会阶层人士。① 政党分赃制也是如此，为了维护政党的根本利益，竞选获胜的新任总统自然地把政府机构中的职位分配给本党成员，特别是那些在竞选中为政党做出大量贡献的政治骨干和活动积极分子。

再从制度产生的原因来说，制度的产生和存在是人类交换行为的需要，人类必须进行交换是因为人类能力的有限性和生存环境的限制。人类需要制度来保证交换以及与他人合作的顺利进行。由此可以满足人们对他人或社会的需求，预防或弥补由于不可抗力带来的后果，此可称为制度的“安全功能”。制度的产生和存在的另一原因是经济方面的，如规模经济和外部性问题。如果想要克服上述两个问题的影响，需要人们采取集体行动。集体行动则内含本身的发生逻辑，它一般很少自动发生。奥尔森的集体行动理论认

---

① ［美］尼古拉斯·亨利：《公共行政与公共事务》（第八版），中国人民大学出版社2002年版，第418页。

为：选择性刺激是产生集体行动的一个必要条件。选择性刺激手段可以采用反面的惩罚和正面的奖励。制度在一定程度上可以保证这种选择性刺激的形式或运作。我们可以称之为制度的“经济功能”。不论是“个人赡徇制”，还是“政党分赃制”，在制度最初形成的一段时间里，都能够为美国政治提供这样两种功能。

制度具有约束的功能。任何行为主体都是在一定的约束条件下来进行决策的，超过了这一边界或违反了规则会受到一定的处罚。在“个人赡徇制”时期，美国社会的中上层人士既是美国民族胜利的代表，又是美国财富与门第的代表，更是美国统治阶级的代表，资产阶级权贵占据着美国经济社会的统治地位，这必然要求政府制度能够最大限度地维护资产阶级权贵的利益。政府官员制度必须以维护统治为前提，为合作创造条件。从这一角度来讲，可以说不论是“个人赡徇制”，还是“政党分赃制”，都是人们在政府治理分工与协作过程中经过多次博弈而达成的一系列契约的总和。这两种官员制度为人们在广泛的政府治理分工中的合作提供了一个基本框架，通过规范政府与官员之间的相互关系，减少信息成本和不确定性，从而促进了合作的顺利进行。因此，以“绅士权贵”为担任政府公职的标准，让尽可能多的“绅士贵族”进入政府部门担任公职，维护资产阶级权贵的利益，争取他们与联邦政府最大可能的合作，巩固政府统治基础。当然，“个人赡徇制”和“政党分赃制”都体现了制度的内部性，比较集中地体现并维护了制度主体的利益。“个人赡徇制”维护的是资产阶级权贵的利益，“政党分赃制”维护的是资产阶级政党的利益，实质上两者维护的都是资产阶级统治集团的利益。两种官员制度的内部性是一直存在的，并有日益强化的趋势。

在制度的外部性方面。制度是由当时在社会上通行或被社会采纳的习惯、道德、法律、规定等构成的一组约束人的社会行为，因而是调节人与人之间社会关系的规则。制度是一种公共物品，是因为利益冲突及协调而引起并按少数服从多数原则设立的社会行为规则。制度的主要功能是给利益主体提供一种激励与约束机制。一方面，制度通过保护、提供一种共同分享的手段，以防可能的外部侵害和提供一种以利他为前提而以自利为目的的制度（如市场机制），来给每个人的创造和生产活动提供最充分的激励；另一方面，制度通过对产权界定和消除经济活动外部性来约束利益主体，界定他们的权利、责任、义务和可能的行动空间，把非效率性的利益冲突降低到最低限度。“个人赡徇制”和“政党分赃制”作为美国特定历史时期的一种官员任用制度，自然是一种公共物品—政府制度，是由当时在社会上通行或被社会采纳的官员选拔任用习惯、道德、法律、规定等构成的一组约束政府或政治家的社会行为，因而是调节政治制度主体（主要利益主体）之间社会关系的规则。“个人赡徇制”和“政党分赃制”实行的一段时期里，两种制度都是具有一定历史进步意义的制度，都是一种制度创新。

就“个人赡徇制”而言，“绅士政府”的形成是历史的必然。这种局面的形成，与美国当时没有普及公民选举权和社会上流精英集团治国安邦思想有直接关系。这充分说明了“个人赡徇制”的正内部性，是适应了当时美国的经济社会发展条件的，促进了美国的团结稳定和快速发展。当然，随着政府外制度各利益主体社会生产关系的变化，这种正内部性是逐渐强化和递增的。

同样，“政党分赃制”也是如此。1828 年，杰克逊总统竞选胜利，标志着一个新的民主时代的来临。在这一时期，美国社会受平均主义哲学思想的驱动，民主政治迅猛发展，越来越多的人获得了选举权，政治参与日益高涨。“政党分赃制”认为公职十分简单，设置公职是为民众谋利益的，不是某些人的私有财产，每个人都有担任公职的自然权利和民主权利。这是对人民参政热情的肯定和鼓励，这就使杰克逊总统和他的继任者减低了绅士们对联邦政府的影响，而使联邦公共机构的大门向广大的民众敞开。政府官员的社会阶层降低，联邦文官更变成了整个社会阶层的代表。这是很重要的改变，因为它结束了精英文官制度的历史。有人认为“政党分赃制”下的文官能代表国家的各个社会阶层，是巨大的行政优势。①“政党分赃制”也是美国新兴资产阶级急于参与、执掌国家政权愿望的直接反映，是对传统贵族政治的宣战，彻底否定了名门望族子弟对政府公职的长期把持，是资产阶级的民主平等思想具体化，是一场思想解放运动。在实践上，杰克逊政府的官制改革，确实免除了一批碌碌无为、靠官职谋生的昏庸官僚，在一定程度上扭转了冗官冗费、贪污浪费的腐败局面。“政党分赃制”实行的一段时期内，政府行政开支大大削减。为争夺官员职位，两党之间展开了高度的政治竞争，客观上又推动了政治民主化的发展。

从博弈论的角度分析，制度是博弈的规则，在不同的规则条件下，行为主体会采取不同的决策。而不同的决策选择对于单一行为主体和整个行为主体的收益会产生不同的结果，所以制度本身影响资源配置的效率。综合起来，“个人赡徇制”和“政党分赃制”作为美国特定历史时期的一种官员任

① Paul Van Riper, *History of the Uinted States Civil Service*, Chap. 17, pp. 558 – 559.

用制度，它们的功能可以概括为：为当时特定的美国经济提供了制度规范和公共服务；为美国社会各阶层的合作创造了规则和条件；明确规则，减少了市场经济中的不确定性、抑制人的机会主义行为，从而降低交易成本；提供了制度主体的激励机制，促使官员的经济努力转化成私人收益率接近于社会收益的活动，从而为经济发展提供更强大的动力；制度主体是在一定的约束条件下来进行决策的，具有约束和规范行为的功能；能够提供制度主体形成他们对自己利益的合理预期，保障了政治与社会的稳定。

制度具有很多的功能，它也是影响经济效率的重要因素，经济发展的过程也是一种制度替代另一种制度的过程。但是，随着美国经济社会条件的发展变化，不同的制度主体的地位和作用发生了根本性的变化，两种官员制度的正外部性逐渐减少，最后演变成为负外部性。正如本书第二章表2－1制度的内部性与外部性组合中的I_{13}组合，虽然对行为者自己有益但却具有负外部性，实施过程中存在外界的巨大阻力，所以一般是不会出现的，即使出现也是由于短期内外界没有充分认识到其负面影响。因此，哪怕是采用权威的力量或强制性的手段也不能确保此类制度的长期存续。因此，随着两种传统官员制度的负外部性的增加和影响的严重，它们被替代的命运也是不可避免的了。

（二）美国传统官员制度的弊端

如前所述，随着两种传统官员制度的负外部性的增加和影响的严重，美国传统官员制度的弊端日益深重。具体而言，主要有如下四个方面的弊端：

第一，利益代表性不充分。随着美国经济的较快发展，移民的大量涌入，从“共同体”到“社会”的转变使美国社会结构产生了根本性改变，它主要表现在个人与社会的关系以及个人之间社会联系的方式两个方面，并由此对美国社会控制手段提出了新的要求。由于社会分化和市场经济的作用，“共同体”解体后的“社会”是一个自由主义社会。在这样一种社会形态下，个人属于因社会分化而产生的数量日益增多的集团之中，这决定了个人根据一个集团内部共享的经验来确定自己与其同伴越来越不可能。个人与特定集团的实质性联系被打破了，任何一个集团都会影响其生活的某一有限方面，个人成为孤独、独立的个体，不再附属于某一集团。普遍的尊重和形式上的平等成为个人交往的一个准则。这种社会联系方式自然而然地提出了以抽象的、形式的规则无差别对待每个人的社会控制方式。“个人赡徇制”比较集中地代表了“资产阶级权贵”的利益，在一定程度上忽视了广大人民的权利和利益，因此与日益发展壮大的民主政治力量矛盾越来越大；“政党分赃制”纠正了“个人赡徇制”的这一明显弊端，在一定程度上抑制了“资产阶级权贵”对政府官职的垄断，但矫枉过正，妄图利用政党（民众利益的代表）这一中介实现对政府官员的分配，增强政府官僚机构和官员对人民和公共利益的回应。

第二，特殊倾向性太明显。在“个人赡徇制”和“政党分赃制”中，充满了传统因素和人格性特征，官员的行政权力源于传统性的基础。人格性特征不仅表现在支配者与其官员的关系方面，而且还表现在其行政行为上，即行政行为严格地考虑对象的态度、要求等具体特征，因而，其行政行为具有特殊主义的特征。在“个人赡徇制”下，以绅士贵族为选拔用人的标准，政府官员任职的贵族化倾向表明“美国早期的政府控制在那些受过良好教育、有高贵的门第、在社会上很有地位的人及他们的亲信手中”①。而一般官员的任用主要以和重要官员的私人关系为转移。“政党分赃制”下的特殊倾向性就更加明显了。官职基本上沦为政党政治的工具，成为犒赏政治忠诚与功劳的奖品。在任用官员的过程中，一切以党派和政治忠诚为标准，才干与品格所占的地位越来越低，几乎可以忽略不计了。

民主政治的发展，要求政府行政摒弃“特殊性”，保持“中立性”。行政的“中立性”或“政治与行政”的分离是理性化的一种要求，它主要是针对政党政治中对官职授予权的争夺而引起的对官僚制行政之理性特征的破坏。因为政党分肥制（spoils system）破坏了官员录用及升迁的理性途径和行政行为的连续性、可预期性，并由此引发了将官职当作一项“经营”来追求的事业和导致业余性的行政管理等一系列非理性的因素。……行政的“中立性”在某种意义上来说是行政之形式理性取向的一个基础，因为政治与行政的分离在很大程度上将政治决策中各种利益要求（实质正义要求）之间的冲突放在了政治领域，并由“法治原则”这一隔离带将其与行政隔离开来，从而可使行政专注于“执行”中的客观性、科学性和效率，以规则、程序等形式理性来指导行政行为。但是，“政党分赃制”日益消融行政的“中立性”。政党政治（多党竞争执政）从形式上看使得官僚行政组织处于中介的、工具性的地位，能不受各种政治力量的影响而致力于政策执行的理性化、科学化和效率目标。但随着官僚制行政权力的扩大以及多党中某一政党持续性支配地位，使得该党经常能控制官僚行政组织，其结果是使得这个中介性、工具性的组织愈来愈政

① 李盛平：《职位分类与人事管理》，中国经济出版社1986年版，第125页。

治化，政治决策与政治执行之间的区别也愈来愈虚幻，相对于各党派而言的“中立性”也正在销蚀。

第三，政治与行政的混杂。在美国“个人赡徇制”和“政党分赃制”时期，与美国资本主义早期社会经济生活的相对简单以及对公共行政的政治诉求相适应，这一时期美国政治与行政关系呈政治化行政状态。而这种政治化行政状态体现在国家机构这一层次，就是议会在国家权力系统中居于主导地位，立法机关控制行政机关，而行政机关从属于立法机关，甚至纳入立法机关运作的框架之内。而这种政治与行政关系将决定着行政人员的任用方式。“个人赡徇制”和“政党分赃制”正是美国政治化行政在政府官员制度的一种反映。“弗吉尼亚王朝”时代官职由上层社会垄断，一般百姓无从染指，是一种政治对官职的完全控制。在“政党分赃制”下，轮流任职理论也为总统所在党的政府党同伐异，罢免另一党官员，把公职恩赐给自己党派的骨干找到了理论根据。在政务官与事务官混杂一团的时代，任用本党成员无论对加强政治联系巩固本党地位还是调动官员政治热情，都有一定作用。但是公共行政与政党政治的混杂，文官自身既是分赃制的参与者，又是分赃制的受害人。政治与行政不分，它突出地表现在官吏的任用方式上，是个人恩赐制与政党分肥制等非理性制度存在的温床。

就权力渊源而言，不管是议会制还是总统制，官僚制政府的权力最终是由人民授权（同意）而建立的。因此，它必须直接或间接地对这个授权者（议会制中的议会或总统制中的总统，最终则是作为选民的公民）负责。如何在这个层次上确保官僚制行政的责任，就西方国家的历史经验而言，主要是三权分立的制度安排，具体表现为政治与行政的相对分离，并使行政服从于政治，即在政治中解决各种党派和利益的纷争（民主式的妥协），使行政远离各种政治性的考虑和决策以及意识形态的纠纷，而致力于在执行政策中追求客观性和科学方法等理性化的目标和价值，这实际上意味着行政的中立性，这一点随着西方国家的行政改革尤其是文官制度的确立而逐步完善起来。“行政管理的领域是一种事务性的领域，它与政治领域的那种混乱和冲突相距甚远”，“虽然行政管理的任务是由政治学确定的，但政治却无需自找麻烦地操纵行政管理机构”。“政治是政治家的特殊活动范围，而行政管理则是技术性职员的事情。政策如果没有行政管理的帮助就将一事无成，但行政管理并不因此就是政治。”对于这种行政结构的普遍适用性，威尔逊甚至认为，“如果各种政府想成为同样有用和有效率的政府，他们就“必须”

在结构上有高度相似之处。”[①] 政治主要与国家的意志表达相联系，而行政则是指国家意志的执行功能。政治与行政因为功能的不同必须进行区分，同时保持政治对行政的控制。

第四，民主与效率的失衡。如前所述，但官员的贵族化倾向，且终身任用制度使得官员缺乏对人民与公共利益的回应，政客党魁操纵总统人选，使人民意志被架空，民主受到了轻视。与此相关的观念是，政府工作成为一种财产，在文官受到保护的情况下，更成为一种权力。随着中小资产阶级的力量迅速壮大，参政意识普遍提高，杰克逊和他的政治支持者发现这种职位与民主原则背道而驰。因此，杰克逊派主张的“政党分赃”，打破了这种局面。在“政党分赃”下，承认每个人都有担任公职的自然权利和民主权利，使联邦公共机构的大门向广大的民众敞开，这是对人民参政热情的肯定和鼓励。它结束了精英文官制度的历史，政府官员的社会阶层降低，联邦文官更变成了整个社会阶层的代表。这也是美国新兴资产阶级急于参与、执掌国家政权愿望的直接反映，是对传统贵族政治的宣战，彻底否定了名门望族子弟对政府公职的长期把持。但是，“政党分赃制”在对民主强调的同时，却忽视了政府效率。人们对一位政府官员有无信心，唯一的正确标准，是看他的效率。[②]

民主与效率并非是天生势不两立的。在杰克逊时代，情况比较简单，不熟练的行政部门造成的损失不太大，也不那么明显。但是，它在提高行政效率和增强官员献身于公共利益的精神方面，没有起到任何作用。随着政府的担子越来越重，行政技术越来越专门化，公众才意识到训练有素的公仆是绝对少不了的。个人主义和自由竞争思想的泛滥，使无法可依的分赃制愈演愈烈，给美国社会带来了严重危害。首先，造成政府机构臃肿，人浮于事，工作效率低下。其次，政府更迭频繁，政局动荡形成周期性的政治混乱；最后，政纪废弛，道德沦丧，贪污受贿盛行。腐败的党魁政治使政府效率低下，支出庞大，既损及下层民众利益，又危及统治秩序。1861 年 1 月的《纽约时报》也批评分赃制“代价昂贵、效率低下、浪费时间和贪污腐败”。[③] 19 世纪末，伴随着西方资本主义国家向城市化和工业化国家迈进，

---

① ［美］伍德罗·威尔逊：《行政学研究》，引自彭和平、竹立家等编译《国外公共行政理论精选》，中共中央党校出版社 1997 年版，第 14—15、22—23 页。

② ［美］威尔逊：《国会政体——美国政治研究》，商务印书馆 1989 年版，第 131 页。

③ 阿里·胡吉邦：《废除分赃制：1865—1883 年文官改革运动史》，伊利诺伊大学出版社 1961 年版，第 28、29 页。

各种社会问题和政治问题相继凸显，原有的政治制度和行政管理方法已经滞后于需要“效率”的时代要求。有识之士对此深为忧虑，认为改变分赃制势在必行。

第五，人格化与非制度化。现代官员制度建构体现在两个方面：其一，是指官员的行政职位和权责是法定的，不能任意变更。每一个职位上的官员根据法律和行政规章规定，承担明确而具体的职责并享有为完成工作而授予的权力。其二，是指政府机构或官员的行动都必须有法律依据和制度规定，必须依法行政，而不能有超出法律和制度规定之外的任意行为。而在个人赡徇制和政党分赃制下，人员的任用和使用以统治者、政党领袖、重要官员的自由裁量和意志为支配规则，没有任何固定的、非人格化的规则加以约束和保证，在可预期性方面没有制度化的保障，官员的任用和管理等具体环节没有严格的准绳，缺乏规范化的依据。正如韦伯所论证的，早期的官僚制是“个人的、传统的、发散的、同类的和特殊的”。①总之，美国传统官员制度并没有制定一套较完整的奠定在“法治”基础上的官员管理制度。

第六，传统性与现代性的冲突与断裂。这是传统性中合理的因素，应该予以继承。随着政治民主化的发展，美国官员制度进入了“政党分赃制”时期，为了加强政党对政府行政的控制，总统所在党的政府党同伐异，罢免另一党官员，把公职恩赐给自己党派的骨干。这虽然在一定时间内增强了政府官员对政治的回应性，但由于政府效率的缺失，反而本质上推动了政府对民众利益的回应性。从制度有效变迁的层面来看，制度变迁过程中的阻力大小与转化是相当关键的。在制度变迁中，当传统性与现代性发生激烈冲突时，如果绝对地根除传统性，不仅新的制度会丧失原有制度本身的精华而有损新制度的价值，而且由于传统性的根除，使依赖于传统性的阻力方激烈反对和抵制，将很有可能导致制度变迁的失败。

内战结束以后，随着美国社会与政治的变化，美国公众便开始重新反思“政党政治”与“政党分赃制”以及它们对美国政治和社会的影响，进而要求改革官吏制度。在“政党分赃制”中，影响最坏的结果是：周期性的政治混乱和政局动荡。这些混乱导致 19 世纪大部分时期政府频繁更迭，公共

① ［澳］欧文·休斯：《公共管理导论》（第二版），中国人民大学出版社 2001 年版，第 29 页。

机关与政治和无能普遍而紧密地结合。在任命官员上日益增长的行政权与立法权冲突。这一冲突导致了 1868 年美国约翰逊总统弹劾案。

总之，随着美国从 19 世纪 60 年代向 70 年代过渡，文官制度改革伴随着新一代改革者的成长与其他社会改革（如金融与关税改革）的展开以及日益兴起的工业化和城市化的趋势，也开始缓慢而稳步地进行。

第四章

美国官员制度转型的过程与特征

第一节　美国官员制度的转型过程

对政党分肥的谴责久已有之，真正有分量的批判来自后来的改革派。认识到一种体制的弊端，当然是改革的重要一步。美国文官制度转型过程划分为几个阶段。第一阶段大致为1865—1870年，为发轫期；第二个阶段从第一个文官委员会的诞生到《彭德尔顿法》的通过，为改革运动走向高潮的时期；第三阶段是运动的渐进期，即《彭德尔顿法》通过后的一段时间。

一　官员制度转型的发轫期

从1812年战争结束到内战前夕，美国的各种改革十分活跃。从教育改革、监狱改革到废奴运动，活动固然零散，但影响不可低估。这些改革并不涉及文官制度。针对分赃制造成的文官素质低劣，办事推诿，效率低下，美国国会早在1853年就通过了《考试法》。《考试法》对联邦政府雇佣的文官加以分类，无论在职者还是即将被任命者均须通过考试方可到职。但《考试法》并未严格执行，考试往往只是一种滑稽的形式，几年后就荒废了，开启先河固然功不可没，但称之为改革似过牵强。但它是第一个与总统任命权有关的文官立法，它的颁布，显露出文官制度改革的曙光。[①] 1854年英国进行了第一次文官制度改革，成立文官委员会，负责办理推荐文官候选人的竞争考试。1870年又进行了第二次文官制度改革，建立功绩制，实行公开竞争考试，择优录用。英国文官制度改革对美国产生了积极影响。

谈到美国联邦政府改革的时候，我们必须承认，内战后美国联邦文官制度改革的基本思想（包括“功绩制”等现代概念）基本上是直接从英国引

---

① 刘易斯·迈耶斯：《联邦文官制度》（Lewis Mayers, *The Federal Service*），纽约，1922年，第42页。

进的。这并不是说，在此之前美国人对英国以外国家的官吏制度的经验是一无所知。实际上，早在1862年，美国国务卿威廉·H. 塞威达就曾授权驻法国巴黎的总领事约翰·比格罗对法国税收程序和制度进行调查和研究。经过调查和研究，比格罗认为，法国最成功的经验就是他们在招收税务官员时采用考试制度而不是任命制度，并建议美国联邦政府应该采纳法国税务部门的经验。[①] 之后，1868年国会众议员托马斯·A. 詹克斯又提出了一个82页的关于中国、普鲁士、法国以及英国文官制度改革程序与经验的重要报告。甚至在1871年格兰特总统任命成立的七人文官制度改革委员会——格兰特委员会的报告中，美国人还特别对中国的经验给予了特殊的注意，其中曾经谈道："孔夫子倡导政治道德，中国人曾阅读过许多书籍，并使用过罗盘针、火药以及乘法表，而那时我们这个大陆还是一个未开垦之地。"但是，更重要的是，"这个东方世界最开明和最持久的政府曾要求进行一种考试以考察进入政府工作的候选人的功绩"，[②] 美国人不应该否认这一益处。报告还补充道，应该"特殊考察英国的政治史，因为它曾大大地受益于这些中国的方法"[③]。在美国文官制度的改革中（特别是1870年以后的改革中），对外国经验的许多参考与借鉴，主要还是来源于英国。除了格兰特委员会以外，后来海斯总统时期的著名改革家伊顿和他的广泛流行的著作，也都大量引证英国的经验与实例。其中包括《麦考莱报告》（Macualy Report）、《诺斯科特—屈维廉报告》（Northcote-Trevelyan Report）以及英国文官制度改革的其他经验。因为在许多美国改革者看来，"英国文官制度改革的经验比欧洲大陆国家和中国的经验更适合美国的政治体制"[④]。对分赃制极为不满的美国知识分子从英国文官制度改革中得到某种启发，他们对文官制度改革产生了浓厚兴趣。乔治·W. 柯蒂斯和托马斯·A. 詹克斯等人设法与英国文官改革运动的领袖查尔斯·特里维廉和斯塔福德·诺斯科特爵士建立通信联系，

---

① Paul P. Van Riper, *History of the United States Civil Service*, Evanston, Illinois: Row, Peterson and Co., 1958, p. 64.

② U. S. Congress, House, Joint Select Committee on Retrenchment, Report, Civil Service of the United States, 40thCong., House Report 47, May 25, 1868. Washington D. C.: Washington Government Printing Offiee, 1868, pp. 110 – 202.

③ U. S. Congress, House, Joint Select Committee on Retrenchment, Report: Civil Service of the United States, 40thCong., House Report 47, May 25, 1868, Washington D. C.: Washington Government Printing Offiee, 1874, p. 24.

④ Pau P. Van Riper, History of the United States Civil Service, Evanston, Illinois: Row, Peterson and Co., 1958, p. 64.

了解英国文官制度改革情况，探讨改革理论和改革方案。美国舆论界随即开始鼓动文官制度改革，一些国会议员也仿效英国文官制度提出改革议案，倡导文官改革立法。这样，美国文官改革运动就在报刊宣传和国会讲坛上拉开帷幕。

1864 年内战期间，来自马萨诸塞州的共和党参议员查尔斯·萨姆纳第一次正式向国会议员推荐阅读一本他编辑的《20 年文官制度改革建议案系列》小册子，要求通过竞争考试选拔录用文官，成立文官委员会负责文官考试和录用。其目的就是通过应用现代考试制度的手段，进一步根除“政治庇护制”的影响。萨姆纳的改革法案得到舆论界的响应和支持。《全国信使报》、《纽约时报》和纽约《晚邮报》等都作了报道和评论。1865 年 12 月，来自罗得岛的共和党众议员托马斯·A. 詹克斯第二次向国会提出一个文官制度改革法案。该法案主张，文官的选拔录用必须经过公开竞争考试，择优任命；文官的任用从最低一级开始，上一级文官的空缺由下一级的文官递补或举行特别考试；建立文官委员会，负责制定文官规则和组织考试。詹克斯还在随后两年提出两个修改后的文官改革法案。新法案缩小了文官规则的适用范围，取出适用于除邮政局长外的联邦文官；建立以功绩制为核心的常任文官制度。1867 年，詹克斯在国会发表演说，谴责分赃制的恶果：政治活动决定文官的任免升降，造成官场腐化，道德沦丧，办事拖沓。他强调，只要废除分赃制，建立功绩制，就能激励文官勤奋工作，恢复文官的廉洁奉公，带来工商界所渴望的效率和节省。他说，政府的真正利益是以较少的花费获得最好的服务。“政府开支巨大和工作不满意的关键在于为之服务的文官——人的素质和品德，以及文官的任命方式。”“让我们去寻求有专长、能力、忠诚、正直和热情的公共文官，我们将既不要求增加文官工资，也不要求增加文官数量。这是一个可靠的推论：如果联邦政府建立一套健康的任命制度和法规，文官人数可以削减 1/3，而文官队伍的整体办事效率将提高 1/2 倍。”① 1868 年，詹克斯又向国会呈交一份文官改革报告。报告援引朱利叶斯·宾的调查结果：被调查的 446 名政府文官中，有 362 名赞成文官制度改革，12 名反对，72 名态度暧昧。② 因此“如果说萨姆纳是第一个在国会中介绍和引进文官制度改革经验与建议的美国人，那么詹克斯却是第

① 伦纳德·D. 怀特：《共和党人时代：1869—1901 年行政史研究》，纽约，1958 年，第 297 页。

② 阿里·胡吉邦：《废除分赃制：1865—1883 年文官改革运动史》，伊利诺伊大学出版社 1961 年版，第 45 页。

一个真正倾注自己精力去涉猎与研究文官制度改革的美国人”。实际上，内战以前，人们要求控制“政治庇护制”，通常只不过是要求限制总统对官员的“免职权”，而无论萨姆纳还是詹克斯——后者更具体些——都是建议通过限制总统的“任命权”来打击“政治庇护制”。当然，这些做法也是英国文官制度改革家在改革中所采用过的。

詹克斯法案和1868年报告受到舆论界的积极支持。《纽约时报》谴责分赃制是“费钱的、无效率的、费时的、腐败的”，请求国会通过詹克斯提出的文官改革法案。《北美评论》、《圆桌周刊》和《芝加哥论坛报》等报刊也积极宣传文官改革。实际上“从这时开始，美国的新闻出版界才对文官制度改革真正地重视起来”。美国民众也开始对文官制度改革产生兴趣。1867年12月，全国制造商协会通过决议，完全支持詹克斯法案，请求国会通过文官改革立法。到1868年，美国文官改革运动初具规模。议员提出改革议案，新闻界鼓动改革，工商界响应改革，美国社会科学协会成为改革者的聚集场所。但国会的表决令人失望，以71票对67票否决了詹克斯法案。詹克斯法案尽管未能成为法律，但其历史意义却不可忽视，它是美国文官制度改革中第一个全面而系统的方案，成为后来《彭德尔顿法》的蓝本。因此，可以将它的提出视为美国文官制度改革运动发端的标志。

被否决后的一段时间，詹克斯法案仍旧是国会的中心议题之一，并得到乔治·威廉·柯蒂斯这样的改革派的支持。当时相继被揭发出来的官员贪污案，把越来越多的人推向改革的阵营。格兰特时代爆发了一些重大贪污丑闻，这种状况从反面激发了社会的改革要求。1868年底，詹克斯不断收到各方面的来信，对他的改革议案表示支持。财政部的一份报告认为，通过詹克斯法案乃是税收改革的关键所在。纽约联邦同盟俱乐部等上游社会团体也通过决议，支持竞争性考试制度。美国社会科学协会对改革更为热心，该组织多次邀请詹克斯等改革家作公开演讲，宣传改革主张。费城数百名颇有身份的各界名流在亨利·李起草的一份请愿书上签名，呼吁国会通过詹克斯议案或类似法令。出身名门望族的亨利和小查尔斯·弗朗西斯·亚当斯兄弟也为此奔走。但总统和国会仍然无动于衷。格兰特总统在第一次年度咨文中对改革只字未提。尽管如此，零星的改革还在进行。财政部新任部长鲍特韦尔任命改革派E. B. 埃利奥特为主考官，就该部文官的任命和晋升进行考试，内容以算术为主，辅以簿记、语法、拼写、地理、历史和法律等。考试的目的是使文官队伍更精干高效。不过考试不是任命的唯一依据，鲍特韦尔仍主张实行政治性任命。

1869年12月20日，参加过1848年德国革命的政治家卡尔·舒尔茨也在国会提出了一份与詹克斯法案大同小异的议案。但国会拒绝考虑，反而对詹克斯又一次提出的方案更感兴趣。国会就这一法案辩论了3天，争论十分激烈。反对者认为，改革会使行政首脑失去人事控制权，因而不能有效地履行职责；而且，文官制度中的腐败现象乃人类弱点所致，任何立法都无法改变。[①] 众议员约翰·洛根甚至认为，詹克斯法案“在理论上是糟糕的，在原则上是错误的，它违背了我们的制度与人民的天性和精神，或许还是违宪的……”[②] 该法案再度在国会搁浅。1870年底，詹克斯最后一次在国会提出修改后的改革议案，等待他的仍旧是麻木不仁，致使这位孜孜于文官制度改革的国会议员抱憾终生。事实也证明，对改革的支持日趋强大，只是由于缺乏组织才进展不大。

二 官员制度转型的高潮期

随着社会舆论的压力与政府腐败问题的严重，到格兰特总统时期，改革文官制度又出现了一个新的高潮。1869年，格兰特总统在他的第一届政府就职演说中，就宣布要对文官制度进行改革。他在第二篇年度咨文中说，“没有什么任务像任命那样困扰行政部门首脑；也没有如此困难而徒劳地法满足参议员和众议员的要求——为他们的选举人找职位。现在的任命制度不能为公职找到最好的人，常常是合适的人也难找到”。[③] 1871年3月3日，在第41届国会的最后一天，参议院以32票对24票、众议院以90票对20票通过了莱曼·特朗布尔在《各种民用拨款法案》中提出的一个文官改革附件，即《1871年文官法》，它授权总统制定文官选拔录用规则。格兰特总统任命一个以柯蒂斯为主席的7人文官委员会，负责制定文官规则。他在次年元旦颁布了文官规则，即：所有申请文官职位者，需有适当的品德和年龄，能听说读写英语的美国公民；统一划分各部职位和等级；最低级别的官职空缺在公开竞争考试的前三名中任命，其余各级空缺职位，由下一级考试递补。按照文官规则，1872年6月5日举行了第一场公开竞争考试。

在此期间，文官委员会取得的最大实绩，就是成功地在财政部进行了竞争考试试点。1872年10月财政部对海关职员的作用和晋升实行竞争性考

---

① 阿里·胡吉邦：《废除分赃制：1865—1883年文官改革运动史》，伊利诺伊大学出版社1961年版，第72页。

② 伦纳德·D. 怀特：《共和党人时代：1869—1901年行政史研究》，纽约，1958年，第291页。

③ 同上书，第281页。

试，一举获得成功。次年 3 月财政部又通过竞争考试从 565 名应试者录用 40 名第一类文官。在此之前的 10 个月中，财政部共举行了 28 次类似考试，其中 3/4 为晋升而举行。[①] 考试内容涉及算术、历史、政府管理、地理、拼写及英文。据说这些考试的效果“非常鼓舞人心”。[②] 这证明那些认为竞争性考试无法实行的想法和议论是缺乏根据的。1874 年 5 月，文官委员会征得总统的同意，将纽约海关的经验推广到其他海关。在竞争性考试因国会不予拨款而中止之前，共有 2286 人参加了录用考试，其中 282 人获得任命；1531 人参加晋升考试，其中 428 人被提升到较高职位上去。[③] 仅以人数论当然不足以支援分赃制，但这些实践开创了选拔任命和晋升文官的新模式，为后来《彭德尔顿法》的实施提供了可资借鉴的经验。

在《彭德尔顿法》制定前 10 年，美国即有比较完备的选拔晋升文官的方案，这当然是文官委员会的筚路蓝缕的开拓性贡献。但遗憾的是，行政命令往往不具备立法的强制性和长久性，因而在实行中就不得不大打折扣。国会对委员会的工作倍加阻拦，拒不拨款；格兰特对改革的态度三心二意，若明若暗。这一切先是导致柯蒂斯于 1873 年 3 月辞职，以多尔曼·伊顿继任；接着于 1875 年 3 月，国会迫使委员会无米为炊停止工作。格兰特政府文官改革夭折后，文官改革者捐弃前嫌重新联合起来，建立改革运动的组织机构。1877 年成立纽约文官改革协会，著名牧师亨利·贝洛斯担任协会主席，行政问题专家多尔曼·B. 伊顿负责协会日常事务。协会致力于废除分赃制，建立以竞争功绩制为核心的现代文官制度。协会出版刊物，组织演讲，争取全社会对改革运动的支持。纽约文官改革协会成立后，各地纷纷成立文官改革协会，为协调协会工作，1888 年在纽波特召开了全国文官改革会议，有纽约、费城、匹兹堡和波士顿等 13 个文官改革协会的 58 名代表参加。会议决定，在每个选区成立一个文官改革协会，向本选区议员施加影响。会议要求各文官改革协会联合行动，用报刊、演讲和请愿等方式促使国会通过文官改革法案。会上还成立了全文官改革联盟，选举柯蒂斯为联盟主席。改革协会和改革联盟的成立，为文官改革运动提供了组织机构和领导核心。

文官改革组织成立后，文官改革者积极宣传和鼓动文官改革。全国文官

① 阿里·胡吉邦：《废除分赃制：1865—1883 年文官改革运动史》，伊利诺伊大学出版社 1961 年版，第 124 页。

② 同上。

③ 伦纳德·D. 怀特：《共和党人时代：1869—1901 年行政史研究》，纽约，1958 年，第 284 页。

改革联盟主席柯蒂斯是著名演说家和文学家，也是政治论坛《哈泼斯周刊》的主编。他知识渊博，思想深邃，富于鼓动性，是“美国知识分子的领袖，文官改革运动的领导核心和坚强的道德鼓吹家”。[①] 1878 年 9 月，柯蒂斯在国会发表演说，驳斥分赃政客对文官制度改革的歪曲。他说，文官改革不是要取消政党在民主社会的职能，而是要恢复政党应有的职能。“文官改革方案限制政党的专横权力，当然这不是打算解散政党。”他认为政党的功能应该是，“政党对全国性政策提出不同意见。在自由国家，他们通过演说和报刊宣传，请求人民作出判断。……但他们只有通过立法才能成功——每个政党努力推选愿把其主张变成法律立法代表，并把主要公职委托给可依赖的人”。[②] 这场文官改革运动的激进派领袖是卡尔·舒尔茨，他曾在国会参议院发表长篇演讲，他说，关于文官改革，“我认为最重要的问题是怎样消除因猖獗的公职分赃所导致的美国政治堕落的根源”。[③] 舒尔茨在 1871 年对格兰特政府的文官改革持怀疑态度，扬言“目前需要进行文官改革，并组建一个新党”。[④] 他果然在 1872 年总统选举时参与领导格里利的自由共和党。他在担任海斯政府内政部长时，克服重重阻力，在抚恤局和专利局恢复了 1872 年文官规则。文官改革运动的技术指导是行政学家伊顿。伊顿考察英国文官制度后，在 1880 年提交了一份研究报告——《大不列颠的文官制度：腐化与改革历程及其对美国政治的意义》，简称《伊顿报告》。报告介绍了英国文官制度改革和功绩制，指出英国文官制度改革的核心是竞争和考试，阐述了采纳功绩制的益处：提高政府行政效率和文官的道德情操，鼓励人们勤学上进。他还驳斥了功绩制不适合美国的例外论。《伊顿报告》是美国文官改革运动后期的纲领性文件，它从理论和实践两个方面阐明了功绩制思想。

詹克斯、舒尔茨、柯蒂斯和伊顿等文官改革运动的领袖人物是知识分子——自由职业者，美国文官改革运动前期的主要参加者也是知识分子，他们主要是编辑、记者、律师、教师、医生和牧师。这些知识分子以《民族周刊》、《北美评论》、《哈泼斯周刊》、《芝加哥论坛报》和《纽约时报》等报刊为阵地，形成一个全国性的知识分子群体。他们发挥其职业优势，在报刊讲坛鼓动改革，成为文官改革运动的领导者。工商业资产阶级在改革运动

① 伦纳德·D. 怀特：《共和党人时代：1869—1901 年行政史研究》，纽约，1958 年，第 298 页。

② 同上书，第 300 页。

③ 同上书，第 299 页。

④ 阿里·胡吉邦：《废除分赃制：1865—1883 年文官改革运动史》，伊利诺伊大学出版社 1961 年版，第 100 页。

前期只是赞同者而不是参与者。1880 年纽约文官改革协会的 45 名执行委员中，38 名有职业可查，其中有 21 名律师，9 名编辑，5 名牧师和 3 名教授，没有一名工商界人士。[1] 1881 年加菲尔德总统遇难后，有相当一部分工商业资产阶级参加文官改革运动。1882 年工商界人士各占文官改革协会会员的一半，[2] 成为文官改革运动的一支重要力量。工商业资产阶级参加文官改革运动是为了他们的自身利益。在分赃制下，求官未遂者刺杀总统，直接威胁美国政局的稳定；分赃制导致的行政效率低下直接影响他们的经济效益。因此，资产阶级支持这场能造就一支高效率常任文官队伍的文官改革运动。从各文官改革协会会员的职业构成可以看出，工农群众几乎没有参加文官改革运动的。原因在于工农群众为衣食住行奔走不息，无暇顾及文官改革。农民参加格兰其运动和绿背纸币党运动；工人参加全国劳工同盟和劳动骑士团，为他们的生存权利而斗争。

资产阶级知识分子凭借他们显赫的社会地位，良好的教育修养，便利的舆论讲坛，发起和领导了文官改革运动。领导文官改革运动的知识分子大多来自美国东北部的名门世家，他们的上流社会地位在经济上受到工业革命中崛起的新兴资产阶级的挑战，政治上又遇到政党组织的排挤。在分赃制下，"正直的单个公民必然被挤出政界"。[3] 于是，知识分子对现实不满，要求改变现状。这是资产阶级知识分子倡导和领导文官制度改革的首要原因。其次，他们对分赃制造成的政治腐败和道德沦丧极为忧虑，试图正本清源，铲除分赃制。舒尔茨在 1872 年说，"我考虑文官制度改革由来已久，消除分赃制的腐败及其恶劣影响，提高公共生活的道德水准，这是一个重要的问题"；[4] 柯蒂斯说，"我们断言，认为文官公职是选举后分得的奖赏——犹如一场战斗后抢得的赃物的观点，把民众的委托降低为政党赃物，使公职的任命依赖于私人关系而非可以被证实的能力，这必然毁掉文官的尊严，损害共和国的功能，最终因道德沦丧而使民族品德下降"。[5] 再次，知识分子认为

---

① 阿里·胡吉邦：《废除分赃制：1865—1883 年文官改革运动史》，伊利诺伊大学出版社 1961 年版，第 191 页。

② 同上书，第 193—194 页。

③ 斯蒂芬·斯科罗勒克：《建设新美国：阐述 1877—1920 年的国家行政能力》（Stphen Skowronek, *Building A New American State*: *The Expansion of National Administrative Capacities 1877—1920*），剑桥大学出版社 1982 年版，第 53—54 页。

④ 伦纳德·D. 怀特：《共和党人时代：1869—1901 年行政史研究》，纽约，1958 年，第 299 页。

⑤ 同上书，第 298 页。

工商业资产阶级终日为金钱利润而忙碌，整饬政纪，改革文官制度的使命自然落在他们肩上。帕顿证实，文官改革“是所有独立的有地位的自由职业者的任务”。①

到19世纪80年代，文官改革运动已经成为美国政治生活中的主要问题。国会“几乎收到与其议员一样多的文官改革法案”。在众多的改革法案中，最引人注目的是民主党参议员彭德尔顿在1881年提出的文官改革法案。民主党和共和党为赢得选民支持，也在1880年总统竞选纲领中赞同文官改革。共和党竞选纲领第九条宣称：“文官制度改革应该是彻底的、完善的和实质性的。为此，请求立法机关与行政部门合作，制定被实践证实是适当可行的公共文官录用法规。”② 民主党也在竞选纲领第七条中说：“我们憎恶把文官职位用于政治性恩赐的犯罪行为，并要求进行改革。”③ 当选总统的加菲尔德在就职演说中温和地支持文官改革。“文官的任命除非依法进行，否则永远不会令人满意。我将于适当时候请求国会把行政部门中的次级官员的任期固定下来，并规定罢免在职文官的具体理由。”④ 但加菲尔德总统尚未来得及进行文官制度改革，就成了分赃制的牺牲品。1881年7月2日，加菲尔德总统前往母校威廉学院出席学位授予仪式，在华盛顿火车站，求官未遂的查尔斯·吉托向总统连开两枪，随即跨到倒下的总统身上狂叫，“我是共和党保守派，现在阿瑟是总统了”。⑤ 两个月后加菲尔德总统与世长辞。吉托是一个默默无闻的共和党领导人，共和党赢得选举后他曾拜访加菲尔德和布赖恩，请求他们出任美国驻巴黎或维也纳的外交官，遭到拒绝。吉托自称“暗杀总统是一种政治上的需要”，因此，人们普遍认为，分赃制应对吉托的暗杀行为负责。

文官改革者利用加菲尔德总统遇刺事件，加强舆论宣传，唤起美国民众。加菲尔德之死在美国引起强烈反响，举国愤慨。各地文官改革协会抓住机会，印发宣传材料，组织请愿活动。马萨诸塞州文官改革协会创办《文

---

① 斯蒂芬·斯科罗勒克：《建设新美国：阐述1877—1920年的国家行政能力》（Stphen Skowronek, *Building A New American State: The Expansion of National Administrative Capacities 1877—1920*），剑桥大学出版社1982年版，第54页。

② 柯克·H. 波特编：《全国政党竞选纲领（1840—1956）》（Kirk H. Porter, *National Party Platforms, 1840—1956*），伊利诺伊大学出版社1956年版，第62页。

③ 同上书，第56页。

④ 李本京编：《美国历任总统就职演说集》（英文），台湾黎明出版公司1984年版，第147页。

⑤ ［美］H. 卡曼：《美国全史》，龙倦飞译，台北，1985年，第818页。

官记录》月刊，全国文官改革联盟创办《廉洁政府》杂志。1881 年至 1882 年，仅纽约文官改革协会就散发宣传文官改革的小册子 50 多万份。[①] 各地文官改革协会还向国会递交了 50 多份请愿书。经过文官改革者的不懈努力，加菲尔德总统遇难之后，美国掀起了文官改革运动的高潮。分赃政客的枪声把人们从分赃制的梦魇中惊醒，在思想观念上转向赞成文官制度改革。一些分赃政客也从亲身体验中证明了分赃制的罪恶。长期与分赃党魁本·巴特勒合作的亨利·L. 道斯参议员承认，“任命文官的方法必须改变。适合任命 1000 名文官的方法已不再适合任命 20 万名文官了”。[②] 臭名昭著的分赃政客切斯特·A. 阿瑟接任总统后，迫于文官改革运动的压力，也表示愿意签署国会通过的文官改革法案。

随着文官改革运动的纵深发展，文官改革者向分赃制发起正面进攻。1882 年，纽约文官改革协会根据 1876 年反义务捐献，指控财政部文官、共和党纽约州司库牛顿·考蒂斯征收巨额政治性捐款。几经周折，考蒂斯被判有罪并罚款 1000 美元。联邦最高法院还在判决书中暗示文官改革立法是合乎《宪法》的。[③] 执政的共和党在 1882 年中期选举中惨遭败北又加速了文官改革进程。共和党在国会众议院的议席从 147 席降为 118 席，而民主党却由 135 席上升到 197 席；共和党在参议院也仅占两席优势（38 席对 36 席）。[④] 为挽回声誉，共和党决心把文官制度改革由议论变成行动。这行动可顺应民心，又能把共和党文官“冻结”在现任职务上，阿瑟总统在第二篇国情咨文中请求国会通过《彭德尔顿法》。本想独享下届总统大选胜利赃物的民主党人不好中途变卦，继续支持文官改革。这样，文官制度改革的立法时机日趋成熟。

国会议员基于党派和地区利益，对《彭德尔顿法》进行了数周讨价还价的修改。1882 年 12 月 27 日，参议院以 33 票对 5 票通过了《彭德尔顿法》。1883 年 1 月 4 日，众议院在只辩论了 30 分钟就直接进行投票，结果以 155 票对 47 票通过了《彭德尔顿法》。[⑤] 阿瑟总统随即签署了《彭德尔顿

---

① 保罗·P. 范里普：《美国文官制度史》，纽约，1958 年，第 78 页。

② 伦纳德·D. 怀特：《共和党人时代：1869—1901 年行政史研究》，纽约，1958 年，第 301 页。

③ 保罗·P. 范里普：《美国文官制度史》，纽约，1958 年，第 90 页。

④ 罗伯特·W. 伯吉斯主编：《美国历史统计》，华盛顿，1960 年，第 691 页。

⑤ 伦纳德·D. 怀特：《共和党人时代：1869—1901 年行政史研究》，纽约，1958 年，第 301 页。

法》，也称《1883 年文官法》。

三　官员制度转型的渐进期

《彭德尔顿法》是改革运动所取得的辉煌成果。大功既已告成，改革运动便失去了中心目标，迅速走向衰落。改革派曾努力争取废除适用于高级文官的四年任期法。1883 年 12 月，一项有关法案在国会提出。各级文官制度改革协会的代表都对这一法案表示支持，国会也收到不少请愿书。但次年 4 月众议院却以 146 票对 99 票否决了这一法案。此后改革派日益丧失活力，内部也发生分歧。柯蒂斯、伯特、德金等人不满于伊顿的渐进主义策略，指责他与政客们搞妥协。1887 年柯蒂斯感慨地说："所有协会都报告说，活动处于低潮。"各协会会员锐减。1882 年布鲁克林协会拥有会员 351 人，1890 年只剩下 161 人。协会的数目也大为减少。1883 年全国有 59 个改革协会，1892 年仅存 35 个。[①] 全国文官制度改革联盟尽管仍在活动，但已日薄西山不复当年气象了。社会所日益关注和要求解决的问题更为严峻，另一场更浩大更深刻更全面的社会改革——进步主义运动，即将到来。

《彭德尔顿法》的通过只是美国现代文官制度形成的开端。联邦文官系统的完善经历了相当长的时间。在改革后的一段时期内，考绩制与分赃制并存。1885 年实行考试录用的文官职位仅占联邦职位的 10%，约 15000 个。总统在执行改革法案中占有极关键的地位，现代文官制度的完全确立在很大程度上有赖于总统的努力。在很长一个时期内，分赃制还保有相当强大的阵地。不少政客与分赃制利害甚切，十分留恋政党分肥的做法。得克萨斯的弗拉纳根在共和党全国代表大会上曾说过："我们若不为了官职来这里干什么?"[②] 他所流露的这种心态还普遍存在，对不少人来说官职乃是人生奋斗的目标。对新的文官制度持敌视仇恨心理者为数不少。参议员阿瑟·戈尔曼宣称，"这种制度有弊病，它是非美的"；参议员威廉·斯图尔特 1888 年还在诅咒《彭德尔顿法》是一项"坏法律"。[③] 更为严峻的考验是，改革立法方付诸实施，恰逢民主党人入主白宫。民主党已经 20 余年没有掌权，一旦金印在手，哪有不大犒赏其党员的道理。一时间求职者趋之若鹜。克利夫兰第一任内撤换了属于总统任命权限内的 90% 的官员，代之以民主党人。好

---

① 阿里·胡吉邦：《废除分赃制：1865—1883 年文官改革运动史》，伊利诺伊大学出版社 1961 年版，第 265 页。

② 保罗·P. 范里普：《美国文官制度史》，纽约，1958 年，第 60 页。

③ 伦纳德·D 怀特：《共和党人时代：1869—1901 年行政史研究》，纽约，1958 年，第 305 页。

在克利夫兰还具有改革意识，对于已实行功绩制的职位未予触动。1888 年克利夫兰竞选连任失败，为了减少下任总统用于分肥的职位，他便将 5000 个职位划为考试竞争的职位，到他第一任期满时，适用《彭德尔顿法》的职位增至 27000 个。本杰明·哈里森上任后，任命西奥多·罗斯福为文官委员，大力推动了改革立法的实施。哈里森离任时，考试录用的职位又增加了 8500 个，克利夫兰第二任期内又增加 37000 个这样的职位。到 1900 年止，实行考试录用的文官职位约 106000 个，① 接近联邦所有文职雇员的 50%。②参见表 4－1：

表 4－1　1884—1901 年美国联邦政府文官情况③　单位：人

年份	联邦政府全部雇员	实行考绩制的职位	参加考试人数	通过人数	获任命人数
1884	131208	13780	3542	2044	489
1885		15190	6347	4141	1800
1886		17273	7602	5034	1881
1887		19345	15852	10746	4442
1888		22577	11281	6868	2616
1889		29650	19060	11978	3781
1890		30626	22994	13947	5182
1895	198000	54222	31036	19811	4793
1901	256000	106205	48093	33521	10291

两党激烈的政治角逐使政治民主化进一步发展。随着考试竞争职位的增加，文官委员会的工作也有很大进展，地位逐渐巩固，分赃制的地盘日益减小。关于文官与政治的关系，西奥多·罗斯福当政时期确立了对文官参与政治活动与竞选的严格限制；但文官的政治捐款一直禁而不止。总而言之，在《彭德尔顿法》生效后的 20 余年间，美国的现代文官制度始得完全确立。

第二节　美国官员制度转型的完成

1883 年 1 月 4 日，《彭德尔顿法》通过，只是从法律上确认了现代官员

---

① 保罗·P. 范里普：《美国文官制度史》，纽约，1958 年，第 120—130 页。

② 伦纳德·D. 怀特：《共和党人时代：1869—1901 年行政史研究》，纽约，1958 年，第 317 页。

③ 阿里·胡吉邦：《废除分赃制：1865—1883 年文官改革运动史》，伊利诺伊大学出版社 1961 年版，第 279 页。

制度，并不意味着美国官员制度实现了从传统官员制度向现代官员制度的全面转型。完成美国官员制度的转型还需要具备以下三个条件：

一　政治与行政两分

直到《彭德尔顿法》通过四年以后，当文官制度改革的拥护者伍德罗·威尔逊提出政治与行政的关系这一问题的时候，许多人才意识到该问题的重要性。威尔逊认为，“文官制度改革仅仅是政府行政改革的开始，所以，我们必须把行政改革看作是文官制度改革的延续。表面上看，行政是置身于政治之外的，行政问题不是政治问题。尽管政治部门把任务交给行政部门，行政部门不应该受到政治部门的左右和干扰。但是，实际上，我们不能够忘记，政治与行政是不可能截然分开的”①。特别是随着政府规模的扩大与职能的增多，人们越来越担心“大批的职业文官所掌握的相当大的政治权力”的危险性。② 人们甚至认为，“由一小部分政治官员去领导一大批职务常任的官僚的情况下，前者如何控制后者本身就是令人担忧的问题。如果政治家不能很好地管理与控制政府，他们就不能对公众负责。如果他们不能对选民负责，那选举制度还有什么意义?”③ 同时，人们也担心“一个在政治上处于‘中立地位’，并且在行政上处于受到保护地位的公共机构，它怎么能够通过选举机制、政党体制和利益集团等形式来对公众负责并表达选民的意愿?”④ 所以，难怪杰克逊总统以后的一些文官制度改革的拥护者极力赞赏杰克逊的“民众政治”。当时他们担心的恰恰是掌握实权、自成一体、政治中立与不受民众控制的“官僚政治”的出现。如何解决这一问题，不仅威尔逊以及后来的总统提出了在文官制度改革以后还要进行行政改革的想法，而且后来的许多有识之士都提出了在实践中把行政与政治分离开来的设想。

1900 年，富兰克林·古德诺提出了把“行政从政治和政策的制定中分离出来，使公共行政机构作为一个合法的学术与智囊机构而存在”的理论。⑤ 后来美国著名的行政管理学家毛舍也提出：“解决行政对政治与决策

---

① Woodrow Wilson, “The Study of Administration”, In Arthur Link, et al., *The Papers of Woodrow*, Volume 5, Princeton: Princeton University Press, 1968a, pp. 359 – 380.

② Robert Maranto, *Politics and Bureaucracy in the Modern Presidency: Careerists and Appointees in the Reagan Administration*, Connectiocut: Greenwood Press, 1993, p. 17.

③ Dennis F. Thompson, “Burearcracy and Democracy”, In Graeme Duncan, et al., *Democratic Theory and Practice*, Cambridge: Cambridge University Press, 1983, pp. 235 – 250.

④ Frederick C. Mosher, *Democracy and the Public Service*, New York: Oxford University Press, 1982, p. 70.

⑤ Frank Goodnow, *Politics and Administration*, New York: Macmillan Co., 1900.

制定介入过深的可行的办法，在于切实可行地执行政治和政策与行政分离的原则：政策制定的任务由人民选出的代表来制定——国会议员、行政长官、政治任命的官员以及对上述官员负责的助理人员；行政机构是执行政策的‘中立’机构，它由具有专业技术能力的职业文官组成。”① 然而，尽管改革家们提出的理论与设想都是非常有价值的，但是，政治与行政分离在实践中真正实行却并不是一件容易的事情。正如有的学者所评价的那样：“如果采用竞争功绩制，从公开考试选拔高素质联邦政府行政官员的角度来看，1883年文官制度改革是达到了目的，但是，如果从解决‘政党分赃制’与‘政治庇护制’对行政的干预与影响的角度来看，1883 年的改革仍然不成功。更进一步说，改革并没有根除政治的‘任人唯亲’原则。当然这种‘任人唯亲’可能与以前的表现形式不同。”② 实际上在《彭德尔顿法》颁布以后的一个多世纪里，如何使文官较少地卷入政治和政党纠纷而恪守《彭德尔顿法》所确立的“政治中立”原则、防止官僚政治的产生和发展与官僚主义的泛滥，一直是联邦政府文官制度改革的主要任务。

以《彭德尔顿法》通过为标志的美国文官制度改革，无疑代表了美国联邦政府公共人事管理理论与实践的一种带有根本性的转变。进一步说，它是“继杰克逊政府以后美国联邦政府在人事管理方向上的又一个 180 度的大转弯（A Second Change in Direction）”③。这种转弯并不意味着退回到华盛顿时代，而是“在‘功绩制’原则之下，向着新的高效与稳定的政府目标迈出了一大步”④。

二　科学管理时期的组织理论

20 世纪初的最初 30 年是人类现代化进程亦即工业化发展明显加快的时期。这种加速发展主要体现在两个方面：一是工业生产的规模日趋扩大，从无数个小工厂因激烈竞争而倒闭的废墟上产生出一个个大型企业；二是随着自由竞争向垄断的过渡，政府对工业和市场的宏观调控职能进一步得到强化。美国现代化进程中的上述两个影响带来两个结果：一是在大型企业组织

① Frederick C. Mosher, *Democracy and the Public Service*, New York: Oxford University Press, 1982, p. 70.

② David H. Rosenbloom, “Politics and Public Personnes Administration: The Legacy of 1883”, *In Legacy of Civil Service Reform*, New York and Bases: Marcel Dekker, INC., 1982, p. 4.

③ Frederick C. Mosher, *Democracy and the Public Service*, New York: Oxford University Press, 1982, p. 68.

④ David A. Schultz, et al., *The Politics of Civil Service Reform*, New York: Peter Lang Publishing, INC., 1998, p. 49.

中，劳资冲突加剧，市场竞争激烈，管理混乱无章，生产效率低下；二是国家在社会生活中的作用明显加强，国家的行政职能日益得到强化，官僚制的政府机关表现出较高的效率和强大的功效。

工业组织与行政组织的现状引起了一批在企业与行政机关担任管理工作的专家、学者的注意。他们开始有意或无意地触及组织管理问题。按照通常的分类方法，可以将这一时期有关的组织理论的研究分为三大学派：科学管理学派、官僚体制学派和行政管理学派。科学管理学派的代表人物是泰罗；官僚体制学派的代表是韦伯；行政管理学派的代表是法约尔。

20 世纪初，美国科学管理之父弗雷德里克·W. 泰罗创立了泰罗制。他在《科学管理原理》（1911）中明确提出了合理分工、最佳操作程序、按量按时付酬等科学管理原则。泰罗创立了一种超过常规的管理体制，并且建立起具有"积极性和激励"特点的"科学管理"理论。泰罗认为工业生产由于效率低下而正遭受巨大损失。解决效率低下的最好办法，与其说找到超人，还不如说要加强系统的管理。最好的管理的确是一门科学，这是以一系列的规律、法则和原理为基础的。泰罗在阐述自己的科学管理思想理论时，反复强调生产效率的提高与科学管理体系的形成是直接相关的，他的所谓科学管理体系就是一个对企业的组织问题。泰罗关于科学管理的基本思想是，劳动生产率的提高，与其说是依赖于人的因素，不如说是依赖于管理体制。在放任的旧式管理体制下，生产效率低下；而在科学管理体制下，生产效率提高。管理与技术性的生产设备不同，后者是作业问题，而管理是个组织问题。泰罗认为，高效率取决于形成一个"健全的组织"。[①] 科学管理思想迅速为工商界所接受，取得显著经济效益；科学管理原则也对美国文官制度改革产生重大影响，它为文官制度引进论功行赏的激励机制提供了理论和方法。

组织既可以存在于工业企业中，也可以存在于军队中，还可以存在于政府机关中。韦伯对行政机构中出现的官僚组织体制作了分析，他注意的重点是组织内部的权威关系即"个人为什么会服从命令，人们为什么会按他们被告知的那样去行事"。韦伯的官僚制理论认为，在官僚制的组织形态中实现着专业性的劳动分工，存在着以权力为中心的等级系列，通行着通过公开考试或严格挑选录用公职人员的竞争机制，一切公职人员领取固定的"薪金"，同时受到严厉纪律的约束。韦伯认为任何有组织的团体，唯其实行

① 朱国云：《组织理论：历史与流派》，南京大学出版社 1997 年版，第 26—29 页。

“强制性的协调”方能成为一个整体。基于此，他将官僚集权的行政组织体系看成是最为理想的组织形态，并预言人类在以后的发展中将普遍采用这种组织结构。

法约尔继承并发展了泰罗的思想，他认为管理的任务就在于建立起一种组织，使人们在其中能以最有效的方式从事活动。管理部门要完成这一任务，就要确立良好的组织结构。法约尔的管理过程理论将管理分成计划、组织、指挥、调节、控制等几大基本职能，他认为可以从理论上来剖析管理人员职能；可以依据经验总结管理的一般原理；可以将管理扩展到实践中运用；管理原理可以为管理理论提供要素；管理是一种可以改进的技能；从实践中来的基本原理是可靠的；完整的管理理论既包括基本原理又包括其他有关知识。法约尔认为：“组织这个词近来为表示经营的方法而被广泛使用，正确地讲，它同管理有着同样的含义。组织的目标是实现计划、组织、调节、控制。”法约尔的组织理论起着承上启下的作用。首先，法约尔在组织研究方面继承和发展了科学管理思想。其次，他将管理与组织结合起来，并认为管理与组织是同一个含义，这一点与西蒙后来所讲的“所谓管理，就是建立组织，管理组织”是相同的。这一见解与现代组织理论是相通的。

三　文官分类管理

当然，形势并不容乐观。《彭德尔顿法》是针对分赃制造成的政治腐败和道德沦丧而制定的，功绩制只是一种手段，而且它也只采纳功绩制的一个方面——通过公开竞争考试择优录用文官，而功绩制的另一个方面——按文官工作业绩考核结果奖惩文官仅停留在原则上而没有具体规定，直到1923年分类法才逐步解决。另外，《彭德尔顿法》只适用于分类列举文官，而非分类列举文官仍在传统的分赃制控制之下，这就造成文官改革后很长一段时间美国文官制度中功绩制与分赃制并存的双轨制局面。正如后来的一位观察家所说的：“恶魔（政党分赃制）虽然病了，但是，它并没有死亡。”① 这段富有哲理的名言，预示着美国联邦政府未来的改革之路仍然是不平坦的。《彭德尔顿法》实施后，美国文官制度中出现功绩制与分赃制并存的双轨制局面。尽快彻底消除分赃制，完善功绩制，特别是完善对文官的考订奖惩机制，就成为20世纪美国文官制度改革的主要目标。

《彭德尔顿法》主要是针对分赃制造成的政治腐败，解决文官的录用和

① Frederick Powers, “The Reform of the Federal Service”, *Political Science Quarterly* (June, 1888), p. 259.

任期问题，而功绩制的论功行赏、赏优罚劣原则都没有具体规定。随着文官队伍的扩大，实行功绩制的分类文官在数量上和比例上的增加，对文官进行科学管理，调动文官的积极性，提高政府行政效率就成为当务之急。《彭德尔顿法》实施后，文官职责不清，又没有政绩考核记录，办事拖沓，互相推诿，人浮于事等早已有之的官僚主义现象并未解决，反而因政治腐败未得到控制而变得更为突出。而且，在非分类文官中还出现一种奇怪现象，一些有重要经济和政治价值的、有固定薪金总额的职位，出现了由两人或三人共同担任，薪金则由这两人或三人平分，用当时的行话叫“薪金下跌”。这种现象不但违背了同工同酬原则，还助长了以权谋私等腐化堕落行为。另外，美国消费物价指数在 19 世纪末 20 世纪初持续上涨，而联邦文官薪金则一成不变，这引起文官的骚动。1912 年《劳埃德—拉福莱特法》正式承认文官有权组织工会，1917 年成立全国性联邦文官工会——全国联邦雇员同盟，与政府谈判提高文官薪金待遇问题。

1919 年，美国国会成立两院薪金与再分类联合委员会，对文官分类、付薪和工作情况进行全面调查，次年，联合委员会向国会提交一份长篇报告。报告认为各部文官在待遇、工时、休假、调换工作等方面不统一；文官职责不清，又缺乏考核奖惩办法。对此，报告提出一套改革建议。建议在文官委员会统一领导下，对各部文官进行统一分类定级，规定各级文官的职责规范，定期检查考核，并与文官薪金挂钩。联合委员会提出的改革建议涉及增加文官薪金，遭到参议院拨款委员会主席里德·斯穆特为首的跨党派节省集团的反对，他们仍坚持“节省和效率”的原则。但改革建议受到文官和文官委员会的积极支持，经过多次修改，国会在 1923 年通过了《文官分类法》。分类法在初期只适用于华盛顿各部文官，1940 年《拉姆斯佩克法》把它推广到联邦地方文官。

1923 年分类法是按职位或职务进行分类。这是一个职位分类法，它以事——工作岗位为中心，而不像英国的品位分类那样以从事工作的人为核心。分类法的主要内容有：

第一，以职位为基础，把华盛顿的所有联邦文官分为 5 个职类，级别上分为 44 个职等，职等内又分若干职级。这 5 个职类是：专业和科学职类、次专业职类、行政和财政职类、保管职类、低级文书和机械职类。

第二，成立人事分类委员会，由效率局、预算局和文官委员会各派一人组成，负责组织和监督 1923 年分类法的贯彻执行。

第三，授权人事分类委员会制定文官“职级规范”。“职级规范”将明确描述每个职级的工作特性、性质、任务和责任，做到每个职位的职责明确，以便按照“职级规范”对文官进行定期（半年或一年）考核。考核成绩分为3等：“优秀”、“满意”和“不满意”，连续两次考核结果为“不满意”者，要受降级或解雇处分。

第四，实行统一的付薪标准，编制各部统一的“联邦文官薪金表”，规定每个职级的薪金数及其允许调整的幅度。

第五，实行男女文官同工同酬；在任命和分配工作上不得歧视妇女。①

文官制度建立以后，美国联邦政府一方面面临着如何建立和健全文官管理制度，特别是建立和完善与政府规模和职能进一步增大相适应的文官管理体制的任务，另一方面又面临着如何进一步处理好行政与政治的关系（特别是二者交叉重叠的权力关系）的问题。此后，美国职位分类有过多次调整。1931年把职位分类调整为7个职类，81个职等，1633个职级；1949年分类法对职位分类做出重大调整，把原有的7个职类改为两个职类，即一般职位类（GS）和技艺保管职位类（CPC）。一般职位类分18个职等，技艺保管职位类分10个职等。1954年改革取消了技艺保管职位类，它的一部分职位划归一般职位类，其余的划归不适合分类的例外职位。一般职位类仍分18个职等（在文官薪金表上又称一般行政级1至18级），每个职等又分10个职级。这种职位分类法一直延续至今。

第三节　美国官员制度转型的特征

美国官员制度转型经历了从转型的发轫期、转型的高潮期、转型的渐进期到转型的完成，可谓一个持久的改革进程。从以上美国官员制度转型的过程可以看出美国官员制度转型的特征有如下五点：

一　完备的改革方案

政治家或者改革者一定要具备尽可能完备的制度信息，从而才能制定一个较为合理而完整的改革方案。詹克斯法案是美国文官制度改革中第一个全面而系统的方案，成为后来《彭德尔顿法》的蓝本。詹克斯对欧洲政府改革的经验也比较熟悉，在此之前，他就曾与英国文官制度改革的主要倡导者屈威廉和诺斯科特有过交往。该报告还介绍了中国、普鲁士、英国和法国的文官制度，阐述了文官制度改革的迫切性和必要性。詹克斯法案为美国文官

① 保罗·P. 范里普：《美国文官制度史》，纽约，1958年，第298—299页。

改革运动提供了宣传材料和理论指导，被称为“文官改革者的《圣经》”。

二　培育社会资本

通过改革方案与社会形成的互动，减少社会主体与官僚机构的不确定性，从而为公众或市场主体认识、接受、支持并推动改革做充足的铺垫。詹克斯法案和1868年报告受到舆论界的积极支持。美国的新闻出版界对文官制度改革真正地重视起来，《纽约时报》、《北美评论》、《圆桌周刊》和《芝加哥论坛报》等报刊也积极宣传文官改革，美国民众也开始对文官制度改革产生兴趣。1867年12月，全国制造商协会通过决议，完全支持詹克斯法案，请求国会通过文官改革立法。到1868年，美国文官改革运动初具规模。议员提出改革议案，新闻界鼓动改革，工商界响应改革，美国社会科学协会成为改革者的聚集场所。

三　制度化稳步推进

改革的方案要以法律的形式固定下来，同时这一点也是美国官员制度的改革者做得比较周到的地方，这一点可以有效避免了由于政治周期产生的改革政策停滞的问题。以《彭德尔顿法》通过为标志的美国文官制度改革，无疑代表了美国联邦政府公共人事管理理论与实践的一种带有根本性的转变。进一步说，它是“继杰克逊政府以后美国联邦政府在人事管理方向上的又一个180度的大转弯（A Second Change in Direction）”。虽然《彭德尔顿法》并未一劳永逸地解决“政党分赃制”的影响，美国官员制度在很长的一段时期内是“政党分赃制”和“竞争功绩制”双轨制并存的局面。但正是由于文官制度改革方案以立法的形式确定下来，使美国官员制度转型有效避免了由于政治周期产生的改革政策停滞的问题，所以，在《彭德尔顿法》生效后的20余年间，美国的现代文官制度才最终得以完全确立。

四　形成一致行动

改革中一定要注意政府内外部接受的程度，改变政府内外部的谈判能力对比，从而形成政治家运用社会资本的一致性行动。文官改革者联合起来，建立改革运动的组织机构。1877年成立纽约文官改革协会，著名牧师亨利·贝洛斯担任协会主席，行政问题专家多尔曼·B. 伊顿负责协会日常事务。协会致力于废除分赃制，建立以竞争功绩制为核心的现代文官制度。协会出版刊物，组织演讲，争取全社会对改革运动的支持。纽约文官改革协会成立后，各地纷纷成立文官改革协会。1888年在纽波特召开了全国文官改革会议，有纽约、费城、匹兹堡和波士顿等13个文官改革协会的58名代表参加。会议决定，在每个选区成立一个文官改革协会，向本选区议员施加影响。会议要求各文官改革协会联合行动，用报刊、演讲和请愿等方式促使国会通过文官改革法案。会上还成立了全国文官改革联盟，选举柯蒂斯为联盟主席。改革协会和改革联盟的成立，为文官改革运动提供了组织机构和领导核心。

五　必要的折中与妥协

政府改革，特别是官员制度的转型必然会遭遇到强大的阻力。任何一次制度变迁必然是一个渐变的长期过程，不可能毕其功于一役。因此，当传统性与现代性发生激烈冲突时，有必要采取一定的折中与妥协的策略。美国官员制度转型是一个长期渐进的过程，在实行“竞争功绩制”的同时，在一段时期内，“政党分赃制”仍然得到局部的保留。文官的政治捐款一直禁而不止。改革并没有根除政治的“任人唯亲”原则。当然这种“任人唯亲”可能与以前的表现形式不同。

第五章

美国现代官员制度及其优势

美国内战以后，因分赃制带来的一系列腐化堕落现象，严重地干扰了美国政治生活和社会经济发展，成为美国资本主义制度的毒瘤。另外，美国由农业国变为工业国，政府社会管理职能相应增多，客观上要求政府职能适应社会化大生产的需要，改革人事制度就成为一项历史使命。

第一节　美国现代官员制度的内容

《彭德尔顿法》是美国人事制度的转折点，从此，联邦政府有了一个中央人事机构——文官委员会（Civil Serviee Commission）。《彭德尔顿法》把工业化时代的自由竞争机制引入文官的选拔录用，废除了由政治活动决定文官任免升降的分赃制，代之以凭个人能力决定其任免升降的功绩制，奠定了美国现代文官制度的基础。

《彭德尔顿法》的内容主要有四个方面：第一，建立文官委员会，负责制定文官法规，组织公开竞争考试，监督和调查文官法规的执行情况。文官委员会由三人组成，同党成员不得超过两人；委员会委员经参议院同意由总统任命；委员会每年通过总统向参议院报告工作。第二，文官的选拔实行公开竞争考试择优任命，受任命的文官必须从最低级别开始工作；文官的晋升须经文官内部的竞争考试。第三，把美国文官分为政务文官和业务文官，政务文官是由总统任命并随政府共进退的高级文职官员；除政务文官外的所有政府文官都属业务文官（简称文官），《彭德尔顿法》只适用于业务文官，而且在开始时仅适用于分类列举出来的业务文官，分类列举范围可由总统扩大。文官政治中立，任期常任。文官可以是某党党员，但不得参加该党的政治活动；任何官员都不能因政治性党派理由罢免文官或胁迫文官捐献和参加政治活动。第四，按各州人口比例分配联邦政府各部文官职位名额。在同等条件下，优先录用退伍军人。被录用文官有半年试用期。与以往的文官制度改革不同的是，1883 年《彭德尔顿法》不仅在美国历史上第一次确立了联邦政府人事管理的三项原则：竞争考试原则；职务常任原则；政治中立原则，而且将上述三项原则法律化与制度化。[①]

一　竞争考试原则

《彭德尔顿法》在美国历史上第一次把任用行政官员建立在“竞争功绩制”的基础之上。尽管在此之前的许多改革家都曾建议在美国联邦政府的文官制度改革中引进竞争考试的做法，但是，由于种种阻力，这一努力始终没有能够成为现实。所以，直到 1883 年《彭德尔顿法》颁布，竞争考试原则才被正式启用。这一原则主要强调在录用官员的时候，通过竞争考试而不是政治或其他因素考察应试者的能力与表现。在官员晋升的时候，也仍然以“功绩制”为原则，强调官员的政绩。为了有效地保障公开竞争考试与“功绩制”原则，根据《彭德尔顿法》，美国联邦政府建立了主管文官考试与管理的新机构——文官委员会。同时改革还强调联邦文官职位在任何层次上向全社会所有的阶层开放。在录用文官的时候，“从不考虑任何阶级、等级、种族、宗教和地域的倾向。进一步说，政府的官职通过公开考试向社会所有的人敞开和为所有的人提供公平的机会，而不考虑他们来自什么经济和社会背景、宗教与地域背景以及家庭与种族背景等”。[②] 通过竞争考试原则，不仅保证了联邦政府官员的素质，而且也使联邦政府官员的来源更广泛。实际上，在《彭德尔顿法》中，已经接受了早期杰克逊总统所提倡的“公共机关选官中，实行‘平均主义’与‘机会均等’的原则”，[③] 但是，它与杰克逊总统所强调的“民众政治”又有很大的区别。杰克逊的“民众政治”，是以对政党的“忠诚”为前提的，而《彭德尔顿法》所强调的“平均主义”与“机会均等”，则是以对官员能力考察为基础的。因此，无论从何种角度来看，后者都是对前者的一种超越。

最早在彭德尔顿提出的改革建议中，他所引用的“竞争考试”（Com-

---

① Ronald N. Johnson, et al., *The Federal Civil Service System and the Problem of Bureaucracy: The Economics and Politics of Institutional Change*, Chicago: The Uinversity of Chicago Press, 1994, p. 33.

② Lloyd W. Warner, et al., *The American Federal Executive: A Study of the Social and Personal Characteristics of the Civilian and Military Leaders of Federal Government*, New Haven: Yale University Press, 1963, p. 260.

③ Frederick C. Mosher, *Democracy and the Public Service*, New York: Oxford University Press, 1982, pp. 66 – 67.

petitive Examination）的概念是来自英国的新名词。但是，实际上，1883 年《彭德尔顿法》通过的时候，美国“竞争考试”的含义与英国原本的概念就有很大的不同。首先是在竞争考试内容上的差异。原来英国的竞争考试比较注重理论与基础知识的测试，而美国竞争考试增加了“实用性”的概念。① 用美国行政管理学家毛舍的话说，美国竞争考试“不应该仅仅注重以学术知识为基础的学究式的或作文格式的训练，而且更要把考试与即将从事的工作要求联系在一起”②。此外，与英国不同，《彭德尔顿法》也没有规定录用文官应该与任何特殊的大学教育有必然的联系，甚至也没有规定与一般大学教育有任何的联系。其次，是在录取文官等级考试上的差异。英国传统上是封闭的文官等级结构，文官的录用与晋升必须严格按照一步一阶的模式进行。而《彭德尔顿法》取消了英国进入文官行列必须仅仅以“最低等级”为起点的前提条件。美国文官任何官阶将是一个没有任何禁律的向任何人“开放”的结构。任何试图在年龄、身份或其他方面限制文官被录用或流动的行为，都将被视为是“不民主”的。最后，在录用程序中家庭与地域分布的差异。英国录用文官倾向于出身贵族和名门望族等上流社会，或是来自伦敦等大都市的人士。而《彭德尔顿法》却对杰克逊公共机构民主制的理论给予了高度的重视与尊重，特别强调政府官员均匀分布与职位轮换的思想，即在已录用的华盛顿联邦政府文官中，将以人口为基础在各个州中按比例进行分配。③

二 职务常任原则

《彭德尔顿法》在美国历史上第一次把联邦政府官员分成两个集团——职业文官与政治官员。④ 前者是通过竞争考试被选用的，并被划入“职位分类”系统中，成为终身任职的官员，不与总统共进退。后者是由总统提名和国会参议院三分之二多数通过批准任命，划入政治官员行列的。他们不是终身任职，与总统共进退，最长一般为四年或八年。实际上，以往美国历史上的文官制度改革运动，也都试图从行政与政治官员的划分上为政府的高效

① Paul P. Riper, *History of the United States Civil Service*, Evanston, llinois: Row, Peterson and Co., 1958, p. 100.

② Frederick C. Mosher, *Democracy and the Public Service*, New York: Oxford University Press, 1982, p. 69.

③ Paul P. Riper, *History of the United States Civil Service*, Evanston, llinois: Row, Peterson and Co., 1958, p. 101.

④ Ronald N. Johnson, et al., *The Federal Civil Service System and the Problem of Bureaucracy: The Econocics and Politics of Institutional Change*, Chicago: The University of Chicago Press, 1994, p. 32.

与稳定找到一种好办法，但是，它们没有能够成功。其原因一方面在于当时的政府规模与职能还没有后来那么庞大，另一方面在于那时的政治与行政的分工与界限也不像后来那样明显。

《彭德尔顿法》确立了美国文官制度的功绩制原则，奠定了美国现代文官制度的基础。从政治学的角度分析，两种官员集团的划分，是行政与政治在美国联邦政府中开始变得比较清楚的一种标志，也是美国社会与政治发展的必然结果。虽然文官制度建立之初，划入职业文官系统的官员数量还不是相当可观，占联邦政府官员总数的 10%—15%，具体为：海关 2573 个，邮政总局 5699 个，国务院 5852 个，共计 14124 个。① 但是，它却代表一种发展趋势与方向，特别是它为行政官员在一定程度上摆脱政治家的控制奠定了法律与制度的基础。《彭德尔顿法》授权总统可根据实际需要扩展分类文官。所以，在随后半个世纪里，分类文官数量和范围不断扩大，功绩制适用于美国文官的绝大多数。1897 年，第二届克里夫兰政府结束时，有一半的联邦文官属于分类文官，总数达 87044 人。② 到 1909 年西奥多·罗斯福政府结束时，分类文官已占联邦文官的 60%，到胡佛政府时高达 80%③，后来发展到 85%—90%④。由于文官终身任职，就使美国联邦政府改变了过去那种由于总统更迭而带来的政局动荡与政治混乱，保证了政府工作的连续与稳定。

关于职务常任（Tenure）的概念，也是源于英国的文官制度。但是，美国人接受这一概念，不仅经历了一个痛苦的过程，而且也是有所保留的。职务常任本身，实际上反映出英国和欧洲国家人们传统上就对文官职务和文官本人的尊敬。而美国文官制度改革之初，美国人几乎是绝对拒绝接受英国和欧洲国家中那种保障文官职务终身的做法。无论是文官制度改革的发起者，还是后来的许多立法者都一直反对接受欧洲国家的文官职务常任的概念，他们认为，“文官绝对的职务常任对文官制度改革不仅是没有价值的，而且也

---

① 斯蒂芬·斯科罗勒克：《建设新美国：阐述 1877—1920 年的国家行政能力》（Stphen Skowronek, *Building A New American State*: *The Expansion of National Administrative Capacities 1877—1920*），剑桥大学出版社 1982 年版，第 70 页。

② 同上书，第 71 页。

③ 保罗·P. 范里普：《美国文官制度史》，纽约，1958 年，第 202、312 页。

④ Robert Maranto, *Politics and Bureaucracy in the Modern Presidency*: *Careerists and Appointees in the Reagan Administration*, Connectiocut: Greenwood Press, 1993, p. 19.

是不必要的”①。实际上，早在1829年杰克逊政府时期，美国联邦政府就否定了行政官员职务常任的念头，所以，到1883年的时候，人们也似乎没有重新“复兴”这一想法的打算。实际上1829年以后，关于任职问题的讨论，却主要集中在政府官员的撤职权是交予总统还是交给国会，多数人还是倾向于交给总统。当然，关于保留给总统的不可触犯的对官员的撤职权，在美国历史上的不同时期的理解也是不一样的（如内战前与内战后特别是1883年改革时期就存在着很大的差别）。

1883年《彭德尔顿法》的颁布，行政官职向职业文官敞开——人们称之开放“前门”，在这种情况下，官员的撤职就不再是针对因政治或政党原因任命的官员。但是，政治家们也并非不关心这一问题，特别是国会与总统在官员的撤职权问题上的冲突，使国会总是很积极地介入这一问题的讨论，并尽力防止总统滥用撤职权。1883年，在讨论《彭德尔顿法》议案的过程中，来自马萨诸塞州的共和党参议员乔治·F. 霍阿的发言就表达了国会议员的共同心声。他说：“这个法案委托我们讨论本身就是因为……从立法的角度管理与控制政府机构，是不存在争议的。但是，最大的争议却是关于总统的撤职权的问题……实际上这一争议从第一届国会就已经开始了……而并不是在这个法案的讨论过程中才出现的。这个问题不仅直接关系到撤职的问题，而且更关系到消除每一个可能出现的不正当撤职的诱惑。”② 实际上，改革家们也担心总统对官员的不正当解职问题。他们也反复强调，既要关照录用官员的“前门”，也不能忽视撤职权力的“后门”。例如，早在1876年，改革家乔治·W. 柯蒂斯就认为，“任何总统撤职的行为，必须在法律与民主的程序中进行”。他特别强调“对行政官员的撤职不能以个人的情绪与偏见而必须以法律和制度为基础。”③ 后来彭德尔顿接受了改革家们关于以适当的法律来管理行政官员解职的问题，并在《彭德尔顿法》中也体现了文官职务常任的概念。然而，这一法律同时也尽可能给总统保留了在他职权范围内控制一部分“政治任命”的文官和对他们的解职权力。

三 政治中立原则

在美国历史上，《彭德尔顿法》第一次把行政官员从政治的控制与束缚

---

① Paul P. Riper, *History of the United States Civil Service*, Evanston, Illinois: Row, Peterson and Co., 1958, pp. 101 - 102.

② Congressional Record, 47th Cong., 2nd Sess., 1882, XIV, Part I, p. 274.

③ Paul P. Riper, *History of the United States Civil Service*, Evanston, Illinois: Row, Peterson and Co., 1958, p. 102.

中“解放”出来，使之成为独立的行政力量。实际上，在美国以往的文官制度改革中，许多改革家也试图解决政治和政党对行政工作的干扰的问题，例如，前期海斯政府的改革就曾把贯彻 1876 年的关于反对对行政官员进行“政治征税”和禁止行政官员参加政治活动的法律作为一个重要内容。但是，由于“政党分赃制”与“政治庇护制”在美国的根深蒂固，一两项法律和一两次改革很难从根本上解决问题。正如上面所谈到的，1883 年的《彭德尔顿法》若不是以加菲尔德的殉难为代价，我们很难想象这一议案能够在国会参众两院如此顺利地获得通过。与职务常任原则密切相关，由于《彭德尔顿法》实施以后，划入职业文官行列的行政官员不再是由总统或是部门长官任命，也不再与政治家的选举或任命共进退而是终身任职。由于把文官从政治与政党的纷争中剥离出来，这就为文官“政治中立”提供了法律的依据。而文官的政治中立又为政府的连续与稳定创造了条件，特别是在政党纷争的激烈大选中，政府的运转在很大程度上恰恰是依赖于这些没有政治倾向和在政治上保持“中立”的职业文官。

美国关于文官“政治中立”（Political Neutrality）的概念，最早也是从英国引进来的。在文官制度改革的过程中，美国人接受了文官政治中立的原则。这一原则“不仅排除了政党的干扰和压力，而且也保证了联邦政府工作的连续与稳定”①。然而，“美国人也并没有完全照搬照套英国人有关文官政治中立方面的做法”②。尽管美国人也一直努力把行政官员与“政治庇护制”和政治压力相隔绝——并一直致力于提高对行政官员的保护——不希望那些与政治隔绝的职业文官过多地卷入政府决策，但是，由于美国三权分立的政治体制与多元的文化和社会结构，使文官要完全摆脱政治的控制而实现真正的“政治中立”似乎比英国要困难得多。与英国不同，美国文官体制中没有建立像英国行政级那样的最高文官等级，也没有常任的下属秘书，甚至“美国文官中的等级界限也不像英国那样清晰”③。更为重要的是，美国还保留一部分由总统“政治任命”的文官。上述特殊情况的存在，使美国职业文官“政治中立”问题一直是美国联邦政府官员制度改革中必须面

① Frederick C. Mosher, *Democracy and the Public Service*, New York: Oxford University Press, 1982, p. 68.

② Ibid..

③ Frederick C. Mosher, “Features and Problems of the Federal Civil Service”, *In The Federal Government Service*, By the American Assembly, Columbia University, N. J.: Prentice-Hall, Inc., Englewood Cliffs, 1965, pp. 163 - 211.

对的一个棘手而又特殊的问题。

当然，《彭德尔顿法》颁布前后，“政治中立”的含义，对行政官员来说，有一个从主动到被动的发展过程。如果说在《彭德尔顿法》以前，“政治中立”问题，是解决“政党分赃制”和“政治庇护制”下的政治家对行政事务的过分干扰与控制，解决政治与行政划分不清的问题。而《彭德尔顿法》以后，“政治中立”问题，却要解决的是文官（特别是高级职业文官）对政治与政治决策的介入，是解决行政与政治划分不明的问题。实际上，“政治中立”的概念，不仅很早就给热心政府改革的美国早期的改革家带来了烦恼，而且也为后来的改革家提出了许多难题。早期改革家对“政治中立”概念的理解，“在很大程度上也停留和局限在政府摆脱政治腐败和‘政党分赃制’的控制，而对政治与行政和职业文官与政治家的关系以及他们交叉重叠的权力的划分还考虑不多”①。行政的“中立性”或“政治与行政”的分离是理性化的一种要求，它主要是针对政党政治中对官职授予权的争夺而引起的对官僚制行政之理性特征的破坏。因为政党分肥制（spoils system）破坏了官员录用及升迁的理性途径和行政行为的连续性、可预期性，并由此引发了将官职当作一项“经营”来追求的事业和导致业余性的行政管理等一系列非理性的因素……行政的“中立性”在某种意义上来说是行政之形式理性取向的一个基础，因为政治与行政的分离在很大程度上将政治决策中各种利益要求（实质正义要求）之间的冲突放在了政治领域，并由“法治原则”这一隔离带将其与行政隔离开来，从而可使行政专注于“执行”中的客观性、科学性和效率，以规则、程序等形式理性来指导行政行为。

第二节　美国现代官员制度的优势

美国现代官员制度的理论基础主要有四个：政治与行政二分法、理性官僚制理论、功绩主义和科学管理思想。具有了集中管理、职务常任、非人格化、功绩制等现代理性官僚制的形式特征，构成了一个内含理性主义、法治精神、效率优先、责任至上的完整的价值体系，有效地克服了传统官员制度的弊端，适应了美国现代化的挑战与要求，并极大地推动了美国现代化的发

① Robert Maranto, *Politics and Bureaucracy in the Modern Presidency: Careerists and Appointees in the Reagan Administration*, Connectiocut: Greenwood Press, 1993, p. 16.

展。美国现代官员制度的优势表现在以下几方面。

一　克服了传统官员制度的弊端

如前所述，随着两种传统官员制度的负外部性的增加和影响的严重，美国传统官员制度的弊端日益深重。具体而言，主要有利益代表性不充分、特殊倾向性太明显、政治与行政的混杂和民主与效率的失衡四个方面的弊端。通过建立现代官员制度，美国政府在很大程度上克服了传统官员制度的这几个弊端。

第一，充分代表各阶层利益。如前所述，美国传统官员都不同程度地存在利益代表不充分的问题。如“个人赡徇制”下的“绅士政府”比较集中地代表了“资产阶级权贵”的利益，在一定程度上忽视了广大人民的权利和利益。虽然“政党分赃制”纠正了“个人赡徇制”的这一明显弊端，在一定程度上抑制了“资产阶级权贵”对政府官职的垄断，但矫枉过正，妄图利用政党（民众利益的代表）这一中介实现对政府官职的分配，增强政府官僚机构和官员对人民和公共利益的回应。但是，由于政党和政治对联邦行政事务的过度介入，使联邦政府的政策在幕后决定的比例不断增大。这种矫正并不意味着由新制度所产生的政府与以前相比能够更广泛地代表整个民众的意愿和要求。相反，到杰克逊的后继者政府时期，“政党分赃制”已经完全成为总统和政党酬谢他们的支持者、录用亲信和控制联邦政府人事部门的工具。19 世纪中期以后，在美国联邦政府权力从一个集团（绅士集团）向另一个集团（政治家集团）的转变过程中，美国公共机构遭受了相当大的堕落与腐败的阵痛。实际上，“与 18 世纪中后期相比，19 世纪中后期的联邦政府对整个民众利益与需要的关注是远远不够的”。[①] 因此，为了克服美国传统官员制度存在代表性不充分的问题，美国的现代文官制度进行了一定的制度设计，解决了代表性不充分的问题。

首先，通过竞争考试来录用和选拔政府官员，保证官员来源的广泛性。根据《彭德尔顿法》，美国联邦政府建立了主管文官考试与管理的机构——文官委员会。强调联邦文官职位在任何层次上向全社会所有的阶层开放。在录用文官的时候，“从不考虑任何阶级、等级、种族、宗教和地域的倾向。进一步说，政府的官职通过公开考试向社会所有的人敞开和为所有的人提供公平的机会，而不考虑他们来自什么经济和社会背景、宗教与地域背景以及

---

① David A. Schultz, et al., *The Politic of Civil Service Reform*, New York: Peter Lang Publishing, INC., 1998, p. 44.

家庭与种族背景等”。[①] 通过竞争考试原则，不仅保证了联邦政府官员的素质，而且也使联邦政府官员的来源更广泛。这就在一定程度上解决了传统官员制度下官职为某一阶层垄断的缺陷，保证了官员来源阶层的广泛性和充分的代表性。

其次，公共行政的政治途径强调代表性的价值。代表性与回应性是相关的，因为人们认为代表性充分的官僚组织在有关公共政策的问题上将与立法部门或选民中的多数持有相似的看法。[②] 现代官员制度对于代表性的要求是：要选拔那些在政治上和社会上能够代表一般民众的公共行政管理者。1883 年的《彭德尔顿法》甚至规定文官的任命应该考虑文官的出生地，并依据各州人口比例来分配官职。美国现代官员制度对于官僚组织的代表性要求，在很大程度上反映在对“平等就业机会”（EEO）与“弱势群体保护行动”（AA）的关注上。支持这些方案的正当理由在于平等就业机会有助于社会正义和分配正义；另一个理由则是认为官僚组织的社会代表性是与其政治或政策代表性密切相关的。20 世纪 40 年代，联邦政府推动非歧视方案，该方案主要是为了发送联邦官员中泛滥的种族歧视与隔离的现象。1964 年的《公民权利法案》确立了平等就业机会的法律基础。1972 年的《平等就业机会法》强化了公平承诺并进一步将实施范围扩大至州与地方政府。

第二，非人格化和政治中立。如前所述，美国传统官员制度存在严重的个人特殊倾向性。如在“个人赡徇制”下，以出身门第或绅士贵族为选拔用人的标准，美国早期的政府控制在那些受过良好教育、有高贵的门第、在社会上很有地位的人及他们的亲信手中。而一般官员的任用和晋升主要以和重要官员的私人关系为转移。而“政党分赃制”下的特殊倾向性就更加明显了。官职基本上沦为政党政治的工具，成为犒赏政治忠诚与功劳的奖品。在任用官员的过程中，一切以党派和政治忠诚为标准，才干与品格所占的地位越来越低，几乎可以忽略不计。因此，为了克服美国传统官员制度存在严重的个人特殊倾向性问题，美国的现代文官制度进行了一定的制度设计，解决了严重的个人特殊倾向性问题。

---

① Lloyd W. Warner, et al., *The American Federal Executive: A Study of the Social and Personal Characteristics of the Civilian and Military Leaders of Federal Government*, New Haven: Yale University Press, 1963, p. 260.

② Samuel Krislov and David H. Rosenbloom, *Representative Bureaucracy and the American Political System*, New York: Praeger, 1981.

首先，现代官员制度让权力通过组织本身出现而使官员的权力制度化。政府组织内对各种事物的处理，遵循根据法律规范而设的行政程序并且必须遵循这些一般化的基本原则。等级制关系则把不平等的人际权力关系转变为岗位关系，把特定的人际关系抽象为具体的工作任务关系。“法治”——制度规则——代替了命令监督规则……有能力制定规则是官员有权力划定范围、设定为权力进行斗争的基本条件。这个权力是决定性的。同时，受理性规则约束的官员行政行为具有“非人格化”色彩，社会成员对行政行为的服从，是服从规范这个社会的法律，因此，人们服从的并非是某个具体的个人，而且是服从一个非人格性的无私秩序。

其次，现代官员制度把政府官员分为两类：政务官员与职业文官。划入职业文官行列的政府官员不再是由总统或是部门长官任命，也不再与政治家的选举或任命共进退而是终身任职。把行政官员从政治的控制与束缚中“解放”出来，使之成为独立的行政力量。由于把文官从政治与政党的纷争中剥离出来，保持了文官“政治中立”地位，又为政府的连续与稳定创造了条件，特别是在政党纷争的激烈大选中，政府的运转在很大程度上恰恰是依赖于这些没有政治倾向和在政治上保持“中立”的职业文官。现代官员制度认为，公共服务最重要的原则是保持政治中立。政府雇员应该根据他们受训后的能力去完成所从事的国家任务，他们的权威与正当性从专业与技术而来，而非他们的党派活动。1883 年的《彭德尔顿文官法案》包括这样一些规定，这些规定的目的在于明令禁止政治性的评估与政治的压力。由此而言，公共服务的组成就应该像企业一样。

第三，政治与行政的区分。如前所述，美国传统官员制度存在严重的政治与行政的混杂弊端。“个人赡徇制”和“政党分赃制”正是美国政治化行政在政府官员制度层面的一种反映。“弗吉尼亚王朝”时代官职由上层社会——绅士贵族所垄断，一般百姓无从染指，是一种政治对官职的完全控制。在“政党分赃制”下，轮流任职理论也为总统所在党的政府党同伐异，罢免另一党官员，把公职恩赐给自己党派的骨干找到了理论根据。政府官员的素质与专业技能完全被忽视，行政完全淡化了，甚至完全地融进了政治的巨大阴影之中。政治与行政不分，它突出地表现在官吏的任用方式上，是个人恩赐制与政党分肥制等非理性制度存在的温床。因为政党分肥制（spoils system）破坏了官员录用及升迁的理性途径和行政行为的连续性、可预期性，并由此引发了将官职当作一项“经营”来追求的事业和导致业余性的行政管理等一系列非理性的因素……因此，为了克服美国传统官员制度存在严重的政治与行政的混杂弊端，美国的现代文官制度进行了一定的制度设计，解决了这一严重弊端。

美国现代官员制度确立了职业文官的“政治中立”地位，政治与行政的相对分离，并使行政服从于政治，即在政治中解决各种党派和利益的纷争（民主式的妥协），实现政治领域的民主化和政策的合理化；同时，在执行层面上，使行政远离各种政治性的考虑和决策以及意识形态的纠纷，而致力于在执行政策中追求客观性和科学方法等理性化的目标和价值。从原则上确立行政服从于政治、职业文官服从政治任命或选举的官员以确保官僚制行政的责任之外，还必须以具体的安排来落实责任原则，这具体表现为等级责任制（部长责任制）和规范各种行政行为的详细规则，通过参照这些规则，则可评价官僚制行政是否偏离了公共目的或公共责任并辅之以法律规范和司法审查。“行政机关内部也开始出现了比较明显的分化：通过政治途径（如选举、议会任命等）任命并承担政治责任的行政官员（一般指行政首脑、内阁成员以及各部部长、常务次长等）因为具有越来越多的决策权而越来越在实际工作中政治化，于是在行政机关内部也出现了政治与行政的分野。”① 行政的“中立性”在某种意义上来说是行政之形式理性取向的一个基础，因为政治与行政的分离在很大程度上将政治决策中各种利益要求（实质正义要求）之间的冲突放在了政治领域，并由“法治原则”这一隔离带将其与行政隔离开来，从而可使行政专注于“执行”中的客观性、科学性和效率，以规则、程序等形式理性来指导行政行为。

第四，民主与效率的平衡。如前所述，美国传统官员制度存在严重的民主与效率失衡的弊端。在“个人赡徇制”时期形成了美国建国初期的“绅士政府”，虽然政府官员普遍具有良好的教育背景和专业技能，是一个相当有效率的政府。但官员的贵族化倾向，且终身任用制度使得官员缺乏对人民与公共利益的回应。同时，政客党魁操纵总统人选，使人民意志被架空，民主受到了轻视。虽然“政党分赃”注意到了这一不足，在对民主强调的同时，却又忽视了政府效率。首先，造成政府机构臃肿，人浮于事，工作效率低下。其次，政府更迭频繁、政局动荡，形成周期性的政治混乱。再次，政纪废弛，道德沦丧，贪污受贿盛行。腐败的党魁政治使政府效率低下，支出庞大，既损及下层民众利益，又危及统治秩序。可以说这两种官员制度在民主与效率两个维度方面都存在严重的失衡。因此，为了克服美国传统官员制

① 毛寿龙等：《西方政府治道变革》，中国人民大学出版社 1998 年版，第 203—206 页。

度存在严重的民主与效率失衡的弊端，美国的现代文官制度进行了一定的制度设计，也解决了这一严重弊端。

美国的政务官员向政党负责，承担政治责任。由于政治与行政的相对分离，政府的政治责任机制和行政责任机制就有了相对的独立性。政治责任由选举产生的政府官员承担。政治责任与政务官员普选制紧密联系，美国政府首脑及其所属的政务官员是由在总统选举中获胜的政党推选的，他代表的是政党的利益和意志。由于政党的最主要的任务是赢得选举，因此，美国两大政党的政策主张都倾向于迎合选民的需要，并有可能接近于广大选民的意志。在美国现代官员制度下，政治责任的承担者是政府首脑和政治任命的官员，通过立法机关的权力和行政机关的权力之间的相互制衡，立法机关（国会）对政治任命的官员的行为形成有效的控制。在这一制度下，政府中的政治家向议会或公民承担政治责任，这一责任不仅包括政策的制定，也包括政策的执行。通过民众选举—政党—政务官员—职业文官这一责任链条，使美国现代官员制度具有了对民众和公共利益的回应，保证了政治民主的实现。同时，美国现代官员制度通过等级责任制（部长责任制）和规范各种行政行为的详细规则从原则上确立行政服从于政治、职业文官服从政治任命或选举的官员，以确保官僚制行政的责任。

政治与行政的分离强调行政管理事务的非政治化，使得行政事务“在这一点上与企业办公室所采用的工作方法是社会生活的一部分以及机器是制造品的一部分是一样的”。[①] 也就是说，使得行政领域运用科学管理的原理和原则成为可能。政治和行政之间的区分，是一种在行政过程中摒弃非理性因素干扰的努力，它重视行政应具有独立地位，将职业化、专业技能和功绩制的价值观等理性标准引入行政管理过程，追求行政管理的客观化、科学化和理性化。美国现代官员制度的运作依靠来自客观实际的可靠性法规的技术应用，采取一套逻辑的、严格的和机械性的行为方式。在韦伯看来，现代化要求官僚制行政产生出“可预期性”的结果，要求根据技术性考虑，把具体任务分派给像专家一样经过训练的公务员，确保行政效率。因此，美国现代官员制度在行为的高效率、连续性、精确性、理性或可预期性、专业化和动作速度等方面具有无可比拟的优势，适应了现代化美国大规模行政管理任务的需要。

---

① ［美］伍德罗·威尔逊：《行政学研究》，引自彭和平、竹立家等编译《国外公共行政理论精选》，中共中央党校出版社 1997 年版，第 14 页。

第五，法治化与制度化。如前所述，美国传统官员制度存在严重的非制度化弊端。在“个人赡徇制”和“政党分赃制”下，人员的任用和使用以统治者、政党领袖、重要官员的自由裁量和意志为支配规则，没有任何固定的、非人格化的规则加以约束和保证，在可预期性方面没有制度化的保障，官员的任用和管理等具体环节没有严格的准绳，缺乏规范化的依据。正如韦伯所论证的，早期的官僚制是“个人的、传统的、发散的、同类的和特殊的”。① 总之，美国传统官员制度并没有制定一套较完整的奠定在“法治”基础上的官员管理制度。

实行法治化是现代官员制度的基础，也是它的精髓。法治的精神体现在美国现代官员制度建构中具体地表现为两个方面：首先，美国官员的行政职位和权责是法定的，不能任意变更。每一个职位上的官员根据法律和行政规章规定，承担明确而具体的职责并享有为完成工作而授予的权力。对行政职位进行法治化和制度化设计的意义在于，这样可以保证组织结构和人员规模的相对稳定和每个官员都能照章办事而不越权，有利于分工基础上的整体合作。其次，美国政府机构或官员的行动都必须有法律依据和制度规定，必须依法行政，而不能有超出法律和制度规定之外的任意行为。官员依据法律和制度行动，就是把官员的行为完全置于法律制度的约束之下，从而保证了政府机构和官员行为的理性化，有力地避免了依靠“经验”和主观判断进行管理所带来的“人治”弊端。

总之，美国现代官员制度是一种整齐划一的、以规则制度为基础的模式，以此来控制政府官员和组织的行为。澳大利亚联邦政府库姆斯委员会对此作了经典描述：“根据竞争考试来招收政府职业文官，并进入一个统一的服务机构，文官委员会对招聘和雇佣条件进行独立的、非政治的控制。职业文官的权利受到‘阻止外来人员到初级以上职位任职’的规定的保护，同时也受到反对任意解雇（解雇只能因为合适的理由并受到影响通过正当的程序）的法律保护。统一的服务机构是一种职位的等级结构，其规定是一种有规律的‘职位分类’制度，同时，职业文官通过这种职位的等级制度来晋升，并遵从一种功绩晋升制度，它服从于一种得不到晋升的上诉制度，

① ［澳］欧文·休斯：《公共管理导论》（第二版），中国人民大学出版社 2001 年版，第 29 页。

长期忠诚服务的最终报酬是一种特殊的退休和养老金制度。”①

二　具备理性官僚制的核心要素

（一）制度基础

美国现代官员制度的理论基础主要有四个：政治与行政二分法、理性官僚制理论、功绩主义和科学管理思想。

工业化时代政治与行政的关系深刻地影响着美国现代官员制度的构建，根据二分的思路做出了两官分途、文官政治中立和职务常任的制度安排；从文官制度的技术属性来看，现代官员制度以韦伯的理性官僚制理论为基础，因而美国现代官员制度是结合政治行政二分原则与理性官僚制原则的制度设计。并且，政治与行政两分在本质上与官僚制的命题是一致的：政治领域与行政领域之间的区分，是一种在行政过程中积极摈弃非理性因素干扰的努力，它重视行政应具有独立地位，在行政独立自主的前提下，将职业化、专业化和功绩制等理性标准引入行政管理过程，追求行政管理的客观化、科学化和理性化。官僚机构的动作依靠来自客观的可靠性法规的技术应用，采用一套逻辑的、严格的和机械性的行为方式，如韦伯所见，现代文明的性质，尤其是现代经济要求行政管理具备“可预期性”，要求根据技术性考虑，把具体任务分派给像专家一样经过训练的公务员，以确保行政有效率地进行。

功绩主义的最初含义是指政府公职向全体国民开放，任何人都可以通过竞争获得政府职位，而不受其政治信仰、社会地位和出身门第等因素的影响，公务员的作用只根据其真实的治事才能，而非其他标准。实行功绩主义的最初目的是为了排斥以个人或政党意志为转移的官员任用模式，是一项政治性原则。随着现代官员制度的发展，它更多地被赋予了“能力为本”的含义，即文官的任用、晋升、奖惩和报酬都建立在“功绩主义”的基础之上，而“功绩主义”作为一种标准，又通过考试、考核和评估予以体现。功绩主义因而日益成为一项管理性原则，也成为建立更新机制和激励机制的主要理论依据。

政治与行政的分离强调行政管理事务的非政治化，使得行政事务“在这一点上与企业办公室所采用的工作方法是社会生活的一部分以及机器是制

① ［澳］欧文·休斯：《公共管理导论》（第二版），中国人民大学出版社2001年版，第208页。

造品的一部分是一样的”。[①] 也就是说，使得行政领域运用科学管理的原理和原则成为可能。科学管理的核心思想是：第一，发现标准化的工作，为此需要对工作内容进行科学的分析定义，并在此基础上建立“一种最佳的工作方法”、工作程序；第二，对工作过程实行严格的监督和控制，为此需要建立层级式的管理权威和管理结构。科学管理推崇建立明确的管理目标，使组织的分工和协作精确细致，明确权力与责任之间的对应关系，追求管理的标准化和程序化，并认为这是解决低劣管理问题和提高效率的最有效手段。就政府行政而言，“科学管理”意味着建立一种更科学的人事管理体制。其一，为了“以最佳方式”开展工作和使每类人都能在任何工作岗位上发挥最大作用，就需要制定科学的标准和使职位分类化，因此，职位分类就成为人事管理工作的核心制度。其二，科学管理还体现在形成统一管理的机构，这些机构根据统一的法律、法规对官员进行统一管理。其三，为了保证系统运营的有序性和方向性，也形成了完善的监控机制。

科学管理原理不仅与政治—行政两分思想具有内在的结合点，而且科学管理理论与理性官僚制理论也具有相同的精神气质。一方面，科学管理原理彻底改变了在此之前管理的非专业性和个性化特征，建立了专业化和普遍性的管理原则和方法。从科学管理将管理从个人经验和人格化的管理中推向科学理性的、专业化的、普遍化的管理上这点来讲，与理性官僚制在历史上取代非专业化、人格化的非理性特征的前官僚制，具有相同的功能和意义。另一方面，科学管理原理在追求“最佳工作方法”、管理标准化和程序化、管理权威和结构的建立以及强调等级控制等方面，其本身就是与理性官僚制相一致的。按照科学管理原理建立的层级式管理结构就是否官僚制的组织结构。[②]

（二）制度特征

事实上，这六大特征与其说是科层制的结构要素，还不如说是科层制的表现形式。那么，美国现代官员制度是否具备理性官僚制的这些表现形式呢？事实上，韦伯的理性官僚制理论也是在现代科层制经验的观察基础上经理想化抽象而得出来的理想模式。很明显，美国现代官员制度体现出鲜明的

① ［美］伍德罗·威尔逊：《行政学研究》，引自彭和平、竹立家等编译《国外公共行政理论精选》，第14页。

② 黄小勇：《现代化进程中的官僚制——韦伯官僚制理论研究》，黑龙江人民出版社2003年版，第200页。

韦伯主义色彩。

（1）集权管理。美国现代官员制度是一种集权型的管理体制。一方面，中央人事机构——文官委员会被赋予了全面的管理职责，扮演着一种“警察”的角色。从横向来看，文官委员会具有公共人事管理的准立法权、准司法权和人事行政权，是一个功能高度集中的人事主管机关。从纵向来看，它“集中制定一套单一且涵盖一切的人事管理规章并推广应用到各级各类的政府组织中”。[①] 另一方面，从人事机构与主管部门的关系来看，人事管理机构集中人事管理权并进行细节控制，“它认为只有把政府看成是一个单一的雇主才能实现政府的公正和坚持功绩制”。[②] 这种通过一个最高的行政管理机构——文官委员会运用法律制度来管理政府官员的体制是比较符合上面六大特征中的特征一和特征二的。

（2）职务常任。美国现代官员制度将政府官员分为两类：政务官员和职业文官。政务官员与普选制紧密联系，美国政府首脑及其所属的政务官员是由在总统选举中获胜的政党推选的，由总统提名并经参议院批准后任命，他们代表的是政党的利益和意志。政治责任的承担者是政府首脑和政治任命的官员，并通过立法机关的权力和行政机关的权力之间的相互制衡，立法机关（国会）对政治任命的官员的行为形成有效的控制。在这一制度下，政府中的政治家向议会或公民承担政治责任。政务官员随政党共进退，职业文官在没有过失的情况下职务常任。虽然文官职务常任，但是美国现代官员制度通过等级责任制（部长责任制）和规范各种行政行为的详细规则从原则上确立行政服从于政治、职业文官服从政治任命或选举的官员，以确保官僚制行政的责任。即便如此，行政还是具有相当的独立地位，行政管理过程追求行政管理的客观化、科学化和理性化。美国现代官员制度的运作依靠来自客观实际的可靠性法规的技术应用，采取一套逻辑的、严格的和机械性的行为方式，根据技术性考虑，把具体任务分派给像专家一样经过训练的公务员，确保行政效率。这种通过政务官员来控制文官并保持文官相对的独立性的管理政府官员的体制是比较符合上面六大特征中的特征六和特征二的。

（3）非人格化。官员制度的“非人格化”特征，表现在官员“对内的

---

① ［美］罗纳德·桑德斯：《美国公务员队伍：是改革还是转型》，载《西方国家行政改革述评》，国家行政学院国际合作交流部编译，第255页。

② ［美］詹姆斯·W. 费斯勒、唐纳德·F. 凯特尔：《行政过程中的政治——公共行政学新论》，中国人民大学出版社2002年第1版，第160页。

关系”和“对外的关系”两个方面。即无论在体制内官员与工作、官员与官员的关系方面，还是在体制外行使其职能时官员与其服务对象（民众）的关系方面，官员的行为都受到法律、制度或规则的严格约束，只有对事的关系而无对人的关系。简而言之，即“对事不对人”。具体地说，官员制度的“非人格化”特征表现在组织制度的设定方面主要是指上下级官员间的从属关系是基于法律制度和职务本身的组织结构规定。下级官员对其上级的服从，不是盲目服从上级官员个人的主观好恶和私人需求，而是服从他所拥有的特定的职务权力的正当使用。而官员之间，特别是上级对下级官员的评价主要是技术上的，是依据制度的规定，按照法定的程序化，对其工作实绩、资历、经验、责任心和敬业精神等进行客观的评价，完全不掺入领导或上级的个人情感因素。这种职业文官中立的“非人格化”的制度是比较符合上面六大特征中的特征三和特征四的。

（4）功绩制。美国现代官员制度强调在录用官员的时候，通过竞争考试而不是政治或其他因素考察应试者的能力与表现，能力卓绝者担任政府公职。在官员晋升的时候，也仍然以“功绩制”为原则，强调官员的政绩。任何人都可以通过竞争获得政府职位，而不受其政治信仰、社会地位和出身门第等因素的影响，公务员的作用只根据其真实的治事才能，而非其他标准。进一步说，政府的官职通过公开考试向社会所有的人敞开和为所有的人提供公平的机会，而不考虑他们来自什么经济和社会背景、宗教与地域背景以及家庭与种族背景等。① 随着现代官员制度的发展，它更多地被赋予了“能力为本”的含义，即文官的任用、晋升、奖惩和报酬都建立在“功绩主义”的基础之上，而“功绩主义”作为一种标准，又通过考试、考核和评估予以体现。功绩主义因而日益成为一项管理性原则，也成为建立更新机制和激励机制的主要理论依据。

马克斯·韦伯相信，只要按照这样的结构来组织科层体系，这样的组织制度一定是理性的。也就是说，一定能够表现出它的“价值理性”。

（三）核心价值体系

基于现代意义上的科层制，马克斯·韦伯认为它的理性外化在它所表现出的效率、稳定和平等三大价值体系中。作为体现理性官僚制的诸多制度特

---

① Lloyd W. Warner, et al., *The American Federal Executive: A Study of the Social and Personal Characteristics of the Civilian and Military Leaders of Federal Government*, New Haven: Yale University Press, 1963, p. 260.

征的美国现代文官制度适应了现代社会发展的要求，确立了一个反映现代民主政治和政治文明本质特征的核心价值体系。具体而言，其内含的价值主要有：

（1）理性主义。理性主义不仅是现代社会得以建立的理论基础，而且是现代文官制度的必要条件。美国现代文官制度的确立充分地体现了现代社会的理性主义。"韦伯认为，哪里的价值和信念建立在逻辑、计算与科学知识的基础上，换言之，哪里的理性更为进步，哪里的官僚制就更为发达"。[①]美国的现代文官制度的"非人格化、制度化和形式化的诸多特征，强调组织的正式结构和功能，强调专业分工和职能权限划分，强调层级节制和对各项组织制度规则的遵守，保证了对上级命令的严格执行，从而也保证了对国家法律、制度和规范的严格遵守"。因此，"官僚制的盛誉在于，尽管自己心存异议，也要恪守上级官方的错误命令，并忠实、准确、完全地执行它，这就是所谓的伦理规律与自我否定行为"。[②] 这就是美国现代文官制度理性主义的重要体现。

（2）法治精神。美国现代文官制度确立了文官"政治中立"原则，使行政官员摆脱了政治的混乱与纷争，文官在"合法"的管理权限内履行其功能，这个权限在法律上被看做是以国家宪法性准则授权为基础的。出于对权力内在威胁性的疑虑及其防治，法治原则确立了法律至上的信念，要求行政行为合乎宪法和法律，并遵照宪法和基于宪法而制定的各种行政规章来规范行政行为。亚里士多德说："崇尚法治的人可以说是崇尚只由神和理智来统治的人，而崇尚人治的人则在其中掺入了几分兽性；因为欲望就带有兽性，而生命激情自会扭曲统治者甚至包括最优秀之人的心灵。法律即是摈绝了欲望的理智。"[③] 即使是支配者（统治者）本人，也得服从一套无私的法令和程序，据此，所服从的只是该组织的法律，即并非服从于个人而是服从一个无私的秩序。只有这样，才能使现代文官制度始终立于法治的基础之上，使国家权力的运作纳入法治的轨道，摆脱"人治"的迷途。

（3）效率优先。美国现代文官制度内涵的竞争考试、职务常任等原则和制度保证了文官队伍的专业化和职业化，也保障了稳定和高效。竞争考试

---

① ［英］马丁·阿尔布罗：《官僚制》，阎步克译，知识出版社1990年版，第55页。

② ［日］博森、矢泽修次郎：《官僚制统治》，吴春波编译，民族出版社1988年版，第38页。

③ ［古希腊］亚里士多德：《亚里士多德选集》政治学卷，中国人民大学出版社1999年版，第115—116页。

录用的官员都经由教育和训练获得了可以胜任行政职务的专门知识和技能。专业化使得每个官员都必须对自己职责范围内的业务非常熟练和精通。职业化要求官员把文官当作自己一生追求的职业，忠于职守，尽心竭力地做好一名掌握专门技术和知识的职业化官员。“人们对一位政府官员有无信心，唯一的正确标准，是看他的效率。”① 现代文官制度运作的基础是专业知识，充分体现了对知识和技术的重视，使得行政管理不断地向专业化、职业化和科学化发展，从而极大地提高了行政管理的效率。现代文官制度作为一种理性和高效率的组织，适应了工业社会大生产和行政管理复杂化的需要，在技术上显示了超乎以往一切管理模式的巨大优越性。

（4）责任至上。权力及使用权力的严格负责态度是良好政治的主要内容。② 美国现代文官制度通过等级、绩效等制度安排确立了行政责任至上的理念。韦伯认为，现代官僚制是“合理化”的产儿，是追求最大效益、最高效率的“精打细算”的设计。现代文官制度中的每一个官员“按章程办事的运作”，“受规则约束的运作”，它遵循“非个人的制度”，是“形式主义的非人格化的统治”，它“不因人而异”，③ 是一个纯粹的责任体系。虽然美国强调行政中立，但也存在政治严格控制行政，除确立行政服从于政治以确保行政的责任外，还有具体的制度来落实责任原则，具体表现为等级责任制（部长责任制）、功绩制和规范各种行政行为的详细规则。通过严格执行这些制度和规则，则可评价文官行政是否偏离了公共目的或公共责任并辅之以法律规范和司法审查。

三 适应美国现代化的需求

经济建设的巨大成就并不能掩饰民主政治的巨大污点。内战后美国政治生活是充满黑暗的。官员贪污受贿，党魁把持地方政治，选举徒有其名，政风败坏，效率低下。时人普遍认为，是大财富拥有者败坏了政治。他们用金钱收买政客，豢养党魁，腐蚀官员，操纵选举，力图使全部政府机器为自己所用，服务于一己私利，不惜毁坏民主制度的肌体。工业巨头杰伊·古尔德曾大言不惭地承认：“当一个人获得竞选提名后都要来找我捐款，这已成惯例。我提供捐款，并相信这对公司来说乃是报偿丰厚的投资。”林肯·斯蒂

① ［美］威尔逊：《国会政体——美国政治研究》，商务印书馆1989年版，第140页。

② 同上书，第156页。

③ ［德］马克斯·韦伯：《经济与社会》（上卷），林荣远译，商务印书馆1998年版，第243—251页。

芬斯指出："我们政府中的腐败是一种体系，一种国内常规性的习惯……来运用市、州和全国政府为私人企业家乃是我们腐败政府的根源和后台。"共和党作为企业界的保护者，在内战后的几十年间长期主宰地方、州和全国各级政府，一时间丑闻迭出，恶名远播。企业家出身的共和党领袖马克·汉纳的一番话，道出了政客们对待政治的心迹。他说，"政府只是企业的一种形式，必须严格按企业来加以对待"，在民主制中政府的一切问题乃是钱的问题。

内战后美国经济的飞速发展，使社会发生一系列深刻而巨大的变化。社会日趋复杂化，社会问题日益严重。如贫富不均、经济舞弊、托拉斯问题、劳资关系紧张、种族矛盾尖锐、城市问题凸显、自然资源的浪费与破坏，等等，都要求政府加以干预。这就使得政府事务空前增多，十分庞杂。原来机构简单、功能有限的"小政府"已不能有效地处理如此浩大复杂的社会事务。政府功能的扩大，首先要求有一个稳定而高效的文官系统来作为执行各项政策的基础。1870—1880 年，中西部有组织的农民运动迫使一些州制定许多所谓"格兰其立法"，政府承担解决农民面临的困难的任务，如管理铁路运费、提供农产品存储设施，等等。劳资关系的复杂化和劳资冲突的频繁，迫使一些州相继设立劳工统计局，以调查和研究劳工状况。随着大公司的兴起，经济组织发生改组，竞争环境发生变动，中小企业纷纷要求政府管理和监督大公司的经济活动许多州也相继制定了反托拉斯立法，设立了管理和监督大公司的机构。垄断资产阶级在经济上取得绝对的统治地位后，也要求政治上的相应地位，实现对国家政治权力的集权式控制，以便更好地维护和实现垄断资本家的利益。1887 年国会通过《州际商务法》，设立州际商务委员会，对铁路运价问题实行监督与控制，是联邦政府第一个直接干预经济事务的独立机构。鉴于自然资源，特别是森林因不合理的开发和浪费性使用，破坏和毁损严重，各州和联邦政府都先后设立了森林管理局一类的机构。类似的专门性机构日益增多。这表明政府的发展趋势是机构不断扩大，功能日趋复杂和多样化。这无疑对文官制度提出了新的要求。也即说一个稳定而高效的文官系统，是扩大政府对经济与社会事务的干预的重要条件与前提。而不改革则无从达到这一点。完全可以认为，文官制度改革运动首先是应美国现实的政治与社会需要而兴起的。

第三节　美国现代官员制度的影响

19世纪中叶的文官改革运动，是一场由知识分子发动的，以工商业资产阶级和政治改革派为主体参加的进步资产阶级改革运动。在运动中，文官改革者与分赃政客进行了艰苦卓绝的斗争，终于取得了改革的胜利，颁布了《彭德尔顿法》，废除了导致美国政治腐败的分赃制，清除了美国资本主义发展道路上的制度障碍。功绩制的建立，向美国人事制度现代化迈出了具有决定意义的一步，它为最终建立适应社会化大生产需要的现代文官制度奠定了坚实的基础。这场改革运动只有工商业资产阶级、政治家和知识分子参加，人数不多，规模不大，工农群众几乎没有参与，这不是一场轰轰烈烈的群众运动，而只是资产阶级内部的政治改革运动。但它所确立的改革目标，适应了美国社会的需要，代表了人事制度的发展方向，这是值得肯定的。以功绩制为核心的现代文官制度的建立，给美国社会带来深刻影响。

一　官员制度的全面转型

废除分赃制建立功绩制是美国官员制度的一次重大改革。分赃制的势力在美国政治舞台上盘根错节，它与政客、议员和政党组织的权益息息相关，所以废除分赃制并非轻而易举之事。职业政客以分赃制为依托，以公职职位为权力砝码，玩弄权术，行贿受贿，中饱私囊。他们与分赃制相依为命，对分赃制顶礼膜拜，是分赃制的操纵者和捍卫者。政党组织为了操纵政客党徒，拉拢选民，恩赐官职是政党组织的重要手段。因此，政党组织是分赃制的幕后总指挥，政客是分赃制的先锋战士。前面曾提到，总统和议员互相利用，而他们之间的媒介非官职莫属。所以议员为了自身权益，或者说为个人谋求私利的议员，也是分赃制的支持者。而总统对分赃制就有其两面性。为推行他的方针政策，他需要利用分赃制，但分赃制又给总统带来不少麻烦，甚至性命难保，成为分赃制的牺牲品。由此可见，政客、政党、议员甚至总统都是分赃制的受益者或支持者，他们都是美国国家机器的直接或间接操纵者，他们的势力是无与伦比的。虽然分赃制造成政治腐败、道德沦落，分赃政客中的一些开明者也承认这个事实，但要废除分赃制，触动自己的切身利益，那就另当别论。所以，文官制度改革的阻力是非常大的。格兰特政府文官制度改革只是很有限地实行了三年就被扼杀了。1883年的文官改革法也只是部分地废除了分赃制，建立功绩制，是对美国政治制度的一次重大改革、调整和完善。它解决了由谁来当官，谁来执行国家公务的问题，为美国文官选拔和录用奠定了组织和制度基础。多勒克认为文官制度改革“为现代美国的诞生开辟了道路。如果没有非党派性的文官制度，20 世纪广泛的社会经济立法是不可想象的”。①

二　政治体制的调整与刷新

美国官员制度的转型对于美国政治体制的调整具有深刻影响。首先，以功绩制取代分赃制，有利于统治阶级网罗人才，提高官员素质和政府效率，也相对体现了“机会均等”原则，使知识分子有较多机会进入政界，从而扩大了统治基础，缓和了社会矛盾。其次，逐步形成了由总统垂直领导的行政人事制度，将党魁把持的政治分赃制转变为由总统进行的权力分配；总统成为两大党的实际领袖，使行政和立法的制衡关系发生的新变化。再次，限制了官员直接介入党派活动，切断了政府对两大党提供的财源，客观上促使两大党更多地向垄断资本靠拢以取得竞选支持。双方找到了结合的共同点，两大党用政纲和金钱吸引选票比用官职笼络少数党派骨干更能争取选民，大企业直接过问政纲和候选人比通过党魁间接控制政局更为有效。最后，政府官员中的党员忠诚分子越来越被技术专家所取代，国会和内阁开始大量聘用管理专家和技术人员，许多专业研究人员纷纷进入政界兼职，这甚至引起了大学课程设置和学术研究动向的一系列变化。总之，文官制改革引起了连锁反应，使资产阶级国家机器相对顺应了经济结构变化的要求。

三　政治现代化的风向标

以功绩为核心的文官选拔和管理体系的建立，是政治现代化——政治制度法制化的具体体现。通过几次改革，美国文官的录用、任免、考核、奖惩和监督都走上了有法可依、有章可循的法制化轨道。从行政学的角度来看，美国文官制度改革的最大成就在于建立了一套与薪金挂钩的完备周全的文官职位分类系统，现代管理是以定人、定量、定质等定型考核评估为基础的，只有对联邦文官职位做出详细的、精密的、完备的分类，确定每个文官职位在文官系统中的位置，才能对文官工作政绩进行定量定质的考核评估，也才能按相应的规章制度奖罚文官，走上依法管理的正规化轨道。如果不对文官职位进行分类定级，就不可能对文官政绩进行准确可行的考核，再好的规章也只是华而不实、徒具虚名。

① 贾斯特斯·D. 多勒克：《詹姆斯·A. 加菲尔德和切斯特·A. 阿瑟总统》，堪萨斯大学出版社 1985 年版，第 104 页。

四 自由民主升华的标志

美国文官制度改革的成功是历史的进步和民主的胜利。文官改革者把自由竞争思想引入文官选拔，建立一套现代文官制度，确保相对而言有章可循的公平竞争政府公职，并为每个合众国公民提供了在能力面前人人平等的竞争机会，这肯定是进步的。如果说杰克逊倡导的轮流任职理论的进步性，在于从理念上确立每个公民都有担任政府公职的权利，那么以功绩制为核心的现代文官制度的建立，就从法律制度上保障了每个公民都有担任公职的权利，并规定了相对公平的竞争机制，避免了分赃制造成的对政府公职的无章可循的抢劫，在法律制度上保障每个公民都有公开竞争政府公职的权利和机会，这无疑把“人人生而平等”学说在具体实践上向前推进了一步，把美国民主制度——“民有、民治、民享”中的“民治”由理想变成现实。美国文官制度改革对美国政党制度也产生了重大影响。通过竞争考试择优录用文官，使文官摆脱了政客党魁的控制，政党组织也就失去了绝大部分可供恩赐的政府职位，这就使政党失去了赖以施加淫威的权力砝码，这有助于恢复内战后受到削弱的总统权力和“三权”平衡。文官政治中立，禁止向文官征收义务捐款，这就断绝了政党的主要活动经费来源，迫使两大政党相继向工商界巨头靠拢，加速了政党与工商业资产阶级的最终结合，促进了美国两党制的最终形成。

第六章

美国官员制度转型的阻力

美国官员制度转型进程中受到原有制度的潜在压力，这种压力的大小实际上就是一种路径依赖或变迁阻力。根据制度变迁理论和美国官员制度转型进程的分析，美国官员制度中存在着五个因素导致路径依赖的趋势或转型阻力。

第一节　美国官员制度转型前的权力框架

一　联邦制下的权力均势

1787年联邦宪法重新调整了国家政府与州政府之间的政治关系，加强了国家政府的权力。但是，一次调整并不能一劳永逸地彻底解决这一问题。其原因正如伍德罗·威尔逊所分析的：“州政府与联邦政府的关系是我们宪法制度中最重要的问题……实际上，哪一代人都不可能解决。因为这个问题是不断发展的，每一个新时期的政治和经济发展都给它增添了新的内容，使它成为一个新问题。”① 的确，联邦政府与州政府的政治关系是随着社会历史的发展而变化着的。在这一时期，联邦制演变的特点是联邦政府呈现出不断扩大权力的倾向，但又遇到州权主义的强有力的抵制，联邦制的变化不大。

总之，在这一阶段，联邦政府权力的扩大，仅限于一定时期，一个方面，没有形成总的趋势。联邦政府权力扩大没有形成总趋势的原因主要是：

第一，联邦政府权力的扩大缺乏经济基础。推动联邦政府权力扩大的经济力量是资本主义，但在内战前，它仅限地北部和东部沿海一带。占半壁江山的奴隶制经济是地方性的，本部小农经济也是地方性的，奴隶制经济与小

---

① 张定河：《美国政治制度的起源与演变》，中国社会科学出版社1998年版，第87页。

农经济不要求统一的国内市场，反对用国家财政补贴交通运输，这成为阻碍联邦政府权力扩大的经济势力。

第二，州权主义和民主主义成为联邦政府权力扩大的政治阻力。美国建国初期，州权主义和民主主义仍然是两股强大的力量。1789 年杰斐逊在反对国会法令时所阐明的理由，成为后来推动州权主义发展的理论根据。他们认为，联邦宪法是平等的主权州之间的一项契约，国家政府在行使授予它的权力时应该对州负责，不应该行使宪法没有授予它的权力。内战前民主党长期执政，它主张个人自由和州权，这就把民主主义和州权主义结合起来，从政治上有力地限制了联邦政府权力的扩大。

二　国会至上的权力格局

在这一时期，三权分立原则的运行出现不平衡，权力重心向国会倾斜，国会成为三个部门中地位最高的机关。这种权力关系格局一直持续到 19 世纪末。

在许多国家重大问题上，国会迫使总统按照国会的意志行事。根据宪法规定，总统提名的联邦高级官员须经参议院批准后任命。平均每届国会总统提名的官员中，绝大部分是需要晋升的军官。参议院对军官晋升一般予以批准。其他部分则为联邦行政官员，包括内阁部长、副部长、大使、联邦法院法官等数以千计的联邦官员。批准程序是，在一般情况下，总统先将其提名送交一个恰当的委员会，如被提名者为联邦最高法院法官，就送交参议院司法委员会。该委员会将审查被提名者的资格和报告，如该委员会同意，再将报告呈交全院大会批准，批准以简单多数票通过。通常总统的提名遭到参议院拒绝的很少，如遇到拒绝，总统则将重新提名一位替代者。

多少年来，在参议院还形成了一种称之为“参议院礼貌”的习惯。所谓“参议院礼貌”，是指参议院拒绝批准总统对某一州联邦官员的提名（如联邦地区法院法官、检察官、执法官或其他官员），如果一位参议员或两位参议员都来自该州并且与总统同属一党，而总统的提名又未经他或他们同意的话，总统在提名地区联邦官员时须经与该州同属一党的参议员进行协调。由于总统提名的联邦官员中约 90% 为地区官员，因此，这一习惯加强了参议院对总统分配公职的控制。1867 年国会将联邦行政官员的免职权控制在自己手中。宪法只规定总统经参议院同意任命联邦官员，没有规定总统是否拥有免职权。1867 年 3 月，国会为防止安德鲁・约翰逊利用总统职权罢免共和党内阁成员，通过了一项《官员任期法》，它规定未经参议院同意，不得解除经参议院同意任命的联邦官员。这一法律实际上彻底剥夺了总统按照宪法精神可以行使的权力，将联邦行政官员的免职权控制到国会手中。因为，第一届国会曾通过法律规定总统可不经参议院同意行使独立免职权。杰克逊总统也曾于1833年肯定了总统的免职权并行使过这一权力。国会控制这一权力直到20世纪联邦最高法院在裁决《迈尔斯诉美国》时宣布《官员任期法》违宪。

国会地位在内战后的不断提高，使总统在政治上屈居于次要地位。19世纪晚期，有多位总统，如加菲尔德、阿瑟、哈里森和麦金莱都力图改变这一格局，实现总统与国会权力的平衡，但都未成功。有些总统，如海斯和克里夫兰则因多次与国会发生冲突而付出重大的代价。共和党总统海斯任满一届后，就丧失了共和党候选人的提名；克里夫兰在争取连任的竞选中，也因此而失败。国会地位在当时之高，在国会参议员约翰·谢尔曼傲慢的言论中得以体现出来，他曾说："像我们这样一个共和国的行政部门，当服从立法部门。"①

三　两党之间的官职拉锯战

分赃制的产生是现代政党政治发展的直接后果。政党政治的基本要求乃是政治忠诚和政党内向凝聚力。只有重用本党成员才能维护本党利益。官职日益沦为政党政治的工具，成为犒赏政治忠诚与功劳的奖品。在任用官员的过程中，才干与品格占的地位越来越低，几乎可以忽略不计了。1841年辉格党人威廉·哈里森总统上台后，大量撤换民主党人。詹姆斯·波尔克率民主党重返白宫时又如法炮制，且有过之而无不及。他一口气撤掉了16000名各级邮政局长中的13500名，其空缺用来奖赏自己的同党。随后辉格党的泰勒总统又回敬了一下民主党，他在职的头一年就把30%的职位拿来重新分配。② 詹姆斯·布坎南走得更远，不惜撤换本党前任所任命的大批官员以满足自己的追随者的胃口。堪称"政治圣徒"的亚伯拉罕·林肯，在1861—1865年间也曾撤换1639名可以由总统任命的官员中的1457名。③ 在地方政治中，分赃制强化了党魁政治。党魁和政党机器利用手中的人事权力，收揽人心，操纵党员，控制选举，建立党魁的一统天下。这种状况对内战后美国政治的黑暗与腐败负有重大责任。

① 张定河：《美国政治制度的起源与演变》，中国社会科学出版社1998年版，第125页。

② 阿里·胡吉邦：《废除分赃制：1865—1883年文官改革运动史》，伊利诺伊大学出版社1961年版，第6页。

③ 保罗·P. 范里普：《美国文官制度史》，纽约，1958年，第41页。

内战结束后，国会两院继续控制在共和党手中，而继林肯总统职务的安德鲁·约翰逊是民主党人。约翰逊虽然在内战问题上支持共和党，但在如何处理南方民主党叛乱分子和黑人问题上与共和党持不同政见，结果引发了共和党国会与民主党总统之间的激烈冲突。在双方的交手中，共和党国会步步取胜。1865 年 12 月，国会拒绝接纳按照约翰逊总统的重建政策选出的南方代表；1866 年 4 月国会无视总统的否决，通过了保护黑人权利的公民权法案；1866 年 6 月国会通过了赋予黑人公民权的宪法第十四条修正案；1867 年至 1868 年国会通过一系列重建法案及补充法案，确定了共和党人的重建纲领和计划；1867 年 6 月国会通过军队指挥法，剥夺了总统的军队指挥权；1868 年 3 月国会又对约翰逊总统进行了弹劾，力图罢免他，只是因差一票不足法定的 2/3 未能成立。这是美国有史以来第一次，也是唯一一次对总统的弹劾案。

国会与总统之间的斗争，实质上是共和党与民主党两党之间的斗争。由于当时民主党处于分裂的不利地位，使共和党不断获得胜利。而共和党是利用国会展开与占据总统职务的民主党的斗争的，因此共和党的胜利在客观上加强了国会的政治地位，削弱了总统的权力。再由于从内战结束到 19 世纪末，除少数情况外，共和党长期控制着国会，特别是一直控制参议院，从而不断巩固国会的政治优势。这样，就使得国会在权力关系中一直处于主导地位。

政党政治的完善和内战后的政治环境允许进行文官制度的改革。内战后两党主宰美国政坛的格局确立下来，两党都形成了比较稳固的选民集团，两党对选民意志的敏感程度往往决定选举的成败。内战后美国长期存在三大全国性的政治热点，一是货币问题，二是南部处置问题，三是文官制度的改革问题。为了顺应选民的要求，赢得支持改革的声望，两党都不惜牺牲一部分实利而将文官制度改革写入竞选纲领。民主党和共和党对改革的态度，完全取决于本党利益的需要。共和党对改革的有限支持乃是出于两方面的考虑，一是该党已执政多年，占据的文官职位已为数不少，改革可以使这些成员长久任职；二是 1882 年中期选举共和党损失惨重，不打出改革的旗帜只会失去更多的选民，而且，改革后，万一民主党人在下次总统大选中获胜，也不可能大清洗政府部门的共和党人。民主党对待改革的态度则更复杂更微妙。一方面，不少民主党人指望改革给本党带来声誉以赢得 1884 年大选，因而主张在 1884 年以前通过改革法案，彭德尔顿便是这派的代表；另一方面，一些民主党人坚持要等 1884 年大选获胜，用大批民主党人替换了在职的共和党人之后，再通过改革立法，这样就打中了共和党保持优势的企图。约瑟夫·布朗参议员露骨地表达了这种主张。他说，民主党人已眼巴巴盼了20多年，眼见胜利即将到来，如此时通过《彭德尔顿法》，那到时候用什么去犒赏本党成员呢？除非等到民主党与共和党在文官职位上平分秋色之后，否则不可能实行竞争性考试。① 他后来指责《彭德尔顿法》是"一项使占控制政府之便的共和党人永久做官的法案"。

第二节　制度转型过程中的美国官僚

美国现代官员制度并不是自然而然产生的，在很大程度上是改革派推动和设计的结果。概括起来说，这场文官制度改革运动发生在美国由农业文明向工业文明转变的完成阶段，反映了工业文明时代社会的复杂化与高度有组织化、管理的科学化与系统化的历史性要求，其目标在于推动政府治理与社会发展相适应，是工业时代社会民主化的历史趋势的一部分。

一　制度转型过程中美国官僚的心理

在美国官员制度变迁的过程中，最大的阻力其实来自于政客与官僚机构本身。林毅夫在分析强制性制度变迁时指出，"根据定义统治者必须拥有一些官僚机器来按照他的意图执行法律和维持秩序、征集税收、惩处罪犯、保卫国家主权和提供其他服务"。而政府机关中的每一个官僚机构本身都是理性的个体，且其利益偏好从未与统治者完全相同。但官僚并未被统治者完全控制，官僚的自利行为也没有彻底清除掉。结果则是设计成统治者偏好最大化的政策，却扭曲成官僚机构本身受惠。统治者效用最大化以及建立有效制度安排的能力，取决于有多少个官僚机构把统治者的目标视作它们自己的目标。从而官僚机构问题恶化了统治者的有界理性并增加了统治国家的交易费用。如果建立新制度安排所能带来的额外利润被官僚自利行为滥用的话，那么新制度安排就建立不起来。② 但林毅夫的研究只能用在提供政府组织外的补充制度安排时所使用，对于政府组织内制度与外部制度之间的不协调并未深究，从而没有进一步深入研究如何改革与改变这种境况。

① 阿里·胡吉邦：《废除分赃制：1865—1883年文官改革运动史》，伊利诺伊大学出版社1961年版，第240—241页。

② 林毅夫：《关于制度变迁的经济学理论：诱致性变迁与强制性变迁》，载《财产权利与制度变迁》，上海三联书店1994年版，第399页。

1867年，詹克斯在国会发表演说，谴责分赃制的恶果：政治活动决定文官的任免升降，造成官场腐化，道德沦丧，办事拖沓。他强调，只要废除分赃制，建立功绩制，就能激励文官勤奋工作，恢复文官的廉洁奉公，带来工商界所渴望的效率和节省。他说，政府的真正利益是以较少的花费获得最好的服务。“政府开支巨大和工作不满意的关键在于为之服务的文官——人的素质和品德，以及文官的任命方式。”“让我们去寻求有专长、能力、忠诚、正直和热情的公共文官，我们将既不要求增加文官工资，也不要求增加文官数量。这是一个可靠的推论：如果联邦政府建立一套健康的任命制度和法规，文官人数可以削减1/3，而文官队伍的整体办事效率将提高1/2倍。”[①] 1868年，詹克斯又向国会呈交一份文官改革报告。报告援引朱利叶斯·宾的调查结果：被调查的446名政府文官中，有362名赞成文官制度改革，12名反对，72名态度暧昧。[②]

美国官员制度变迁受分权格局的制约。一方面，国会与总统就人事权力始终存在矛盾与较量，特别是内战后国会成为政府核心，总统便有大权旁落之感。而改革立法将总统的人事权力大为扩充，使之在与国会的较量中处于有利地位。另一方面，由于中央与地方的分权，联邦立法不再适用于各州文官，致使各州花了更长时间来建立自己的现代文官制度。美国官员制度改革运动的中心在城市，特别是东海岸一些工业化程度较高的城市。有资料表明，内战后改革的主要倡导者均来自东北部各州。后来成立改革协会的城市也主要在工业较发达的地区。在历次国会表决中，新英格兰地区的议员总是改革的坚定支持者。南部和本部对改革疑虑重重，担心较发达的东北部在改革后会垄断文官职位，因而基本上倾向于反对改革，南部民主党人尤其如此。

二 制度转型过程中美国官僚的行为

美国官员制度变迁的巨大阻力来源之一在于当时人们对“政党分赃制”与“竞争功绩制”的认识有直接关系。当时，大多数人仍然认为“政党分赃制”适合于美国社会，而“竞争功绩制”只适合于欧洲国家。国会众议员弗雷德里克·伍德布里奇说，功绩制仅适用于一部分人群不能成为领导者

① 伦纳德·D. 怀特：《共和党人时代：1869—1901年行政史研究》，纽约，1958年，第297页。

② 阿里·胡吉邦：《废除分赃制：1865—1883年文官改革运动史》，伊利诺伊大学出版社1961年版，第45页。

的贵族社会，它“可能在比利时、法国或英国有效，因为那些国家的人民群众仅仅是机器，但在美国它决不会有效”。[①] 所以，人们常常把文官制度改革看作是“普鲁士式”的改革，即贵族式的改革，而不是民主改革。

另外，美国文官制度改革的巨大阻力还来源于共和党的反对。因为共和党领袖仍冀图利用分赃制来巩固他们在国会中的优势地位。1873 年格兰特屈服于共和党领袖、参议员罗斯科·康克林的压力，任命他推荐的一个政客乔治·夏普为纽约港检察官，而根据文官规则应任命副检察官。文官制度改革触及到了共和党的根本利益。因为实行公开的竞争考试录取文官和根据功绩晋升的原则后，文官开始职业化和政治中立化，文官不能随总统、州长的更替而被随意罢免，也不能参加哪一个政党。这样就使政党失去了恩赐官职的权力和政治经费来源，所以文官制度改革遭到了政党机器的竭力反对。由于缺乏总统和国会的真正支持，文官改革困难重重，进展缓慢。

发动、参与和领导文官改革运动的社会力量，主要是企业集团与中间阶级。分赃制的实行，最初反映的是中下层社会力量打破上层社会垄断官职的利益要求。但随着工业文明的兴起，美国社会各阶级发生重大改组。以农场主、中小商人为主体的旧式中间阶级趋向没落，以经理、专业工作者和新闻记者及工人上层为主体的新中间阶级正在崛起。这一点从改革派的构成可以得到明证。以纽约文官制度改革协会所属行政委员会成员为例，其中 21 人为律师、9 人为编辑、3 人为大学教授、5 人为神职人员、5 人为国务活动家、1 人为文官、10 人为医生，此外还有 4 名银行家、3 名商人、2 名保险业主、1 名经纪人、1 名秘书和 1 名出版商。几乎是清一色的中间阶级。这些人都受过较好教育，有一定的社会地位。企业界人士参加改革运动较晚，但同样热心。这也是出于利害所系，因为政府有关部门的办事效率和作风直接关系到他们的经济利益。其他各地的改革协会的骨干成员，也多为企业界人士和专业工作者。[②] 19 世纪 70 年代末在一份改革请愿书上签名的有当时文化教育界的第一流名人，如查尔斯·埃利奥特、亨利·朗费罗、威廉·詹姆斯、布鲁克斯·亚当斯等。各大都市的主要报刊都为改革摇旗呐喊，对促成《彭德尔顿法》的通过起了很大作用。相反，工人和农场主并不关心这一改革，曾为绿背劳工党和平民党总统候选人的詹姆斯·韦弗就表示不赞成

---

① 张定河：《美国政治制度的起源与演变》，中国社会科学出版社 1998 年版，第 264 页。

② 阿里·胡吉邦：《废除分赃制：1865—1883 年文官改革运动史》，伊利诺伊大学出版社 1961 年版，第 191—194 页。

文官制度改革。中间阶级发动和领导这场改革运动，一方面旨在争取担任官职的平等权利，另一方面乃是要整肃文官队伍的道德水平，提高文官的职业道德。后一点尤为重要。对许多改革派来说，改革运动首先是一场道德复兴运动。

我们可以看到，官僚机构本身成为政治家提供制度安排的障碍之一，美国传统官员制度的内部性比较强，作为传统官员制度的“个人赡徇制”和“政党分赃制”最大化地维护了党魁、政客和官僚们的私利，并形成了固定僵化的路径依赖。要改变这种路径依赖和调整既得利益，确实阻力重重。

第三节　制度变迁理论中的路径依赖

一　制度的路径依赖理论

路径依赖的经济学分析最早可以追溯到 A. David Paul 在 1975 年出版的《技术选择、创新和经济增长》，后来 Thomas C. Schelling 在 1978 年的《微观动机与宏观行为》一书中，又提到了“互动性行为”，并指出，经济结果严重依赖于行为发生时的秩序，因此，即使面临着更有利的选择，一些次优的结果可能非常流行。20 世纪 80 年代以后，经济学家 David Paul 和 W. B. Athur 用这种思路研究了技术变迁。North 是第一个把路径依赖的思想引入到制度研究之中的经济学家，后来 Stark（1992）、Grief（1994，1997）、青木昌彦（2001）和 A. Allen Simid（2004）等人都投入到了这项研究之中。他们认为，制度变迁的路径依赖的基本原理是：制度变迁或演化受到制度财产（利益）、集团讨价还价的能力、有限理性等诸多因素的制约。North 的研究最具有代表性，在其《制度、制度变迁与经济绩效》一书中，指出制度变迁受 4 种形式的报酬递增的制约：（1）大量的创设成本或固定成本；（2）与现行的制度框架、网络外部性和制度矩阵有关的学习效应；（3）通过合约直接与其他组织和间接诱致政府在互补活动中投资的协调效应；（4）以制度为基础增加的因签约持久而降低了不确定性的适应性预期。制度矩阵相互依赖的网产生了大量的报酬递增，由此，不可预期的结果就具有 4 个特征：（1）多重均衡——即可能存在多重解而结果又不确定；（2）可能的非效率——高效率的制度可能因为一些历史原因而未能被采纳，从而替代一些非效率的制度；（3）锁定—— 一旦社会被锁入一个均衡点，就很难从中摆脱出来；（4）路径依赖—— 一些小事件或随机环境的结果决定某些解，而这些特定的解一旦形成，就导致一种特定的路径依赖。因此，制度的路径依赖可以定义为“人们在过去做出的选择决定了他们现在可能的选择”①，或者说“从概念上缩小了选择束并自始至终与决策相连的情形”。②

二　美国官员制度转型的路径依赖

在资本主义早期，政治与行政关系呈政治化行政状态。而这种政治化行政状态体现为议会在国家权力系统中居于主导地位，立法机关控制行政机关。然而在19世纪中后期以前的美国，由于宪法规定实行严格的三权分立制度，国家意志的主要体现者立法机构不可能直接控制行政机构。“所以，必须在政府以外的一些法外制度中寻找，事实上，可以在政党中找到它。”③ 政党组织在法定体制之外发挥了一种使国家意志的表达和执行协调一致的调节功能，使美国的政府体制，仍能基本保持稳定和协调。古德诺在分析美国的政党制度时认为，政党“不仅担负起了挑选在政府体制理论中是表达国家意志的机关的成员，即立法机关成员的责任，而且担负起了挑选执行这些意志的人员，即执行（行政）官员的责任”④。也就是说，通过政党对立法机构成员和执行机构成员的挑选实现立法机构对行政机构的某种有效控制。“美国的两大政党，正像他们热衷于按照必须以表达国家意志为准则，选举具有明显的政治色彩的团体去进行行政和执行官员的挑选。政党体制由此保证了政治功能与行政功能之间的协调。而这种协调是政府成功地开展工作所必需的。”⑤

所以，从政治理论的观点考虑，“政党分肥制”就在于把所有被赋予执行法律权力的官员，主管的或从属的，委任的或选任的，都置于在美国政治体制中承担协调政治与行政功能任务的团体——政党的控制之下。总之，在资本主义早期，由于政治与行政的关系是一种政治化行政送货，政党掌握国家权力，为了维护政党利益，必然通过“政党分赃”的形式任用官员；并且，由于美国独特的三权分立政治体制，又客观上要求通过政党机器对立法机构成员和行政机构成员的挑选实现立法机构对行政机构的某种有效控制。从政治行政关系的角度可以发现“政党分赃制”产生的根本原因，也从而提示了美国的“政党分赃制”官员制度的路径依赖。

---

① Liebowits, S. J. and Margolis, S. E., “Path Dependence, Lock-in, and History”, *Jorunal of Law, Economics and Organization*, Vol. 11, 1995, pp. 205－226.

② Mantzavionos, C., North, Douglass C. and Shariq, Syed, “Learning, Institutions and Economic Performance”, *Perspectives on Politics*, Vol. 2, No. 1, 2004.

③ 丁煌：《西方行政学说史》，武汉大学出版社1999年版，第41页。

④ ［美］古德诺：《政治与行政》，华夏出版社1987年版，第57页。

⑤ 同上书，第64页。

本书认为，即使在现实中有一种有效的制度在运行，但它的运行受到原有无效制度的潜在压力，这种压力的大小实际上也是一种路径依赖的效应，或者说新制度的运行并不稳，因为新制度的运行也需要在一种不断调整、不断选择、不断学习的趋势下，改变社会或者行为主体对旧制度的依赖，这种调整、选择及学习的成本大小也是由对旧制度路径依赖的程度所致。旧制度实行的时间越长，对制度中的人的思想和行为的作用也就越深远，它的影响也就越根深蒂固，对制度的维护和依赖就越强烈——对旧制度的路径依赖。因此，美国现代官员制度在运行过程中，必然受到原有无效制度（政党分赃制）的潜在压力，这种压力的大小实际上也是一种路径依赖的效应。现代官员制度的运行并不稳固，因为它需要不断调整、不断选择、不断学习，改变社会或者行为主体对传统制度的依赖。这种调整、选择及学习的成本大小也是由对旧制度路径依赖的程度所致。传统官员制度实行的时间越长，对人的思想和行为的作用也就越深远，它的影响也就越根深蒂固，对传统官员制度的维护和依赖就越强烈。

第四节　美国官员制度转型的阻力

North 制度理论中的路径依赖实质上是表明了在实施有效制度变迁过程中的阻力问题。美国官员制度作为美国政府管理制度的核心要素，在政府组织内制度变迁中处于关键的地位。根据制度变迁理论和美国官员制度转型进程的分析，美国官员制度中存在着以下五个因素导致路径依赖的趋势。

一　官僚机构的膨胀趋势

政府膨胀的需求理论表明，社会经济发展意味着公共资源配置会逐步增加（即瓦格纳定律）（Wagner's Law），原因在于现代化的日益富足意味着庞杂的社会事务、更大的预算、集体意识形态、突然的社会震荡、邻国福利开支的增加、国家日益开放等。政府膨胀的供给理论也表明公共开支意味着官僚组织的浪费（塔洛克定律）（Tullock's Law），原因在于官僚机构的目标在于规模最大化、公共部门生产力呈负增长、财政幻想、无形税收结构与高度税收弹性引起巨额开支等。唐斯也认为：“实际上，所有组织都有扩张的固有倾向。将官僚部门同其他组织区别开来的是它们没有那么多扩张的限制，即便有这些限制也难以自动发挥作用。”① 官僚机构规模增长反映了公共服

① ［美］安东尼·唐斯：《官僚制内幕》，中国人民大学出版社 2006 年版，第 169 页。

务需求的增加，但更多的是超需要的过度增长。官僚机构规模过大与增长过快，必然带来官僚机构效率降低，这主要是指配置效率降低。而这种膨胀趋势又在不断加固其低效状况，因为膨胀的机构往往是低效与寻租的机构，在没有约束的情况下，政府便向着膨胀的低效机构发展。

19 世纪末，随着美国工业化和城市化的迅速发展，美国的性质也正在迅速地发生着变化，美国的官僚机构也处在这种膨胀的低效发展趋势之中。工业革命带来了大规模的经济转向，这促使各个团体求助于政府援助。农民就是这样的团体之一，国会于 1889 年创建了农业部。工商业和劳工团体也强调它们的利益，于是国会在 1903 年创建了商务与劳工部以促进全国公司和工人的“共同利益”。后来，商业和劳工团体的单独利益显得比它们的共同利益更有价值，因此，劳工部在 1913 年也成立了独立的部门。后来随着联邦官僚机构履行职能的范围日益广泛，美国先后成立了卫生部（1953 年）、住房城市部（1965 年）、交通部（1966 年）、能源部（1977 年）、教育部（1979 年）、老兵事务部（1988 年）和国土安全部（2002 年）。到 1930 年，联邦雇员已达到 60 万人，比 1880 年代的雇员数量增加了六倍（见图 6 1）。在 1910 年后，需要联邦政府持续管理的大量事务导致联邦政府规模的爆炸性增长。图 6 –1 反映了美国建国之初的“小政府”到“巨无霸”的演变态势。

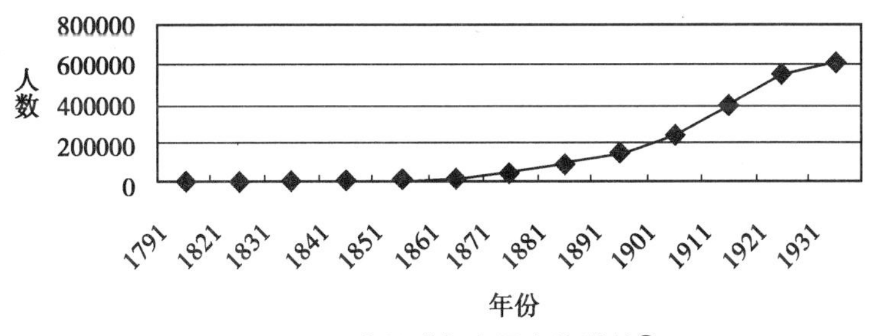

图 6 –1　美国联邦官员人数增长①

二　既得利益集团的控制

政府官员制度转型不同于一般的政府职能转变和机构改革，它是经济改革过程中的关键性一步。政府官僚机构的改革将使一部分人失去利益，而这

① ［美］戴维·H. 罗森布卢姆、罗伯特·S. 克拉夫丘克：《公共行政学：管理、政治和法律的途径》（第五版），中国人民大学出版社 2002 年第 1 版，第 48—49 页。

部分人在旧体制下谈判能力依然存在，是制度变迁中“自我革命”的对象。虽然人口数量很少，但是发言权很大，形成的改革阻力也就很大。政府官僚机构是社会事务管理权的实际行使者，在旧体制下的官僚机构占有绝对的信息优势，它因此被人理解为当今发言权最大的一个利益集团。官僚机构可以利用其谈判能力维持旧的体制。包括：第一，消极拖延。这是由于强制性制度变迁本身的非规范性，类似于搞“政治运动”的形式，改革者的政策由于受到外界制度信息不完全的影响而朝令夕改，使这种制度变迁缺乏应有的权威性和持续性，没有以法律的形式固定下来，改革成果极易丧失，所以被改革的机构此时便会认为，与其让改革的成果轻易丧失，还不如干脆不改革，对改革采取拖延的态度，结果使得制度变迁错过了改革成本最低的最佳时期。在改革成本的递增下，这种旧体制不得不进一步在这种内部均衡的条件下继续运行。第二，变相通融。官僚机构的制度变迁一般要以某种指标来衡量，此时作为代理人的官僚机构可以利用“内部人控制”的手段，加上与政治家签订的改革契约的不完备性，制度变迁可能不会有效真实发生。比如可以改变部分官僚机构的名称，以新的面貌（如以事业单位或非政府组织的形式）出现，但仍行使旧制度的权利，从而使得旧制度实质上继续在运行。也就是说，如果官僚机构为了维护自身利益而阻碍改革的推进，便体现了路径依赖的效应。此时，向新制度的过渡将无法取得实质性进步。

美国官员制度转型进程中最大的阻力来自于政客、党魁势力和官僚。改革“分赃制”将使政客（国会议员）、党魁势力和官僚失去既得利益，政客（国会议员）、党魁势力将失去官职的任命权和权力租金，而官僚将失去制度租金。在美国三权分立的政治体制下，特别是国会权力居于主导地位的19世纪前期，这种阻力是决定性的和难以匹敌的。以废除分赃制建立功绩制为目标的文官制度改革，直接触动了议员政客们的既得利益。议员为表现自己的政治才能，在下届国会选举时再次当选，他们往往竭力为本州或本选区的政客选民争取公职职位，以赢得他们的好感。一个支持文官改革的波士顿海关验货员写信给詹克斯说：“你的法案将遭到反对。……为找到报偿选举人的权力，国会议员牢牢地控制收税官。在重要选举时通过收税官向选举人恩赐官职。”① 而功绩制的建立，会使议员失去可供恩赐的官职。另外，在三权分立的联邦体制下，总统制定的方针政策往往需要国会的立法支持才

① ［美］戴维·H. 罗森布卢姆、罗伯特·S. 克拉夫丘克：《公共行政学：管理、政治和法律的途径》（第五版），中国人民大学出版社2002年第1版，第169页。

能付诸实施。总统为使他赞赏的法案得以顺利通过，经常利用公职砝码来笼络重要议员，打击反对派议员，总统与国会议员间存在一种微妙的互相利用的关系。约翰逊总统弹劾案之后，“三权”失去平衡，总统权力下降，国会权力上升，一些国会领袖成为无冕之王。霍尔参议员曾说，“最著名的参议员——萨姆纳、康克林、谢尔曼、卡彭特和洛根等人……拜访白宫，这是发布指示，而不是接受建议。”他们左右国家政策，操纵文官的任免。格兰特总统也承认，“在任命权问题上，议员分享行政权，这已成为惯例”。“总统极少作出任命，他只是议员任命的登记员。”① 可见，议员利用人民委托给他们的立法权力，从行政部门夺来部分官员任命权，再用这种文官任命权来巩固自己的地位和满足个人欲望。通过文官制度改革，采用公开竞争考试择优任命文官，这就使议员失去他们享有的部分文官任命权。所以，文官委员会的成立和文官规则的颁布，引起议员和政客的强烈反对。海士总统本人曾经承认，“在社会还未除去国会议员对官职分配的控制力之前，文官制度的全部改革是不可能的。在国会议员还斤斤计较于分配官职给自己的拥护者时，不可能期待公正的立法……”②

三　有效预算最大化动机

追求预算最大化的官僚会根据其效用函数，有筛选地进行公共品的供给，通过使各种公共品供给中自身效用的边际替代率相等从而最大化其效用，本书把这种现象称为“有效预算最大化”。这里“预算”是一个较为广泛的概念，指从国家岁入中委托官僚进行公共品供给的各种资源。由于代理问题存在，官僚会使得公共利益最大化的目标被“有效预算最大化”目标所取代，从而较多地提供关系自身利益的公共物品。政府的制度变迁，是使得政府中原来不符合经济社会发展要求及低效率的官僚机构及其成员进行转变或减少的行动，这一行动虽然对外部的诉求者来说是一件有着正外部性的公共品，但对官僚自身来说则是负效用。在官僚机构长期形成的“帕金森定律”、“瓦格纳定律”等机制的作用下，官僚已经形成了对既定利益格局的追求，因此这种向新制度变迁对公共品在供给时，不仅不足反而会受到策略性抵制，维持原有体制。美国民主发展的最显著特点之一是政党制度。一位著名的评论家说得好：“从某种意义上说，政党是我们的真正的国家。”

① 伦纳德·D. 怀特：《共和党人时代：1869—1901 年行政史研究》，纽约，1958 年，第 24 页。

② 约瑟夫逊：《1865—1896 年的政客》，纽约，1938 年英文版，第 274 页。

政党本来是为更快和更容易地表达民意而设计的，现在本身往往成了目的而非手段，在发挥它的机构的力量时往往忘了它存在的目的。[①]

利用这些职位来加强一个党成了政治惯例中的公认原则，把行政职位作为对政党服务的酬谢制度充分全面地建立起来了。不幸的是，这个制度的建立正好是在政府工作迅速扩展、公职数目相应增加这个时期之前。在内战结束后的大扩充和大发展期内，分赃制扩大的程度远远超出了其创始者们原来打算或甚至料想的范围。如果在19世纪30年代提出分赃想法的政治领袖们目光能够超越他们当时的简单条件，预见到城市将会急剧发展，政府职权将会不断扩大、公职的技术要求不断提高，他们恐怕就不会那么爽快地把公共事务的管理权放在一个党派的基础之上了。[②] 分赃原则像瘟疫一样在全国蔓延开来。官职是执政党的特权享受这种想法轻易地被理解为一切官职的权力也都是执政党的合法战利品。分赃者的眼睛盯住令人眼花缭乱的政治控制的可能性，把它们作为取得财富和权力的手段。城市的扩充和工业的发展，在政治冒险家面前展开了一个空前富饶的政治开拓领域。市的特许权和罪恶、县和其地方政府的税收、州的立法和公共机构、联邦政府的关税、货物税、公地、铁路和公司立法；还有市、县、州和联邦政府的公共建筑、合同和公共基金，所有这一切都被添加在最初只包括“职位”一项的战利品之内。

联邦政府在内战期间的巨额开支、大约在19世纪中叶公用事业的兴起、税收制度完全不符合新的城市和工业形势、各州在缺乏一部国家法典的情况下对商业法和刑法实行控制，这些都是很大的诱惑，分赃者马上就对之屈服了。分赃想法是这样厉害，它从委任职位扩大到任人唯亲，又从任人唯亲越界到欺骗和犯罪。公职的扩展发生在这样一个时候，其时分赃学说刚在美国政党的政治实践中打下牢固的基础。新的职位成为执政党的额外财产，党的雇员总数以及党所支配的“工资基金”总额都增加了。分赃制的建立和政治职位的增加这一不幸的巧合是怎么强调也不会过分的。[③] 旧制度的鼓吹者们攻击新提出的计划，批评它的矫揉造作和机械倾向，指出适当的任命并不总是靠竞争性的考核做出的；还宣称这个计划生硬刻板，和公职灵活多变的要求不相称。此外还争辩说，用公职来报答为党服务是正当合法的；党的繁重的日常工作必须继续不断地进行下去；志愿者是不能作为依靠对象的；党

① ［美］梅里亚姆：《美国政治思想：1865—1917》，商务印书馆1988年版，第160页。

② 同上书，第161—162页。

③ 同上书，第162页。

的工作者的报酬基金是不能一下子就筹集到手的，因此，唯一的变通办法是拿公职来酬谢党的战士们。①

四　“小政府”的思维惯性

美国政治中最重要的价值观是自由。帕特里克·亨利的名言“不自由毋宁死”成为美国独立战争时期殖民地人民反抗英国控制和争取独立的思想武器。在美国的早期建国者们看来，自由乃是与生命等价的。美国人政治心理的一个基本特征在于，人们一开始就对绝对的和无限的权力疑惧重重，坚持认定权力乃是自由的天敌，大力倡导“有限政府论”。詹姆斯·麦迪逊在1792年曾经说过：“在欧洲，自由的宪章一直由权力来授予。美国则树立了一个后来为法国所效仿的榜样，即权力的宪章由自由来授予。”②“权力行使是实现西方制度理论家的社会价值的关键；他们所关心的是这样一个问题，即要保证政府的权力行使受到控制，以便政府的权力行使不致摧毁政府权力有意促进的价值。”③

在美国的政治中，“个人自由和保障公民的权利”这种价值取向是第一位的，“民主则表现为一种工具性的价值，是保障个人自由最有效的手段，或者说从个人权利观点来看民主制度最具有合法性”④。正因为如此，民主已成为“美国政治文化的核心组成部分，它决定了美国人对政府和政治的立场和看法”⑤。从洛克提出政府的合法性来源于被统治者的同意以来，这一原则一直被西方政治学界奉为圭臬，在视自由为生命的美国尤其如此。因此，在国家问题上，美国政治承认国家存在的必要性，但把国家看作人类为过一种共同的、有秩序的生活而不得不付出的代价。为了将这种必要的代价限定在较小程度，美国政治致力于限制国家的权力和职能。“限制的途径有两种：第一，以分权的方式造成国家权力机构之间的内部制衡，从而防止出现专断权力；第二，限制国家权力的活动空间，强调个人与公民社会的权利”⑥。简言之，就是建立三权分立的民主宪政体制，同时使政府的权力向社会扩散。限制国家权力的种种措施又反过来成为政府决策效率不高的制度

---

① ［美］梅里亚姆：《美国政治思想：1865—1917》，商务印书馆1988年版，第164页。

② 李剑鸣：《美国史研究中的文化隔膜问题》，《美国研究》1996年第1期，第131页。

③ ［英］维尔：《宪政与分权》，生活·读书·新知三联书店1997年版，第1页。

④ 李强：《自由主义》，中国社会科学出版社1997年版，第204、224页。

⑤ Abraham Holtzman, *American Government: Ideals and Reality*, Prentice-Hall, Inc., Englewood Cliffs, New Jersey, 1980, p. 16.

⑥ ［英］维尔：《美国政治》，世界知识出版社1981年版，第7页。

基础。

决策的高效率是指政府及时、迅速地做出决定，从而保证决策的有效实施。从历史上的政治制度看，专制制度的决策效率是最高的。但问题在于，一旦过分强调效率，就必然要加强权威，要求整个社会的行动高度协调一致，这样就可能损害个人的权利和自由，美国人担心的国家权力的消极后果就会产生。因此，从美国早期建国者们的构想来看，他们不需要一个强大的中央政府，害怕一个以高度集权为基础的高效政府对自由可能造成的危害。他们就是要建立一种相互制约甚至是相互矛盾的政府框架和效率不高的民主制度，使政府不太有机会干预个人的生活，以保证公民的自由和其他民主权利。

这种对于自由民主价值的极致强调反映在官员制度层面上，那就是任职短暂和轮流任职。终身任用制度使得官员缺乏对人民与公共利益的回应。随着西进运动和工业革命的顺利进行，中小资产阶级的力量迅速壮大，参政意识普遍提高。选民队伍的扩大，平等潮流的形成，必将把旧式官僚集团赶出政治舞台，平民出身的杰克逊当选总统，标志着一个新时代的到来。① 杰克逊认为公职十分简单，设置公职是为民众谋利益的，不是某些人的私有财产，每个人都有担任公职的自然权利和民主权利。这是对人民参政热情的肯定和鼓励，这就使杰克逊总统和他的继任者降低了绅士们对联邦政府的影响，而使联邦公共机构的大门向广大的民众敞开。政府官员的社会阶层降低，联邦文官更变成了整个社会阶层的代表。杰克逊总统认为："关于撤换官员的争吵一直很激烈。为此，我们将请求国会制定一项法律，按规定定期解除所有官员的职务。只有轮流任职，才能确保我们的自由与世长存。"② 杰克逊政府民主改革以来，美国公民权利不断扩大；西部边疆的拓殖加速了美国社会的民主化进程。公民选举权扩大，参政意识增强。杰克逊广为人知的一段话是："所有官员的责任是如此简单明了，那就是：他们必须努力让自己合于要求，而我无法不相信越来越多的人从长久的任期中失去的责任心，多过于他们在经验中得到的。"他也相信"轮换"是构成"共和信条的领导原则"，对政府体制而言也是好事。在这种结论下，他提议多数官员任

---

① 黄贤全、王孝询：《美国政治与政府调控——美国历史述评》，中国社会科学出版社2008年5月第1版，第89—96页。

② 罗伯特·V. 雷米尼：《安德鲁·杰克逊与美国自由进程（1822—1832）》（Robert V. Remini, *Andrew Jackson and the Course of American Freedom, 1822—1832*），纽约，1981年，第189—190页。

职不要超过4年。

五　非正式制度的固化

政府官僚机构在官僚机构之间以及与企业家及集团的交互进程中，由于制度本身的非完备性需要非正式制度的补充，即官僚机构内部的官员在对自身的认识、对制度效率的认识，并且由此形成了机构内部行为人共同的利益观、行为方式、心智模式以及思维习惯的文化。而这种制度习惯和制度惯性的存在一方面不断加强与弥补着官僚制的正式制度机构。另一方面，官僚机构的成员在观念上不能接受改革所带来的利益格局的变化，面对着不确定性，官僚机构的非正式制度会成为牵制制度变迁的重要力量。

美国传统官员制度中存在大量的非正式制度。关于“官职轮流”的传统观念，当轮流任职原则和“政党分赃制”获得认可时，激进民主在全国政府中的另外一个目的也就达到了。这主要是政党组织的一个胜利，但是轮流任职思想却是民主的。过去州宪法关于短任职期的规定以及对官员重新当选施加限制已部分地收到了轮流任职的效果。但是现在总的原则已获得公认，即一切官职都只能担任一个很短的期限，以便全体公民都有更多机会做官。这个思想奠基于下述假定：任何人都能像任何其他人一样胜任任何官职，因此可以彻底放心地把官职责任委托给他。这个理论和过去所谓官职必须由有特殊才能的人担任，长的任职期限使人对职位有既得权利是截然相反的。

从19世纪30年代开始，参议院的地位逐渐上升。参议院地位提高的明显迹象是美国最有影响的政治家都麇集到参议院里。“多少年来，在参议院还形成了一种称之为‘参议院礼貌’的习惯。所谓‘参议院礼貌’，是指参议院拒绝批准总统对某一州联邦官员的提名（如联邦地区法院法官、检查官、执法官或其他官员），如果一位参议员或两位参议员都来自该州并且与总统同属一党，而总统的提名又未经他或他们同意的话，因这一习惯的形成，总统在提名地区联邦官员时须经与该州同属一党的参议员进行协调。由于总统提名的联邦官员中约90%为地区官员，因此，这一习惯加强了参议院对总统分配公职的控制。”① 美国官员制度改革先驱者柯蒂斯认为，称作“核心小集团”的寡头统治篡夺了人民的权力，使“首领”代替真正的党的“领袖”掌握了权力。党的领袖应该“靠培养和指导人民的智慧、靠共同信念的感情、靠有力的论据和热烈的号召”来实行领导，但他们反而用这样

① 张定河：《美国政治制度的起源与演变》，中国社会科学出版社1998年版，第173页。

一些人来代替，“这些人对重大公共问题不能表达或不表达自己的意见（如果他们有什么意见的话），即使能表达，也没有人要听；这些人是大量选票承包人，官职和肮脏钱的商贩。这个制度一方面把个人卑躬屈节作为政治得意的基础，要求全党随时无条件效忠，一方面又毫不犹豫地通过和敌人做交易来出卖党。”他认为补救办法有二：一是当独立派，二是不让党的核心小集团有任意授予官职的权力。①

① ［美］梅里亚姆：《美国政治思想：1865—1917》，商务印书馆1988年版，第163页。

第七章

美国官员制度转型的动因之一

根据制度变迁理论，制度转型的关键因素是制度变迁的动因与制度变迁的激励机制。美国官员制度转型作为一次有效的制度变迁，其动因的来源是比较普遍的。美国官员制度转型的历史大背景是19世纪末20世纪初美国现代化进程中的急剧变革的经济、社会和文化背景，这可以视作美国官员制度转型的基础动因。

第一节　工业化与城市化

一　工业化与海外扩张

19世纪60年代初美国仍未摆脱对欧洲的经济依附，基本上是个农业国；进入70年代，美国经济以罕见的高速度发展。到90年代末美国已拥有较完整的工业体系，其工业产值跃居世界首位。这些变化为美国从大陆扩张转向海外扩张创造了条件，从而使它在对外政策方面也作了重要的改变。为了适应商品输出、争夺势力范围的需要，美国抛弃了它的孤立主义传统，日益走上了海外扩张的道路。

（一）工业化

内战后，北部工业资产阶级掌握联邦政权，北部实力雄厚的工业不仅本身取得了重大的发展，而且成为全国工业革命的巨大基地，统一的全国资本主义市场向纵深发展，各种鼓励工业的积极措施与第二次科技革命相结合，有力地推动了美国工业化进程。美国资本主义的急剧发展，是与技术上的进步并驾齐驱的。在工业上，这是个新发明的时代。①

---

① ［苏］祖波克：《美国史略（1877—1918）》，苏更生译，生活·读书·新知三联书店1959年版，第5页。

（1）工业革命。工业革命极大地促进了美国生产力的发展。在遥远的美国西部，一些工业部门从无到有，从小到大迅速发展起来。内战刚一结束，南部丰富的自然资源、低廉的劳动力和潜在的广阔市场就吸引着北方的资本家。他们开始把资金转移到南部，同当地的资本家结合起来，恢复和发展南部的工业。大约经过十年的时间，面部各个工业部门的恢复工作都已完成，并且有所发展。战后时期美国工业的增长速度是前所未有的，如表7－1所示：

表7－1　　美国主要工业品1880年与1860年对比①

主要工业品	煤	石油	生铁
1860年	1335.8万吨	0.2万桶	8.34万吨
·1880年	6485万吨	2628.6123万桶	389.1万吨

从表7－1可以看出，煤增长了6倍，生铁增长了45倍，而石油增长了1万多倍，美国工业取得了突飞猛进的增长，美国的工业发展水平也超过了法国和德国而跃居世界第二位。由于战后美国工业的迅速发展，到19世纪80年代，美国工农业比重发生了根本变化，工业比重开始超过了农业比重，美国的工业革命在全国范围内胜利完成。

（2）第二次工业革命。内战后，美国社会生产力水平提高的关键因素是科技向生产力的快速有效转化。尤其是以电力为代表的一系列新兴工业基础部门崛起，使美国在19世纪末完成第一次工业革命的同时，率先进入了第二次技术革命的浪潮。19世纪末美国科技发展的重要特点是，吸收欧洲已有的基础理论成就，广泛展开应用科学的研究和工艺技术的发明更新。电力技术在美国最先得到应用和推广就是这种特点的典型表现。

电力技术的突破加速了美国工业化的进程，使之在较短的时间内赶上并超过以蒸汽动力为基础的英法等国。此外，电的使用亦渗入社会生活的广泛领域，从而改变了社会生活的面貌。电力革命带动了通信手段的巨大变革，美国在电话和无线电通信的应用和推广方面亦相当领先。通信手段的突破把美国经济联结为更加紧密的整体，加速了集中和垄断的趋势。同时，也为文化生活的多样化提供了丰富的来源。

（3）工业化与统一市场。工业化发展不仅表现在新技术的突破和渗透方面，而且表现在各工业部门在生产规模和技术构成方面的质和量的进展。

① 张友伦、林静芬、白凤兰：《美国工业革命》，天津人民出版社1981年版，第152页。

因此，这个时期美国工业革命不再是简单重复英国走过的道路，而是在十分广阔和深刻的层次上实现工业生产力结构的变革。“在内战以前，移民先头部队在向西推进时，他们曾盼望着铁路的铺设，而内战以后，则是铁路先向西修建，以等待移民者到来。”交通道路的修建，促进了广大国内市场的形成与发展，而国内广大市场的形成和发展，反过来又加速了工业化的过程。

运输系统的巨大发展使邮政、通信事业相得益彰。19 世纪末美国已有初具规模的电报、电话网络。通信事业的巨大变革使工商业活动得到充分信息，周转加快；使巨大的企业集团能做出集中决策并分散经营；使铁路远距离运行受到更完备的监控；使政党斗争变幻更加莫测，政府对各地出现的紧急事件能做出更迅速的反应；还使人们能在大陆的各端之间保持联系，从而加速了社会流动性。总之，交通和通信手段的变革使 19 世纪末的美国跨入了现代经济、社会、文化生活的门槛。①

（二）国内外背景与海外扩张

（1）国内外背景。内战后美国资本主义生产力的迅速发展，使它在资本主义国家的队伍中跃居首位。内战后美国工农业生产的劳动力匮乏所造成的劳动力成本较高，促使美国资本家尽可能地采用节省劳动力、降低成本的新技术。同时，美国工业较英国、法国等国起步晚，可以直接借鉴别国发展技术的经验教训，尽量少走弯路；加上美国中西部各地区都是新开发的，没有陈旧设备作为包袱和障碍，不存在英国工业所具有的严重的技术更新问题。根据当时世界经济形势，美国必须以跳跃的发展才能打入国际市场，并防止欧洲产品侵入美国国内市场。

19 世纪最后 40 年间美国工业的发展速度极为惊人。和其他国家比较，美国生产的增加，从下列统计资料可以看出：

表 7－2　　**工业生产总量**　　单位：百万美元

国家	1860 年	1894 年
英国	2808	4263
法国	2092	2900
德国	1995	3357
美国	1907	9498

① 丁则民、黄仁伟、王旭：《美国通史——美国内战与镀金时代：1861—19 世纪末》，人民出版社 2002 年版。

（2）海外扩张。在从自由资本主义向垄断资本主义过渡的年代，美国的经济实力和政治生活都发生了重大变化。这些变化为美国从大陆扩张转向海外扩张创造了条件，从而使它在对外政策方面也作了重要的改变。为了适应商品输出、争夺势力范围的需要，美国抛弃了它孤立主义的传统，日益走上了海外扩张的道路。它一方面利用门罗主义作为干涉拉丁美洲国家的内政、排挤英国势力的工具，以实现独霸拉丁美洲的野心，另一方面积极扩充海军实力，在远东和太平洋地区进行频繁的侵略扩张，以夺取新的领地和势力范围。1898 年，它发动了美西战争，接着控制了古巴，霸占了菲律宾，兼并了夏威夷群岛，从而跻身于帝国主义列强重新瓜分世界的行列。

美国的对外扩张是它的经济发展在政治领域的延伸。1873 年、1882 年、1893 年的三次经济危机是美国资本主义制度固有矛盾的反映，表明美国发展起来的生产力与国内市场相对不足的尖锐矛盾。美国急于扩张的另一个重要因素在于，它的经济实力与它在世界市场上的地位极不相称。[①] 改变这种状况，就成为 19 世纪末美国对外政策的一个基本出发点。更重要的是，当美国步入世界舞台时，英、法、西等老牌殖民帝国已经霸占了可以瓜分的绝大部分殖民地，而德国、日本等后起的资本主义国家也加入了列强角逐之列。因此，美国的扩张活动一开始即面临着严峻形势。“美国之鹰”渴望展开它已经丰满的羽翼，在 19 世纪末的国际角逐中去占据一席之地。

许多城市工商企业组织，更是对追求海外市场表现了极大热情。“天定命运”说认为美国人在北美大陆上进行的扩张和征服乃顺应上帝赋予的使命。它反映了美国工商业企业家的扩张要求。他们的扩张活动不仅限于毗邻美国的国家和地区，而且还致力于夺取海外领地和扩大势力范围。美国“有能力把它的制度传播于全人类，把它的统治扩大到整个地球”。正是在这种形势下，美国政界、军界、商界以至舆论界的大批要人，都宣扬极端的沙文主义，主张推行以武力为后盾的扩张主义对外政策。

二 垄断资本主义的形成

生产力的高速发展和第二次科技革命的出现，是自由资本主义向垄断资本主义过渡的基本前提。19 世纪末的美国具备了流通领域的各种变化条件，为资本的集中和垄断创造了有利的市场环境，使商品和金融的运转渠道最终集中到少数资本集团手中。

---

① ［德］库钦斯基：《资本主义世界经济史研究》，生活·读书·新知三联书店 1955 年版，第 45、41、42、93 页。

（一）垄断形成的有利条件

首先，工业化形成的城市群和制造业带，为生产集中创造了有利条件。这部分工业以及地区吸收着最大量的农产品和原料，并依靠铁路网把产品输送到全国各地市场，有利于少数占据生产优势的大企业形成垄断地位。同时，地区的专业化更为部门经济垄断化提供前提。所有这些，都证明美国的生产力已特别易于形成高度的垄断组织。其次，因大批量商品生产而使流通方式发生变革，也为垄断企业深入市场结构的深层，控制整个社会的消费创造条件。强大的商品洪流在各方面推动下摧垮小企业的陈旧流通方式，激烈的市场竞争最终为垄断企业打开了道路。再次，交通运输条件空前发展也是垄断企业打破地域隔阂，确立其全国性优势的保证。地理位置优越、交通发达的中心城市几乎都成为少数垄断企业争夺的目标，并且最终形成了适合于市场条件的垄断体系。最后，技术市场同样是孕育着垄断组织的温床。19世纪末技术革新和发明层出不穷，在美国形成了一个日益扩大的技术市场。大公司依仗其雄厚资金控制专利，从而在实际上消除了竞争的可能。有利于垄断形成的市场条件还有阻止外国商品竞争的高关税政策和廉价而丰富的农产品及原料市场等。所有这些都为美国垄断资本形成提供了得天独厚的环境。

（二）资本的垄断

社会生产力的高度发展必然带来资本的加速积累和集中，由此构成了垄断资本主义的深厚基础。1865 年以后美国的社会资本积累率以每 10 年增加45%至60%的速度上升，相当于人口增长速度的 2 至 3 倍。按人口平均计算的资本积累价值：1869 年为 1120 美元，到 1899 年达 3250 美元。[①] 就生产投入要素的指数来看，从 1860 年到 1900 年间，劳动力增长 1.5 倍，土地增长 1.5 倍，国民生产净值增长 4 倍，而资本增长达 7 倍。[②] 高积累率首先是促使资本流向制造业，尤其是重工业即基础工业部门；在这些部门中较快形成资本密集型的垄断企业。内战前美国的投资额近百万美元的企业寥若晨星。但到 1900 年，资本额在百万美元以上的大企业已比比皆是。它们占企业总数的 0.9%，却占工人数量的 25% 和工业产值的 38%。

如此巨大的投资规模，仅仅依靠某个独立企业的资本力量是无法进行

① 西蒙·库兹涅茨：《美国经济中的资本：它的形成和积累》，普林斯顿，1961 年，第 64—65 页。

② 苏珊·李与彼得·帕塞尔：《美国经济史的一种新观点》，纽约，1979 年，第 268 页。

的。为了动员和筹措各方面的资金来源，股份公司成为内战后工业企业的主要组织形式。股份公司“通过一根根无形的线把那些分散在社会表面上的大大小小的货币资金吸引到单个的或联合的资本家手中，……最后，它变成一个实现资本集中的庞大的社会机构”①。80 年代各工业部门纷纷组成股份公司，加速了工业资本的积聚过程。到 1899 年，股份公司的工业产值已占全国工业产值的 2/3，成为美国工业生产的主体。② 此外，联邦政府的财政政策也为企业资本积累和集中提供了尽可能的有利环境。因此，“集中发展到一定阶段，可以说，就自然而然地走向垄断”③。

（三）托拉斯与企业兼并

美国主要生产部门内若干个大企业的并存，形成尖锐的对峙和竞争。为避免同归于尽，少数势均力敌的大企业通过简单协定、普尔协定达成暂时妥协。美国企业联合形式的第二步是托拉斯。严格意义上的托拉斯是各企业通过财产托管人而将所有权合并的垄断组织。托拉斯的出现为企业合并并确立其垄断地位找到一种合法的组织形式，从而在其他工业部门也相继出现托拉斯组织。列宁指出：“美国托拉斯是帝国主义经济或垄断资本主义经济的最高表现。”④ 托拉斯是资本积聚和生产力高度发展的产物。

如果说生产过程本身要求企业实现各种形式的合并，那么周期性的经济危机则大大加快了合并的步伐，成为垄断资本主义形成的催化剂。1893 年经济危机就是美国垄断组织发展史上的重要界标。这次危机以金融混乱为起点，使大批资本不足的中小企业纷纷破产，企业合并进入了高潮。拉尔夫·纳尔逊认为这次合并高潮中“几乎有一半企业被吞并了，并且有十分之七的合并资本都属于在市场上取得领导地位的那些合并者所占有”。⑤ 例如，钢铁工业在 1870—1905 年产量增加了近 9 倍，企业数却减少了 2/3；农机制造业在 1860—1905 年产值增加 5 倍，工厂数却减少了 1500 多家。⑥ 在这次合并高潮中垄断组织不仅在量的方面发展迅速，而且在质的方面有了新的突破，即出现了垄断组织的更高形式控股公司。控股公司改变了董事会集所有

---

① ［德］马克思：《资本论》第 1 卷，第 687 页。

② 格伦·波特：《1860—1910 年大企业的兴起》，纽约，1973 年，第 32 页。

③ 《列宁选集》第 2 卷，第 740 页。

④ 《列宁全集》第 23 卷，第 35 页。

⑤ 拉尔夫·勒·纳尔逊：《美国工业的合并运动，1895—1956 年》，普林斯顿大学出版社 1959 年版，第 102 页。

⑥ ［美］吉尔伯特·C. 菲特等：《美国经济史》，司徒淳等译，辽宁人民出版社 1981 年版，第 470 页。

者和管理者于一身的状况，扩大了经理—管理阶层，建立起“集中化和部门职能化相结合”的管理体制。控股公司的结构比托拉斯更适合于社会化大生产，其垄断程度也更高，因而是一种较成熟的垄断资本主义生产关系。至此，美国经济结构的部分质变已相当深刻地表现出来了。经济危机只不过是将19世纪最后30年新旧交替之中的各种矛盾冲突激化，并转变为新结构的基础。总之，1893年危机后，美国的垄断资本主义生产关系开始全面形成，现代美国经济的模式已初具雏形。

三　城市化中糟糕的城市

（一）城市的兴起与发展

内战前，美国绝大多数人口居住在农村，是个典型的农业国家。工业化引起了城市的兴起和大城市的发展。人口在八千以上的大小城市的数目，1860年为141个，至1900年增为547个，在此期间，它们的人口总数由五百万人增至二千五百万人，约占全国人口的39.6%。1860年时，没有一个城市的人口达到一百万，而1890年时，纽约的人口已达二百五十万，芝加哥和费城均超过一百万。[①] 1880年，新英格兰、大西洋中部和大湖区集中了全国制造业的4/5和城市人口的3/4。1790年美国联邦首次进行人口普查时，城市人口仅占全国总人口的5.1%，至1920年则跃至50.9%，这种具有历史性意义变迁的高峰期恰恰出现在19世纪后半期。[②] 至19世纪末，一个以大中小城市构成的城市网已在全国范围初步形成。美国的人口也日益集中于城市，城市逐渐成为社会生活的中心，城市的兴起带来了许多新的社会问题，使社会改革由乡村逐步转入城市。

（二）城市化与垄断集结

自由资本主义向垄断资本主义过渡、农业国向工业国转化，无疑是经济结构剧烈变革的时期，大规模兴起的城市，充当了垄断的大本营，构成这种变革的关键一环。

城市作为经济活动的枢纽和社会化生产的巨大杠杆，便利与刺激了美国工业化的发展。从自然资源的开发、原材料和中间产品的加工，直至成品生产的全过程均可在这一城市体系中完成。很多工业企业都把厂址设在东北部

---

① ［苏］祖波克：《美国史略（1877—1918）》，苏更生译，生活·读书·新知三联书店1959年版，第38—39页。

② ［美］格伦·波特主编：《美国历史统计：从殖民地时期到1957年》，华盛顿，1960年，第7页。

或中西部城市中。“在1900年普查所确定的185个工业联合体中，有70个总部设在纽约，18个在芝加哥，16个在匹兹堡，6个在克利夫兰，费城和旧金山各有5个，其他城市均未超过4个。”① 显然，东北部和中西部两个城市体系已构成全国经济发展的中心。

城市的大规模兴起，为垄断组织的发展提供了有利条件。这一点在专业性城市和城市体系中体现得最为鲜明。在专业化城市中，同类企业共聚一处，短兵相接，竞争激烈。而城市体系，则以其特有的各城市间经济上的密切联系而为垄断组织的纵向联合或横向联合创造了有利环境。如在钢铁专业生产基地匹兹堡地区，众多的中小城市都是相互匹配、同步发展的。美国东北部和中西部垄断组织之所以蓬勃发展，与城市体系的形成很有关系。

（三）城市化出现的问题

在19世纪90年代以前，美国联邦政府一直奉行自由放任政策，不干预企业活动，对城市管理也疏于过问，造成城市机构设置很不完备、职责权限不清，城市行政部门普遍软弱。再加上美国城市历史较短，缺乏管理经验，这就形成一种权力“真空”，使一些职业政客乘虚而入。这一时期的城市政府，基本上是在城市老板及其帮派势力把持之下。这是后来改革派称谓的“无形政府”时期。② 城市老板在“政党分赃制”的庇护下，操纵市政、贪污腐化，形成了严重的城市问题：

（1）贪污腐化。城市老板把持市政，使社会上盛行的政治腐败之风在各城市泛滥起来。城市老板通过对市议会的操纵，明目张胆地出售特许权和承包合同，肆行房地产投机和公用事业股票投机。甚至妓院、酒吧的老板乃至某些罪犯能够给他们一笔相应的贿赂后，就可为非作歹，肆意妄为；一些大企业向城市老板行贿后，则不仅可逃避正常的课税，甚至连永久的特许权都买得到。至于其他种种以权牟利的肮脏交易，更是不胜枚举。在这方面最典型，也可以说是最臭名昭著的是纽约市老板威廉·M. 特威德。无怪乎当时一位著名教育家这样评论说：“美国的城市政府是基督教世界中最糟糕的政府——最奢侈、最腐败、最无能。”③

（2）市政废弛。城市的迅速发展和城市人口的增加引起了各种新的问

① ［美］格伦·波特主编：《美国历史统计：从殖民地时期到1957年》，华盛顿，1960年，第1052页。

② K. T. 杰克逊等编：《美国历史上的城市》，纽约，1972年，第358页。

③ 亚历山大·B. 卡洛编：《附有评论的美国城市史论文集》，纽约，1973年，第46页。

题：交通、住房、卫生等一系列亟待解决的问题。在这种情况下，许多城市对改善市政者予以特权或减税。这种特许权往往变相成为大企业攫取垄断地位的护身符，它据此更加恣意妄为，排除竞争，攫取超额垄断利润。各城市的污染问题也相当严重。当时有人对匹兹堡作了如下的描述："好的时候，它是一个烟雾弥漫、阴沉沉的城市；糟糕的时候，几乎想象不出还有什么地方比它更肮脏、更混乱、更令人沮丧。"①

（3）贫民窟泛滥。随着工业勃兴，大批移民涌入城市。企业主们一味榨取他们的劳动，而很少投资改善他们的居住条件，导致市区内住房紧缺。贫困的人们聚居在环境极差、破旧拥护的贫民窟中。纽约市的人口密度居于首位，贫民窟也最普遍。1879 年，纽约市的贫民窟住宅即已有 21000 个，至 1900 年更增至 43000 个，容纳居民高达 150 万，而当时整个纽约市人口尚不足 400 万。在贫民窟内，人口过度拥挤，房屋建筑简陋，公用设施奇缺。室内照明、通风、取暖、卫生设施等条件都极差。恶劣的环境导致疾病流行，霍乱、伤寒、白喉等流行病四处蔓延，威胁着贫民窟居民的健康与生命，造成城市死亡率高于农村。② 贫民窟不仅威胁着居民的日常生活，而且也在很大程度上妨碍了大企业的正常生产，成为整个社会的突出问题。

（4）黑人聚居区。内战后，由于黑人社会地位的部分改善和南部经济结构的变更，出现大批黑人移居南部城市的浪潮，70 年代后，这一浪潮转向东北部和中西部城市。随着大批黑人移居城市，对黑人的种族歧视也由乡村到城市、由南部向北部蔓延开来。在城市中，为防范种族主义者的暴力骚扰并彼此照应，黑人倾向于聚居，再加上富有的白人不断外迁，市中心区逐渐成为黑人聚居的地方。在这些聚居区里，黑人不仅住处拥挤，而且受到种种盘剥和歧视。黑人聚居区的初步形成，加速了整个城市居住区的分化。

（5）贫富分化。由于人口迅速集中于城市，那些遭受工业家、房东及商人残酷剥削的工人住房更加拥挤。黑人和移民的情况尤其悲惨。这种惨状和统治阶级的邸宅的豪华对比起来，更显得鲜明。随着移民的不断涌入和贫民窟环境的日益恶化，市中心区逐渐变得破旧而混乱。腰缠万贯的工商业巨头们索性迁往市郊，也就是当时的城市外沿，选择宽敞恬静、景色宜人的地方建造豪华的宅第、别墅和舞厅等，动辄耗资千万美元。一些经济地位逐渐

---

① ［美］戴格勒：《一个民族的足迹》，辽宁大学出版社 1991 年版，第 236 页。

② 张友伦、李剑鸣：《美国历史上的社会运动和政府改革》，天津教育出版社 1992 年版，第 181 页。

上升的新兴中产阶级也随之外迁。随着城市面积不断扩展，向郊区迁移也就形成一个周而复始的过程。无力外迁的普通市民如新移民和非熟练工人等贫困阶层只得留在市中心区。挤得水泄不通的贫民窟和富丽堂皇的豪华宅第形成鲜明对照。

(6) 尖锐的社会矛盾。社会问题在城市的集中，自然造成较为尖锐的社会矛盾。处在社会底层的工人群众，直接处于社会矛盾的旋涡之中，迫切要求改善自身状况。在城市发展较快的地区，往往也是工人运动高涨的地区。1886 年遍及全国的争取八小时工作制的运动，仅在芝加哥一个城市就有 40000 人参加罢工，轰动一时的秣市惨案就发生在那里。1892 年匹兹堡附近的霍姆斯特德工人罢工和 1894 年普尔曼工人大罢工，都是美国历史上屈指可数的重大工人斗争。

黑人也不甘于屈辱的地位，他们自发地组成各种团体，甚至联合起来筹建自己的企业、保险公司、教会等。但黑人的这些活动经常遭到白人种族主义者的野蛮干预和破坏，以致酿成 1900 年纽约市的种族大骚乱。种族关系日趋紧张，成为美国城市所特有的一大矛盾。城市中社会矛盾的尖锐化，也表现在犯罪问题上。纵横交错的社会矛盾，使城市成为“风暴的中心”。雅各布·里斯一针见血地指出：“或者是我们扫除贫民窟，或者是贫民窟吞噬我们，非此即彼。”① 城市问题日益上升为全国性的首要问题，引起整个社会的普遍关注，终于在 19 世纪 90 年代形成声势浩大的城市改革运动。

四 市政改革运动

对市政腐败的揭露与鞭挞，在社会上引起广泛的反响，要求改革的呼声空前高涨，城市改革运动逐步形成。19 世纪末的城市改革运动，因参加的阶层比较广泛，声势颇为浩大。这一运动主要分为两翼：一翼面向城市下层，主张改革贫民窟以矫正社会弊端；另一翼着眼于市政机构，取缔城市老板，提高市政机构的效能。

(一) 社区改良运动

社区改良运动，主要是用提高贫民窟居民生活及文化水平的方法来改造贫民窟。它的倡导者是中产阶级知识分子。他们对市政机构中盛行的腐败现象固然深感忧虑，但认为社会之所以动荡不安，主要原因在于贫民窟居民的生活条件的不断恶化，如果任其发展，以至达到贫民窟居民无法忍受的程度，后果将不堪设想。因此，与其改革市政机构，不如直接帮助城市下层居

① 转引自丹尼尔·布尔斯廷《美国人：民主的历程》，纽约，1973 年，第 284 页。

民，使之摆脱困境。改革者们深入贫民窟集中区，不仅努力帮助那里的居民提高文化生活水平，而且还试图通过实地考察贫民窟现状，以制定具体改造方案。

这些活动的意义并不仅仅在于给贫民窟居民提供了多少直接的帮助，更重要的是，它开创了社区改良的实验，启发与教育了社会公众，对当时和以后的社会改革都产生了有力的推动作用。进入 20 世纪后，这一改革运动仍方兴未艾，并且对 30 年代罗斯福推行“新政”也有一定影响。

（二）市政改革运动

市政改革是由资产阶级中上层发起的，如各新兴工业部门的大企业主和大资本家，以及部分利益相关的新中产阶级。他们之所以积极主张市政机构改革，是从本阶级利益出发的。为了缓解乃至结束市政混乱局面，平息社会动荡，并使切身利益得到更充分的保障，必须取缔城市老板。但城市老板权势盘根错节，又施展种种笼络手段取得了移民的支持，因而轻易难以根除，唯有采取强有力的改革措施。这样，19 世纪 80—90 年代以后，各大城市几乎不约而同地掀起了市政机构的改革运动。

市政机构改革初期所提出的纲领，主要有以下几个方面：第一，主张城市自治，以排除州立法部门对市政的过分干预；第二，加强城市行政部门，尤其是市长的权限，以遏制城市老板通过市议会干预市政；第三，城市选举实行超党派原则，并与州一级选举分别进行，尽量减少城市政府的政治色彩，以杜绝城市老板倚仗党派势力操纵市政；第四，起用专门人才主管城市行政事务，按企业管理的模式对城市实行科学管理。总之，改革的焦点在于从根本上取缔城市老板及其帮派势力，代之以由“有才干的企业家管理的、经济与效能”的城市政府。①

“强市长”在执政期间，大力刷新市政，提高行政部门效率，在管理企业、社会等方面进行了大胆尝试。这些市长大都侧重机构改革，在扩大城市自治权、加强城市行政部门权力和提高行政效率方面都做了一定的努力。城市改革的最大成就乃是创造了两种新的城市管理体制，从而从制度上保证了管理的廉洁与效率。第一种是城市委员会制；第二种是城市经理制。城市管理体制的改革，改善了市政管理，开创了廉洁政府，洗刷了“城市之羞”。城市老板的一统天下被打破，作为美国生活中心的城市焕发出活力与生气。

---

① 塞缪尔·海斯：《进步运动时期城市政府的改革政纲》，《太平洋西北季刊》1964 年 10 月号。

五 经济转型推动官员制度转型

在传统的农业社会，自给自足的农业经济特质简单而缓慢，只需要联邦政府提供最基本的职能，充当“夜警国家”的角色；美国迅速工业化、城市化后，各方面的经济、社会问题纷至沓来。日益激化的矛盾促使联邦职能不断扩张，联邦政府（官员制度）在规模和功能上逐渐转型。

（一）联邦政府在工业化进程中的作用

美国内战后，北部工业资产阶级执掌联邦政权，大力推行一系列有利于资本主义发展的政策，在各方面扶植工业、金融业和商业，使资本主义生产力获得了充分发展的环境。内战后的联邦政府真正展现了亚历山大·汉密尔顿在《制造业报告》中所描绘的蓝图，给工业资本主义在市场、资金、资源、劳动力和技术诸方面创造了比当时其他资本主义国家都要优越的有利条件。

（1）众所周知的“宅地法”曾使西部农场主获得了数量可观的自由土地，创造了美国资本主义农业的发展模式。同时，这项法令也是内战后鼓励美国工业发展的重要政策。（2）联邦政府颁布的“国民银行体系法”对19世纪末的美国金融体制一体化起了重要作用。因此，联邦政府的金融政策部分解决了内战后美国经济发展的资金短缺问题，为工业和交通业的高速度发展创造了又一重要前提。（3）内战前曾引起长期争端的关税问题，以“莫里尔关税法”而告一段落。联邦政府长期保持高关税壁垒，减少欧洲工业制成品的输入，保证美国工业占领国内市场。对内则实行自由贸易政策，禁止各州间的贸易障碍，鼓励商品在国内畅行并展开竞争。正是在这种较好的国内市场条件下，美国工业能够相当完整地建立自己的体系，摆脱对欧洲工业品的依赖状况。（4）鼓励移民——联邦政府促进经济的另一项重要政策。1864年移民法通过后到1900年，进入美国的移民总数为1300万人，平均每年37万人。[①] 美国国内市场的潜在容量和对外经济扩展能力也由此大为增强。正如恩格斯在1882年所预言的，移民“使美国能够以巨大的力量和规模开发其丰富的工业资源，以至于很快就会摧毁西欧特别是英国迄今为止的工业垄断地位”。[②]（5）专利制度——新技术和发明创造产生与推广的利器。美国专利局坚持专利的创新性、高水平

---

① 罗伯特·W. 伯吉斯主编：《美国历史统计》（Robert W. Bergies, *Historical Statistics of the United States*），华盛顿，1960年，第112页。

② 《马克思恩格斯选集》第1卷，人民出版社1995年版，第230页。

和实用性，实行严格审查，保证了专利的质量。长期实行专利制度的结果，是使美国工业不仅跟上了欧洲技术发展的步伐，而且在许多领域迅速取得了领先地位。

（二）联邦政府经济管理职能的扩张

到了19世纪末，由于资本集中到一小撮大资本家手中的结果，垄断组织得以随意指挥政府和立法机关，并实际上支配了国家的内政和外交。1894年，亨利·劳埃德在《危害共和国的财富》一书中写道："一小部分人拥有这样的权力，即他们可以不许其他任何人把现代生活上和工业上所需用的各种各类的热、光和能供应给居民，从火柴起，直到火车头和电气为止。"①管制和调节是指政府干预和改变开放市场的自然程序，以实现某种预期目标。政府管制和调节的主要作用是在市场没有或不能有效地发挥作用时，改善或取代市场。政府管制和调节是用指导市场行为的各种法则条例，把政治目标和价值观念引入经济生活。② 联邦政府履行的经济职能如下。

（1）控制垄断。要实现众多的经济目标，包括各种资源的最佳配置，就必须鼓励竞争。在垄断或制造商控制市场的情况下，权力集中在少数人手里，因而不存在竞争。政府通过反托拉斯的管制来保证竞争。当存在垄断和市场供应垄断时，譬如各电力公司控制电力供应时，政府的控制就会防止这些行业利用其自身的有利地位损害民众利益。因此，政府管制物价并制定某些市场中的行为准则。

（2）弥补市场的缺陷。市场永远无法解决每一个问题，尤其是外部事物的问题或副作用。以污染问题为例，长期以来利用空气和水源存储或排放有毒废物的企业并未付出代价。因此，市场力量不曾考虑空气和水源污染会给社会造成什么损失。市场的另一个缺陷与自然垄断有关。当某个特定行业中的竞争完全无效时，自然垄断就产生了。如果公用电力事业中存在竞争，对公众来说，电力价格或许会比只有一家公司供应所有电力时更高；独家经营所需的投资资本雄厚，经营规模适度就会节约资金。一旦出现这种自然垄断，政府将进行管制和调节。

（3）保护经济上的弱者。联邦政府已直接卷入经济活动，保护那些缺

① ［苏］祖波克：《美国史略（1877—1918）》，苏更生译，生活·读书·新知三联书店1959年版，第15页。

② ［美］詹姆斯·M. 伯恩斯、杰克·W. 佩尔塔森等：《美国式民主》，谭君久、楼仁煊等译，中国社会科学出版社1993年版，第772页。

乏经济力量的人。例如，政府已着手确定最低工资，防止再现雇用童工，超时超负荷工作和恶劣的工作条件等弊端。政府还试图控制劳资冲突，保护工人组织工会的权利。在充当保护弱者的角色方面，政府尤其注意保证机会均等。①

（4）保护环境。私营经济部门具有忽视污染的天然倾向。既然人人都可以从清除污染中获益（不论其是否为此付出代价），负担费用也就不是为了哪一方的利益。因此，政府干预的目的在于控制对环境的破坏。② 环境问题在历史上曾是地方和各州政府讨论的事项。在一篇研究污染问题的报告中，一位政治学家发现，市政当局对全国各社区的空气污染问题通常反应迟钝。"联邦政府在减少污染方面承担新的责任，其主要原因不在于地方官员要求联邦这样做，而是这些下级政府常常没有采取行动。"③

（5）对企业的管制。企业历来都受法规的制约，但在19世纪后半期的大部分时间里，美国对企业采取了完全放任的政策。企业领导人因享有相当大的自由便着手开发（并利用）一个天然资源极其丰富的国家。19世纪后期，社会批评家和改革家认为，在垄断组织控制商品和服务（尤其是石油、蔗糖、威士忌酒和钢铁工业中的商品和服务）的地方，消费者正受到欺诈。1890年，国会为适应新形势通过了谢尔曼反托拉斯法。④

（6）调节劳资关系。政府对企业的管制实际上是限制性的。政府的大多数法律和规则限制了某些企业的活动，并将私营企业引到对社会有利的方向。但是，管制具有双重作用。对美国工人来说，最近几十年，大多数法律往往不是限制而是给予各种权利和机会。实际上，许多劳工法律并没有直接触及劳工，而是调节劳工与雇主的关系。造成这种状况的基本原因有两个：劳工的政治力量不断增长，千百万美国人民认识到一个健全和稳定的国家，在很大程度上取决于一支健全而安定的劳工力量。⑤

（三）美国官员制度的转型要求

工业化、城市化与海外扩张对美国政府的要求：政府更加强大和更有效

---

① ［美］詹姆斯·M. 伯恩斯、杰克·W. 佩尔塔森等：《美国式民主》，谭君久、楼仁煊等译，中国社会科学出版社1993年版，第775页。

② 同上书，第781页。

③ 马修·A. 克伦森：《空气污染的非政治问题》，约翰斯·霍普金斯大学出版社1971年版，第10页。

④ ［美］詹姆斯·M. 伯恩斯、杰克·W. 佩尔塔森等：《美国式民主》，谭君久、楼仁煊等译，中国社会科学出版社1993年版，第786页。

⑤ 同上书，第792页。

率。在推动美国对外扩张活动中，美国政府发挥了重要作用。从20世纪初以来，美国逐渐摒弃了传统的自由放任主义政策，改行注重国家干预的新自由主义，由国家积极干预经济生活，依靠政府来调节经济，实行国家垄断资本主义。如国家直接进行投资，增加公共开支，政府采购，对资本家实行补贴、减税、降低利息率等，以刺激私人投资。这些方法固然不能从根本上解决资本主义经济运行的痼疾，但在一定程度上也确实起到了调节和促进的作用。早期注重自由民主政治意识形态、强调行政活动简单易行且要接受政治控制的政府功能，已经难以应对这种新兴复杂情况了。

总体上来看，工业化社会的专业化要求越来越高，而立法、行政、司法固有的权力分工使立法部门（其任用标准取决于政治价值取向）成员缺少应有的专业技术，难以应对经济及社会生活中的种种新生专业领域的变化，不得不采用授权或委任的办法让行政部门成员参与政治生活及专业政策的制定过程，政府行政职能开始强大，"行政国家"开始出现。而"工业化社会是经济化社会，亦即它们的组织原则是职能效率，最迫切的要求是'以少取多'选择比较'合理的'的行动路线。"① 效率成为经济发展的首要取向，而资本主义经济交往中的效率取向必然向国家官员制度提出同样的要求，即尽可能提供迅速、准确、高效的服务与保障，而这是传统官员制度所无法满足的。政府官员制度职能无论是量的方面还是质的方面的强化都要求进行效率化操作，经济和效率成为行政管理的基本准则。

第二节　社会分化与阶级矛盾

美国进入垄断资本主义社会后，托拉斯适应了生产社会化和资本社会化的客观要求，其内部组织结构的系统化和计划化为联合企业的运转提供了机制。然而，托拉斯所带来的社会财富更加集中到少数寡头手中，加剧了社会贫富悬殊和阶级矛盾的激化，并加深了资本主义经济的内在矛盾，由此引起了资本主义向部分质变的新阶段发展。

一　社会分化与阶层对流

（一）社会分化

19世纪末的美国社会阶级结构仍带有新旧交替的特点，但其基本趋势是垄断资产阶级同整个社会日益处于对立状态之中。作为垄断资本主义的发

① ［美］丹尼尔·贝尔：《后工业社会》，科学普及出版社1985年版，第19页。

展条件而出现的新阶层，同时也作为垄断资本主义的否定因素在发展着。

大公司的出现对整个经济生活乃至全社会都产生了很大的影响。大公司这种组织形式是生产发展的必然结果，有着较高的效率，带来了财富的巨大增值，并使经济管理发生革命。资本的所有权和经营权发生分离，资本家退居幕后，董事会和经理成为企业活动的主要组织者和管理者。这不仅提高了企业决策的科学性和可靠性，而且更大限度地调动了企业内部的活力，生产过程得到前所未有的改善。另外，大企业之间的竞争更激烈更残酷更具有破坏性。中小企业时代的竞争规范和调节机制，显然不适合于大企业之间的竞争。这就使得经济舞弊丛生，中小企业深受其害。而且，大企业把成千上万的工人集中在一起，但又缺乏相应的劳动保护、伤亡补偿和劳工福利等方面的设施和规定，因而劳资关系趋于紧张。然而，对广大的农场主和中小企业主等旧式中间阶级来说，大公司不啻是一只毫无人性的巨怪，不除之社会不得安宁。这种对大企业的“不适应症”，是导致社会激荡不安的一个重要因素。①

经济增长与社会发展之间存在一些很宽很深的裂谷。国民财富的极大部分日益集中于少数人之手，大部分社会成员生活在贫困之中。美国进入工业时代后财富的增值不仅没有使广大社会成员的生活处境得到改善，反而加剧了社会贫困。工人阶级成为资本主义早期历史中社会贫困与不幸的象征，主要是因为他们工时长、工资低，工作条件恶劣，生活处境悲惨。② 在19世纪末，工厂中一般没有系统的劳动保护设施，政府也没有制定有效的福利、救济与工业事故赔偿法律。工会组织一般不为雇主承认，无权就工资、工时、生产经营等企业决策问题发表自己的意见，资方一意孤行，为所欲为，称之为“工业专制”实不为过。

城市的大规模兴起，便利了工业资本的集中与垄断的形成。这既促使工业的发展超过农业，同时也加剧了工业垄断资本对中小农场主的盘剥，致使城乡矛盾更加尖锐。在城市发展最快的地区，这一矛盾也就更为突出。如垄断性企业控制了中西部乃至密西西比河以西地区的农产品价格、销售市场、铁路运输以及金融信贷等，这当然不能不引起农场主和小农户们的强烈不满和反抗，所以中西部成为农民协进会、绿背纸币党、农民联盟和人民党等进

① 张友伦、李剑鸣：《美国历史上的社会运动和政府改革》，天津教育出版社1992年版，第180页。

② 同上书，第205页。

行此伏彼起的农民运动的一个中心地区。

（二）阶层对流

（1）资产阶级内部分化。随着垄断资本主义生产关系的形成，资产阶级内部分化为垄断资产阶级、旧中产阶级和新中产阶级三个层次，它们既互相分离又互相结合。以此为轴心，整个社会阶层结构发生了对流和变动。

19 世纪末垄断资产阶级已控制了美国经济的命脉。他们凭借其在生产领域的支配地位，占有着与其人口比例极不相称的社会财富。当时的百万富翁家庭不到全国家庭总数的 1%，但其个人收入却占全部国民收入的 10% 以上。有 100 余个超级富翁平均拥有财富在 2500 万美元以上。垄断资本家吸收着全国红利收入的 2/3 和利息收入的 1/2，反映出这个阶级的生存基础和一切活动的出发点就是最大限度地攫取高额垄断利润。垄断资产阶级同资产阶级和其他阶层的急剧分野，是这个时期整个社会阶级结构最主要的变化。

曾经有过“黄金时代”的美国旧中产阶级地位急速下降。他们所赖以存在的旧生产方式，已不能适应社会化大生产的客观要求，更无力抵御经济危机的沉重打击和垄断企业的残酷倾轧。旧中产阶级为了避免被淘汰的厄运，只得改变其活动方式。其中一部分保留着企业所有权，但在原料和市场等方面不断被垄断企业所控制，逐步成为附属于大企业的专业化协作企业。另一部分被兼并的独立企业主则失去对工厂的控制权，成为股票持有人而分得少部分红利。尽管如此，旧中产阶级地位仍极不稳定，或者由于其“局外性质”成为大财团转嫁危机的牺牲品，或者由于股票行情大幅度浮动而变得身无分文。所以，他们也力图通过获取国家权力来改变垄断资本造成的严重弊端，以改良主义来缓和社会矛盾。在没落之中提出某些进步的要求，是旧中产阶级两重性的特征。

与旧中产阶级相反，“新中产阶级”却随着垄断资本主义的发展而发展起来。垄断企业为了在竞争中打败对手，尽量采用新技术和高效管理，网罗科技和管理人员，从而扩大了新中产阶级的来源。到 1900 年，农业以外各经济部门的经理人员已达 151 万人，高级工程技术人员有 38 万人。① 其中像创造“血汗劳动制”的泰勒，为垄断资本获取高额利润使用了“一切科学方法”。新中产阶级的两重性同样十分显著：新中产阶级本身受雇于垄断资本，但其收入水平远远高于一般雇员，也参加了瓜分利润的行列；其中少

---

① 罗伯特·W. 伯吉斯主编：《美国历史统计》（Robert W. Bergies, *Historical Statistics of the United States*），华盛顿，1960 年，第 141—142 页。

数人虽然有可能进入财团核心，但多数地位不稳定。新中产阶级本身执行着个别财团代理人的职能，但其中很多人鼓吹国家干预政策，试图把企业内部的计划管理用于社会改革。新中产阶级的两重性，是进入垄断时期美国社会阶级结构复杂化的关键性因素。

（2）农民阶级内部的分化。在农业资本主义迅速发展的情况下，农场主从以往的宅地小农分化为利益不同的各个阶层。新阶层随着资本主义关系发展而壮大，旧阶层则相应地衰落下去。

①大农场主。19 世纪末，西北地区 1000 英亩以上的大农场主有 47000 个。[①] 这些大农场的资本化和机械化程度较高，资本主义雇佣关系也较发达。他们构成了农业资产阶级的主体。在一些全国性争端上，大农场主与东部资本存在着利益冲突，故需要利用中小农场主的力量，充当农民运动的组织者。但在地方性政策上，他们又同租佃农场主分歧较大。最终大农场主也难以避免在经济上受垄断资本控制、在政治上归附两大党的命运。在东北部集约型农业中产生了专业化农场主，他们构成了美国农业资产阶级的另一重要组成部分。

②宅地农民。美国农场主的主体是西部广大的宅地农民，他们的数量大概在 100 万户以上。由于负债累累，大部分宅地农民只得以土地抵押来进行再生产。受干旱和经济危机的连续打击，大批土地所有权落入东部金融资本之手，形成了所有权与管理权分离的东北部“不在地主”和西部租佃农场主。租佃农场主是“半所有者”，他们仍拥有一定的资本，能在机械、土地改良和雇工方面进行投资。但是他们又受到金融资本的控制和剥削。因此，租佃农场主是农业社会化和金融资本渗入农业二者结合的产物。租佃农场主与东部垄断集团的冲突几乎涉及 19 世纪末各种社会政治争端，他们成为这一时期农民运动的主体。

③分成农。在南部，金融资本的控制是与内战后形成的谷物分成制相结合的。南部的高利贷商人、种植园主和北部银行代理商三位一体，构成了南部特有的“不在地主”。分成农以全年收成作为抵押，向高利贷地主取得生活资料和生产资料，他们既无土地所有权，也无资本使用权和管理权，故是农业无产阶级的变形。南部分成农的经济处境和社会地位，使他们同南部高利贷地主和北部金融资本之间的冲突十分尖锐。

---

① 罗伯特 · W. 伯吉斯主编：《美国历史统计》（Robert W. Bergies, *Historical Statistics of the United States*），华盛顿，1960 年，第 33 页。

④农业雇工。此外，还有相当多的小农场主完全破产而沦为农业雇佣工人，他们是农业无产阶级的主体。农业无产阶级人数迅速增长，表明美国农业资本主义的阶级结构趋于成熟。但美国农业工人以季节工人居多，其分散、流动性很大，没有很好地组织起来，故难以在 19 世纪末农民运动中发挥重要作用。

尽管农场主分化为若干不同阶层，但他们同金融资本、工业垄断集团、铁路公司以及联邦政府的尖锐矛盾却是共同的，其社会地位下降趋势也大体相仿。因此，这个曾经在美国社会中居人口多数的集团，在其走向衰落的困境中发出了进行社会、经济和政治改革的强烈呼声，给即将到来的 20 世纪美国投下了一道深远的光束。①

二　风起云涌的工人运动

19 世纪后期是美国工人运动日益高涨的时期。工业革命造成的市场急剧扩张，向垄断过渡所产生的激烈竞争，促使资本家强化剥削手段，导致工人地位和生活条件下降，是这一时期美国工人运动高涨的直接原因。工人运动的发展水平及其阶段性特点又为工业革命在全国范围内的不平衡发展所制约。美国工人阶级英勇的反抗斗争，极大地震动了美国社会。

（一）早期的工人组织

内战后，工业受到战争刺激而迅速发展，市场扩大又造成企业间、地区间的激烈竞争。资本家为追逐高额利润，不断加强对工人的剥削程度。东部熟练工人的实际工资指数从 1861 年的 100 降到 1864 年的 64。内战后的工人运动就是在这种历史条件下展开的。② 总的来说，这一时期的阶级矛盾还不尖锐。虽然也曾发生过许多罢工运动，但规模都比较小，持续的时间也很短，带有浓厚的地方色彩。19 世纪 60 年代是一个转折点，美国工业无产阶级逐步形成。工人阶级和资产阶级的矛盾日益激化，达到了空前激烈的程度。③ 工业革命的最重要的社会后果就是垄断资产阶级和工业无产阶级的产生和相互对立。

1866 年 8 月 20 日，各行业工会经过长期酝酿，在巴尔的摩成立了全国劳工同盟。这是美国历史上第一次全国性的工人代表会议，标志着美国工人

---

① 丁则民、黄仁伟、王旭：《美国通史——美国内战与镀金时代：1861—19 世纪末》，人民出版社 2002 年版，第 275 页。

② H. G. 瓦特：《近百年美国经济史》，中国社会科学出版社 1983 年版，第 49 页。

③ 张友伦、李剑鸣：《美国历史上的社会运动和政府改革》，天津教育出版社 1992 年版，第 94 页。

运动进入新阶段。1866 年以后，在全国劳工同盟的推动下，八小时工作日运动出现了第一次高潮。由于工人组织薄弱和联合水平较低，这次浪潮并未取得实质性效果。为了实现金融改革，1867 年，劳工同盟在芝加哥大会上明确提出了建立“全国劳工党”的要求。到 1870 年终于采取实际步骤，选举产生了全国劳工党的全国执行委员会。这是美国历史上第一个群众性工人政党。

（二）工人运动

1873 年 9 月，一场严重的经济危机席卷美国，并一直持续到 1878 年。在危机的打击下，美国工人阶级并未停止自己的斗争，他们以英勇的罢工斗争在美国工人运动史上留下了宝贵的一页。正是在这个时期出现了 70 年代的矿工运动和 1877 年的美国铁路工人大罢工。① 为期两周的罢工使铁路公司的损失过 500 万美元，海斯总统直接派遣联邦军队，终于将罢工残酷地镇压了。② 恩格斯认为：“由于铁路干线全体人员的流血罢工，美国的工人问题被提上了日程，这是美国历史上划时代的事件，因此，美国创立工人党的事业有了大踏步的发展。”③

70 年代的罢工斗争对 19 世纪末美国工人运动产生了重要影响。一部分觉悟高的工人开始认识到，联邦政府和两大党是资本家的忠实看守人，绝不能幻想他们的慈悲。要争取工人的利益，只有加强工人自身的团结。必须弥补以往工会组织的严重缺陷，建立工会付费制度，以保证在罢工时发挥紧急的援助作用。70 年代末以后的工会组织开始趋向严密化。进入 80 年代以后，美国工人运动形成了三大派别：亨利·乔治运动、劳动骑士团和美国社会主义工人党。④ 进入 90 年代后，美国工人以发动了一系列重大的罢工斗争。这些罢工同 1893 年经济危机相结合，表现出向垄断过渡的最后时刻社会阶级斗争空前激烈。其中最有意义的是 1892 年霍姆斯特德钢铁工人罢工和 1894 年普尔曼铁路工人大罢工。⑤

---

① 张友伦、李剑鸣：《美国历史上的社会运动和政府改革》，天津教育出版社 1992 年版，第 94 页。

② 丁则民、黄仁伟、王旭：《美国通史——美国内战与镀金时代：1861—19 世纪末》，人民出版社 2002 年版，第 234 页。

③ 《马克思恩格斯全集》第 19 卷，人民出版社 2007 年版，第 133 页。

④ 张友伦、李剑鸣：《美国历史上的社会运动和政府改革》，天津教育出版社 1992 年版，第 97 页。

⑤ 丁则民、黄仁伟、王旭：《美国通史——美国内战与镀金时代：1861—19 世纪末》，人民出版社 2002 年版，第 252 页。

美国19世纪最后30年的历史进程完全证实了恩格斯的预料，美国性的罢工运动不断发生，而且往往发展为流血冲突。罢工运动的频繁发生一方面反映了美国工人阶级已经发展成熟，同时也戳穿了美国资产阶级关于劳资合作、利益一致的神话。美国政府多次运用联邦军队和地方武装来对付罢工者，造成流血事件。[①] 罢工运动迅速提高了美国工人阶级的觉悟，极大地锻炼了美国工人的战斗力。同时，也向全世界揭露了美国资产阶级的凶残本质。恩格斯在1886年指出："地球上资产阶级的最后一个天堂正在迅速变成涤罪所，而只有刚成长起来的美国无产阶级的迅速发展，才有可能使它不致像欧洲那样变为地狱。"[②] 但是，无论政府当局采取什么镇压手段，罢工运动的高涨和社会主义的传播都是无法阻挡的。

三　高涨的农民运动

19世纪最后30年，美国农业半机械化、专业化和商品化迅速发展，宅地农场主日益脱离半自然经济状态而深深卷入国内外市场。同时，垄断资本在货币金融、铁路运输、市场价格、土地资源等方面对农业的控制不断强化。这两种趋势的冲突，导致农产品价格长期持续下跌，农场主地位日益恶化。为了摆脱破产的厄运，广大农场主展开了一系列斗争，构成了19世纪后期日益高涨的农民运动。

（一）农民运动的动因

（1）倾斜的联邦政策。内战后联邦政府在一系列方针政策上，基本上是以牺牲农场主利益来保证工业资产阶级、银行家、公债持有人和土地投机商的利益。因此，农场主的不满和积怨与日俱增。

在土地政策上，联邦政府名义上规定了无偿分配国有土地的原则，但是"宅地法"的大部分实惠被土地投机商和铁路公司占据了。在财政金融政策上，70年代以后，联邦政府采取紧缩通货的政策，虽然稳定了信用市场，有利于投资和国际支付，但也加剧了货币供应严重不足的状况。垄断资本家乘机压低农产品价格，而金融公司则竭力抬高利率。紧缩通货和物价下跌互为影响，农场主陷入腹背受敌的困境。厚此薄彼的国内税和高关税政策使农场主成为牺牲品，促使其经济状况进一步恶化。因此，追求一种符合农场主利益的财政金融政策和体制，成为这个时期美国农民运动的重要目标之一。

---

① 张友伦、李剑鸣：《美国历史上的社会运动和政府改革》，天津教育出版社1992年版，第95页。

② 《马克思恩格斯全集》第36卷，人民出版社2007年版，第482页。

（2）农民地位急剧衰落。随着垄断资本在国民经济中的优势逐步确立，农场主的商业联系也日益成为垄断资本渗透和控制农业的途径。另外，农产品受市场各种竞争力量的冲击，而农场主无力摆脱价格下跌的趋势。美国农业不断受到国际市场上强有力的竞争，迫使美国农产品价格一跌再跌。于是，他们在竞争市场上出售农产品，却在受高关税保护、被垄断组织控制的市场上购买工业产品；作为买方和卖方，农场主都受到剪刀差的盘剥。负债累累的农场主试图在合作运动和政府干预中找回自己原有的地位，正是19世纪末农民运动的心理动因。①

因此，农场主的社会经济地位随着卷入市场的进程而急剧衰落。正如1890年《农场主联盟报》所揭露的：在内布拉斯加州共有三项主要收入来源：一是种植玉米的收入；二是运费的收入；三是利息收入。前者是农场主辛勤劳动所得，后二者正是铁路和抵押公司瓜分农场主劳动所得的收入。这种情况在整个西部以至南部概莫能外。这也是农民运动普遍发展的基本原因。② 可见，19世纪后期农业的蓬勃发展，对农场主并不意味着“黄金时代”的到来，却使他们遭到农产品过剩和价格跌落的双重折磨。面对着极为不利的市场条件，农场主的不满达到了极限，成为农民运动的深刻动因。③

（二）农民组织和农民运动

（1）格兰其运动。1867年11月，奥利弗·凯利在首都华盛顿创立“农业保护者协会”（即格兰其）。其宗旨是倡导农场主互助合作，交流生产技术和科学知识，发展农村教育，以改进农场主的状况。农民协进会是内战后美国第一个全国性农民组织，它在60年代末至70年代中期推动了农民运动的第一个高潮。1874年，美国37个州有32个州建立起州一级协进会组织，地方分会21697个，会员总数猛增至80万。④ 在威斯康星、伊利诺伊等州议会中，在农民协进会和独立小党的推动下，管制铁路的立法得以通过，称为“格兰其法”。其他各州纷纷效法，“格兰其法”迅速传播，得到社会中下层的广泛支持。格兰其法作为对放任政策和垄断行为的第一次冲击，对以后的立法有深远影响。

① 丁则民、黄仁伟、王旭：《美国通史——美国内战与镀金时代：1861—19世纪末》，人民出版社2002年版，第270页。

② 同上书，第270页。

③ 同上书，第269页。

④ 同上书，第276页。

（2）绿背纸币运动。绿背纸币运动斗争的焦点即货币问题。对于内战后遗留的国债和纸币问题的解决方式，涉及当时美国社会的各个阶层。1874 年 11 月，在农民党的发起下，纽约、新泽西、密歇根等 7 个州的农场主和部分工人代表，决议成立新的政党。其宗旨是抑制垄断资本的侵犯、改革税制、纠正政府腐败现象并“适当解决货币问题”，由此揭开了绿背纸币运动的序幕。1875 年正式成立独立党，并通过以金融改革为中心的政治纲领。

70 年代后期，绿背纸币运动成为农场主与工人运动交汇的聚合点，1878 年 2 月成立了绿背劳工党。绿背劳工党进一步发展了农民协进会的纲领。它将斗争焦点从铁路管制转变为货币体制的改革；提出实行累进所得税；要求建立劳工统计局，反映工人的利益和要求。这些纲领发展说明农民运动已向第三党运动发展，而且要求政府实行干预政策越来越成为其纲领的核心部分。

（3）农民联盟和人民党。19 世纪 80 年代末至 90 年代中叶，先是农民联盟、后是人民党的兴起，构成了这个时期美国农民运动的第三次高潮。这次高潮继承和发展了前两次的主要特点。最突出的特点是掀起了广泛的合作运动，形成了以农场主为主体的全国性第三党，展开了对两党政治有力的挑战。其斗争锋芒直指东北部的垄断组织，对 90 年代的全国形势产生了深刻影响。

90 年代是美国社会急剧转变的时期。1893 年危机爆发，使农业萧条达到最低点。通货问题成为压倒一切的全国性争端的焦点，各种社会力量展开激烈斗争。农场主集团也竭尽全力在这次政治角逐中取得自己的地位，从而迅速地从农民联盟转变为人民党，农民运动遂在这一时期发展到最高峰。人民党成立后，立即参加 1892 年总统选举，选举结果足以使两大党震慑。人民党第一次成为两大党以外能够在全国政治中取得发言权的第三党，对两大党传统政治势力给予了沉重打击，两大党面临严峻挑战。美国农场主在资本主义深入发展的历史时期展开这场规模宏大的社会运动，采取合作制形式、政党组织和改革纲领等斗争方式，都是各国农民运动所不及的。

四　社会整合迫切需要官员制度转型

美国工业化进程中，社会经济生活及相关领域的新生问题呈几何级数增加，经济关系、经济结构迅速变化，垄断势力扩张，贫富分化加剧，阶级矛盾尖锐，社会经济生活混乱，进步运动日益高涨。现代社会是急剧变革的社会。在急剧变革时期，引出的社会问题往往是连带的、巨大的，一旦失控便不可收拾。[①]

政府组织内与政府组织外的制度概括了制度的全部内容，它构成了制度体系。从整体上看，一个社会的各项具体制度组成一个系统。[②] 政府组织内与组织外的制度之间的结构性与均衡性是该制度系统的特征。相对于政府组织内制度而言，政府组织外制度的外部性较小，也同时意味着排他成本与替换成本较小，自然推出，政府组织外制度变迁会发生在先。社会制度变迁会经历一个由私人制度的自发变迁——私人制度的补充变迁——公共制度的变迁的过程，由此可以看到，变迁发生的领域从私人部门到公共部门必然是一个渐进的过程，因为每一次制度变迁的成本都在增大，时间也必然增长。公共管理学所倡导的政府行政机构改革的一个主要目标，是提高公共物品和服务提供的效率。

复杂的变迁还构成了有时称为社会动员的过程——大多数个人的责任中心由社区转向社会，由地方转向国家。现代社会大量人口离开传统农村居地的自然迁移导致了社会动员难度加大，通过通信手段的广泛运用，人们高度意识到了国家利益以及外部更大的世界。虽然这种倾向不是所有国家的普遍现象，但从文化、政治忠诚、经济利益和社会独立的方面看，它们影响了国家水平上资源的技术动员的发展，同时也相应削弱了地方和国际间的联系。社会动员的政治意义在于：借助民族主义和经济社会整合，促成了国家共识的形成，并在这一过程中，巩固了国家对其所有公民的权威。[③]

在美国推行“福利国家”政策后，政府要承担起“市场失灵”所无法履行的功能，因而导致政府规模的激增，政府日益介入广泛的经济事务领域，承担了越来越多的经济职能。官僚制及其构成在这个过程中也随之激增。官僚制的扩张一方面表明了官僚制在解决上述经济、社会问题时所取得的成就，另一方面官僚制的成就更进一步提高了人们对它的期望，这种期望在促进官僚制增长的同时，也成为人们批判指责官僚制的一个参照系，亦即官僚制行政的现实与高期望值之间的差距成为批评的一个出发点。批评可能来自不同的批评者，批评的对象也各不相同。如普通公民日益强烈地指责官僚制的无能和失策，指责官僚制不能提供多种类型的公共服务，甚至怀疑其合法性；政策制定者批评官

① 丰子义：《现代化的理论基础——马克思现代社会发展理论研究》，第 271 页。

② 张旭昆：《制度系统的结构分析》，《数量经济与技术经济研究》2002 年第 6 期。

③ ［美］C. E. 布莱克：《现代化的动力——一个比较史的研究》，浙江人民出版社 1989 年版，第 21 页。

僚制扩张而带来的财政危机，强烈要求缩减其规模；地方政府则要求改革官僚制的集权控制，倡导分权；私营部门则讥讽公共物品供应的集体方式，断定官僚制运行僵化而死板，不再适应经济和技术高速发展的当代世界。

现代官员制度提供了现代社会发展的三大前提：第一，提供了高度统一的政治体系；第二，提供了合理的世俗化的政治结构体系；第三，提供了机构完备、功能强大的政府体系。总之，现代理性文官制度的专业化、高效率、连续性、精确性、理性或可预期性等无可比拟的优势所提供的强大功能，促进了现代化的发展。今天，向行政管理提出要求既尽可能快捷地，又精确地、明晰地、持续地完成职务工作，这首先是因现代资本主义的经济交往提出来的。现代交往手段传播公众机关的告示、经济情况或者哪怕是纯粹政治事实的特别迅速本身，就是施加着一种持续不断的、尖锐的压力。要求行政管理面对有关形势在这个方向上反应的速度要尽可能加速，而一般要达到最佳效果只有通过严密的官僚体制组织。①

第三节　科技教育与社会思潮

19 世纪后期美国深刻的社会经济变化对它的思想文化产生了巨大影响。资本主义由自由竞争向垄断的过渡，也使美国社会的价值观念发生了极大改变。尖锐的社会矛盾使各种社会思潮应运而生。经济的高速发展和新的社会需要有力地推动了科学、文化、教育事业的发展。

一　科学技术突飞猛进

美国工业技术一部分是从欧洲，特别是从英国仿造的，另一部分则是美国发明家、熟练的技工和企业家们的天才的产品。因为国内劳动力短缺，价格较高，制造商们迫于这种刺激，就非实现机械化不可。另一个刺激因素是，有廉价的水力，便于利用机器。此外，那些乐观的美国企业家预见到技术将不断进步，通常只制造很快就会磨损的、比较便宜的机器，使改装时花钱较少。欧洲任何地方的环境条件都没有这么多促进机械革新的诱因。一位欧洲来访者在 19 世纪 20 年代写道："在这儿，一切新事物很快都被引进，对旧方式无所留恋；美国人一听到'发明'这个词儿，马上就竖起他的耳朵。"②

---

① ［德］马克斯·韦伯：《经济与社会》下卷，林荣远译，商务印书馆 1997 年版，第 297 页。

② ［美］J. 布卢姆、S. 摩根、L. 罗斯、A. 施莱辛格、K. 斯坦普、V. 伍德沃德：《美国的历程》，商务印书馆 1988 年版，第 340 页。

19世纪末美国能够在新技术的突破和推广方面取得如此成效，很重要的因素之一是实行多轨制的科技研究。政府基本上不插手研究工作，但给予资助和协调，主要由大学、企业集团和民间团体直接从事研究。正是由于科学技术通过多种渠道进入社会生产，美国企业界得以出现跳跃式发展，并由此形成企业—大学—政府三者协调科研的模式和传统。内战后，美国社会生产力水平提高的关键因素是科技向生产力的转化加快。尤其是以电力为代表的一系列新兴工业基础部门崛起，使美国在19世纪末完成第一次工业革命的同时，率先进入了第二次技术革命的浪潮。19世纪末美国科技发展的重要特点是，吸收欧洲已有的基础理论成就，广泛展开应用科学的研究和工艺技术的发明更新。电力技术在美国最先得到应用和推广就是这种特点的典型表现。电力革命带动了通信手段的巨大变革，美国在电话和无线电通信的应用和推广方面亦相当领先。在第二次技术革命中具有领先地位的汽车制造技术，在美国也是后来居上。

二　教育蓬勃发展

（一）美国的基础教育

内战后的最初10年间，美国的国民教育仍相当落后。在这个以民主制度自诩的国家里，全国800多万选民中，有160多万人甚至不认识候选人的名字。[①] 由于技术的进步和企业之中使用日益复杂的机器，资本主义制度便日益需要有文化的工人。[②] 内战之后，随着经济的发展与城市人口的激增，原有可利用的教育机构、设施和传统的教育形式都远远不能满足和适应时代的需要，教育面临着严峻的挑战。

面对教育极端落后的状况，从70年代起，美国联邦政府和各州开始大力发展公共教育事业。在此期间，义务教育发展迅速。文盲占全部人口的比重，由1880年的17%下降到1910年的7.7%。中等教育的发展也相当快。到1900年，已经有600所中学和51万在校中学生。[③]

（二）高等教育蓬勃发展

内战后，发展和改革高等教育成为现代工业社会的迫切需要，于是教育成了日益被人们重视的事业。旧的大学得到迅速改造与扩大，新的种类高等

---

① ［美］K. L. 瓦塞尔编：《美国教育社会史》第2卷，芝加哥，1965年，第38页。

② ［苏］祖波克：《美国史略（1877—1918）》，苏更生译，生活·读书·新知三联书店1959年版，第6页。

③ ［美］戈登·C. 李：《当代美国教育》，纽约，1957年，第161页。

院校广泛地建立起来，学校为更多的青年提供了求学的机会。这一时期高等教育的发展，无论从规模上还是体系上，都为美国现代高等教育奠定了基础。

19 世纪后期美国高等教育发展的一个鲜明特色，就是对高等教育制度进行了全面改革和大胆创新。为适应工业化给美国社会带来的深刻变化，哈佛等大学对学校组织结构、课程设置和培养目标等方面进行了大胆的革新，把学校改造成适应新的社会需要的新型大学。这一时期高等教育改革的另一个突出成就是为了满足新的社会需要，各种类型的专业学院开始发展起来，如哈佛法学院、霍普金斯医学院、马萨诸塞理工学院、科罗拉多矿业学院等。这样，高等教育的结构发生了重大变化，开始培养出直接服务于社会的各种专门人才。①

三　进步主义思潮涌动

任何社会变革，都离不开思想观念的革命；要想破除改革的障碍，首先必须抨击、摧毁保守思想，必须使得人民相信改革和公共管理措施的有效。实际上，19 世纪后期起，主张劳工立法的人，社会正义措施的拥护者，新社会学的法理学的解释者，宣讲基督教救世教义的福音派领袖，力主像从个人角度一样来从社会角度看待恶行的社会学家们，都在朝这方面努力，试图用经济与社会事实为实现积极的政府管理打下基础。

（一）专业领域的进步思想

惊人的工业化引起的社会状况、经济和政治权力的惊人不平等，逐渐摧毁了美国早期个人主义和平等信仰的基础。深思的人们对于政府及其在人类事务中应起的作用的态度也逐渐发生深刻变化。80 年代中叶起，一批学者开始对社会达尔文主义和自由放任哲学提出挑战，在专业领域，提出了反传统的进步主义思想。

社会学领域内，以莱斯特・沃德和 E. A. 罗斯为首的社会学家对“斯宾塞—萨姆纳式”的社会达尔文主义解释进行了全面否定。沃德认为，人类对自然的控制，而不是自然法则，是文明向前迈进的原因所在；统一而协调的活动（即有计划的和政府的干预）才是达致和睦幸福的最进步手段。继之，沃德对放任主义进行了严厉批评：“如果自然借着弱者的灭亡而进步，人类就应该是借着保护弱者而得到发展。”② 在他看来，政府干预不是一个

---

① ［美］戈登・C. 李：《当代美国教育》，纽约，1957 年，第 386—388 页。

② 理查德・霍夫斯塔特：《美国政治传统》，纽约，1982 年，第 79 页。

理论问题而是一个实际问题；“个人自由只能通过社会调节来实现”；立法也不过是一项发明，与无数发明中的任何别的发明一样，都是人用以战胜自然的手段，立法乃是“社会集体智慧科学地控制各种社会力量以造福于社会的一种机制”。①

经济学领域内，理查德·伊利和约翰·康蒙斯等对古典经济学的教条主义以及对自由放任主义的盲目信仰进行了严厉抨击。1885年夏，美国经济学会成立，谴责自由放任原则“政治上的危险性”和“伦理上的不健全”，声称“国家作为一个代理机构，它的有效帮助是人类进步不可或缺的条件之一”；② “变动中的经济形势必须有不断变化的进步主义立法与之相适应”。③ 1887年，亨利·亚当斯发表《自由放任的限度》一文，认为垄断企业的产生不可避免，而且对社会生产有利，但必须将其置于国家的控制监督之下。

哲学领域内，在威廉·詹姆斯和约翰·杜威等人的努力，美国的哲学思想摆脱了爱默生的乐观主义和社会达尔文主义的僵化教条的束缚，形成了影响深远的实用主义哲学体系。实用主义方法，使得美国知识分子确信：国家问题可以通过直接的、实际的方式加以批评和解决；是社会而非自然产生了这些问题，社会能够加以纠正。

（二）克罗利的新政治哲学

对自由放任主义、敌视政府管理进行最猛烈抨击的是克罗利、韦尔、李普曼等政治学家。克罗利指出：人们公认的美国政治传统，是不相信政府管理而在经济事务中实行极端自由放任主义的杰斐逊传统，这种传统已与民主政治合而为一，深入人心。相反，主张强有力的政府管理的汉密尔顿传统，由于在公众的头脑中被认为等同于上层阶级的特权，未得到足够的重视。正是这种错误的观念造成目前弊病丛生。如果说杰斐逊传统在农业社会还只是潜在的危险，那么在工业化时代它已经是彻头彻尾的危害。克罗利宣称，当前重要的任务首先是确定什么是“国家利益”，然后通过计划和立法加以实现。“新国家主义”调和积极的政府管理与民主传统，以适应民主的新形势。克罗利的理论，对西奥多·罗斯福执政时期的国家政策产生了重大

① ［美］H. S. 康马杰：《美国精神》，光明日报出版社1988年版，第312—313页。

② 理查德·霍夫斯塔特：《美国政治传统》，纽约，1982年，第147页。

③ 阿瑟·林克：《美利坚时代：19世纪90年代以来的美国史》，纽约，诺夫出版公司1955年版，第15页。

影响。

此外，沃尔特·韦尔、沃尔特·李普曼也都以实用主义为指导，呼吁国家干预。他们认为，自由并不是没有计划可不受政府控制，也不是无政府主义的代名词，“清静无为和软弱政府，那是对自由主义的曲解。能干的自由主义者一向关心法律的制定，关心权利和义务的明确规定”。①

（三）破除改革的法律障碍：实用主义法学

随着改革的深入，改革面临的障碍越来越多、越来越大。其中之一便是关于法律的狭隘理解和过时解释。长期以来，司法部门固守社会达尔文主义的教条，凭借其“司法复审权”阻挠变革，为保守势力服务，成为保守主义的强大堡垒。教条主义的法理学认为：法律具有普遍性而且一成不变；美国宪法是一项“神圣的”文献，是上帝智慧和“灵感”的体现；对于它，只能作“严格解释”而不能作“宽松解释”，不能随意扩大联邦政府的职权。

20世纪初，社会学的法理学开始取代教条主义的法理学，它视立法为社会环境的反映，从而将立法本身视为社会变革的工具。以霍姆斯为首的实用主义法学家对长久把持美国法学界的“司法复审”原理进行了反击。霍姆斯倡导的社会学法理学，对于摧毁司法部门的专断，推动国家干预影响巨大。

（四）“社会福音”的兴起

基督教信仰危机的出现，推动了新的宗教哲学——“社会福音”的兴起。19世纪末20世纪初，随着世俗主义的成长，越来越多的美国知识分子对基督教信仰抱怀疑态度，基督教的伦理学被赋予新的内涵。

19世纪80年代起，基督教会开始将纯教义问题置于一边，关心起工业主义以及随之而来的贫民窟、酗酒、卖淫、血汗工厂、童工女工待遇、股票掺水等“社会问题”。许多新教教士像他们的先驱——废奴主义者一样对工业化带来的社会罪恶进行了猛烈抨击。宗教界发起的这场运动，吸引了广大中产阶级和下层劳动人民的关注和欢迎，教会日渐成为宗教活动和社会改进的中心。

（五）科学管理思想

科学管理思想在美国生产管理领域引起了革命性变化。在泰勒制和技术革新的推动下，美国积聚了强大的发展动力，创造出了经济的繁荣。科学管

① ［美］H. S. 康马杰：《美国精神》，光明日报出版社1988年版，第327页。

理思想的核心是效率。泰勒根据长期的工作经验，对每一步制造过程进行仔细的研究，将制造过程分解为各个单独的工序，使每道工序的工人和机器的功能都专门化，提出了一套管理原则、标准和控制手段，把人视为“经济人”，推行“胡萝卜加大棒”的管理政策，让工人发挥最大潜能，“工人和经理人员双方最重要的目的应该是干出最高档的工作——以最快的速度达到最高的效率”。泰勒制的另一个贡献是企业所有权与经营权的分离，这种分离极大地提高了美国企业生产效率。著名管理学家彼得·德鲁克认为，正是从泰勒开始，人类才第一次将知识应用于研究、分析、监督工作，这是一场生产力的革命。

四 知识革命孕育官员制度转型

人类对于其环境各个方面的了解与控制的发展，在现代变迁过程中起了十分重要的作用。现代化最为普遍认可的方面是知识的积累以及获得它的理性解释方法，这一内容处于现代化过程的核心位置，正像灵魂内在于人体那样。①

知识革命的一个个特征是将科学以技术的形式运用于人类实际事务中。无论在制造、交通、通信，还是医药方面，新技术改变了人们管理人间事务的方式，自动化正在迅速降低人们体力消耗的程度。早期注重自由民主政治意识形态、强调行政活动简单易行且要接受政治控制的政府功能，已经难以应对这种新兴复杂情况了。政府作为一系统，其内在适应性功能要求其调整相应职能，以适应环境的变化，其结果必然是作为管理手段的行政职能的比重第一次超过了政治要求的功能。总体上来看，工业化社会的专业化要求越来越高，而立法、行政、司法固有的权力分工使立法部门（其任用标准取决于政治价值取向）成员缺少应有的专业技术，难以应付经济及社会生活中的种种新生专业领域的变化，不得不采用授权或委任的办法让行政部门成员参与政治生活及专业政策的制定过程，政府行政职能开始强大，“行政国家”开始出现。

19 世纪末 20 世纪初，美国科学技术的突飞猛进使社会事务和社会问题不再简单，而是越来越专业化和复杂化。那么，传统官员制度由于缺乏专业技术人才，仅仅依靠素质低下的党棍是无法应对复杂的社会事务和专业化的行政管理任务的。因此，科学技术的发展迫切需要越来越多的专业技术人才

① ［美］C. E. 布莱克：《现代化的动力——一个比较史的研究》，浙江人民出版社 1989 年版，第 10 页。

进入政府部门，统治和治理的需要要求对传统官员制度进行改革。同时，20世纪初，反传统的进步思想家队伍迅速壮大。作为一个整体，此时期的知识分子已经全面抛弃了自由放任主义信条，开始用实用主义的方法为进步主义改革运动提供理论指导，为实现积极政府打下了坚实的思想基础。新社会思想的形成，瓦解了保守主义的思想体系，消除了社会变革道路上的某些无形障碍，为广泛深远的官员制度改革运动的兴起做好了理论准备。

第四节　主流政治思想的变迁

第二次工业革命加速了美国的现代化进程，美国发生发翻天覆地的变化。美国社会的变化是全面和深刻的，在总体和本质上是美国从农业社会向工业社会的转变。诚如一位美国学者所言："工业主义改变了美国的社会风貌。大规模生产刺激了移民，促使了城市增长，提供了支持生产的劳动者和消费者。这个循环改变了美国人的生活，诚如我们所见，也改变了他们考虑生活的方式。"① 美国人的传统信仰——以个人主义为核心的自由放任思潮日益走向没落，强调政府对无序经济行为实行宏观调控，对工业化、城市化社会的整体发展进行协调与规划。

一　自由主义的内涵

有人在谈论自由主义的终结，又有人在谈论自由主义全球化的最终胜利，人们不禁怀疑他们说的到底是不是同一种自由主义。自由主义在概念上的混乱已经有点使人不知所云了，它可以和保守主义、激进主义、资本主义、社会主义，甚至乌托邦都搅和在一起相提并论，定义含混不清。

自由主义的核心就是"自由"这个词，而且这个自由指的主要是个人自由。如果它发展得超载了"自由"，那么就不必再称自由主义，而应该另起炉灶。为了弄清自由主义的来龙去脉，我们首先还必须回到自由主义的初始。自由主义（liberalism）始于17世纪，是新兴阶级反对教会和封建特权的思想武器，这里"自由"（liberal）的原意是宽厚大度，内含反对压制迫害。今天所说的自由主义是由好几代思想大师在理论和实践上提炼总结而成，其中包括先驱霍布斯、斯宾诺莎，奠基者洛克、孟德斯鸠、斯密，以及鼎盛时期的杰斐逊、托克维尔、密尔等。他们也许观点各异，但对自由主义

① 格伦·奥尔茨库勒：《美国社会思想中的种族、族裔和阶级：1865—1919》，哈兰·戴维森出版公司1982年版，第76页。

的基本要素都是赞同的。

（一）自由主义以个人的自然权利为由，要求立宪限制王权或政府权力，目的在于保障个人自由

他们认为，个人权利是天赋的，既非政府赐予，也不能由政府剥夺。政府则是人为的，是公民立约所建，其职能仅限于保护公民。分清公共领域和私人领域至关重要，唯此才能为个人划出一块不受政府干扰的领地，政教分离的目的也在于使政府无权干涉公民的思想和灵魂。自由主义和个人主义是天然盟友，它的使命就是反对一切形式的专制和特权，让个人最充分地发挥自身才干。

（二）自由主义强调经济自由，包括财产权、自由企业、自由贸易等

洛克则将产权与生命和自由权相提并论，因为它体现的是自身劳动的价值。斯密指出，政府尽少干预经济将有利于市场这只“看不见的手”进行最好的调节。古典自由主义的经济自由是减少政府对经济的干预或垄断，倾向于自由放任。它打出“为人才开辟道路”的口号，为的是替个人松绑。提倡与自由直接相关的法律的保障，个人只有在有保障的条件下才能放手去发展。由于个人的解放，资本主义也成为有史以来最大限度地释放人类潜能的经济制度。

（三）自由主义主张个人与社会的和谐

自由主义虽然强调个人，但始终关注维护社会上最大多数人的利益和幸福。同时，维护社会公共利益并不能无端地牺牲个人。自由主义强调法治。从一开始，自由主义强调自由的基础是限制，首先是限制公共权力，其次是限制个人，必须将一切自由限制在法律的范围内。只要还有一个人能高于法律为所欲为，其他公民的自由和权利便无法得到保障。

可以说，整个现代西方制度是建立在自由主义的原则和价值观上的，或者说正是自由主义体现了所谓的现代性。从英国承袭来的自由主义思想基因，在美国这个自由的国度里自由地发展，成为美国的政治思想主流并深深地影响着美国政治。

二 美国的自由主义传统

与欧洲相比，美国从未存在过普遍的封建和教会的迫害，故而既缺少真正的反动传统，也缺少真正的革命传统，欧洲的保守主义和社会主义都与美国无缘。自由主义是美国历史上唯一占主导地位的政治思想。

（一）自由主义的基因

作为英国在北美的殖民地，北美新英格兰殖民地受到英国的自由主义潜

移默化的影响。13个殖民地建立前后约一个世纪的时间[①]正好是英国殖民地发轫和完善的时期。移民从英国搬来的只能是他们所熟悉的英国体制和政治思想——当时最先进、最接近自由主义的思想。有意思的是，清教徒是旧制度的叛逆者，但又非常讲求实际，他们同时又发展了与传统思想相反的思想观念，使他们不仅不与自由主义相违背，反而促进自由主义的发展。

首先是契约概念。清教思想是以契约为基础的，他们的社会组织建立在三大契约之上：天恩之约、教会之约和公民之约。契约理论是民主政治的先声，它彻底否定了君权神授，将统治者与被统治者的关系视为双方自愿的契约关系，这就暗示政府权力的合法性建立在被统治者的同意之上。这一转变为自由主义的产生进行了铺垫，包括天赋人权的自然权利理论、人人生而平等的理论，以及限制世上一切权力的宪政理论等。

其次是个人意识。新教徒凭借《圣经》对事情作出自己的判断，可以直接和上帝交流，个人的良知和判断显得格外重要，个人也因此具有更多的尊严。尊重个人的意识为清教徒发扬独立、自主、自发，以及实验、创业等精神创造了外部氛围。清教对个人的约束也为自由主义打下了基础。自由主义认为个人是自利的，也是理性的。正因为如此，人才依据自利的原则行事，才能对自己的行为负责，才可自我管理和服从管理。在清教的训练下，个人必须经常反省，必须对自己对社会负起责任，这就为自由主义的实施创造了条件。

再次是政治自治。英国的殖民方式与西班牙、葡萄牙等国不同，英王一般不直接参与殖民地事务，他颁发特许状，具体筹建大多属于私人行为，如以股份公司或私人领地方式。特许状允许移民享有英国公民的权利，并有相当的立法自治权。自治从宗教开始，就是公理会，引申到政治，就是乡镇议会，成为民主的雏形。1641年，马萨诸塞实施自由权法，以英国大宪章为基本法。1644年开始由两院来立法，自由民每年选一次总督。不过此时的民众参与还是很有限的。

最后是资本主义。韦伯关于新教伦理与资本主义精神的研究是众所周知的。清教徒属于既不愿当奴隶，也不想当主人的中产阶级，他们将财富视为上帝恩宠的象征，是得救的外在迹象，因此以富裕为荣。同时他们又主张勤奋节俭，反对侈靡，两者相辅相成就养成了一种独特的心态和行为方式，无

① 最早的詹姆斯敦于1607年建立，最晚的佐治亚于1733年建立。

意中非常有利于新生的资本主义经济秩序的发展。[①]

（二）自由主义思想的确立

1730 年，殖民地掀起了一场轰轰烈烈的宗教复兴运动——大觉醒。大觉醒运动极大地冲击了教会权威，提高了平信徒的地位，为美国独立所需的世俗化民主气氛创造了条件。独立战争胜利后，美国作为一个新兴的统一的民族国家出现在世界舞台上。美国革命是近现代第一场反对殖民统治的革命，它推翻了君主制，建立了共和政体。《独立宣言》是美国立国之本，而它正是一篇自由主义的宣言。它确立了自由主义的基本原则：（1）人生而平等；（2）造物主赋予他们若干不可让渡的权利；（3）这些权利包括生命权、自由权和追求幸福的权利；（4）为保障这些权利，人们建立政府，政府的正当权力来自被治者的同意；（5）当任何形式的政府破坏了这些目的，人民有权，也有责任改变或推翻它，以便按照以上原则重新组建政府。

1787 年宪法的制定标志着《独立宣言》的共识和基本原则以根本大法的形式固定下来，是自由主义的体制化。制宪者需要达到两个目标：一是立国，二是限权。他们不信任人性，“如果人都是天使，就不需要任何政府了。如果是天使统治人，就不需要对政府有任何外来的或内在的控制了”。[②]所以，他们着力限制政府权力，以免它危害个人和少数人的自由和权利。这些限制权力的原则主要是：（1）主权在民，大部分官员由人民通过直接或间接的选举产生，任期有限，选举方式不同使官员对不同的权力来源负责。（2）联邦制，联邦和州的双重政府可彼此平衡牵制。（3）三权分立，使立法、行政、司法成为三个相对独立的部门。（4）权力制衡，国会、总统、最高法院彼此牵制。（5）确定政教分离的原则，将宗教排除在政府之外。（6）军队国家化，避免军人干政。

（三）自由主义的分歧与合流

在批准宪法的过程中，美国发生了独立后第一次重大意见分歧，支持和反对宪法的双方形成了两派。支持宪法的一派自称联邦党人，其实称他们为国家主义者或民族主义者更为合适；另一派并不反对联邦，只是对宪法的态度不同而已，被称为“反联邦党人”。

---

① ［德］马克斯·韦伯：《新教伦理与资本主义精神》，陕西师范大学出版社 2006 年版，导论。

② ［美］汉密尔顿、杰伊、麦迪逊：《联邦党人文集》，程逢如、在汉、舒逊译，商务印书馆 2006 年版，第 264 页。

在共和制、联邦制、分权制衡、政教分离等宪法的基本原则上，双方的态度是一致的，意见分歧至多是程度上的，而非根本性的。如双方都认为联邦政府是必要的，但到底授予它多大权力则有不同的看法。反联邦党人只是更侧重联邦制中的州权，反对中央集权。他们恐惧政府权力过于庞大集中，那样必定会滋生独裁者，侵犯公民权利，但有意思的是，这也是联邦党人所惧怕的。反联邦党人的顾虑主要反映了下层民众对上层精英的不信任，农村对城市的不信任，因为联邦党人相对集中于城市、工商界和知识界，而反联邦党人在小农中占优势。

在华盛顿的第一届内阁里，国务卿杰斐逊和财政部长汉密尔顿在国家经济政策方面产生严重分歧。汉密尔顿是强大中央政府的倡导者，他的政见可归纳为三大要点：国家主义、重工主义和精英统治。他主张强化中央政府和总统权力，大力促进工商业的发展，极力将美国经济引向资本主义道路。而杰斐逊的理想则是自耕农的农业国。他反对强大的政府，反对中央集权，他相信治理最少的政府是最好的政府。他并不认为人民已经能够治理国家，但相信他们有能力选出能代表他们的合适人选来治理国家。与汉密尔顿相比较，杰斐逊更接近大众，接近民主。

稍后的民主党与国民共和党（辉格党）、民主党与共和党（1854 年由辉格党重组而成）虽然在一些具体的问题上存在分歧，但在自由主义上，两党不存在根本分歧。联邦党失去政权，但他们主张的联邦不可逆转。辉格党自行消亡，但他们要发展的资本主义不可逆转。奴隶制消灭了，但民主党生存下来，因为民主不可逆转。联邦权与州权的冲突以联邦制的胜利告终，州权从此退出美国政治的焦点。南北冲突以南方统一到北方的体制告终，奴隶制被彻底埋葬。工商业与农业的冲突以全面工业化结束，自由主义资本主义得到确定和强化。精英与大众的冲突以民主的胜利告终，大众也同时纳入了自由主义的轨道。

三　现代自由主义呼唤官员制度转型

随着奴隶制制度的轰然坍塌，美国告别了“古典”时期。20 世纪初，美国经济已经一跃而为世界第一，“进步”成了这个时代的主题。可是财富的增长从来都不是平均的，贫富悬殊凸显，社会又陷入新的矛盾之中。以往那种相对简单的生活、相对一致的思想被搅乱了，美国社会又一次面临危机。工业化引发的问题暴露出放任自由主义的内在缺陷，进步主义是美国首次对古典自由主义的改革尝试。

（一）自由放任主义的缺陷

法国革命前不久，法王路易十六问一个自然法则决定论者：“我该做些什么能够使我的国家繁荣昌盛呢?”答曰：“Laissez faire，Laissez passer。”Laissez faire（“自由放任”）从此成为旧式自由主义的代号。自由放任既解放了生产力，也释放了贪婪和不平等的能量。生产一旦获得突破和重组，财富来得太多太快，美国人的心理难以跟上。同时，农业经济时代的制度也尚未准备充分来解决一个工业社会的财富分配问题。面对一个似乎已经变得无法控制的世界，整个社会的思想都陷入困惑迷茫，人们对“自由放任”的经济传统是否合理明智提出了质疑。

其实，经济上绝对的自由放任到了一定程度必然会引起贫富悬殊，这不能不说是旧式自由主义的内在缺陷。这一缺陷源于自由主义两大理想——自由与平等——的内在矛盾。假设所有的富人都遵纪守法，取财有方，只要听之由之，过不了多久，也必然形成贫富分化，而且越演越烈，就像霍布斯描绘的政治上的无政府必然导致绝对主权一样。个中理由麦迪逊在《联邦党人文集》中讲得很清楚，因为人的能力存在着类别和大小的不同，其自由发挥的结果势必体现在各个方面，包括财富的获得。除非人的才能完全一样，或者被限制得完全一样，才有可能达到结果的一样。但限制个人才能的发挥对个人来说是否公平还是小事，可以想象，一个有才不用，甚至压制人才的社会将蒙受何种损失。麦迪逊认为，结果的一样是不足取的，政府的首要责任就是要保护个人发挥其才能的自由，而这也正是自由主义最本质的含义。

这听来很是无情，然而承认这种自由与平等的矛盾及其后果，并不等于接受这一不合情理之处，人类社会不同于原始丛林也正在于此。人类产生平等的愿望，这是现代社会的进步，而且人们也认识到，只有一个相对平等的社会才是公平合理、长治久安的。所以如何缓解贫富悬殊、纠正经济不公、维持社会和谐、保护自由民主，便成了美国当时刻不容缓的任务。

（二）进步运动：修正的开始

然而，任何进步的取得都不可能完全不付出代价，在19世纪末自由放任最典型的时期，财富飞速增长，随之而来的是财富的高度集中。空前的财富带来了空前的两极分化。一边是个别财阀拥有亿万资产，掌握着国家的经济命脉。另一边是无数穷人在贫困中挣扎，境况惨不忍睹。财富增长所凸现的社会冲突迫使许多美国人思考进步与贫困的关系。进步难道不应该是全社会共享的吗？现在少数人的财富和多数人的贫困反差如此之大，这到底算不算进步呢？这样的进步是福还是祸呢？工业进步真的必然带来政治和社会的进步吗？目前的困境仅仅是进步过程中的暂时挫折呢，还是前途堪忧？

进步时代可以说是现代美国的开始，这种政府和经济的关系一直延续至今。罗斯福重申华盛顿的权力，威尔逊则进一步说："国民政府对人民的服务范围更为广泛，不仅要保护人民免受垄断的危害，而且要便利人民的生活。"① 他还说，"我确信，现在由个人和公司经营的许多事情，将来会不得不由政府办理。……正因为我不是一个社会主义者，我才相信这些。我认为此类措施是防止共产主义的唯一方法"。② 这些意味深长的话，预示着政府对经济和民生更为积极的干预。从进步运动开始，美国人对经济民主有了新的意识和要求，对政府的作用也有了新的认识和期待。

（三）西奥多·罗斯福的新国家主义

罗斯福继承总统职位，从而开启了美国的进步时代，民间的改革呼声在罗斯福领导的政府中得到呼应。

罗斯福既鄙视实利主义的富人，又害怕过激的下层民众，但最使他忍无可忍的是垄断资本对国家所具有的潜在威胁。罗斯福在民意舆论的支持下向托拉斯发起攻势，上任的第二年，他就以1890年通过的谢尔曼反托拉斯法为依据，连连起诉大公司，其中包括摩根等人掌控的北方证券控股公司、洛克菲勒的美孚石油公司、美国烟草公司等。他还发起自然资源保护运动，目的也是防止私人牟利开发造成对大自然无可挽回的破坏。他赢得了"反托拉斯斗士"的美称，成为进步运动的核心人物。罗斯福发表了题为"新国家主义"的演讲，集中阐明了他的政治哲学。新国家主义的核心是"国家"，国家利益高于任何党派、阶级和个人的利益，联邦政府有权干预经济，规范经济，使之服从国家和人民的整体利益。罗斯福在阐述中着重分析了以下几对矛盾：

第一是人权和产权的关系。他借用林肯的话来说明自己是在维护美国的传统价值。林肯在论及劳动和资本时有一段名言，其中第一点是说给资方听的："劳动先于资本，并独立于资本。资本只是劳动的成果，如果劳动不存在，资本就永远不可能存在。所以劳动高于资本，理应受到优先考虑。"第二点是说给劳方听的："资本有自己的权利，和其他的权利一样值得保护……不能向有产者开战，财产是劳动成果……财产是大家都想要的，是世

① 理查德·霍夫斯塔特：《美国政治传统》，纽约，1982年，第252页。

② 同上书，第275页。

上的好东西。”第三点是劳资的统一：“让无房者不要去拆掉别人的房子，而是辛勤劳动，给自己造一幢房子，这样就以身作则，保证他自己建的房子也不至于遭受暴力。”① 罗斯福声明，对人权和产权他都要竭力维护，但是如果必须面对选择的话，他一定会把人权置于产权之上。

第二是平等和特权的关系。罗斯福说的平等是指机会平等，特权是指新生的巨富阶级。他认为，如果一个人所拥有的是他挣来的，如内战将领获得功勋荣誉，这是大家都可以接受的，不是特权。但社会进步的基本矛盾就是一批人所拥有的多于他们付出的，而另一批人付出的多于他们拥有的，这就是大家不能接受的。为争取机会平等而斗争正是一个民族从野蛮到文明的过程。机会平等一是意味着每个人都有充分发展的机会。二是意味着社会能从个人那里得到他所能提供的最好的服务。所以机会平等不仅涉及公平，也涉及公益和社会发展。罗斯福坚决主张将这种威胁美国民主的特权逐出政治，就像内战摧毁奴隶制一样。为了维护机会平等，罗斯福提出对全体国民的“公平施政”。

第三是特殊利益和特权的关系。罗斯福很清楚，事情并没有简单到摧毁托拉斯便可使美国经济一劳永逸的地步。企业的“大”乃是经济规律所致，改革掉这个“大”很可能会产生一个不想要的副产品，那就是经济丧失活力。他对民众解释道，工业联合乃经济规律所致，非政治立法所能取消的。每种利益都有权得到公正的对待，但是不能享受特权。财产是公共利益的仆人，而非主人。他反对的不是财富而是不正当行为，是要对其控制而不是禁止。他代表的是道德，要使财富服从全社会的福利。为此，政府对资本加以监督是完全必要的，而且还将走得更远，更积极地干预社会和经济。

第四是改革和革命的关系。罗斯福明确表示，他不同情那些不关心财产的改革，指的是社会主义和共产主义公有制思想。他说政府对经济的监督、整顿、干预不仅是为了国家安全和社会公正，也是为了避免更激进的革命，他规范铁路系统的目的就是不想看到铁路的国有化。他一再强调他同时反对奸商的贪婪和刁民的暴力。他说他代表的是国家，而不是弱势。他既不支持穷人也不支持富人，他支持的是正直的人，不管是贫是富。他一方面要严惩为富不仁者，抵制大公司的不正当影响，同时又要压制蛊惑民心的宣传和聚众闹事。

① Theldore Roosevelt, “The New Nationalism”, in *An American Primer* (Daniel J. Borstin ed., New York; Meridian, 1955), pp. 737 - 738.

罗斯福说过，改革并不是彻底的净化，改革的目的仅仅是医治国家最明显的伤痛，即通过改革来避免革命。国家主义既然是将国家利益置于州、地方和个人的利益之上，这样的改革必然使权力集中到联邦政府。在这点上，他可以说与汉密尔顿很相似，都想用国家权力来影响经济，只是汉密尔顿是要鼓励经济，罗斯福则是要控制经济。

（四）威尔逊的新自由

继罗斯福的“新国家主义”后，威尔逊提出“新自由”。威尔逊试图从另一个角度来打破垄断，那就是保护自由竞争的格局。在解决特权扼杀自由的问题上，遏制特权与维护自由可以说是殊途同归。

威尔逊是个学者型的总统，他对英国的政治制度情有独钟，是个多愁善感的传统主义者。他相信社会的渐变，讨厌革命。但他和罗斯福一样，也真诚地反对托拉斯，因为托拉斯使少数人控制了国家的命脉。威尔逊认为：“真正的危险在于联合企业的联合……在于同是这一群人控制了银行系统、铁路系统、大型采矿企业，把一系列的董事会的成员串联在一起的是比美国任何可以想象的企业联合更可怕的共同利害关系。”① 所以他也要用国家的权力来对它们加以控制，他还将这一冲突视为贪婪与正义的较量。威尔逊在担任新泽西州长时便获得了改革者的名声，在总统任内通过了一系列的改革立法。

威尔逊清醒地看到，美国生活已不是二十年前，甚至和十年前也不一样了。他说：“旧秩序变了，我们亲眼目睹这一变化，它不是悄悄地平等地进行，而是疾风骤雨的重建，伴随着声响和热量。”② 新的经济制度已经出现，前所未有，一切都变了。美国人历来的自由丧失了，中产阶级被挤压，个人被淹没。在新情况下，过去的旧规则已经不再适用，必须改革。政府仅仅无为已经不够，必须阻止强者搞垮弱者，立法保护正在创业的人，而不是让已经创业成功的人独霸天下，这就是“新自由”，因为正在创业的人才是美国活力所在，生命所在。而在重建经济的过程中，政治结构也会得到相应的调整。罗斯福和威尔逊都想既不阻碍经济发展，又要维护社会的公正和安定。罗斯福更强调国家的首要地位，尤其是总统的行政部门，威尔逊更强调恢复自由竞争。

① 理查德·霍夫斯塔特：《美国政治传统》，纽约，1982 年，第 252—253 页。

② Woodrow Wilson, “The Old Order Changeth”, in *Documentary History*, p. 281.

（五）自由主义与美国官员制度的现代转型

亚当·斯密在要求经济自由时，他所处的时代是君主贵族掌握着经济大权，所以他要强调对经济放任松绑。即便如此，他也没有否认国家对经济的作用。可是工业化后，由于经济的发展超乎想象，产生了经济强人的霸权。自由主义过分强调了自由放任的一面，极端者甚至完全排斥国家干预，这大概并不符合自由主义的原意。美国自由主义由古典到现代的分界线可以明确无误地划在胡佛和富兰克林·罗斯福两个总统之间，胡佛是最后一个固守所谓放任自由主义的总统，而罗斯福是第一个代表现代自由主义的总统，从此，美国自由主义进入现代。

在自由主义为唯一主要传统的美国，国家对经济也从未采取过完全放任的态度。汉密尔顿作为美国经济的奠基者，是极其强调国家对经济的扶植作用的，这自然也是一种干预。但由于美国的国情，从杰斐逊到杰克逊，一直到19世纪末，美国基本上是侧重经济自由的，放手让经济发展。国家的作用是尽量少干预，让企业自己去竞争，让市场这只“看不见的手”去调节。

到了19世纪末，情况发生了根本性的变化。1890年，边疆封闭了，自由土地不再存在，安全阀没有了。农业国已经变成工业国，城市人口超过了农村人口，美国人的生存状况有了质的变化。由于城市人口集中，一旦陷入绝境的人数增加到一定程度，整个城市乃至整个国家将瘫痪下来，大萧条就是这种局面。当时很多人都已经对自由主义丧失信心，他们认定只有两种选择：要么是国会民主加经济混乱，要么是经济集权加政治独裁，民主完了，自由主义油尽灯枯了，拯救之路在于一个实行全面控制的制度。连丘吉尔在1930年时也说，“你不能通过多数来治疗癌症，需要的是一种纠正”①。形势对自由主义，对民主提出严峻挑战，除了国有化这条路，民选政府还有能力来解决现代经济面临崩溃的问题吗?

罗斯福六年新政立法涉及美国政治、经济、社会、生活的方方面面。联邦政府的责任迅速扩大，随着执行机构的纷纷建立，联邦政府本身也前所未有地扩大了。新政完成了一次政府职能的转变，它从两个方面永远地改变了美国的自由主义：一是政府对经济的干预，二是政府对人民福利的责任。经济运作的好坏可以说成了判断政府成败的关键，政府不干预经济的放任自由主义宣告结束。

与此同时，福利主义开始，联邦政府直接对人民生活保障负起责任。罗

① Arthur Schlesinger, Jr., *Interpretations of American History*, Vol. 11, p. 342.

斯福明确表示，1776 年美国消灭了政治专制，现在到了反抗经济专制的时候了：政府应当让人民免于挨饿，有房子住，生活过得不错，有适当的教育水平，这些是政府关心的事。除此之外，保护个人的生命和自由不受社会上那些企图以牺牲别人的利益而取得荣华富贵的人们之害。[①] 失业保险、养老保险等都是从新政时期开始根本性改革，它们使人民生活有了基本保障。这些措施深得人心，延续至今，很难想象哪届政府敢于更改这个方向。现在，联邦政府已经深入每个公民的生活，美国人从未与政府有过如此密切的关系，也从未对政府有过这般大的期望。随着政府功能的增加，联邦政府的规模也从新政开始不断扩大了，美国官员制度也实现了从传统向现代的转型。

罗斯福坚持自由主义，却能综合古典自由主义和社会主义的有效成分，经他修正改造过的资本主义虽然缺乏理论基础，却能适合美国当时的现实。美国政治在新政以后左右摇摆，但万变不离其宗，这“宗”就是洛克、斯密、密尔等自由主义先驱再三论证的私有财产、市场经济、个人自由和民选政府，如果这些变了，那么就真的不是自由主义了。自由主义从古典向现代的演变是以自由放任的结束、国家开始整体干预经济为标志的，这不仅发生在美国，也发生在西方其他实行自由主义的国家里。

---

① ［美］詹姆斯·麦格雷戈·伯恩斯：《罗斯福传》，商务印书馆 1995 年版，第 275—276 页。

第八章

美国官员制度转型的动因之二

前面从美国经济、社会和文化层面分析了美国官员制度转型的基础动因，这可以理解为美国官员制度有效变迁的必要条件。那么，从美国政治权力结构的发展演化，特别是各政治利益集团的权力博弈来进一步分析美国官员制度转型的动因，这可以理解为美国官员制度变迁的充分条件。

第一节　联邦与州的权力博弈

独立战争胜利后，美国作为一个新兴的独立的民族国家出现在世界舞台上。然而，这仅仅是它跨出的第一步。由于松散而软弱的邦联不能解决美国立国之初的内困外扰，联邦取代邦联是客观形势的需要，也是美国多民族统一国家形成的重要的、决定性阶段。美国政治体制的总特点是权力的分割和制约，联邦的行政、立法和司法的三权分立是同水平上的权力分割和制约；联邦制度的联邦政府和州政府的关系则体现了纵向上的权力分割和制约。

一　邦联与联邦

（一）邦联政府的成就与问题

为了巩固各殖民地的反英同盟，根据邦联条例，组成了新的中央政府——邦联国会。州政府在影响方面所具有的优势，除了是由于中央政府的结构松弛外，主要是由于州政府所注意的对象的性质。众所周知的事实是：人性的情感通常随着对象的距离或散漫情况而减弱。根据这个原则，一个人对家庭的依附胜于对邻居的依附，对邻居的依附胜于对整个社会的依附。各州人民对他们的地方政府往往比对联邦政府怀有更强烈的偏袒。[①] 从形式上

---

① ［美］汉密尔顿、杰伊、麦迪逊：《联邦党人文集》，程逢如、在汉、舒逊译，商务印书馆2006年版，第83页。

看，邦联国会集行政、立法和司法三权于一身，拥有广泛的权力，如决定战争与媾和，处理外交事务，招募军队，等等。但实际上，“这个国会一点也称不上是立法机关，它只是一个邦联行政机关，而且只能执行这个邦联13个州中9个州同意的事情”。[①] 它的司法权也仅局限在仲裁州际纠纷，而且还要经过极其繁复的手续。新建的邦联政府没有权威，效率低下，不能适应独立战争结束后美国政治经济形势发展的需要。相形之下，各州却拥有过多的权力。《邦联条例》第二条规定：“凡未经本邦联召集之国会明确授予合众国者外，各州保留其主权、自由与独立及所有权能、领域与权利。”在中央政府的权力受到严重限制的前提下，各州实质上就是独立的国家。

邦联政府面临的政治、经济形势是极其严峻的。政治上各州自行其是，分崩离析；经济上债台高筑，入不敷出。在独立战争期间，为了供养和装备军队而举借的大量债务全部由邦联政府继承下来。到1784年初，国债总额超过3900万美元，其中外债790万美元以上。光是应付的国债利息每年便高达187万美元。[②] 邦联政府的收入却少得可怜，甚至不足以维持政府的正常性开支。由于付不出利息，债务越来越重。再者，邦联各州也普遍存在着财政危机。到1786年，可以明显地看出，《邦联条例》作为统治工具已完全失去效用。更使邦联政府感到棘手的是纸币问题，由于货币稀缺，结果诱发了1785年至1786年经济萧条。在这场严重的经济萧条中，工业品和农产品滞销，农民要购买西部土地却无力付款，高利贷主们讨索债务，而各州政府还不断加重税收。美国劳动人民在战争中做出了巨大的牺牲，战后他们的处境反而更加艰难。在这样的背景下，爆发了美国历史上第一次大规模的人民起义——谢司起义。马萨诸塞州在谢司领导下的不满分子的闹事中感到社会骚乱的压力，而在捣毁法院、劫掠城池、以武力恫吓政府官员的过程中，这个州又遇到了无政府主义和社会革命的难题。谢司起义是因债务所逼走投无路的农民一次自发的反抗。它使统治阶级中部分人更深切地认识到，软弱的邦联政府从根本上是违反他们自身利益的。在一个国家的紧急关头中，通常是需要采取行动的，其政府的好坏和强弱是极其重要的。公众事务必须以这种或那种方式继续进行。

与此同时，年轻的美国还遭到了英国等国家的经济抵制。战后，法国也取消了对美国的财政援助。外交上，邦联政府也节节受挫，更有英国、西班

① 爱德华·钱宁：《美国史》第3卷，纽约，麦克米伦公司1924年版，第449页。

② 戴维斯·R. 杜威：《美国财政史》，纽约，1912年，第56页。

牙强敌压境，咄咄逼人。新成立的邦联政府面临的就是这样一个内外交困的局面。这些内外矛盾交织在一起，使本来就软弱的邦联政府一筹莫展。

尽管如此，邦联的出现仍是美国历史上一个显著的进步，是从分散的殖民地走向统一国家的一个中间环节。首先，经济发展取得了显著进步。一些重要的工业部门急剧发展起来。商业也恢复得很快。美国同荷兰和法国的贸易顺利开展，美国商人还开通了通向中东、远东和近东的航路。“从1787年到1789年，同荷兰的贸易比英国的贸易还多50%以上，贸易差额也许是有利于美国的。”① 其次，邦联政府承担了解决对国家发展至关重要而各州不能单独处理的西北土地问题的任务，并且取得了辉煌的成绩。最后，中央政府在名义上拥有了外交、战争等重大国家主权，使各州失去了一个独立国家的重要权力，这就为联邦制的出现准备了条件。

（二）联邦取代邦联

“联邦制，要求在中央政府和州政府之间分配政治权力。联邦政府和州政府对人民都会有直接影响，都有一些独有权力。联邦制，像分权原则一样，把政治权力分散，防止权力集中在任何一个群体手里。”② 根据美国1787年宪法规定，美国建立了联邦制国家。这是十分符合美国国情和特点的国家权力组织形式。联邦要达到的主要目的是：其成员的共同防务；维持治安，既要对付国内动乱，又要抵抗外国的进攻；管理国际贸易和州际贸易；管理美国同外国的政治交往和商业往来。③

在《独立宣言》与制宪会议之间的十一年间，美国的政治形势发生了飞速和全面的变化。《独立宣言》公布后又进行了七年的战争，以承认美国各州独立而告终。这样，使各殖民地团结成为一个整体的危机已告消除，分裂和倾轧开始发挥致命的作用。1781年通过的《邦联条例》完全未能表达战争开始时明显的国家主义感情，结果产生了一个邦联政府，这个政府在每一个关键时刻都遇到阻碍和牵制，以致其权力和威信很快就消失殆尽。由于宪法规定，宪法修正案必须全体一致通过，任何重要议案也必须有压倒多数方能通过，而实际上当时几乎对每一个有关共同利益的问题都存在着不同意

① ［美］福克纳：《美国经济史》，商务印书馆1964年版，第190页。

② ［美］加里·沃塞曼：《美国政治基础》中译本，陆震纶等译，中国社会科学出版社1994年版，第25页。

③ ［美］汉密尔顿、杰伊、麦迪逊：《联邦党人文集》，程逢如、在汉、舒逊译，商务印书馆2006年版，第114页。

见，因此邦联国会很快就陷入软弱无能的可悲境地。①

人们看到，必须用其他更有效的政治组织形式来代替；但是政府究竟应该采取何种形式，却无人能够预言。伴随着政治形势的这些变化，政治思想倾向也产生了明显的分歧。革命时期主要是一个破坏时期，而新时期则是进行建设性努力的时期。1776 年这个时期需要有一种政治哲学来说明背叛母国的行为纯属正当，从 1783 年开始的主导思想则是在软弱的邦联废墟上建立一个强固的全国政府。马萨诸塞州制宪会议代表格里断言“我们经受的祸害是起因于过多的民主”，并表示相信人民受了“自命爱国者的愚弄”。他承认，“他以前拥护共和政体过了头；不过，他仍然是个共和主义者，但经验已教会他懂得平均主义的危险”。伦道夫说，在追溯当时各种弊病的根源时，人人都发现原因在于“民主的骚乱和愚行”。②

时代的发展看来有利于政府职能的集中，而这种集中宪法制定者原来认为是不可能的。然而仍然存在着一种有利于国家控制一切政策问题的明显倾向。这种倾向明确要求在管理上同样对待和拥有同等权力，而这些在各州行动分散和互不谐调的情况下是无法实现的；对许多人说来，似乎是，或者通过修改宪法或者进一步唤起改造，在为期不远的一天，联邦政府的权力范围会更加扩大。③

邦联的各种弊端早就引起了美国各阶层有识之士的不满。华盛顿认为软弱的邦联政府推迟了独立战争的胜利。汉密尔顿在致朋友的一封信中分析了邦联的弊端，认为应当给中央政府更多的权力。在联邦党人的努力下，制定的《联邦宪法》并获得了批准。《联邦宪法》的制定最终完成了美国革命开创的历史过程，即推翻殖民统治和实现国家统一并进而创立自己的民主政体。它标志着美国作为一个统一多民族共和国正式形成。它为美国未来的政治、经济发展奠定了基础。

二　联邦权力的增长

美国的联邦制度经历一个多世纪的演变，出现过国会联邦主义、实用联邦主义、二元联邦主义和合作联邦主义等不同阶段。“我国联邦宪政制度已经演变为这样一种制度，与我们开始的制度相比较，形式上差异不大，而实

① ［美］梅里亚姆：《美国政治学说史》，商务印书馆 1988 年版，第 51 页。

② 同上书，第 52—53 页。

③ ［美］威尔逊：《国会政体——美国政治研究》，商务印书馆 1989 年版，第 33 页。

际上则不大相同。"[①] 内战以后直到20世纪30年代，美国的联邦制进入权力扩大时期（1861—1932）。有的学者认为该时期美国的联邦制度属于“二元联邦主义”阶段，即联邦和州都拥有较大权力，但联邦制演变的特点则是联邦政府的权力明显呈扩大趋势。

美国是一个先有州后有国的国家，州的观念和地方观念在美国人的心中根深蒂固，酷爱自由和民主的美国人民出于对中央集权体制的害怕，经历了邦联制的实践，推动开国元勋们为未来的美国精心设计了联邦制共和国的政治体制。联邦制度在美国实施后，州权色彩非常浓厚，州权论者表现活跃。人们往往将州权理论和维护美国人民的民主权利联系在一起。因此维护联邦统一和维护州权的争端始终存在。由于美国的领土是由大西洋沿岸逐步向西扩展推进而成的，19世纪上半叶，现代美国的完整疆域尚未最后形成，人们缺乏对美国的整体概念，而对地方和州却怀有深厚的乡土情结。自从联邦制建立到19世纪前半期，美国历史上曾经出现过多次关于集权和分权、加强联邦权力和维护州权的斗争，这种斗争从思想发展到政治，从地方闹到联邦，并且越演越烈甚至闹到一些州提出脱离联邦的地步。19世纪60年代，最后以奴隶制与资本主义制度为背景的南北战争爆发，用枪炮刺刀解决了奴隶制问题，也维护了联邦制和国家的统一。南北战争以后直到20世纪初，美国联邦制发生变化的显著特点就是联邦权力的增大。

联邦权力的扩大是一个渐进过程。它是通过对州际商务的管理而扩张的。传统看法是各州之间商业上的自由贸易不应受到阻挠。但是为了管理铁路，1887年，美国通过了《州际商务法》，成立了州际商务委员会。后来这种管理扩大到卡车、轮船、货物运输和其他州际运输。为了加强对垄断的监督和控制，1890年，美国国会通过了《谢尔曼反托拉斯法》。1914年通过《克莱顿反托拉斯法》，作为《谢尔曼反托拉斯法》的补充。同年国会还通过《联邦贸易委员会法》，决定设立联邦贸易委员会作为执行反托拉斯法的工作机构。1912年，国会通过了一项管制无线电通信的《州际商务法》。1926年通过了管制航空的《空中商务法》，1927年通过了管制广播的《广播控制法》。[②] 为了使各种法案付诸实施，联邦政府先后成立了各种相应的行政机构。

---

① ［美］詹姆斯·M. 伯恩斯、杰克·W. 佩尔塔森等：《美国式民主》，谭君久、楼仁煊等译，中国社会科学出版社1993年版，第94—95页。

② ［美］德怀特·L. 杜蒙德：《现代美国》，宋岳亭译，商务印书馆1984年版，第78页。

在政治上，联邦政府通过上述立法还取得干预州的权力。国会通过的《埃尔金斯法》和《赫伯恩法》不仅加强了对州际商业交流的管理，而且进一步加强了州际商务委员会的权力，使原来一些由州政府管辖的商业活动纳入到联邦政府的管辖权限之内。托拉斯一般均在州级政府机关注册，州政府有权对其进行管理。反托拉斯法通过后，联邦政府可借反托拉斯之名行扩展联邦政府权力之实。罗斯福和威尔逊总统执政时期还通过连续制定的一系列反托拉斯法和对一些托拉斯进行指挥强化了联邦政府的权力，进一步显示联邦政府放弃自由放任政策、加强对全国经济生活的干预力度。联邦政府加强了对铁路公司的管制。在罗斯福总统的努力下，国会在1903年制定了《埃尔金法》，规定任何偏离既定运价的行为均属违法。1906年《赫伯恩法》又授权州际商务委员会在托运人提出申诉时，可以确定最高运价，即降低既定运价，但仍未授予州际商务委员会管理运价的全权。随后两年，托运人向州际商务委员会提出9000多项申诉，铁路公司处于被动地忍气吞声状态，监督铁路运价取得一定成效。[①] 1903年，罗斯福在劳工与商务部设立公司管理局，在司法部设立反托拉斯局，使联邦政府对托拉斯的活动能够进行全面调查。随后，司法部又在1907年和1908年分别对美孚石油公司和美国烟草公司进行起诉，把反托拉斯运动推向高潮。1911年联邦最高法院下令解散这两家大型托拉斯。这实际上推翻了赖特案的判决，控股公司仍违反了谢尔曼法。威尔逊政府时期又依法解散了国际收割机公司（1918）和玉米产品精制公司（1919）。在反托拉斯的司法斗争中，对托拉斯的起诉在1890—1901年有17件，罗斯福政府时期有44件，塔夫脱政府时期有90件，[②] 威尔逊政府时期有95件。[③] 尽管这些数字与托拉斯总数相比微乎其微，但它表明联邦政府在干预经济活动方面已迈出了至关重要的一步。

加强联邦政府对经济的宏观调控能力。企业的扩大和联合是工业化社会的必然趋势，解散托拉斯是徒劳无功的，而应该对托拉斯加强管制。威尔逊总统顺势而为，一方面加强反托拉斯立法，另一方面竭力推动国会进行金融制度改革，奠定联邦政府宏观调控国民经济的法律基础。1913年，初步建立美国联邦储备体系，履行中央银行职能。建立联邦储备银行体系是扩大联

---

① ［美］阿瑟·林克、威廉·卡顿：《1900年以来的美国史》，刘绪贻等译，中国社会科学出版社1983年版，第123页。

② ［美］德怀特·L. 杜蒙德：《现代美国》，宋岳亭译，商务印书馆1984年版，第144页。

③ ［美］吉尔伯特·C. 菲特等：《美国经济史》，司徒淳等译，辽宁人民出版社1981年版，第565页。

邦政府对全国金融和财政管理权的又一重大措施。这样，美联储能够通过调整利率和贴现率以及公开市场业务调节货币供应量，调控经济运行状况；会员银行也可以有价证券和商业票据做抵押，向联邦储备银行融资贷款，减少它们对金融寡头的依赖，削弱金融寡头对金融市场的影响力。1913 年，威尔逊政府敦促国会制定《安德伍德—西蒙斯法》，开创了征收个人累进所得税的先河。征收个人累进所得税，缓解了社会财富分配不公的两极分化局面。联邦政府又采取给各州政府及其所属机构以联邦财政补贴的措施来进一步削弱州权。征收所得税奠定了联邦雄厚的财政基础，为给州政府实行财政补助创造了条件。实行财政补贴后，如果州政府不接受就会影响州的财政，接受了补助就要接受联邦的监督和控制，如此就对联邦政府产生更大的依赖，失去某些州权。总之，联邦政府通过财政补助收回了许多本该属于州权的权力。有人认为："总之，州权在美国这样的国家，受联邦政府财政补助的损害比受商业条款的损害更大。"①

联邦政府有关劳工问题的一系列立法也使部分属于州政府权限的事务归联邦政府所有。西奥多·罗斯福以仲裁人身份干预和调解劳资纠纷，缓和劳资矛盾。1915 年通过了《拉福莱特海员法》，威尔逊总统在签署该法案后说："我为什么最后决定签署该法案，因为这似乎是为被我们的法律一直忽略太多的劳工阶级干点公正事的惟一机会。"② 1916 年国会通过《亚当森法》，确定从事州际铁路运输工作的工人标准工作日为 8 小时。同年，威尔逊带着"真正的感情"签署了禁止童工的《基延—欧文法》。联邦政府通过这些法律超越州政府直接干预劳工问题。霍夫施塔特认为威尔逊总统在其第一任期内"产生的积极的立法成就比自汉密尔顿时代以来任何时期要多"③。

更为重要的是，国会期还通过宪法修正案的立法程序加强了联邦政府对全国经济生活的管理和影响。如 1909 年国会提出宪法修正案第 16 条，于 1913 年批准，授权国会征收所得税。1919 年，国会又批准宪法第 18 条修正案，禁止酒类生产和流通。这种征收所得税、禁酒等全国性法令的制定和实施增强了联邦政府的权威和权力。针对一些州对土地、森林、矿藏等资源加以掠夺性的开发的短视现象，联邦政府通过法令加以制止。如 1902 年通过

① 《简明不列颠百科全书》，1986 年，北京，第 9 卷，第 508 页。

② 阿瑟·林克：《伍德罗·威尔逊与进步主义时代》，《1900 年以来的美国史》，中国社会科学出版社 1970 年版，第 63 页。

③ 理查德·霍夫斯塔特：《美国政治传统》，纽约，1982 年，第 334 页。

的《新地开垦法》，1906年通过《美国古迹保住法》。在自然资源保护运动推动下，联邦政府根据法令加强对土地、森林、矿藏等自然资源的保护，阻止一些州对自然资源的滥砍滥伐，并且“建立5个国家森林公园、4个野生动物保护区、51个鸟类保住区、28个国家纪念地”。[①]

虽然“1900年后，美国州政府权力迅速削弱”，[②] 但是州权理论依据和实际运作这些权力的范围仍有很大空间，即使最初所赋予州的权力基本上都依然保留着。美国人民不愿意交出他们的“地方自治权”。[③] 同时由于20世纪初美国社会的激变，有关社会生活和社会领域的大量问题被提到政府的议事日程上来，政府的社会职能大大强化，联邦政府和州政府的工作范围都在迅速扩大。“比政府管理权的扩充更重要的是政府工作范围的扩大。”[④] 20世纪初美国联邦权力的扩大和州政府权力的削弱是相对的，联邦权力是从以前过弱过小的程度上加大加强；州权则由以前过大过强的水平上减弱；这种权力方面的强弱盛衰变化完全是在美国联邦制的框架内进行的，而且在某种意义上说，联邦政府权力的增强使美国的联邦制消除了邦联制的某些痕迹，发育得更为健全和名副其实。

三　联邦权力增长刺激官员制度转型

20世纪初，美国联邦权力的增大实际上可以认为是南北战争胜利带来的必然结果。南北战争的胜利不仅消灭了黑人奴隶制度而且维护了国家的统一，它是一场由资本主义制度取代黑人奴隶制的革命，也是一场维护国家统一的战争，是美国长期以来联邦主义和州权主义争论的最后摊牌，州权主义因其最终导致联邦分裂和维护奴隶制度的严重后果为多数美国人所不齿。南北战争的胜利既然维护了国家统一，战后加强联邦的权力和统治就是顺理成章的事。

由于联邦政府获征所得税奠定了联邦雄厚的财政基础，为给州政府实行财政补助创造了条件。实行财政补贴后，如果州政府不接受就会影响州的财政，接受了补助就要接受联邦的监督的控制，如此就对联邦政府产生更大的依赖，失去某些州权。总之，联邦政府通过财政补助收回了许多本该属于州权的权力。这项政策在精神上的影响绝不是不存在或不重要的。例如，它使

---

① 张定河：《美国政治制度的起源与演变》，中国社会科学出版社1998年版，第110页。

② 《简明不列颠百科全书》，1986年，北京，第9卷，第508页。

③ ［美］德怀特·L. 杜蒙德：《现代美国》，宋岳亭译，商务印书馆1984年版，第76页。

④ 同上书，第79页。

州政府更难自力更生而且缺乏效率，还使它们习惯于从联邦的国库里领取津贴而变得更加不够节俭。这项政策也使州政府依赖国家收入而不依赖自己的能力和企业去开发那些应由州政府的特殊部门加以利用而且能够谋利的资源。……州政府只期望别人帮助他们，而自己却不自助。①

从外部环境来分析，第一次世界大战的爆发和美国的参战直接推动了联邦权力的加强和政府机构的扩大。美国政府在经济上为应付战争危机所做的努力，在美国历史上是空前的。全国经济生活比以往任何时候都更多地受到国家的控制，在战争期间，有20%—25%的生产是为适应战争需要服务的。战争有一种牺牲立法权力增加行政权力的性质。② 战争促使美国政府把政治、经济、军事、文化纳入战时轨道，加强联邦政府对国家的控制，这在一定程度上有利于促进美国垄断资本主义制度的巩固与发展，特别是对国家干预的推动。

世纪之交，美国经济的高度发展，现代化的交通不仅使美国变成两洋国家而且将城市乡村连在一起，国内市场的形成和发展，统一的疆域和版图的出现，使美国从一个尚在不断向西推进中的、变化着的、不定型的国家最后成为实际意义上的由48个州组成的一个稳定的美国。美国人经历了先有州后有国的政治道路，直到20世纪初他们才进入到真正完整的国家阶段。联邦是国家的象征，48个独立的州虽然享有很大权力，但毕竟难以处理和应对现代社会的各类问题，酷爱自治的美国人除了加强联邦权力外也别无出路。

国家行政管理和国家立法的范围和影响正在迅速扩大。美国人口正在迅速增长，当统计数字可能达到几百万时，会令人感到吃惊。东部不一定永远是全国生活的中心。南方正在迅速积累财富，很快就会恢复过去的影响。西部已经取得了任何人也无法否认的伟大成就。这几个地区空间是融洽一致还是意见分歧，几乎完全要看联邦政府采取何种方法和方针而定。如果联邦政府不小心谨慎，超越自己的正当职权范围，或者不根据全国利益的准则慎重地制定政策，地方主义路线就必然要出现。国内这一地区的公民可能用嫉妒甚至仇恨的眼光看待另一地区的同胞。派系必然会使国家分裂，纠纷必定会分散一个国家的精力。这样一个情况复杂的大国，它的政府必须坚强有力、行动迅速有效、便于运用。这个政府的力量必须来自目标的坚定性和一贯

① ［美］威尔逊：《国会政体——美国政治研究》，商务印书馆1989年版，第20页。

② ［美］汉密尔顿、杰伊、麦迪逊：《联邦党人文集》，程逢如、在汉、舒逊译，商务印书馆2006年版，第36页。

性，来自与全国思想感情的一致性，来自行动的坚决性和目的的可靠性。这个政府必须通过公开的行政管理来使自己获得稳定和取得赞誉。①

国家职能的扩大。在独立战争年代里，人们认为政府的目的是保护公民的生命、自由和财产，此外再没有其他了。国家的任务被总结为保护个人权利，这是与当时的个人主义哲学性质相一致的。在利伯的理论中，这个思想被扩大了，用他的话来说，国家的职责是为人民做下列几件事：第一，他独自一人做不了的事；第二，他不应该独自一人做的事；第三，他不愿意独自一人做的事。在更近的一些日子里，美国有一种明显的倾向，就是反对早期的政府“保护论”，认为国家的宗旨不仅在于维护社会的法律和秩序及抵御外侮。在新的观点中，国家进行活动不仅是为个人，而且是为全社会的利益。国家的职能不限于消极地防止某些行为，而且还应该用各种方式方法来积极地促进全民福利。伍尔西、伯吉斯、威尔逊、威洛比等权威人物都持有这种见解。在这些思想家看来，国家的任务不限于也不能限于保护个人利益，而是必须扩大到在一切情况下促进全民福利，对政府行为的唯一限制是经验或当时的需要所要求的那些。伍尔西持这样的观点：国家的职能不应限于防止人民互相伤害，而是要为全民福利积极活动。②

联邦权力的集中和加强使美国的联邦制更为成熟和完善，从而使它进入了一个新的发展阶段；联邦权力的集中也有利于进一步发挥联邦和州两级政府的积极性，使美国在大转变的时代里较为顺利地实现了历史性的转化，保证了美国现代化进程的连续和发展；更重要的是，国家职能的扩大和联邦权力的集中使美国的行政机构承担了更为广泛而复杂的经济社会事务，而这是传统的美国官员制度所无法胜任的，这必然要求建立现代官员制度。

第二节　现代政党政治的形成

一般说来，资产阶级的民主共和制要求实行两党制或多党制，经济上的自由买卖、自由竞争在政治上则表现为多个政党的竞争。美国两党制是作为美国国家制度和政治制度的一个重要环节而形成和发展起来的。联邦党人理解，党争就是一些公民，不论是全体公民中的多数或少数，团结在一起，被某种共同情感或利益所驱使，反对其他公民的权利，或者反对社会的永久的

① ［美］威尔逊：《国会政体——美国政治研究》，商务印书馆1989年版，第175页。

② ［美］梅里亚姆：《美国政治学说史》，商务印书馆1988年版，第163页。

和集体的利益。① 美国的两党制，经历了一个发生、发展和不断完善的过程。美国开国元勋们一般都反对建立政党和反对党派精神。美国第一任总统华盛顿在他著名的告别辞中谆谆教导国人：防止和反对党派精神以维护国家和民族的统一。党争的原因不能排除，只有用控制其结果的方法才能求得解决。② 但是两党制度还是在美国的现实政治需要中经由萌芽状态形成和发展，成为美国政治体制中不可或缺的一部分，成了美国政治体制的鲜明特色之一。20 世纪初年，政党的作用也随着时间推移发生变化。

一　两党成分的变化

造成党争的最普遍而持久的原因，是财产分配的不同和不平等。有产者和无产者在社会上总会形成不同的利益集团。债权人和债务人也有同样的区别。土地占有者集团、制造业集团、商人集团、金融业集团和许多较小的集团，在文明国家里必然会形成，从而使他们划分为不同的阶级，受到不同情感和见解的支配。管理这各种各样又互不相容的利益集团，是现代立法的主要任务，并且把党派精神和党争带入政府的必要的和日常的活动中去。③ 20 世纪初的美国社会已今非昔比，社会结构发展大变动，阶级和阶层出现重新组合，以前那种较为简单的农业社会结构被复杂而多层次的工业社会结构所取代，大量来自不同国家和不同宗教背景的移民的涌入，更使复杂的社会结构添加纷纭变化的可变因素。这就导致美国两党的内部构成和成分产生变异。

内战前，民主党和共和党的成分受政治观点影响较大，共和党以反对南方黑奴制的北方人士为多，其中占主导地位的是北方资产阶级及其知识分子，还包括北方工人阶级，等等；民主党的主流派为保守的南方种植园主阶层。但是到了 20 世纪初，诚如英国布赖斯勋爵在《美利坚合众国国》中写道："现在美国政党之所以继续存在，因为他们已经存在。"④ 两党的组成已不再是按政治立场和信仰决定，而是由经济利益和阶层利益决定。霍夫施塔特认为内战后的美国政党基于恩施而不是原则；他们的分歧发生在分赃上而不是事件上。⑤ 此话十分中肯。所以一般来说，根据小施莱辛格的研究，共和党作为老大党更加是殷实的中产阶级和上层中产阶级的党。最有力的证据

---

① ［美］汉密尔顿、杰伊、麦迪逊：《联邦党人文集》，程逢如、在汉、舒逊译，商务印书馆 2006 年版，第 45 页。

② 同上书，第 48 页。

③ 同上书，第 47 页。

④ 理查德·霍夫施塔特：《美国政治传统及其缔造者》，纽约，1979 年，第 218 页。

⑤ 同上。

就是它一直能掌握40%的起作用的选举人。共和党内更多地集中了白领工人和技术工人（1900年美国的白领工人将近600万人）、富裕农民、中产阶级和上层中产阶级城市居民、小商人、专门职业人员和一般受过教育的人。[①] 随着资产阶级财力和权力的壮大，共和党内部聚集起大批企业家、实业家、银行家和公司巨头是顺理成章的逻辑发展。“实业家、金融资本家和大公司经理中也有越来越多的人参加了共和党。”企业家和专业人员所占比例这样高，这就保证了共和党可以源源不断地输送能干的人员到大部分城市、州和国会担任各级领导工作。[②]

与共和党不同的是民主党得到比例较高的工人的支持，特别在与人民党合并以后，民主党中的农民比例增高。但是民主党中仍有相当比例的中产阶级和上层企业家，在党内占决策主导地位的还是有产阶级。南北战争后，美国南方逐渐形成了一个富裕的农业资本家阶层，随着南方工业化和城市化的发展进程，美国南方的大企业家和金融家也相继崛起，他们和民主党建立了紧密联系并往往成为民主党的“主心骨”。尽管两党的结构成分上存在差异，影响着它们的经济主张和外交政策，但是一个不可忽略的基本事实是两党都与某些美国大财团相联系。两党都要依靠财团作为后台老板提供竞选经费和资助。财团支持两党竞选，党的领袖作为新的企业政治家的仆人而不是主人发挥作用。这时期，美国两党内部滋生出一批党魁，他们不是合法产生的领袖，而是一些在党内有势力的职业政客。他们为垄断资本服务，仰资本家鼻息行事。

在一些根本性的政策上，民主党和共和党几乎没有原则性的差别，这是两党趋同的最基本的表现。如在对待工人运动问题上，两党均采取维护资产阶级利益的基本立场，只是在处理方法上略有差异；在关税政策的反复修改和制定中，民主党和共和党政府大都主张保护关税以维护资产阶级的利益，或者通过妥协调和保持适当税率。在对外政策方面，两党的立场几无差异，特别是美国政府的对外扩张主义外交政策，包括对远东和中国的侵略政策。两党的趋同还反映在他们的地区差异日益淡化和消失上。原先独占南部的民主党现在向西部、东部扩展；共和党则在城市中占较大优势。由此可见，20世纪初，美国的两党制发生了某种变化，政党制受到垄断资本和经济势力的重大影响，更加商业化和企业化，甚至从某种意义上说，政党本身也变成了

① 小阿瑟·施莱辛格主编：《美国共和党史》中译本，上海人民出版社1977年版，第208页。
② 同上书，第208—209页。

一个企业，一家股份公司。谁的股份大谁的发言权就大，谁的经济实力强大，谁就在党内具有决定性的地位。诚如西沃德所说："一个党在某种意义上就是一家股份公司，那些在其中贡献最多的人指导行动和管理有关事务。"①

20世纪初，美国两大党几乎无重大原则上的分歧，无论共和党还是民主党，谁都不是依靠他们的原则和纲领取得竞选的胜利，不是依靠他们政纲的先进和科学，不是因为他们的内外政策更符合美国人民的根本利益取得胜利，他们获胜的法宝是经济势力和政治手段。"共和党获胜所依靠的真正本钱，向来集中在金钱、组织和灵活运用戴维·希伦所谓的政治交易这三方面。"② 权钱交易必然引起腐败。

两党制的演变和政党的腐败引起人民的严重不满，从1890年开始，为了民主的利益应将政党活动加以控制的想法进一步在立法中获得表现。许多州通过了反腐败行为条例。塔夫脱政府于"1910年初，又在两项重要政治改革方面采取了初步措施。第一个是要求公布有关国会议员选举的费用的法案。在全国性的选举中，所有捐助竞选基金的人的姓名、捐款的数目以及竞选委员会一切费用的分类账目，都必须加以公布。第二个是关于成立节约与效率委员会来研究政府行政单位办事方法，以便消除浪费的方案"③。

二　第三党运动的发展和变化

第三党在美国历史上曾经出现过。早在1826年就有反共济会党，后有美国党（一无所知党），脱离联邦派的民主党，宪法联盟等，这些小党一般数量不多，规模不大，他们虽曾多次企求取代两大党的地位，但都在全国竞选中败北。有些小党在州或地方竞选中获胜，但对全国没有造成大的影响。

（一）内战以后，第三党进入了新的发展时期

从1876年到1896年，两大党长期维持均势，且日益保守，两党政治如同一潭死水，毫无生气。在这种"稳健"的局面下，两党内部离心倾向日益严重，两大党内部逐渐分化并形成了与原来的北部、南部集团并存的中西部集团。这种犬牙交错的政党力量组合，为第三党运动提供了发展空间。曾经作为"社会安全阀"的两党政治因保守僵化而失灵了。社会的不满和改革要求就通过第三党运动表现出来。因此，19世纪末美国第三党运动相当

① 理查德·霍夫斯塔特：《美国政治传统》，纽约，1982年，第219页。

② 小阿瑟·施莱辛格主编：《美国共和党史》中译本，上海人民出版社1977年版，第215页。

③ ［美］德怀特·L. 杜蒙德：《现代美国》，宋岳亭译，商务印书馆1984年版，第165页。

活跃。特别是在19世纪90年代，美国平民党运动开辟了第三党运动的新阶段，有力地打破了“镀金时代”沉寂的政治空气。诚如凯·劳森所评价：“1892年平民党（人民党）的建立标志着美国历史上最强大的和最有影响的第三党运动的开始。”① 在这最有影响的第三党发展时期中，第三党的发展呈现如下特点：1. 发展迅速，19世纪末20世纪初，一批第三党相继在美国政坛出现，如绿背纸币党、禁酒党、平民党、社会劳工党、美国社会党、进步党等；2. 发展规模扩大，如人民党和进步党都颇具规模，有很多的拥护者，在全国产生很大影响，对两党真正构成了史无前例的威胁；3. 在竞选中发挥的作用增大，第三党有自己独特的政治纲领，很可观的选民群体，得票率提高；4. 第三党往往在大党的分裂中产生最后又被大党“吞食掉”，19世纪90年代的平民党和20世纪初的进步党的兴衰都是沿着这样的轨迹变化的，都脱离不了这个怪圈。

（二）第三党产生的原因

世纪之交，美国工业化带来了美国社会结构的巨变，促使不同社会阶级和阶层对社会发展提出自己的不同看法和主张，但是由于垄断资本对两党的控制导致两党趋同，老大党和民主党已无法反映他们的社会政治要求，所以渴求建立新的政党来代表他们本阶级或本阶层的政治主张，形成一种强大的趋势。所以说，两党的趋同成了产生第三党的一个客观条件。其次，两党内部的分裂也为第三党的出现提供契机。再次，“镀金时代”规模巨大的平民党的兴起。最后，随着资本主义经济的发展，美国人民参政议政的意识大为加强，民众对政治的兴趣日增，如美国妇女为争取选举权进行了长期的斗争。另一类第三党在20世纪初的美国依然存在，即具有持续性的政纲、存在时间较长但并不谋求立即在大选中获胜的政党，当时有影响的是美国社会党，他们提出了社会主义性质的激进纲领。

（三）第三党与两党制

从19世纪90年代平民党到20世纪初的进步党构成了美国历史上第三党发展最活跃、影响最大的阶段。它们的兴衰与两党制的演进有何关系？

首先，第三党的出现和参政本身是当时美国政治体制演变的一个有机组成部分，同时它的出现和兴衰反过来又深化了这种变革。美国的政治体制包括两党制在20世纪初暴露出不少问题。第三党极力主张改革，他们不仅推

---

① ［美］凯·劳森：《美国政党和民主》，杰尔斯·斯克里布纳出版公司，纽约，1968年，第48页。

动改革，有利于改革，并成为一支重要的改革力量。同时，第三党的出现和活动也有利于美国社会的稳定。一些对两党不满的政治力量可以通过第三党提出他们自己的政治要求和主张，第三党在一定程度上可以成为一种缓解社会矛盾，调适社会关系的一种政治机制，促使20世纪初的美国社会向稳定方向转化。

其次，第三党的出现不但没有影响美国两党制的存在，相反却巩固了两党制的继续发展。“看一下美国第三党运动的历史就好似仅仅加深了我们对两党控制趋势的印象而已。”[①] 19世纪90年代平民党的存在和消亡最后加强了民主党，同样20世纪初进步党的形成对两党制也起到了同样的作用。无论如何，平民党或进步党等都无法取代民主党和共和党。第三党只有成为第二大党时才有可能赢得总统选举，“少数党只有在政党制度经历一个激进转变，一个大党在解体进程中才有可能期望获得总统选举的胜利。”[②]

另外，第三党的出现和消失促使两党的趋同。在思想上，第三党提出的主张经常被两大党所吸收，从而分别丰富了两党各自的政纲。其结果之一就是在一定程度上模糊了原先两党的对立立场，促使两党日益趋同。在组织上，第三党常常成为两党不同派别成员交流的工具。如共和党的自由派在大选中可能加入第三党——进步党，选举结束后，他们往往成为民主党的成员，反之亦然。第三党的出现“结果似乎经常是两大党的思想阵线发生轻微变动。甚至可以把共和党在政治上由左向右，民主党由右向左的逐渐转变看作为一系列的运动。在这些运动中使选民流动的主要运输手段是我们已经讨论过的消失了的第三党运动。这些运动好像已经吸引了较自由的共和党人转而进入民主党，迫使该党较保守的成员们出党，在共和党的领地里去寻求新的居所”[③]。劳森认为：“第三党运动的纯结果也许不是削弱而是加强美国政治生活中的两党制度。”[④]

三　两党制的刷新成就官员制度转型

到了垄断资本主义时期，情况就变化了。垄断资产阶级从资产阶级中分离出来，垄断了国民经济的一切重要部门，成为在经济上极其强大的一个社会集团。然而，正是由于垄断，资产阶级内部的平等部分地被破坏了。从垄

---

① ［美］凯·劳森：《美国政党和民主》，杰尔斯·斯克里布纳出版公司，纽约，1968年，第45页。

② 同上。

③ 同上书，第50页。

④ 同上。

断资本的本性来说，它在经济上的统治势必要求政治上的集权和寡头统治，如此垄断资产阶级就要抛弃资产阶级革命时期曾经鼓吹过的“自由、平等和民主”的口号，把法西斯独裁作为这种寡头统治的最好政治形式。一般说来，法西斯独裁是实行一党制的。但是，由于垄断资本主义是从资本主义中产生的，它并没有消灭竞争，而是垄断与竞争并存，商品生产的平等原则依然通行。因此，垄断资产阶级又不能完全抛弃资产阶级的民主，还要继续运用民主共和制的形式进行统治，以经常调节其内部的矛盾和竞争，调节与其他社会集团的关系。这样，法西斯独裁就只能是垄断资本主义在一定条件下才采用的极端政治形式，垄断资产阶级在一般情况下还不能不保留民主共和制的政治形式，而保留民主共和制，那就要实行两党制或多党制。况且，广大人民群众通过争取民主权利的长期斗争，已使得资产阶级国家在形式上扩大了民主制度，工人群众获得了选举权、组织工会权，甚至工人政党也不可能被强行取缔和解散了。这种情况又促使垄断资产阶级寻找一种适当的新的政治形式，于是，就产生了刷新两党制和多党制的问题。① 正如列宁指出的：“在我们这个时代没有选举是不行的，没有群众是行不通的，而要在印刷术异常发达和议会制度盛行的时代诱惑群众，就必须有一套广泛施展、一贯推行、周密布置的手法，来阿谀奉承、制造谣言、欺骗敲诈、玩弄流行的时髦字眼、信口答应工人实行种种改良和增进种种福利，只要他们肯放弃推翻资产阶级的革命斗争。”②

1884—1932 年，美国两党制的发展进入了它的第二阶段。从两党轮流执政的地位变化加以分析，期间民主党打破了共和党长期执政的局面。但老大党——共和党在两党政治角逐中仍占主导地位。从两大党的内部构成和政纲性质的变化上看，两党的政治倾向都在向自身的对立方向转化。它们在竞选政纲上的重大对立和政见分歧已经缩小，甚至出现相互靠拢、渗透的“趋同”现象。原因是在垄断资本的直接干预和经济资助下，两党逐渐成为垄断资本的代言人，它们的政策和经济主张都受到垄断资本的直接或间接的影响和干预。两党的趋同还表现在第三党——人民党的冲击下，出现了共和党向“保守主义政党”和民主党向“自由主义政党”演变的倾向。1896 年总统选举前，以保守为特征的民主党为了扩大势力采用了人民党的纲领并从组织上与其合并。结果，大批下层群众站在民主党一边，出现了民主党向自

① 陈其人、王邦佐、谭君久：《美国两党制剖析》，商务印书馆 1984 年版，第 148 页。
② 《列宁选集》第 2 卷，人民出版社 1995 年版，第 895 页。

由主义政党演变的倾向。在南北战争前后一向以改革著称的共和党则表现得越来越稳健，趋向保守主义。两大党都向着自己的相反方向演变，似乎更靠近了对方。于是也就引起了两党支持者的队伍发生“对流”现象：共和党曾经因反对黑人奴隶制而受到广大黑人的拥护和支持，黑人成为共和党稳定的选民群体；但是共和党日益趋向保守，共和党总统西奥多·罗斯福和塔夫脱都坚持种族歧视，抛弃了黑人，黑人转而支持民主党。威尔逊时期的有利于劳工的一些立法吸引了劳工，本来支持共和党的劳工也转向民主党。同时两党内部都出现分化现象：党内形成了各自较为稳定的自由派和保守派，不同党的相同派别的成员们的观点更为接近趋同。1908 年一位杰出的新闻记者评论说：“两党犹如两个瓶子。每个都贴着表明所盛液体的标签，但每个都是空的。”①

20 世纪初美国两党的这种趋同性表现得更为显著，在政纲上两党事实上已经成为没有多大实际内容的两个“空瓶”。美国两党在根本政策上的差别除了一些特定历史时刻有所区别外，历来就不是非常巨大和不可调和的。两党的政纲仅仅是一种为了获取选票的美丽包装，准备将它实行的程度和可行性甚至连党魁和政客们也心中无数。美国学者劳森认为美国两大党的争论焦点一般可归纳为：（1）财富在国内的分配问题；（2）美国在世界事务中的适当作用问题。但是不能由此认为这种区别非常尖锐和不可调和。

从一般垄断资本主义向国家垄断资本主义发展的过程中，美国社会经济和政治生活的变化，要求统治集团对以往采用过的传统政策作较大的调整，这主要有以下几点：第一，经济上的自由放任主义做法已经过时，需要转向国家积极干预经济生活的政策，政治上则由有限政府转向积极政府。在建国之初和 19 世纪后期，积极政府的主张就开始发展起来，并且获得越来越多的响应。当时，很多人都提出过“积极政府”的主张，不过，不同的阶级对这个口号有不同的理解。“积极政府”的口号开始是与反垄断相联系的。农民苦于铁路运费的高涨和垄断价格造成的工业品昂贵，中小资本家则受到垄断组织的威胁和排挤，就都指望政府能运用权力管制和限制托拉斯。城市工人和其他居民则指望靠政府推进和发展城市社会福利。第二，注意工会的活动和作用，干预和控制劳资纠纷。随着美国的工业化和城市发展，工人运动逐步具有了影响社会生活的声势，劳资纠纷频频发生，垄断资本就要求政府直接出面经常地干预劳资冲突，保护垄断组织的利益。第三，解决商品销

① 理查德·霍夫斯塔特：《美国政治传统》，纽约，1982 年，第 218 页。

售困难，发展社会救济。一方面，由于资本主义基本矛盾的深化，生产的发展与市场的相对狭小的矛盾越来越尖锐；另一方面，由于城市人口发展和生产技术的改进，就业问题也日益尖锐。资产阶级为了压低在业工人的工资，既要保持一支产业后备军，又害怕由此产生的严重的社会问题会破坏资本主义生产的秩序，因而要求政府通过财政措施，发展福利救济事业，借以缓和失业问题，解决一部分产品的销路问题。第四，由保护关税、通货紧缩转向自由贸易、通货膨胀政策。①

不管两党政策做如何调整，所有政策都必须依赖于行政机构和官员去执行和实现。“积极政府”开始是作为社会中下层中的一种改良主义思想出现的。后来，垄断组织在经济生活中占了统治地位，则要求直接控制政府权力，根据垄断的需要去干预经济生活。因此，不管是“积极政府”的主张，还是干预和控制劳资纠纷，或者解决商品销售困难，发展社会救济和自由贸易、通货膨胀政策等，两党都需要一个稳定的、强有力的、专业化的行政机构来执行其政策，实现人民的意志。最后，由于两党都向垄断资本主义靠拢，摆脱了对官职分赃这一政治母乳的依赖。经济上居于垄断地位的金融寡头在垄断国家机器时，必然要在政治上实行寡头统治。这种寡头统治表现在国家制度上，就是建立更加庞大的军事官僚机器。因此，为了维护垄断资本主义的利益和统治阶级的根本利益，有必要对传统的“政党分赃制”进行改革，实现官员制度的转型，建立一套稳定高效的行政管理机构。

第三节　政府行政权力的扩张

20 世纪以前，美国国会在制定国家政策方面往往起着主导作用，形成了一种国会权力至上的格局。20 世纪初，美国在工业化、城市化进程中出现了工业社会综合征：垄断势力恶性膨胀、贪污腐化盛行、贫富两极分化、社会矛盾激化、社会秩序混乱、社会思潮激变、自然资源惨遭破坏，等等。严峻的形势需要联邦政府进行干预，作为利益协调和权力争斗的国会显然不能担此重任，历史的重任毋庸置疑地落在了以总统为代表的行政部门肩上。

一　国会政体及其弊端

在殖民地时代漫长和尖锐的斗争中，美国人学会了信任和依赖立法机关，同时怀疑行政机关并与之对抗。因此，他们把行政机关的权力减少到最

① 陈其人、王邦佐、谭君久：《美国两党制剖析》，商务印书馆 1984 年版，第 154 页。

低程度，并把这种对于成立政府所必不可少的权力委托给立法机关。他们做了英国议会过去所做的事情，而且还更加着力地去做——肯定了立法机关对行政机关的优势。除了三权分立以外，另一个控制政府的方法是：给政府的权力只限于一个短时期。为了确保安全，认为权力应紧跟它的真正来源——人民。这样就可以防止专横的统治者崛起，使掌权的官员对人民负责。① 立法、行政和司法三权的分立和制衡是美国政治体制的根本特征之一。一般认为，美国立国之后的相当长时间里，权力的重心落在国会手里。

在早期及整个19世纪，国会在此制定国家政策方面往往起着主导作用。像丹尼尔·韦伯斯特、亨利·克莱和约翰·卡尔霍恩这样的国会议员，在国会内对当时的重大问题施加了影响。迟至19世纪末，伍德罗·威尔逊总统称，“国会是联邦制中主导的，不，是不可抗拒的力量”。② 国会在联邦制中占主导地位事出有因。美国人民一贯对暴政怀有特殊的反感，他们对行政权力的膨胀深怀顾忌。即使是安德鲁·杰克逊和林肯总统都属于强势总统，但他们还是没有改变三权分立中国会为重心的老格局。内战后，由于国会对约翰逊总统的弹劾虽然因一票之差没有成功，但是国会权威日益提高。国会剥夺了宪法赋予总统的任职权，还干涉内阁事务。总统只是“国会的仆人”，镀金时代成了国会权力居主导地位的时期。诚如威尔逊所说，当时“美国国家权力结构实际是国会至高无上的一种体制”。③

通过在这些法案上参议院与众议院的联合，习惯上迫使各行政部门首脑在政策出现任何重大改变时，要服从国会的意志。比如在任职问题上，参议员们往往超越自己的合法权力对任命表示同意或反对，坚持提名时要先同他们磋商，这样就使他们符合宪法对任命的同意，取决于完全违背宪法的对提名的控制。《任期法案》给这种具体的越权行为奠定了坚实的法律基础。在党派斗争的激烈时期，《任期法案》从约翰逊总统手中夺去了宪法授予他的不受约束的免职权。但是他在行使该项权力时却激怒了与其想法不同的参议院。虽然就联邦的任意封官权而论，参议员嘲弄总统的权力是完全违背宪法基本理论的，但是行政机关的改革政策有可能使这种权力失效，这种政策在我国的国家立法中已经取得了稳固和持久的地位。参议院控制联邦任意封官

① ［美］梅里亚姆：《美国政治学说史》，商务印书馆1988年版，第43页。

② ［美］加里·沃塞曼：《美国政治基础》中译本，陆震纶等译，中国社会科学出版社1994年版，第68—69页。

③ 威尔逊：《国会政体——美国政治研究》中译本，商务印书馆1985年版，第8页。

权对联邦制度平衡破坏的严重性，在任何时候都不会超过后来它在政府外交政策方面不负责任地行使“半行政权”所造成的危害。

工业化、都市化到来了，农民和劳工开始不满，工会出现了，萧条和社会抗议发生了，……伍德罗·威尔逊这类领导人产生了，随之而来的便是自由有了积极得多的意义。美国人逐渐理解到，越来越拥挤在一起的男男女女生活在形形色色的网之中——有个人的和民间的网，有制度的和心理的网。废除一种约束（如黑人奴隶制），可能意味着增大另一种约束（如工资奴隶制）。减少政府对自由的约束，则可能不过是扩大私人的经济和社会势力。问题不仅是使人民摆脱政府的统治；问题是如何运用政府使人民也不受非政府方面对自由的约束。[①]

但是国会本身是个立法机构，国会的实际立法权分别掌握在各个常设委员会手里。因此，威尔逊把美国的国会称作委员会体制，它的特点是立法权力分散，尽管委员会的权力大小不一，但是没有一个委员会有决定性的特殊权力或公认的权威。这种情况，一方面限制了领导者的特权，不致使权力落入少数人手中；另一方面也分散了国会的整个立法作用。它的特点是：多中心的权力结构，是各种地方势力和经济利益的政治混合体，也是两党党魁争权夺利的场所，利益分散，难以统一。民主有余，效率不足，这必然造成国会内部的意见分歧和无休止的争论，以至对一些重大问题的久拖不决或无限期的延宕，难以适应20世纪初的美国社会严峻形势和急速治愈综合征的需求。洛奇先生说：“过去一直同税收、商业和千百件琐事进行能干而诚实的斗争的国会，由于立法机构固有的那种笨拙无能而在一切事情上被束缚了手脚，竟如此热心地向新任部长要求救济，看到这种情况，一点儿也不可笑。”[②] 1901年，威尔逊教授认为“效率问题”对民主政治极端重要。他认为：“在政治领导和行政管理机构中，我们最缺乏的是集中。”美国一直由“大众会议”管理；他嘲笑说，美国的方针政策是由不具备任何或坚实的治国之才的国会委员会“一条一条地”制定出来的。威尔逊认为，能够提供权力之集中，保证“公共事务之统一”，实施有效统治必需之领导人非总统莫属。[③] 一个有效率的、被赋予统治权力的代议机构，应该不只是像国会那

① ［美］詹姆斯·M. 伯恩斯、杰克·W. 佩尔塔森等：《美国式民主》，谭君久、楼仁煊等译，中国社会科学出版社1993年版，第10页。

② ［美］威尔逊：《国会政体——美国政治研究》，商务印书馆1989年版，第16页。

③ 罗伯逊：《贪婪：本能、成长与历史》，上海人民出版社2004年版，第404页。

样，仅限于表达全国民众的意志，而且还应该领导民众最终实现其目的，做民众意见的代言人，并且做民众的眼睛，对政府的所作所为进行监督——这些是国会所没有做到的。[①] 威尔逊在《国会政体》一书中认为：贯穿于宪法的权力分散，造成职责不清，行政改革停滞不前，是美国联邦制的根本缺陷。

二 行政权力扩张

工业化、城市化的一个重大社会后果，就是使社会日趋整体化。社会力量由分散状态走向有组织化，集团意识更为明确，各社会阶层、不同利益集团之间的关系日益密切，相互间的制约和影响不断增强。阶级、阶层或集团利益，彼此交错，相互牵制。当时已有人意识到了这一点。用乔赛亚·斯特朗神父的话说，“现代文明正迅速地把我们弄到同一条船上来，我们开始知道我们要在多大程度上关心他人利益”。“一个人不可能再单独地成为基督徒了，正像一个人不可能单独合唱一样。”也就是说，只有使社会全体成员的处境都获得改善，统治阶级的利益才有保障。过去那种一味加重剥削，不顾劳动者死活的方式已经行不通了。在整个进步主义运动时期，社会方面的改革呈十分纷纭复杂的局面，参与者众多，触及面广泛。[②]

值得注意的最重大的变化，就是对西班牙的战争造成了美国联邦制内部的权力分配和运用。这次战争最显著和最重要的后果是：由于投入国际政治和边远属地的治理，总统的权力大大扩大了，发挥建设性的政治才能的机会也增多了。当对外事务在一国的政治和政策中起着显著作用时，行政首脑的领导非常必要。他必须做出最初的判断，采取每一项行动的最初措施，提供作为建议并在很大程度上控制自己行为依据的情报。社会阶级矛盾的激化，促使联邦政府大大强化了国家的镇压职能。

这样，很明显，19 世纪民主运动的显著特点之一是：行政权得势，立法权失势。早期那种唯恐君主政体卷土重来的对总统的不信任感消失了，早期对立法机关的信任也化为乌有。人民的怀疑似乎不再针对专制的君主政体，而是针对“夺权的贵族”。公众情愿将大权交给一个人，而小心提防立法小集团或“金融贵族”或任何规模及形式的贵族的权力。过去用来推翻贵族的工具往往是强有力的行政首脑，这次也是如此。在国家领域里，这个

---

① ［美］威尔逊：《国会政体——美国政治研究》，商务印书馆 1989 年版，第 164 页。

② 张友伦、李剑鸣：《美国历史上的社会运动和政府改革》，天津教育出版社 1992 年版，第 205 页。

变化以安德鲁·杰克逊的经历为中心；在各州，同样的倾向也在起作用，重新调整立法权和行政权之间的平衡。

《联邦党人文集》大胆地为强有力的行政首脑辩护，认为这对任何有效率的政府者至关重要。他们说，一位强有力的总统绝对不会同共和政体的特征对立。自由制度的特性中没有任何东西使得总统必须听命于影响人民心理的每一冲动。《联邦党人文集》继续论证说，共和政体并不代表也不应该代表一种对人民的意见必须立即服从的政治制度。诚然，人民的意志应当高于一切，不过并非立即，而是最终；因为，尽管人民普遍瞩目于公共福利，但是他们对获得那种福利的手段所摆的道理却并不总是正确无误的。因此，在建立一种政府体系时，我们必须这样安排各个政府机关，使我们能够向人民的理智求教；不是求教他们暂时的、瞬间即逝的感情而是求教他们那经过深思熟虑的判断。应该有一些人负责堵住激情的洪流，给冷静的判断机会去表现自己。达到这个目的的最重要机关之一就是政府的行政部门。总之，现在明显地对立法机关表示怀疑，对它侵权行为的可能范围焦虑不安。另一方面，有一种强烈的意向要重振行政部门，授予它极大权力。[①] 换言之，防止权力合并和集中的最坚强壁垒是各部门的相互联系和相互依赖。《联邦党人文集》清楚地表明，在共和政体中，对自由的最大危险来源于立法机关的权力不断扩大。

从海斯总统开始，美国三权分立的天平开始向行政权力倾斜。如克利夫兰总统在任职期间竟然动用了584次否决权，有力地遏制了国会对行政权力的干预。历史跨入了20世纪后，美国三权分立的政治体制的原有格局出现重大变化，权力的重心终于突破了平衡点，权力的天平向总统这边倾斜，逐步进入了以总统权力为中心，总统占主导地位的时期。“在这一时期，三权分立原则的演变出现了新的趋势，总统的权力不断扩大，国会的权力日趋削弱，到富兰克林·罗斯福执政时期，形成了以总统为中心的三权关系的新格局。这一格局一直保持下来，至今未见发生根本性的变化。”[②]

在这一转化过程中西奥多·罗斯福起了重要作用。罗斯福是一位强势总统，崇尚权力，追求政绩。他说，旧制度为了面临新的社会和经济问题必须改变。“18世纪末宪法制定之时，人类的智慧无法预言一扫无遗的变化……这种变化发生在20世纪初。……现在的条件完完全全地不同了，需要完完

① ［美］梅里亚姆：《美国政治学说史》，商务印书馆1988年版，第61页。

② 张定河：《美国政治制度的起源与演变》，中国社会科学出版社1998年版，第126页。

全全不同的行动。”① 他首先从改革行政机构着手，将权力逐步集中在总统手中。罗斯福为加强对国家经济的管理，要求国会增设商务与劳工部，1903年商务与劳工部正式成立。虽然在他任期期间建立的行政机构并不多，但却开创了通过建立大批行政机构来扩大总统权力的先河。1913年，威尔逊执政后加快加大了罗斯福扩大总统权力的步伐。在罗斯福改革的基础上他又扩建行政机构。这些机构的建立大大削弱了国会的权力，如预算局的建立就使国会失去了对国家财政的管理权。诚如美国学者所言：“预算局成立后，国会把执掌国库的权力交给了专家、官僚和行政部门，留在自己手里的只是资金最后拨用权和对个别项目的反应权。……他们‘位居国会山’权重但遥远，鞭长莫及；他们不是老板，而是董事会。”②

在扩大总统权力上，总统立法权的扩大也是重要方面。一般而言，根据美国宪法规定的原则，20世纪以前美国的立法权基本是掌握在国会手中，总统主要以使用否决权的方式参与立法，牵制立法部门。但进入20世纪之后，总统为扩大权力对立法机关加大了影响力度，罗斯福总统在任内曾经直接干预国会通过许多由他建议的社会立法。通过向国会频繁提交国情咨文的方式，成为总统积极参与立法的一个重要而有效的途径。威尔逊总统在这方面不愧是一个敢于创新、敢于打破传统的开拓者。他打破了自约翰逊·亚当斯总统以来把国情咨文转交给国会的传统，他在就职的第二个月就亲自到国会宣读咨文并提出改革关税的立法要求。他要求众议员和参议员们亲自看到他，是一个真实的人，“而不仅仅是向来自嫉妒权力孤岛的国会打招呼的一个政府部门”。③ 威尔逊的举动，赢得了国会的好感，因而直接推动国会迅速通过了他自己所希望的立法。威尔逊提出了他的所谓“新自由”纲领，拟定了立法计划，引导议员们对此加以研究讨论最终通过立法。“总统提交的国情咨文实际上成为一种立法纲领，国会的许多主要立法就是在总统咨文的基础上制定的。”④ 这种做法后来形成了一种制度，对美国政治体制的演进具有里程碑的意义。……威尔逊加强总统权力的做法对美国政治体制产生了深远的影响，有学者认为：“威尔逊加强和扩展总统权力也许构成了他对

---

① 路易·赖特等：《民主的经历：美国简史》，斯各特·福斯曼出版公司1968年版，伊利诺伊，第298页。

② 罗伯逊：《贪婪：本能、成长与历史》，上海人民出版社2004年版，第408页。

③ 阿瑟·林克：《伍德罗·威尔逊与进步主义时代》，《1900年以来的美国史》，中国社会科学出版社1970年版，第35—36页。

④ 张定河：《美国政治制度的起源与演变》，中国社会科学出版社1998年版，第127页。

美国政治实践的最久远的贡献。"[①] 与总统权力加强有关的是美国文官制度的最后确立，确保文官的政治中立性。彭德尔顿法曾规定文官政治中立，但仅适用于功绩制文官，而政府任命的文官则不受其约束。1907 年西奥多·罗斯福曾以行政命令禁止所有文官参加政治竞选活动。1912 年，在政府文职人员的斗争下，国会通过《劳埃德—拉福莱特法》，给予联邦政府文官成立工会和向国会请愿的权利。文官制度的完善保证了美国文官队伍的素质和稳定，有利于总统权力的加强和实施。

总统权力的扩展还表现在总统的对外政策的制定和实施上。虽然总统握有对外事务的重权，但是根据三权分立和制约的原则，总统的对外事务和重大决策应该通过国会，至少要听取他们的意见或同他们打招呼。但是在罗斯福和威尔逊执政期间，总统经常绕过国会自行其是，独断专行。1905 年，罗斯福调停日俄战争绕过国会就是明显一例。随着美国总统权力的加强，美国总统在美国人民心目中的形象也迅速提升，总统成为美国人民注意的焦点人物。总统权力的加强，也强化了美国总统在国际上的形象和地位。对于美国总统权力的加强，美国教授林德塞·罗杰斯认为威尔逊总统"已经行使了比他前任们更多对国会的几乎是绝对的权力"[②]。

总而言之，20 世纪初美国三权分立和三权制衡的基本特点发生了某种结构性的变异。从国会为重心、国会起主导作用转变为以总统为重心、总统起主导作用的新格局。需要说明的是，20 世纪初美国的三权分立和三权制衡的新格局是一种值得注意的新变化，但并没有改变三权分立和制约的根本性质和结构。美国政治体制的分权和权力制衡的根本原则并没有改变，只是三种权力结构中的重心和力量配置发生了某种量的变化，总统权力有很大的扩展甚至可以发挥主导作用，但这种主导作用依然在立法和司法对其实行制约和牵制之下发挥的，总统成为权力的重心，只是在与其他两种权力的权衡中体现了主导与被主导的关系。

三 行政权力扩张导致官员制度转型

美国的工业化、城市化和垄断化的历史进程是导致美国政治体制变革的根本原因。历史经验表明，严峻的国内经济政治形势和复杂的外部环境往往会要求一个国家或民族建立强有力的行政权力，果断、及时处理各类危机。

① 阿瑟·林克：《伍德罗·威尔逊与进步主义时代》，《1900 年以来的美国史》，中国社会科学出版社 1970 年版，第 34 页。

② 理查德·霍夫施塔特：《美国政治传统及其缔造者》，纽约，1979 年，第 334 页。

（一）行政权力扩张的原因

一些总统在形势严峻的非常时期突破了国会权力至上的僵局，克服了国会权力独大的弊端。如第16届总统林肯在领导北方进行国内战争时，对宪法的许多规定置之不理。国会后来也批准了这些行动，总统掌握了某些主动权。但是这种非常时期的领导方式并没有改变国会的强大地位，尚未确立起总统为重心的权力新格局。所以林肯遇刺后不久国会很快与总统抗衡并接连取胜，又恢复常态进入国会起主导作用的时期。直到20世纪初，像西奥多·罗斯福和伍德罗·威尔逊那样强有力的总统，不顾国会的反对或牵制，前者推行他的反垄断和环境保护政策，后者领导国家参加第一次世界大战，虽然在形式上他们似乎只是继承了林肯总统的某些做法，但是两者之间有很大区别。林肯的做法只是在特殊历史条件下冲击了国会为主导作用的体制但没有能从根本上改变它；而罗斯福和威尔逊则是改革了旧体制，建立了新格局，破中有立。值得注意的最重大的变化，就是对西班牙的战争造成了美国联邦制内部的权力分配和运用。这次战争最显著和最重要的后果是：由于投入国际政治和边远属地的治理，总统的权力大大扩大了，发挥建设性的政治才能的机会也增多了。当对外事务在一国的政治和政策中起着显著作用时，行政首脑的领导非常必要。他必须做出最初的判断，采取每一项行动的最初措施，提供作为建议并在很大程度上控制自己行为依据的情报。再者，行政首脑的这种新的领导可能持续下去。因此，它将对政府的整个办法产生极其深远的影响。它将使各行政部门的首长对国会的行动产生新的影响。作为结果，它将产生统一，这种统一可以取代那种靠群众会议来治理国家的政治才能。①

总统权力集中与当时美国社会思潮的变化有密切关系。19世纪末20世纪初美国工业革命的完成和大规模的经济建设，国内资本主义市场的形成和扩大，特别是铁路、电报、电话和无线电通信加强了不同地区人民的交流，使美国真正成为一个统一的民族经济体，美国人强化了或具有了真正的美国意识，联邦政府对他们不再是陌生和遥远的了，而且逐步成为他们可以信任和依赖的力量，而总统恰恰就是这种力量的代表和象征。此外，20世纪初美国社会思潮已从自由放任转向国家干预，美国人民在镀金时代发现自由放任只是让少数暴发户和垄断资本家获得好处，社会达尔文主义只是他们进行弱肉强食的理论依据，所以他们转而要求美国政府对社会经济领域加以干

① ［美］威尔逊：《国会政体——美国政治研究》，商务印书馆1989年版，第5页。

预，遏制垄断资本的过分膨胀，消除社会上的不公正现象。政府要进行干预就必须拥有足够的行政权力。这股思潮就为总统权力集中和增长提供了思想基础和社会舆论。

（二）行政权力扩张的结果

20 世纪初，美国工业化、城市化发展要求联邦政府迅速有效地处理这些全国性、全局性的问题。但是国会本身是个立法机构，它的特点是：多中心的权力结构，是各种地方势力和经济利益的政治混合体，也是两党党魁争权夺利的场所，利益分散，难以统一。民主有余，效率不足，这必然造成国会内部的意见分歧和无休止的争论，以至对一些重大问题的久拖不决或无限期的延宕，难以适应 20 世纪初的美国社会严峻形势和急速治愈综合征的需求。相对于国会，行政权力较为集中，总统为广大选民直接选举，是人民的代表且具有崇高权威，较少受地方势力和经济利益集团的影响，具有较高的办事效率。罗斯福上台时垄断资本犹如恐龙横行美国，引起社会的种种不安，迫使罗斯福加强权力采取对策；国际列强们已将世界瓜分殆尽，美国利益何在？迫使罗斯福强化总统权力在国际上推行扩张主义，调整列强间各种复杂和微妙的关系，以获得美国的最大利益。威尔逊执政时，不仅国内垄断势力十分嚣张，社会问题积重难返，而且面临人类历史上的第一次世界大战，美国何去何从？正如林肯总统面临严峻的国内形势而采取许多非常时期的政治措施一样，威尔逊超越国会采取很多强化总统权力的做法势在必行。时势造英雄，后来的罗斯福的“新政”也是如此。

应该指出的是，随着垄断资本主义的发展，垄断组织不断加强了它们在经济上的统治地位和对国家政治生活的控制。与经济上的垄断相适应的一个必然结果，就是国家权力的高度集中。经济上居于垄断地位的金融寡头在垄断国家机器时，必然要在政治上实行寡头统治。这种寡头统治表现在国家制度上，就是建立更加庞大的军事官僚机器，加强总统的权力，并日益削弱国会的权力。自 20 世纪以来，尤其是 30 年代大危机和第二次世界大战以来，国家权力集中的趋势不断加强。一小撮最大的金融寡头，为了有效地运用国家机器，强化垄断资本的统治，就在垄断国会中的重要职位的同时，不断扩张总统的权力，将国家权力日益集中到总统身上，使非垄断资本家及一般的垄断资本家听命于金融寡头。①

权力新格局的形成与罗斯福和威尔逊总统掌握较大的行政权力成功推

① 陈其人、王邦佐、谭君久：《美国两党制剖析》，商务印书馆 1984 年版，第 71—72 页。

行进步主义改革是一个互动过程。行政权力集中于总统有利于总统对国家治理与政府效率负责，这有利于美国官员制度的转型；同时，现代美国官员制度的建立也有利于行政权力集中于总统，两者在权力格局中存在着紧密的依赖关系。因此，总统掌握大权，协调强大的政府官僚机构在美国政治权力结构中居主导地位，是现代化进程中美国权力的新格局。新格局为美国政府解决20世纪初美国社会出现的工业社会综合征起了一定积极作用，通过立法在一定程度上缓解了社会矛盾，克服了某些暂时出现的困难，理顺了经济领域的关系，遏制了破坏自然资源的势头，等等，促使美国社会向良性有序方向发展。新格局的形成促使美国政府在国际舞台上更加自如地发挥大国作用，更加放肆地推行扩张主义和强权主义，树立了美国是世界一流强国的地位。

第四节　社会体系与政治体系的互动与平衡

官僚制并不是什么新现象。在几千年以前的中国和埃及，它就以各种简单的形式存在。伴随着资本主义的发展和社会的复杂化，社会需要一个在其质和量两个方面都能不断发展的理性化的行政组织（科层制）。美国现代官员制的趋势是19世纪末20世纪初才加速发展起来的。

一　大规模组织管理与运作的手段

首先，韦伯认为科层制是由“供给型”经济所创造的，又随着商品经济的发展不断得到完善。在研究了古罗马、埃及、中国和非洲黑人帝国的行政组织体系之后，他指出在这些集权制的国家中，君主需要一个行政组织和一批官吏来为他征集赋税、保卫边境和镇压反叛。这一行政组织的形式可能承袭古代军事和宗教组织，如中国秦代以后许多政府官吏的职称（如司马）依然使用古代军队里的头衔。在这些机构中，科层制的组织形式表现了它的优点：内部行动的一致、提高了工作效率、降低了开支、保存了完整的档案、人员更换后工作的连续性等。正因为如此，韦伯认为“充分发展的科层制组织与其他组织形式相比，就如同把机器生产与手工劳动的生产方式相比较一样”。[①] 正因为如此，在社会发展中（无论是在公共事业或是私有经济组织中）科层化是一个不可避免的发展趋势。

---

① Gerth, H. H. and C. W. Mills (eds.), *From Max Weber*, 1946, New York: Oxford University Press, p. 214.

假如由你独自一个人在一个小团体中负责收费工作，你可以按自己的意志去办理事情。但如果在一个大俱乐部里负责收费的有五个人，他们就会觉得有必要把这个工作组织起来，以避免有的会员被重复收费、有的会员却没有被收费。如果一个州或市向市民征税的工作由几百人来干的话，他们的工作就必须系统地组织起来，否则将是一片混乱。一百年以前，美国大多数地区的征税工作没有什么合作。这样，混乱和腐败就产生了。通过改革者的努力，现代官僚机构系统地、公平地向每一个应该纳税的人征取税收。为了系统协调许多人的工作以完成大规模行政任务而设计的组织类型，我们称之为科层制。科层制是指在大型组织中对工作进行控制和协调的组织原则。由于现在大多数的大型组织都需要控制和协调，所以科层制不只是指政府部门，工商组织、自愿者组织，任何组织，只要有行政任务，都有科层制。在当今社会，科层制已成为主导性的组织制度，并在事实上成了现代性的缩影。当然，控制与协调本身并不是目的，它们只是提高行政效率，成功地完成一个人不可能完成的大型和复杂任务的手段。因此，科层制组织原则的目的就是创造有效率的组织。

行政管理的理性化是获取技术革新利益的必要条件。人类的高生活水准的大幅度提高是直到行政管理程序和物质生产技术方面的革命完成后方才实现的。如果没有管理那些雇有数千名工人的工厂所需要的复杂行政机制，现代化的生产机器是不可能得到运用的。譬如，与发明铁路运营管理技术相比，发明铁路技术并算不上什么。……早期铁路出现了许多事故。为了保证行车安全，铁路管理科层化了。管理人员负责协调机车的运营，并印制时刻表。让我们来看看现代组织——无论是铁路、工厂或者政府机关——的生产效率所依赖的行政管理原则。如果让一个人在指定的位置上负责所有的任务，那么他或她即使接受过多年的教育也不具备能力把这项工作做好。譬如，在一个汽车工厂，每辆车的设计和组装都由一些个人来完成。那么这种个人就必须既是设计师，也是机械工程师、电气工程师和训练有素的工匠。像这样的人毕竟是凤毛麟角。即使有这样的人，他或她生产的汽车也一定质量不高。因为没有人有时间和精力完美地生产和组装汽车的每个部件。专业化，即让每个人从事有限的岗位，可以容许雇用素质稍差的人员使其在最难的工作中获得高质量，也可以让工人在自己的岗位上成为经验丰富的技师。

有分就有合。高度的专业化需要一个复杂的协作系统。在专业化程度低的小生产作坊里是不需要很多的协作的，在那里，全体工人相互间保持联系，老板可以对每一位员工的工作予以直接指导。但是，在一个几千人的大公司里，总经理不可能通过向每一位员工提供直接咨询来履行他的职责。因此，经理的职责要通过权力等级体系来实施，这个体系提供高层经营者与每个雇员之间的联络渠道，目的在于获取运行的信息，传递运作指令。行政机关也是如此，有效的协作要求有纪律的工作。只使用督察指导是不可能做到的，而必须使纪律渗透到工作程序之中。这就是规章制度对操作活动的功能，不管其内容涉及的是螺栓螺母的尺寸要求，还是人员晋升的标准。即使在一个理想的情形中——每个雇员都非常聪明并且训练有素，规章制度的执行仍然需要用纪律来加以维持。

当感情或个人考虑影响到行政决定时，工作效率也会降低。一个小杂货铺的店主扩展了自己的生意，开了一所分店，其很可能会让自己的儿子去负责这家分店，尽管另外雇员的能力远胜于自己的儿子。这个店主的行为是基于其个人感情而不是基于生意的经营效率和利益（效益）。与之相似，当自己的弟弟也是领班候选人之一时，一个大公司的负责人可能不提拔一个最合适的工人当领班而提拔自己的弟弟。在实际生活中，他的个人感情可能妨碍他去客观评价自己弟弟的能力。由于强烈情感具有潜移默化的影响、难以克服，要克服感情对效率干扰的最好办法，就是从行政等级集团中排除掉个人之间以感情联系为特征的私人关系。当有亲属关系的一些人为一个公司工作时，典型的办法是不让他们之间有从属关系。假若效率是指贯彻行政决定而言，不带个人色彩的相互关系可以保证官员们不偏不倚的超然态度。

专业化、权力等级、规章制度和非人格化这四个因素是科层制组织的基本特征。工厂是按科层制度组织起来的，政府机关也一样；假如它们不具备这四个因素，它们就无法十分有效地工作。韦伯认为随着社会经济的发展，社会组织（特别是行政、司法部门）将越来越复杂，对工作效率的要求越来越高，工作分工比较细的科层制的发展是不可避免的。随着科学技术和社会分工的发展，某些行政管理的环节或程序在具体操作方面确实简化了，但另一些环节和程序随着通信技术和计算机应用发展要求管理人员具有较高的教育水平（绝不仅仅是识字和算数而已）和经过特殊的培训。总的来说，现代社会无论是行政管理和经济管理的过程都比早期资本主义时期要复杂得多。所以由马克思总结并被列宁继承的巴黎公社三原则（全体居民参与行政管理；官员领取与工人相同的薪金；官员可随时撤换）在实践中是难以施行的。并不是每一个人都经过了必要的专业培训并能胜任政府部门的管理工作的；由于各级管理人员需要具有不同的教育水平、不同的技能和不同的工作强度，依照“按劳分配”原则，他们的工资不可能与工人一样，而且他们内部也存在差别；随时撤换他们（甚至仅仅对他们的工作进行评价）将不是一件简单的事。

科层制的主要优点是把科层组织内的职员们与组织联系在一起，并提高了整个组织的工作效率。随着社会分工和生产过程的不断复杂化，科层制作为一种组织类型不但为行政部门所采用，也被许多私人企业所采用。

二　资本主义发展的“另一只手”

现代国家的幅员辽阔和这些国家的无数组织，是科层制度之所以流行的一个客观原因。在历史上，大多数国家幅员很小，一些大国也仅仅只有松散的中央行政机构，除了政府之外，不存在多少正式的组织。而现代国家往往拥有成百上千万的公民，庞大的军队，巨大的股份有限公司和工会，还有数不清的大规模自愿团体。如果没有科层化，大规模的集中行政就很难得到维持。①

在美国，就业统计数据表明，各类组织倾向于向大型化和科层化发展。正如社会学家们所知道的，在今天的制造业中，行政人员与生产人员的比例已经超过了4.5：10。也许更为重要的是其他产业中管理和行政人员的增加——譬如采矿、金融和保险、零售业、服务业——就像制造业中的情形一样。很大一部分并且越来越多的美国人工作在大型组织中，这些组织越来越科层化，其中的一个重要特征就是管理和行政人员比例的增长。二战以后，工作组织的平均规模稍有减小，但是，个体工间越来越多地联结成科层等级体系。在工作以外，我们日常所处的组织自身也越来越科层化。大多数街角的汉堡店已经被收编成全国连锁店的一部分。独立行医者越来越少，因为医疗已经被组织成集团活动和保健组织，并由大公司所拥有。②

19世纪行将结束时，严重的萧条震撼了经济，致使许多人失业。为了一点微薄的工资，几百万人长时间地在工厂和田里劳动。黑幕揭发者说，有些最著名的企业领导人热衷于以次充好和从事各种肮脏的交易，实行政府管制势属必然。联邦和各州通过了一系列法律，以纠正那些最坏的弊端。这类法律是根据能够在问题出现时加以处理这种实用主义的假定通过的。但是，总的来看，法律仍然反映了人们对市场竞争的一种信任。政府干预的目标就在于克服市场的缺点。

① ［美］彼德·布劳、马歇尔·梅耶：《现代社会中的科层制》，学林出版社2001年版，第9页。

② 同上书，第9—10页。

1870—1880年，中西部有组织的农民运动迫使一些州制定许多所谓“格兰其立法”，政府承担解决农民面临的困难的任务，如管理铁路运费、提供农产品存储设施，等等。[①] 首先，政府通过法律手段，制定一系列的经济法规，设立专门的机构来解决垄断问题。1887年《商际商务法》和1890年《谢尔曼反托拉斯法》的通过被认为是政府正式解决垄断问题的开端。根据《州际商务法》而成立的州际商务委员会是美国政府第一个干预经济的机构，它的主要职责是管理铁路运输。随着一系列措施的实行和制度的建立，反托拉斯行动取得了一定的成效。到1914年，威尔逊向国会宣布：“工业界的巨头们已经光荣地投降了，他们在很大的程度上已开始把他们的特权、他们的目标连同他们的判断，一起放弃掉了。”[②] 其次，是完善经济工具，建立现代经济制度。主要表现为金融货币制度与关税、个人所得税制度的改革。最后，政府对经济的干预还表现在制定行业标准，维护健康的市场经济环境。劳工领袖担心如果没有管制，劳工的日子会更不好过。此外，从罗斯福起直到里根之前，联邦政府通常是改善职业安全和工作条件运动中的主要盟友。在20世纪的头五十年，政府的保护和帮助措施逐步扩大到劳工活动和劳工组织的整个领域。

应该指出的是，这一时期政府对经济的管制不是向整个资本主义制度的彻底挑战，而是为了减少在传统自由放任状态下资本的巨大危害，缓解政府的压力，从而实现改革者所期望的社会公正，既限制危害公共利益的垄断等不公正现象，又鼓励有效的自由竞争。

三 遏制大公司权势的利器

第二次工业革命在生产力领域给美国带来了翻天覆地的巨变，工业化和城市化基本实现：在生产关系领域则带来了意义深远的美国体制中垄断化的完成，实现了美国资本主义制度由自由资本主义向垄断资本主义的过渡和转化。正如马克斯·韦伯所指出的，科层制是“第一秩序的权力工具——用于控制科层机构”。

（一）托拉斯的泛滥

19世纪70—80年代的英雄不是政治家而是企业巨头——洛克菲勒、摩根、卡内基和弗里克家族。“从小人物到富翁”成为国家的座右铭和“美国

① 张友伦、李剑鸣：《美国历史上的社会运动和政府改革》，天津教育出版社1992年版，第157页。

② De Witt Benjamin, *The Progressive Movement*, The University of Washington Press, 1968, p. 114.

梦”的缩影。然而，19 世纪后期，许多企业家不仅得到了自由，而且还常获得资助铁路系统发展的大量土地、保护新建工业的关税，以及含蓄的（如不是明示的）警察援助，以防止工人组织的迅速发展。实际上，政府促进了许多企业的发展。经济领域中的垄断化过程始于内战以后，基本完成于 20 世纪初。到 20 世纪初，垄断已成为美国全部经济生活中的基础，垄断组织（主要是托拉斯）遍布美国的工厂、矿山、油田、铁路、交通运输以及公用事业各个部门。

20 世纪初，8 大财团形成以后就掌握了美国的经济命脉。美国一些主要工业部门中，都有一家大垄断公司的产品占整个部门总产量的 90% 以上，而这些大公司的背后就是垄断财团。以 8 大财团为主体的美国金融资本不仅支配着整个美国国民经济，成为商业和企业生活的“心脏”和“源泉”，而且还操纵美国政府，干预政务，并将其触角伸向社会的每一个角落。一些评论家指出：“摩根在商界的信誉已超过了美国政府，摩根比大多数总统的权力都大。”① 20 世纪初美国经济迅猛发展的事实说明，当时垄断的形成基本适应生产关系，容纳了生产力的发展，巨型企业适应了大生产的需要。总之，垄断的形成是一种生产力自然发展的产物，第二次工业革命带来的巨大生产力和大规模生产势必造成生产的集中，集中就会自然地趋向垄断。诚如列宁所说：“集中发展到一定阶段，可以说就自然而然地走向了垄断。因为几十个大型企业彼此之间容易形成协定，另一方面，正是企业的规模巨大，造成竞争的困难，产生了垄断的趋势。”②

（二）民主的践踏

“美国钢铁公司每年的收益和扩展的钱财超过除世界上最大的政府外的所有国家；它的债务比欧洲许多较小国家的还大；它绝对控制了将近马里兰州或内布拉斯加州那么多人口的命运，直接影响着在数量上两倍于它们人口的命运。”③“世界历史上从未有过的统治权力被委信于少数私人公民手中”，大企业将被一个人或数人的联合所控制，他们将利用这些新的利维坦，成为国家的统治者。④

---

① ［美］罗伯特·索贝尔、戴维·B. 西西利亚：《企业家：美国人的创业精神》，三联书店 1989 年版，第 148—150 页。

② 《列宁选集》第 2 卷，人民出版社 1972 年版，第 740 页。

③ 西德尼·芬尼、杰拉尔德·布朗：《美国的过去》第 2 卷，麦克米伦出版公司 1965 年版，第 37 页。

④ 同上书，第 35 页。

托拉斯的巨大成功和影响建立在广大中小企业主和劳动者（包括工人、农民和外来移民）破产的基础之上。“成百万人的辛劳成果被无耻地巧取豪夺而为少数人去建立巨大的产业，这在人类历史上是史无前例的。这些占有者又转而蔑视共和国和危及自由”。[①]“在洛克菲勒走过的道路上，遍布着破产的人和被遗弃的工厂，摆在他面前的只是对巨大财富资源的不容置疑的控制。”[②]

垄断造成企业内部的集权统治，这就为个人滥用权力和进行不正当竞争提供了可能，必将导致严重的社会经济后果。托拉斯为追求高额利润而破坏竞争的游戏规则，常常为一己之私利兴风作浪、肆意横行、投机倒把，扰乱市场秩序，造成国内经济运转的无序状态。他们的触角还伸向美国的海外殖民地和势力范围，在那里展开竞争，强夺市场和攫取原料，给那里的人民带来痛苦和牺牲。此外他们还不断挑起国际争端、制造危机、破坏人类安宁。从生态角度看，垄断资本在利用科学技术提高利润的同时却又破坏生态平衡和自然资源。为了压低价格和降低成本，他们不断破坏自然资源，无计划地大肆开采矿藏、滥伐林木、消耗能源，给地球带来严重污染。

财团和政府勾结，权钱交易造成滋生腐败的温床。少数财团控制政治以后，权钱交易盛行、腐败成风，给美国的政治生活造成严重后果。大企业家们积累大量财富以后势必要在政治上施展身手，一是为了取得政治地位干预国家重大决策，操纵国家的政治命运；二是为了获取更大的经济利益而寻求政治保护伞。20 世纪以前他们往往收买政客作为他们的代言人。20 世纪初，大财团形成后，他们就直接走上前台，或担任要职，或资助政党，或资助总统选举以左右国家政治。1907 年美国金融危机感，西奥多·罗斯福特意邀请摩根共商国是，解决危机。……为了便于直接参政，企业家们还组织各联合团体。……总之，财团像一头章鱼，它的罪恶触角伸向全美国的任何地方，攫取一切可以抓住的东西。[③]

大企业家生活奢侈腐化，阶级矛盾尖锐。根据 1913 年成立的美国联邦工业关系专门委员会提供的报告，在美国占全国人口 2% 的富人却拥有全国总财富的 60%；占人口 65% 的穷人只拥有 5% 的财富；中产阶级占人口的 33%，拥有财富 35%。而工商界巨头亿万富翁——卡内基、洛克菲勒、范

---

① 西德尼·芬尼、杰拉尔德·布朗：《美国的过去》第 2 卷，麦克米伦出版公司 1965 年版，第 55 页。

② 本·巴鲁克·塞利格曼：《美国企业史》，上海人民出版社 1975 年版，第 276 页。

③ 柯克帕特里克·塞尔：《权势的转移》中译本，商务印书馆 1976 年版，第 3 页。

德比尔特、摩根等只占美国家庭总数的1%，却占有全国总收入的15%左右。他们往往像赚钱一样拼命花钱，但是只为他自己和他的家庭。

在进步主义时期对于绝大多数美国人而言，国家的问题能够被归结为“利益”和“人民”之间的权力斗争，垄断资本对政治的操纵并利用攫取到的权力进一步侵犯人民的利益。国家的灾祸源于垄断，日益增长的企业集中正在扼杀经济、社会和政治生活的各个领域。用政府立法来规范商业的手段对付垄断，即利用国家干预调节经济领域中的各种关系，遏制过度的集中和兼并。但是企业和政治的紧密结合堵塞了立法机关的通道，权与钱的密切结合使规范商业的立法难以通过，即使通过了也难以执行。

（三）国家干预

面对工业化、垄断化带来的严峻的社会现实，传统的政治机器已显得无能为力。这部按照1787年宪法建立的政治机器已经出现了明显的不适应症状，它的功能或老化或不全，显然已不能应对现代经济一些最根本的问题。“美国正处于关键时刻，要是再不改变航向，就会最终陷入绝境。”① 要实现社会公正，政府必须推进改革，采取积极的行动，承担更多的社会责任，为社会提供更多的服务。这些改革最早是在一些很小的范围内展开，后来随着改革运动的不断深入，进而扩展到全国范围。在方法上，主要运用立法和经济的手段；在内容上，主要集中在：政府干预经济，建立和完善市场经济规则，调整传统政府权力分配格局，扩大行政权力，建立现代管理制度等。

美国政体的变化与当时美国社会政治思想的转变密切相关，两者是一个互动的过程：政体的变化促进社会政治思想的变化，反之亦然。20世纪初，美国的社会政治思想经历了剧烈的变化，主要表现为自由放任思想的衰落和国家干预思潮的增长。可以这样认为，在“镀金时代”占主导地位的是自由放任主义，到了进步主义时代，它的主导思想成了国家干预，因为进步主义的主要思想原则就是国家干预。根据霍夫施塔特的分析，“19世纪自由放任资本主义开始转变为20世纪的福利资本主义”。② 他认为“国家干预的必要性被那些坚信威尔逊—布兰代斯—拉福莱特观点，即竞争是生来就合乎需要的人所接受，也为坚信罗斯福—克罗利—冯希斯观念，即集中是不可避免的人所接受”。

---

① ［美］康马杰：《美国精神》，南木等译，光明日报出版社1988年版，第463页。

② 理查德·霍夫施塔特：《美国思想中的社会达尔文主义》，波士顿，贝恩出版社，1954年，第119页。

建立和完善经济规则。政府对经济中的干预可以追溯到19世纪70年代“格兰其法”的制定。法院在格兰其诉讼案中发展了一项公众有权对影响公众利益的企业实行管制的理论：“当财产以某种形式被用来造成公共后果并影响全社会的时候，它就披上了公共利害的外衣。”① 19世纪末20世纪初美国工业革命的完成和大规模的经济建设，国内资本主义市场的形成和扩大，特别是铁路、电报、电话和无线电通信加强了不同地区人民的交流，使美国真正成为一个统一的民族经济体，美国人强化了或具有了真正的美国意识，联邦政府对于他们不再是陌生和遥远的了，而且逐步成为他们可以信任和依赖的力量，而总统恰恰就是这种力量的代表和象征。此外，20世纪初美国社会思潮已从自由放任转向国家干预，美国人民在“镀金时代”发现自由放任只是让少数暴发户和垄断资本家获得好处，社会达尔文主义只是他们进行弱肉强食的理论依据，所以他们转而要求美国政府对社会经济领域加以干预，遏制垄断资本的过分膨胀，消除社会上的不公正现象。政府要进行干预就必须拥有足够的行政权力。

四　政治权力平衡的“调节阀”

（一）从三权分立到政治与行政二分

自从18世纪以来一直被公认的理论是：一切政府权力都可以分为立法、行政和司法；在一切自由政体中，这些权力应该小心地分开，每种权力都应专门由一批官员执掌。许久以来，这种理论一直被认为是政治理论以及宪法的“根本”。这种“公理”认为，不把政府的个别权力授予政府的个别机关，让这些机关相互牵制而获得平衡，就不能保持自由，这个理论在许多方面受到了挑战。但是它也受到顽强的维护，不只是由于历史悠久的思想习惯，还由于赞同这种理论的系统的论述。

不过，古德诺在其《政治和行政》（1900）一书中批评三权分立是“行不通和不适用的法则”，建议用另外一种分类来代替。他强调说，国家的主要职能可分为政治——“国家意志的表现”及行政——“该意志的贯彻”。“政治”包括制定宪法和立法，选择政府官员以及控制贯彻国家意志的职能。这项政治职能由制宪会议、立法机关、司法机关以及政党履行。另外，“行政”可分为两类：司法行政（通称司法权）以及政府行政，其中包括通常所说的行政当局，还有其他准司法或半科学或统计性的职能。

古德诺论述了控制行政的方法，对独立战争年代实行的高度集权制度作了

① ［美］梅里亚姆：《美国政治思想史》，商务印书馆1984年版，第99页。

严厉的批评。得出的结论是：第一，目前各州的行政制度应该比以前更加中央集权化，更加融为一体；第二，政党应该像政府机关一样在法律上获得承认。古德诺认为，在现代条件下，先辈们对中央集权怀有的恐惧已经说不过去了，它是一个“只适用于一个已经过去的时代的战斗口号”，是“意识到一个组织完善的行政体系将会对他们不利的心怀鬼胎的人凭空捏造出来的怪物”。还有，政党不应该再被视为一个纯粹自愿的联合，而必须被看作一个受公众管理和控制、事实上构成政府一部分的政治团体。这样就可以使政党承担起责任，在一个更集权的制度下党魁们可能行使更大权力的危险也得以避免。

（二）从国会政治到总统政治

立法、行政和司法三权的分立和制衡是美国政治体制的根本特征之一。一般认为，美国立国之后的相当长时间里，权力的重心落在国会手里。在早期及整个19世纪，国会在此制定国家政策方面往往起着主导作用。迟至19世纪末，伍德罗·威尔逊总统称，“国会是联邦制中主导的，不，是不可抗拒的力量”。[①] 国会在联邦制中占主导地位事出有因。美国人民一贯对暴政怀有特殊的反感，他们对行政权力的膨胀深怀顾忌。即使是安德鲁·杰克逊和林肯总统都属于强势总统，但他们还是没有改变三权分立中国会为重心的老格局。内战后，由于国会对约翰逊总统的弹劾虽然因一票之差没有成功但是国会权威日益提高。国会剥夺了宪法赋予总统的任职权，还干涉内阁事务。总统只是“国会的仆人”，“镀金时代”成了国会权力居主导地位时期。诚如威尔逊所说，当时“美国国家权力结构实际是国会至高无上的一种体制”。[②]

历史跨入了20世纪后，美国三权分立的政治体制的原有格局出现重大变化，权力的重心终于突破了平衡点，权力的天平向总统这边倾斜，逐步进入了以总统权力为中心，总统占主导地位的时期。“在这一时期，三权分立原则的演变出现了新的趋势，总统的权力不断扩大，国会的权力日趋削弱，到富兰克林·罗斯福执政时期，形成了以总统为中心的三权关系的新格局。这一格局一直保持下来，至今未见发生根本性的变化。”[③]

许多分析家说，形成美国民主的决定动力之一，是以总统为首的政府能

---

① ［美］加里·沃塞曼：《美国政治基础》中译本，陆震纶等译，中国社会科学出版社1994年版，第68—69页。

② 威尔逊：《国会政体——美国政治研究》中译本，商务印书馆1985年版，第8页。

③ 张定河：《美国政治制度的起源与演变》，中国社会科学出版社1998年版，第126页。

够提供坚强有力、能干练达深得人心的领导。另一些分析家说，我们需要的是这样的领导人，他们能够理解美国人民的真正需要、欲求和更高愿望，并且能够使我们的庞大、分散的政府体系为这些需要和愿望尽力。在危机时期，我们的所谓三权分立制度似乎是最行之有效的总统制，也就是总统居于支配地位的制度。有些作者提到，只有强有力的总统才能够克服被制衡与侵权严重困扰的国家所固有的惰性倾向。然而，美国人民希望于总统的究竟是什么？他们要求有坚强的领导，即同国会一道工作、解决经济问题、维持和平、获得人民信任、把事情办好的能力。民意测验表明，人们渴望白宫有一位聪明正直的人。他们还希望有一个能够提供想象力和目标感的人，能够使我们记起作为一个民主和丰裕的国家，作为一个富有创新和试验精神的人民应当有的根本抱负。

在任何特定的时候，行政权力的确切大小，主要是看在职总统的品格和能力，以及时代的需要和国家生存的要求的结果。……对行政权力的这种扩张，国会和法院是欣然乐意的合作者。在紧急状态时，国会常常将自由决断处理的权力仓促授予行政部门；国会有时看来也无力处理技术性高或者需要持续管理或经常做出判断的问题。战争的威胁明显地增大了总统对国家事务的影响。有人认为，国会最缺少的是运用已有的权力的意志。但是，这种解释看来并不令人满意。因为我们的国会在各国各级立法机构中并不是唯一如此的。在过去两个世纪中，在民主国家，在各级政府里，权力均已由立法者转到行政官员手中。英国首相、法国总统、我国各州的州长，以及各城市的市长，一般来讲，都比一百多年前起着更大的支配作用。

联邦在国内事务和经济上的作用大大增长，也扩大了总统的职责，并有助于膨胀的总统权力机构。不容易交给某个部门办的问题常常推到白宫里来。如果新计划涉及几个联邦机构，常常是找接近总统的某个人去制定一贯的政策和调解冲突。白宫助理们不无道理地声称，总统是政府中唯一可以确定和协调国家的轻重缓急的职位。总统还经常设立一些重要的检查协调机构，这些机构协助制定政策，解决部门之间的权限纠纷，为希望他们的观点在决策中受到重视的那些组织良好的利益集团提供接近的途径。

公众的期望也促使总统职权的增大。依照惯例，总统对在外交政策、经济增长和稳定以及美国的生活质量等方面提出新创意负有责任。总统权力的扩张在过去几十年间继续发展。国外危机和经济危机扩大了总统的权力。当需要果断行动时，人们便要求总统拿出行动来。当然，人们按惯例期望国会参与制定国家政策。然而国会往往如此分裂，以致一直心甘情愿地配合了总统职权的增长。同时又不断规定总统可以把权力扩展多远的界限。

应该指出的是，随着垄断资本主义的发展，垄断组织不断加强了它们在经济上的统治地位和对国家政治生活的控制。与经济上的垄断相适应的一个必然结果，就是国家权力的高度集中。经济上居于垄断地位的金融寡头在垄断国家机器时，必然要在政治上实行寡头统治。这种寡头统治表现在国家制度上，就是建立更加庞大的军事官僚机器，加强总统的权力，并日益削弱国会的权力。自 20 世纪以来，尤其是 30 年代大危机和第二次世界大战以来，国家权力集中的趋势不断加强。一小撮最大的金融寡头，为了有效地运用国家机器，强化垄断资本的统治，就在垄断国会中的重要职位的同时，不断扩张总统的权力，将国家权力日益集中到总统身上，使非垄断资本家及一般的垄断资本家听命于金融寡头。

美国总统权力的扩张，最终表现为两大政党的党务与国家的行政、立法和司法联结为一体，总统通过两大资产阶级政党的操纵作用，扩大了自己的权力，干预着立法和司法机关的活动。所以，美国学者认为，可以不夸张地把美国政党说成是“以行政升官为中心的联盟”，“如果存在一个全国性的党，几乎唯一就是政府中的党，我们有一切理由正确地称之为总统的党”①。总而言之，20 世纪初美国三权分立和三权制衡的基本特点发生了某种结构性的变异。从国会为重心、国会起主导作用转变为以总统为重心、总统起主导作用的新格局。

（三）作为权力平衡“调节阀”的官员制度

正常情况下，在一个充分发展的科层制度中，掌权的职位总是处在权力金字塔的顶点。面对那些受过专门训练并从事经营和管理的官员们，“政治领袖”发现自己处于一个“外行”的地位而与“内行”相对立。科层制所服务的“领袖”可能是“人”，他具有“立法创意权”、“复决权”和撤换下属官员的权力；也可能是议会，它以民主选举为基础，具有投不信任票的权力或拥有真正的否决权。②

民主制的确立使官僚制行政变成了彻底的公共性行政，公共性不仅表现在其权力的渊源方面，而且还表现为其承担了公共责任。就权力渊源而言，不管是议会制还是总统制，官僚制政府的权力最终是由人民授权（同意）而

① 张立平：《美国政党与选举政治》，中国社会科学出版社 2002 年版，第 300 页。

② ［美］彼德·布劳、马歇尔·梅耶：《现代社会中的科层制》，学林出版社 2001 年版，第 10 页。

建立的。因此，它必须直接或间接地对这个授权者（议会制中的议会或总统制中的总统，最终则是作为选民的公民）负责。如何在这个层次上确保官僚制行政的责任，就西方国家的历史经验而言，主要是三权分立的制度安排，具体表现为政治与行政的相对分离，并使行政服从于政治，即在政治中解决各种党派和利益的纷争（民主式的妥协），使行政远离各种政治性的考虑和决策以及意识形态的纠纷，而致力于在执行政策中追求客观性和科学方法等理性化的目标和价值，这实际上意味着行政的中立性，这一点随着西方国家的行政改革尤其是文官制度的确立而逐步完善起来。然而也存在政治严格控制行政，使行政“政治化”以确保其公共责任的行政制度。从原则上确立行政服从于政治、政治任命或选举的官员以确保官僚制行政的责任之外，还必须以具体的制度安排来落实责任原则，这具体表现为等级责任制（部长责任制）和规范各种行政行为的详细规则。通过参照这些规则，则可评价官僚制行政是否偏离了公共目的或公共责任并辅之以法律规范和司法审查。第一次权力结构转变为理性官僚制的确立奠定了基础，发展了较完善的行政控制手段；第二次权力结构转变则主要改变了官僚制的控制者，代之以公共的控制者，并促进了官僚制的发展。然而，官僚制行政控制手段如果没有法律控制手段或法治机制的约束，必然导致专制政治，无法保证官僚制的形式理性特征。

强有力的总统精明地运用他们的任命权。总统掌握着五千多项任命，包括几百个联邦法官和军事、外交部门的高级职位。总统运用任命权，不仅为了报答竞选支持者和加强同国会的联系，而且也为了传达优先考虑的事项和政策指示。但应注意，许多任命必须经参议院同意，这在某种程度上限制了总统的任命权。总统任命的高级官员，也是白宫与在专业性联邦机构和军事部门任职的数百万人相联系的重要环节。总统需要尽可能优秀的管理人员和鼓动家来担任这些要职。总统除了识别和任用这些人之外，还必须尽力使这些官员中最有才干的人尽可能长久地留在政府里面。人事变动的问题是尖锐的。许多有能力的人聘任高级官职，比如说在内阁或总统私人顾问班子中任职，而在任只有十八个月或两年的时间。许多这样的高级联邦职位的薪金没有民间机构中相当职位的薪金多。而且，住在华盛顿花销很大。总统必须加强在行政机构中工作的最有才干的人的实力，并且经常把他们提拔到行政部门高层次的较高职位上。简言之，总统的人事管理职责，比任何人（包括总统们本人）所料想的大得多，也需要更多的时间。

参议院和总统常常力争控制行政、司法部门的高级人员。宪法使这个问题多少有些不明确：“总统提名并经征询参议院和取得其同意，任命大使、其他使节和领事、最高法院法官、合众国所有一切其他官员……”但总统未曾独揽行政部门录用和解雇人员的权力。参议院谨慎地保护它批准或否决重要任命的权力。在内战后的议会政治时期，总统为保持其任免权而不得不力争。但在20世纪的大部分时间里，总统获得了适当范围的任命高级人员的权力。这种情况之所以发生，部分是因为公共行政专家警告说，不这样就不能要总统负责。总统任命某人出任某一州的联邦官职（例如联邦检察官）时，需要该州参议员的同意，如果这两位参议员为总统本党成员而该党又控制着参议院，情况尤其如此。总统需要这种同意，是由于一种通称为参议员礼貌的惯例：只要总统任命的人员不是“本身就令人讨厌”，也就是说不是在政治上为该州参议员所应反对的，参议院便乐于批准总统的任命。因此，对几乎所有的地区法院法官，对许多上诉法院法官，对各种其他官职，参议员们行使着一种事实上的否决权。这种否决只有费九牛二虎之力才能推翻。而且，这种否决通常是秘密行使的，因而不负什么责任。但是，这种批准任命的权力对参议员们是如此重要，因此对参议员的礼貌很可能要断续下去。

一个普遍的错觉是，总统作为行政首长可以单独要求官僚机构的忠诚。事实上，每个民选机构都有理由主张对官僚机构的控制权：总统是行政首长，国会是官僚机构项目的授权和资金来源。美国分享权力的独立机构制度导致了这样一种自然倾向：每个机构都捍卫自己的势力范围。而且，总统和国会成员面对的选民不同，因此，它们最需要回应的势力也不同。

政府各个机构要想在这种制度中成功地动作，就必须到能获得支持的地方去寻求支持——如果不能得到总统支持，就去寻求国会支持。换句话说，机构必须玩政治。① 在决定经费和政策方面的新的优先排列时，如果某个机构很自满而懒散地袖手旁观，那它事实上必定会输给其他愿意为权力而斗争的机构。在促进官僚机构利益时，官僚依靠自己的专业化知识，从他们实施的项目中受益的利益团体那里寻求支持，以及寻求总统和国会的支持。具体而言，官僚的权力来源于如下三个方面：

第一，专门知识的力量。联邦政府所面临的大多数政策问题都不可能轻易解决。不管问题是涉及关税还是美国的饥饿者，专门知识都是制定有效的公共政策所必需的。大部分此类知识都由官僚们掌握。他们的职业不是致力于特定的政策领域，他们当中很多人都接受过科学、技术和其他的专门化训

① ［美］托马斯·帕特森：《美国政治文化》，顾肃、吕建高译，东方出版社2007年版，第460页。

练。相比之下，民选官员都是通才。从某种程度上说，国会议员确实通过委员会的工作经历而得到专门化训练，但是，他们很少有时间和兴趣去获取特定问题的权威知识。总统对政策问题的理解更加一般化。因此，不足为奇的是，总统和国会成员都会定期依靠官僚机构来提供政策建议和指导。

第二，追随者团体的力量。大多数机构都有追随者团体，它们是直接受益于一个机构的项目的特殊利益团体。追随者团体通过向国会和总统施加压力以支持让他们获益的项目，从而帮助各个机构。① 总的来讲，官僚机构帮助追随者团体，也得到后者的帮助，这取决于机构所执行的项目。② 很多机构的创立是为了促进社会中的特定利益。例如，农业部的职业官僚年年都是农业利益团体的可靠同盟。而这对总统、作为整体的国会或者任何一个政党就不适用，它们都必须平衡农民与其他利益团体的要求。

第三，高层朋友的力量。尽管国会成员和总统有时看起来与官僚机构是敌对的，但他们需要官僚机构与官僚机构需要他们的程度是一样的。某个机构的资源（它的项目、专业知识和团体支持）可以帮助民选官员努力实现他们的目标。当罗斯福向托拉斯开战时，他需要商务委员会和司法部职业官僚的帮助，以使他的努力获得成功。有时，当其他机构感觉到紧缩联邦预算的压力时，这些机构就获得大量的新的资金。官僚也寻求与国会成员保持良好的关系。国会的支持至关重要，因为官僚机构的资金和计划是通过立法确定的，向主要选民利益团体提供优惠的机构尤其可能与国会保持密切联系。在某些政策领域，机构、追随者团体和国会小组委员会之间或多或少会形成永久性的联盟（铁三角）。③ 在其他的政策领域，官僚、游说者和国会成员之间会形成临时的议题网络。

① ［美］托马斯·帕特森：《美国政治文化》，顾肃、吕建高译，东方出版社2007年版，第461页。

② 同上书，第462页。

③ 同上书，第463页。

第九章

英国、美国、日本官员制度转型的比较

第一节 英国官员制度转型的动因、过程与特征

一 英国官员制度转型的动因

英国文官制度是在英国资产阶级革命胜利后，资产阶级继续对封建贵族进行斗争并取得统治地位以后逐步建立起来的。18 世纪，国会对文官制度曾作了一些改革，把任命文官的权力从国王、贵族手中转到各部门负责人手中，规定由他们和高级文官推荐录用。但随着时间的推移，传统官员制度的弊端不断显现。

一是官场中卖官鬻爵、舞弊行贿成风。官员队伍极为混乱。纨绔子弟庸碌无能而占据高位的，身为要员领取高薪而终日无所事事的无处不有。

二是任免官职唯利是图。握有用人大权的官员，往往把职位送给亲朋好友以及高级官员的子弟，从而达到搞裙带关系的目的。不论被录取的人是否胜任工作，任用的目的是让自己得到更大的利益。

三是在官员的晋升方面，提拔不是凭才干、勤奋程度和工作成绩，而是凭资历、出身和背后的靠山。国会大权几乎全部掌握在土地贵族手中，土地贵族只是让新兴资产阶级充任一些低级文官职务。政府中的冗员却在不断增加，机构臃肿，办事效率极低的状况进一步恶化。①

英国工业革命的完成，大工业得到了迅速发展，工业资产阶级经济力量猛增，但他们在政治上却处于无权地位，因而他们就要想方设法在政治上取得权力。新兴的资产阶级在 1867 年议会改革前，无论在决策方面，还是执行政策方面都显得无能为力，因为被贵族用来抵制新兴工业资产阶级野心的政治权力，仍旧留在贵族手中，已经同新的经济利益不相容了。

① 田常华：《19 世纪中叶英国文官制度改革剖析》，《淮阴师专学报》1996 年第 4 期。

由于两党制的确立而出现的官吏经常变动的弊端，再加上政府工作量的增加和烦琐，文官队伍缺乏相对的稳定性，影响了政策的连续贯彻，也不利于文职官员业务的熟练掌握，严重削弱了政府职能的正常发挥和工作效率的提高，损害了整个资产阶级的利益，有悖于工业资产阶级要求加速发展经济的愿望和自由竞争的原则。工业资产阶级在取得一定统治地位以后，迫切需要革除文官制度中的弊病，建立一个廉洁而又高效的政府，更大程度地解放生产力。这样，当务之急是进行文官制度改革。①

二　英国官员制度转型的过程

现代公务员制度起源于19世纪中叶，最早诞生于资本主义的发祥地英国。其他各国的公务员制度基本上是在英国公务员制度的基础上发展形成的。

（一）英国传统官员制度

在英国资产阶级革命以前，英国实行封建君主专制统治，国王集立法和行政大权于一身；在官员制度上实行的是原始的“恩赐官职制”，所有的官员都是国王的臣仆，一切听命于国王，实际上实行的是“恩赐官职制”。

19世纪初，在议会制度进一步发展的同时，英国两党制也基本形成。政党处于国家政治生活的核心地位，政府官员制度是“政党分肥制”。于是，重要官员的任免权，为议会多数党所掌握。新上台的执政党往往实行“政党分肥制”。在“政党分肥制”下，重要官员的任免权，为议会多数党所掌握。政府官员随政党共进退，官职日益沦为政党政治的工具，成为犒赏政治忠诚与功劳的奖品。“政党分肥制”引起的行政系统的动荡，有利于封建残余势力和资产阶级化的贵族，但却损害了整个资产阶级尤其是后起的工业资产阶级的利益。

（二）英国现代官员制度

自1688年资产阶级革命胜利后，确立了资产阶级君主立宪制，议会成了最高权力机关，资产阶级地位迅速地提高。17世纪末18世纪初，议会通过了一系列法令，扩大了议会权力，削弱王权。资产阶级统治机器的确立，需要与之相适应的政府人事管理制度，这样，新型的现代人事制度——公务员制度就应运而生。英国公务员制度建立的标志有二：一是政务官与事务官相区分；二是考试择优录用制度的建立。

（1）政务官与事务官的区分。“两官分途”这一分化过程持续了130余

---

①　肖俊：《渐进的制度文明：英国文官制度的历史与贡献》，《中国行政管理》2005年第1期。

年的时间，它大致可分为两个阶段。第一阶段是从 17 世纪末开始的，当时在政治统治中确立了主导地位的英国议会为了防止国王通过其任命的官员干预议会活动，在 1694 年，由政府公布法律，限制印花局的服务人员不得任国会议员。1699 年扩大到其他政府机关人员。1701 年议会在《王位继承法》中规定“凡受国王的任命及得国王年金者，皆不能当选为下院议员”。为了使议会便于控制政府各部，该法同时规定各部大臣例外，可以同时是下院议员。从此英国官员队伍有了事务官与政务官的区分。这一阶段实质上反映了资产阶级议会与封建国王对人事权的争夺。第二阶段从 19 世纪开始。19 世纪初，英国的两党制基本形成。新上台的执政党实行“政党分肥制”。1805 年，英国财政部设立了第一个常务次官（事务官），其地位相当于副大臣。到 1830 年，几个主要的部均设立了常务次官，以便各部纷纷仿效，成为定例。以后，英国的政府官员就正式分为两大类：第一类是政务官员，包括各部大臣、副大臣和政务次官，他们随内阁的进退而进退；第二类是常任官员，即文官。包括常务次官、副常务次官及一般办事官员等，他们没有过失则长期任职，不随内阁共进退。这一变革有利于在新旧内阁更替时期的政局稳定和工作的连续性，也有利于提高政府工作效率。从此，英国政府的政务官和事务官正式划分开来。

（2）考试录用制度的建立和健全。1832 年，英国通过了选举法，对政治体制的改革和公务员制度的建立产生了重大影响。1833 年，政府正式开始实行官职的考试补缺制度。每有职位出缺便由四人参加考试，通过竞争择优录用。这是建立考试录用制度的开始。1853 年，英国政府委派麦考莱等三人负责研究考察东印度公司的人事任用制度的弊端。《麦考莱调查报告》首先肯定了考任制的必要性；其次则主张英国文官考试应该注重一般的知识与能力。与此同时，英国首相委派财政部常务次官屈维廉和诺斯科特调查英国任用官吏的情况。第二年，他们根据调查的结果，拟写成《屈维廉—诺斯科特报告》，即《关于建立英国常任文官制度的报告》。报告提出了四项重要的原则性建议：

其一，将政府的行政事务工作分为智力工作和例行工作两大类。前一类指行政领导和政治性职务，必须由大学毕业生来担任。例行工作人员也要考试，但只要求具有中学文化程度。这一原则奠定了现行公务员结构的雏形。

其二，凡初任人员都应该按规定的年龄从学校毕业，通过竞争性考试表明具有通才智力后才能被择优录用。1855 年英国成立文官事务委员会，举行统一考试，从各部择优推荐的候补人员中择优选拔。

其三，建立功绩晋升制，以鼓励成绩突出的有才之士。高级文官的职位的提升，以上级的年终考核报告为依据，低级事务人员的提升则多以年资为基础。

其四，建立各部统一的公务员制度，便于人才的流动和管理，各部之间人员可以互相转调和提升，这样就可以使文官全国一体化。根据以上四项原则建立起来的人事制度，把政府官员分为两大类。一类是随内阁更迭而进退的政务官，另一类是常任的事务官，即文官。至此，英国公务员的考任制才正式确立，同时，它也标志着英国文官系统的最终形成。①

三 英国现代文官制度的特征

（一）中央与地方的分权

英国政治构架的特点之一是在纵向上实行分权制。分权制的形成是有其历史渊源的。英国系一岛国，各岛之间风俗不同，且与大陆隔离，无虑强敌入侵，国防相对较为安全，无须中央集权，因而地方政治相对独立，地方事务分别自治。其次，英国的君主制与当时的大陆国家（德国与法国）不同，它始终没有形成一个中央集权的专制体制，从未有一个国家像大陆的法国、德国等国的君主那样将整个英伦三岛的统治权集中起来，因而被称为“温和的君主制”。其结果是英国现代人事制度既保留了分权制的传统，也继承了贵族制的遗风。

英国政治体制的特质决定着英国公务员制度的基本内容及其生长方向。同时也规约着其公务员制度发展的历史进程。首先，英国的公务员是指中央政府行政部门中除去“政治人员”（政务官）以外的所有工作人员。文官不包括选举产生或政治任命产生的议员、首相、大臣、国务大臣、政务次官、政治秘书和专门委员等政务官，也不包括法官和军人，还不包括政府企事业单位的工作人员和地方当局工作人员。所以，分权制的历史传统和中央政府中公务员规模的限制，使英国的中央行政对地方的渗透能力较弱。

（二）严格的等级制

英国公务员的组织文化浸透了韦伯主义的特点，其组织结构实行严格的等级结构，英国的常务次官牢牢控制着下属且不受政治变化的影响。其具体特征可概括如下：

其一，没有正式的文官法，这是与其“不成文法”的法律文化传统联系在一起的。这决定了英国公务员制度的法律基础是历届内阁以“枢密院

---

① 胡果文等：《中外人事制度比较》，上海社会科学院出版社1989年版，第203—206页。

令”形式发布的决定、命令及惯例。这使英国行政及其价值缺乏宪政（无成文宪法）和司法（无行政总法）及高度发达的行政法保护。

其二，组织结构在本质上具有韦伯主义的特点。属于严格的等级制。这种等级制体现了贵族政治的遗风，具体表现为划分五个等级，具有严格的界限，且不能僭越。而英国的等级制决定了“每一个部由一位常务次官牢牢地控制，常务次官可历经几届部长，并且不必为清除由内阁部长、中央与地方行政、高级官员间的冲突所导致的障碍和束缚而斗争……”

其三，“通才”结构。英国文官考试制度以“通才”为标准，考试科目注重一般教育程度不同及一般知识，故录取者多为牛津大学、剑桥大学等综合性大学的优秀毕业生。这种通才结构，使“专才”者在文官队伍中的地位低下，导致专业人才不愿意置身公务员队伍，反过来专业人才的缺乏增加了政府决策时对外部组织的依赖，特别是自由职业者（如医生、工程师、教师、律师等）的依赖，导致这些外部组织对政府决策有很大的影响，进而形成政治上的压力集团。自 1968 年的官员制度改革后，这一局面虽有所改观，但无法从根本上扭转传统。

其四，人事制度采用分权制。中央与地方人事制度自成体系，不尽相同，互不干预。各地方也不尽一致，无统一规定。这种独特而又半自治性的地方行政格局使得中央行政对地方的渗透能力相对软弱。中央政府的地域行政总体上较弱小，有些领域甚至是空白。如内政部没有供其使用的警察。

其五，高级文官享有特权。以薪金为例，文官最低与最高之比为 1：17，英国内阁秘书是最高文官，其年薪比首相高出百分之五十。

英国的人事分类属于品位分类，所谓品位分类是指以人的职务高低、资历深浅和获得报酬的多少为标准进行分类的制度。它着眼于人，尤其是着眼于人的官阶，它代表等级、地位和资历等。英国的品位分类模式考虑的是公务员的外在三大要素：学历、资历、职位。①

随着社会经济的发展，品位分类已愈来愈不适应社会专业分工的需要，出现了诸多不切实际之处。而现代社会的政策与决策主要依赖于专业知识。因而，1968 年的公务员制度改革的重点之一即是对文官分类制度进行改革。

---

① 李和中：《比较公务员制度》，中共中央党校出版社 2003 年版，第 52—58 页。

第二节　日本官员制度转型的动因、过程与特征

一　日本官员制度转型的动因

日本从明治维新以来，“一直是盯着‘坡上的一朵云’，即以欧美为目标，聚神竭力地向前追赶”。[①] 战后，美国对日本政治民主化的影响是客观存在的。发展经济成为战后日本政治体制改革、推进民主化的直接动力，而官员制度的转型也是在经济利益的驱动下渐进的。日本官员制度转型的动因如下。

（一）经济利益的驱动

战败使日本经济陷入困境，因此，恢复生产和发展经济，以解决生存的第一需要，是战后日本能够快速地进行政治体制改革、建立起法治化、民主化的政治经济秩序的主要动力之一。战后的日本在政治、行政管理方面所做的民主化改革，主要是源于经济发展的推动。日本战后经济建设的需要，客观上推动了日本政治民主化的发展，是政治民主化及官僚制民主化的原动力。[②]

（二）民主政治的促进

战后日本不仅建立了一部和平、民主宪法，而且通过战后民主化改革激活了日本社会曾经有过的对民主自由的向往和追求。正因为如此，民主主义才成为日本国家的基本原理。[③] 日本公民广泛参与政治，从身边的日常活动中影响和改变公共政策已经成为日本居民参与政治的主要手段。这使社会力量能够延伸到公共政策的终端和政治行政管理活动的各个层面。这无疑是促进战后日本官员制度转型的最大动力。

（三）来自美国的压力

众所周知，日本战败后，美国以战胜者的身份通过单独占领日本而顺利地对日本实施了政治民主化改革。正是因为有了美国的外压，日本在很大程度上缓解了后发性现代化国家经济发展与政治民主化共时性的矛盾而取得了巨大成功。因此可以说，美国对日本的压力也是促进日本政治民主化、官员

① ［日］中曾根康弘：《新的保守理论》，世界知识书店2001年版，第36页。

② ［日］淳于淼泠：《宪政制衡与日本的官僚制民主化》，商务印书馆2007年版，第256—261页。

③ ［日］藤原彰等：《日本现代史》，日本大月书店1988年版，第49页。

制度成功转型的动力之一。①

二　日本官员制度转型的过程

日本现行的行政管理体制构建于第二次世界大战结束后的美军占领时期。1946 年日本颁布了《新宪法》，随后通过了《内阁法》、《地方自治法》、《国家公务员法》，由此确立了战后的新政治体制，并在此基础上建立了现代公务员制度。日本的现代公务员制度的确立经历了两个阶段。

（一）官僚型的文官制度（1885—1945 年）

1868 年明治维新之前，“太政官制”自由任用官吏的习俗决定着官僚体制的运转。1871 年以岩仓具视为首的日本政府使节团出访欧洲，1881 年伊藤博文访欧洲，并参照当时的普鲁士国家体制开始改革原来的封建官僚体制。

明治维新后由中小资产阶级发动的自由民权运动的兴起发展，迫使掌握着政府实际权力的藩阀官僚势力不得不以许多特定资格为限制敞开了官吏制的大门。1885 年日本首相伊藤博文提出建立文官制度并颁布了《官吏纲要》，明确规定“仕进（录用）应通过考试”，在内阁中设立考试委员，由考试委员全面审查考生的年龄、品行、健康后选用。这在日本首次确立了考试用人制度，开始把日本从一个主要依靠世袭来决定个人地位的传统社会向一个主要依靠个人受教育程度来决定其地位的民主社会转变。

1887 年日本政府颁布了《文官考试试用及见习规则》和《文官考试委员官制》，确定了选拔高级文官和普通文官的范围，并重视学历，给帝国大学及其前身旧东京大学毕业生以免试的特权。1893 年明治政府改革了《文官任用令》，将文官考试中优待官学出身的规定取消，从 1894 年 10 月开始举办高等文官考试，凡 20 岁以上的男子均可参加考试，成绩合格者被录用后，往往要经过一至三年的短期见习工作，然后方可步入奏任官、政任官、亲任官等高级官吏队伍。这种做法巩固了日本社会结构中政治家、技术人员和专家出身官员等精英人物在国家权力体系中的主导地位，将大批优秀人才吸引到官吏队伍当中。

1898 年，日本政党内阁出现，高级官吏开始政党化。为此，1899 年明治政府进一步修改了原来的《文官任用令》，并制定了《文官资格保障令》，《文官惩戒令》，史称“文官三令”，这些规则不仅完善了原有的文官制度，

① ［日］淳于淼泠：《宪政制衡与日本的官僚制民主化》，商务印书馆 2007 年版，第 261—262 页。

而且还对官吏的身份给予严格的限制，对于官吏服务纪律的规定则具体明确，重在维护官吏的地位、体面和尊严，使官吏成为不受政党控制的“天皇的官吏”，成功阻止了政党势力对上层行政机构的渗透，对公务员制度的发展、官僚型文官制度的建立产生了积极作用，标志着日本书官制度的初步确立。1913 年，日本枢密院通过法令，修正了以前法令规定的最高文官职务也要考试的原则，改为内阁首相可以自由任命最高级官员，随内阁共进退，明确了政务官与事务官的不同任用、管理方式。

这一期间日本书官制度的特点是带有浓厚的封建色彩，文官体系是按照“天皇亲政”、“官吏是天皇的私臣”的精神建立的，一方面，官吏必须遵守法律和规章，尽其职守，对天皇和政府忠顺勤勉；另一方面，官吏又自视为天皇的代理人，以“在上者”身份自居，等级身份色彩浓厚，官吏的私生活与公生活不分，形成了绝对的官僚集团，尊卑次序悬殊、冗员过多，效率低下。此外，由于这一时期是文官制度的草创时期，还存在着一些弊病，如飞快的晋升制、长期任职等。

（二）现代公务员制度（1945 年至今）

二战后，美国对日本采取了“间接统治”的方式，推行宪法、土地改革等一系列民主改革。1945 年，日本币原内阁也对文官制度进行了一些小修小改，废除了天皇统治下的敕任、奏任、判任官衔，统一了薪金制度等，但这些改革措施并未触动旧文官制度的根本，与美国所期望建立的高效的行政机构和官僚体制相去甚远。

1946 年 1 月，美国占领军负责人埃斯曼提出了《改革日本公务员制度》的备忘录，全面否定了币原的改革，要求改革官吏制度，建立一个能管理现代民主社会的行政体制。1946 年 11 月，胡佛的调查报告一一列举了文官制度的种种弊端和缺陷，认为必须对此进行大手术，如设置人事院、实行按资格任用官吏、发送退休金制等。1947 年 6 月，顾问团还草拟了一份《国家公务员法》，强烈要求日本当局尽快通过一份关于公务员制度的法律。

1947 年 10 月，经与顾问团交涉，国会讨论审议，日本通过了《国家公务员法》。战前的文官一词被废弃，改为公务员，并以服务全体国民为宗旨。在宪法上还确认公务员的任免权属于全体国民，从形式上确定了国家公务员制度的民主化、现代化原则。1948 年日本政府又对其公务员制度进行了重大修改，设立了统一行使人事行政权的独立机构——人事院，并采用一般公务员和特别公务员分类划分的办法，推行职阶制、功绩制，实行国家与公务员关系上的合同制，打破了以往官吏的等级特权。1948 年 7 月，日本颁布《国家行政组织法》，1949 年 1 月颁布《教育公务员特例法》，1950 年 5 月制定《关于国家公务员职阶制的法律》，同年 12 月《地方公务员法》出台，上述法律规范对公务员的录用、分类、考试、职阶、进修、晋升、考核等做了详细规定，形成了较为完整的体系，成为日本公务员制度的主要法规。①

经过上述努力，日本基本上建立了较为完善的现代公务员制度。但不可否认，日本毕竟是一个长期受儒家传统文化影响及旧藩阀势力支配的国家，加上二战以前受军事专制主义的控制，旧的官吏制度、习俗风气仍不可避免地起着习惯性作用。因而，日本公务员制度在其建立伊始就决定了其现代民主性、科学性与传统保守性、专制性兼容的特点。

三　日本现代官员制度的特征

（一）日本官员制度转型的历史背景

日本是一个岛国，山脉多，可居住、耕种面积少，这一方面在其国内因山脉分割造成了许多自成系统的小地区，助长了地方分裂主义，为其分散的、藩阀割据的政治形势提供了条件；另一方面是地理环境的相对孤立，存在资源的贫乏稀少，既使日本人具有了一种强烈的自我意识，又增强了其民族一致对外的凝聚力。因而，对外来文化、制度有一种本能的关注吸收能力，使得他们在学习和利用外国经验时又不失去自己的文化特征。

从政治传统来看，日本的封建政治制度随着天皇制的兴衰经历了长期的中央集权的专制君主制到地方将军专权的“武家政治”的演变，其传统与政治文化有强大的政治统一意识和完善的官僚政治制度作支撑。从民族文化来看，日本是单一民族，在习俗心理等方面有着强烈的一致性，社会非常重视正规教育，尤其强调英才教育。从历史的演进来看，日本是一个没有史前文明的岛屿国家，其文化在本质上具有多元融合的特点，但这种融合是在充分比较，多方权衡基础上的适当取舍，具有明显的吸收上的自主性。上述因素对日本公务员制度的形成产生了深远影响。②

（二）日本官员制度转型的特征

日本公务员制度既有传统因子的成分，又大量地吸收了外来的公务员制度文化，特别是美国的公务员制度对其影响至深。具体而言，日本公务员制度的个性特点可概括为如下几个方面。

---

① 李和中：《比较公务员制度》，中共中央党校出版社 2003 年版，第 210—212 页。

② 同上书，第 208—209 页。

第一，注重公务员管理的规范化、法治化。为推行公务员制度，日本政府制定了多达90种以上的有关公务员法规，如《国家公务员法》、《一般职员报酬法》、《关于国家公务员职阶制的法律》、《国家行政组织法》、《地方公务员法》等一系列的法律和规章制度，使公务员的录用、考核、晋升、奖惩、福利待遇等都有明确规定，从制度上保证了公务员管理的有章可循、有法可依。

第二，官僚化的公务员队伍。日本的公务员制度具有浓厚的封建色彩，尽管从法律制度体系上已经建立了现代公务员制度，但在实际运行中，原有的儒家文化、武士道精神如尊卑等级、忠顺服从、特权思想等尤为盛行，而官吏队伍脱离于社会，自成一体，政策过程的暗箱操作，致使自身的封闭性愈演愈烈。

第三，公务员制度改革起步晚，但持续稳定。尽管政局变幻不定，但日本政府行政体制与公务员制度持续稳定，一大批有丰富管理经验和专业技能的中高级公务员成为国家经济社会发展的核心领导。进入20世纪90年代后，政府进一步着手研究内部职能、结构、组织管理方式以及公务员制度的改革，但其在改革中始终持谨慎的态度，采取了渐次推进的策略，注重与政府行政其他改革的配套协调，故而反应平稳。

第四，注重公务员的知识化和专业化。日本建立了健全和系统的公务员培训制度和培训体系，其培训制度的健全程度在西方国家中位于前列，这种健全的培训制度为日本公务员的高素质和知识化提供了重要的保障。不仅如此，在现代日本社会里，日本官僚无与伦比的权威地位，与这种通过培训而形成的能人政治有着不可分割的联系。

第五，公务员制度的兼容性。日本的公务员制度不是简单地对西方公务员制度的全盘照搬，而是根据本国的具体国情与民族传统和心理特点，兼收并蓄，博采众长。日本公务员制度具有封建主义与现代民主相融合的异质性。一方面，具有完善的法规体系，如重考试与实际能力相结合的能力主义原则、强调民主与效率的高度统一；另一方面，则在其精神上体现了强烈的民族特色，注重责任感、团队精神、上下级的绝对服从，强调共性，重视群体，忽视个性发展等。①

① 李和中：《比较公务员制度》，中共中央党校出版社2003年版，第235—236页。

第三节　英国、美国、日本官员制度转型比较

一　三国官员制度转型的个性

三个国家的官员制度转型各具特色，所建立的官员制度无不体现了韦伯式的现代理性官员制度的形式与精神。因此，其转型的个性也大同小异，但各有侧重。

（一）英国官员制度转型的特色——保守性

英国是世界上最早进行官员制度改革的国家，但英国在官员制度转型的过程中，正如英国的“光荣革命”所特有的政治保守主义一样，在它的官员制度转型进程中的保守性也体现得相当明显。首先，英国的官员制度改革仅限于中央政府层面。担任地方官员的概为地方绅士，故而英国的地方行政被称之为“绅治制”，且自成系统，与中央政府行政系统无涉。所以，英国的官员制度改革并没有涉及地方行政机关，这是它的局限性之一。其次，由于受到英国特定政治文化氛围和传统保守势力的影响，英国实行了品位分类制的封闭性的官员制度。品位分类制在文官为数较少、政府功能有限和简单的情势下是可以短期适用的。但随着社会经济的发展，这种制度已越来越不适应社会复杂化和专业分工的需要。特别是阻碍了专业人才的运用，限制了他们参与行政决策与政策制定。而现代社会的政策与决策主要是必须依赖于专业知识的。

（二）日本官员制度转型的特色——兼容性

日本民族吸收外来文化具有明显的积极性和无偏见性特征。日本现代官员制度的建立经历了从普鲁士官僚制度的借鉴到美国现代官员制度的大规模搬用，日本官员制度有相当强烈的欧美色彩，但其最独到之处在于：当它从传统的“太政官制”向文官制度的过渡以至建立现代官员制度的转型过程中，日本正遭遇西方文明的冲击，日本政府在吸纳西方现代官员制度的同时，还成功地保持了其民族传统与习性，如将培训教育列为立身之本、注重团队、等级以及官员职业道德等，并将两者的合理内核进行了有效的调和，形成了适合日本国情的现代官员制度。毋庸置疑，现代官员制度的建立正是不同国家、不同民族官员制度、官员文化相互交融的产物。

（三）美国官员制度转型的特色——科学性

美国在英国官员制度的基础上，形成了以精密细微著称于世的职位分类制度，这是美国现代官员制度的最大特色。职位分类制度，就是按职位的性

质把各种职位分成若干类，在类之下再按职位的责任、难易、技术精粗等划分为若干等级，职位分类是制定工资方案和实施薪酬、考核晋升的基础。只有以分类为基础，政府人事行政才可以走上科学管理的轨道，这是现代工业社会的客观要求。因此有人说："没有职位分类，官员的选用、考核以及其他许多有关的管理问题就不能获得科学化的合理解决，就像房屋建筑之缺少计划和蓝图一样。"① 现代官员制度与传统官员制度的显著区别就在于其科学性。这既体现为法律制度和管理体制的严格规定，对官员制度具体问题具体分析，不绝对化并留有弹性的做法，也反映在现代人事行政理论的广泛实施上，如功绩主义、人本主义精神的推行。此外，科学性还表现为程序上的完备性和实施中的可操作性，如美国文官委员会（人事管理总署等）权力的相对独立、官员考核的量化等。

二 三国官员制度转型的共性

现代官员制度作为现代形态的政府人事制度，是资产阶级革命的直接产物，它浸润着资产阶级宣扬的"自由平等、公平竞争"的人文精神，体现了资产阶级构建新的政治制度以推动资本主义发展的客观要求。虽然具体的制度不尽相同，但是三个国家在官员制度转型的过程中具有很多的共性。

（一）社会历史条件

经济是政治的基础，起决定性的作用。经济基础的改变，必然导致政治制度的变革。现代官员制度只能从发达的商品经济关系中生长出来，资本主义社会经济的发展为它的破土而出提供了客观社会历史条件。

英国、美国于19世纪中叶之前相继完成了工业革命，日本于19世纪末也完成了工业革命。工业革命的完成确立了资本主义生产关系的统治地位，资产阶级逐步上升为统治阶级。除了资本主义经济基础外，现代官员制度的确立是有着深刻的思想文化基础的。首先，从思想上看，资产阶级革命所提出的人人平等的思想，为资产阶级参政，建立现代官员制度提供了思想理论基础。在资本主义之前，贵族垄断官职，资产阶级提出"自由平等"的思想，推动了政治民主化的进程。当然，资本主义社会的发展，使科技教育也得到了较快的发展，社会文化水平普遍提高，这又为资产阶级和其他阶层人士（专业技术人才）担任政府官职提供了条件。

（二）制度基因

在确立现代官员制度之前，虽然有关文官的具体规定和制度不尽相同，

① 李和中：《比较公务员制度》，中共中央党校出版社2003年版，第144—145页。

但英国、美国和日本在官员制度历时传统方面具有极大的相似性。从政府结构功能的变化与文官制度的发展演化来看，可以说，这三个国家都或多或少地经历了从“个人赡徇制”到“政党分赃制”再到“竞争功绩制”这样一个官员制度的发展演变路径。其实，主要的资本主义国家也莫不如此。

（三）转型的原因与方式

19—20 世纪之交是美国历史上全面完成工业化的巨大转变的时代。第二次工业革命全面完成，工业化、城市化和垄断化基本实现。美国经济、科技、文化高速发展，农业国变成工业国，农业社会向现代城市社会迅速转化，美国的现代化初步完成。英国率先成为第一个工业化国家，日本也于 19 世纪末实现工业化。现代化为西方国家官员制度的转型创造了良好的环境，提供了现代官员制度的这种现代形态的社会的和经济的前提，也极大地促成了这种转型。

在政治领域内，官僚体制化的典型基础是：大的国家和群众性的政党。现代国家的幅员辽阔和这些国家的无数组织，是科层制度之所以流行的一个客观原因。在历史上，大多数国家幅员很小，一些大国也仅仅只有松散的中央行政机构，除了政府之外，不存在多少正式的组织。[①] 而现代国家往往拥有成百上千万的公民，庞大的军队，巨大的股份有限公司和工会，还有数不清的大规模自愿团体。[②] 如果没有科层化，大规模的集中行政就很难得到维持。

资本主义体系更进一步推动了科层制的发展。在资本主义社会，对经济风险的理性判断要求竞争市场的正常程序不会受突如其来的外界力量的干扰。为了维护资本主义的利益、维护统治秩序和社会稳定，必须建立强大的政府。现代的大的国家一般愈是长久地和在技术上愈多地依赖某种官僚体制的基础，而且国家越大，首先是，愈是大的国家或者正在变为大国的国家里，愈是无条件地要依赖它，这是显而易见的。

与行政管理任务范围的延展性和量的扩大相比，行政管理强度和质的扩大和内在的发展，更加是官僚体制化的诱因。严格地讲，理性只是一种超乎人类决策能力的理想（一些琐碎的案例除外）。诺贝尔奖得主赫伯特·西蒙（Herbert Simon）说，“在一些系统的价值需要根据一些行为的后果来评价

---

① Robert LaPolomnara, *Burearcracy and Political Development*, Prineton, N. J.: Princeton University Press, 1960.

② Kenneth Boulding, *The Organizational Revolution*, New York: Harper & Row, 1953.

时，优先行为的选择才会涉及到理性。”① 19 世纪后期，主要资本主义国家社会环境的巨变对政治形成了强烈的冲击。在变化中的社会环境面前，原有的政府官员体制日益暴露出严重的问题。首先，周期性政治动荡。其次，结构性的贪污腐败。最后，缺乏效率与人才。

（四）制度变迁的方式与结果

英国、美国和日本三个国家在其官员制度的转型方式上也比较类似。根据制度经济学理论，制度变迁的方式从其途径来划分，有制度移植和制度创新；从其主体来划分，有诱致性制度变迁与强制性制度变迁；从其速度来划分，有渐进式制度变迁与激进式制度变迁；从其范围来划分，可分为局部变迁与整体变迁。从三个国家官员制度变迁的过程来看，其官员制度很难绝对地说纯粹地归属于哪一种变迁，基本上是各种变迁方式兼而有之，但又各有侧重。如英国主要是制度创新，美国和日本的制度移植的成分要多一点；英国和美国主要是诱致性制度变迁，而日本则更多的是强制性制度变迁；从变迁的速度来看，三个国家的官员制度转型都经历了一个比较漫长的时间，因此应该属于渐进式制度变迁。各国虽然建立现代官员制度的具体国情、时间进程等具体环节各有特点，但是最终三个国家所建立的现代官员制度的本质是相似的。

第一，政务官与事务官的区分。政务官是选举产生的官员和由这些官员从政治角度考虑任命的官员，他们有任期的限制，随政党选举的成败共进退；事务官是常任的官员，经考试择优录用，不受选举的影响，没有重大过失可以一直工作到退休。这种区分标志着西方政党政治的成熟，也是西方现代官员制度形成的标志之一。这种区分的结果造成了职业文官阶层的产生，这些职业文官组成了文官队伍，他们有着特殊的集团利益。

第二，考试择优录用制度的建立。考试择优录用制度建立后，一方面保证了事务官所具有的基本素质，防止了个人赡徇制和政党分赃制的种种弊端，另一方面又促使事务官队伍迅速发展成为独立的社会集团。这既保证了事务官的来源，又使得考试与事务官员紧密地联系在一起，又保护着这个集团的特殊利益。

第三，法治化与制度化。三个国家在官员制度转型中，都强调依法办事，注重实体和程序的规范化。这不仅表现在思想上对法律程序的遵守，而且还深化为制度形态上的相关法律制度的建立和完善。伴随着现代官员制度

---

① Herbert A. Simon, *Administrative Behavior*, 3rd edition, New York: Free Press, 1976, p. 75.

的形成和发展，三国政府制定了一系列完备的官员法规制度，涵盖了官员的录用、晋升、考核、奖惩、薪酬等各个方面。

第四，传统性与现代性的交融。三个国家在官员制度改革过程中，当传统官员制度遭遇现代化猛烈冲击时，并不是完全废弃已有的官员制度，而是在既有的官员制度和政治体制的基础上，根据本国的具体国情与民族传统和心理习性，并且参照其他国家的实践经验和制度精华，兼收并蓄、博采众长，构建起了具有本国民族特色的现代官员制度，体现了传统性与现代性的冲突与交融。

第十章

美国官员制度转型的模型、经验与启示

第一节　美国官员制度转型的模型

一　美国官员制度转型的模型

从前面美国官员制度实施机制的论证来看，制度有效变迁的关键在于动力增强并超过阻力。当然，美国官员制度转型进程中的动力因素和阻力因素是相当多的，是无法一一详尽列举的。如动力因素中就有美国总统、企业家集团、中产阶级知识分子、改革派议员、普通民众等；而阻力因素中有国会保守派议员、两党党魁、政党骨干、官僚集团、最高法院、一些州和地方议会等。

值得注意的是，阻力中其实在一定的程度上也包含着动力的因素，动力中其实在一定的程度上也包含着阻力的因素，如政党和官僚集团并不是始终是铁板一块的。在两党竞争白热化的情况下，政党内部会出现一定的分化。如民主党是一直支持官员制度改革的，但是在民主党胜利在望的时候，有相当一部分民主党员是不希望立即改革"政党分赃制"的，而是希望等民主党"分赃"之后再进行改革。共和党也是如此，共和党一直是反对改革"政党分赃制"的，但在国会中期选举落败后，下届总统职位有可能不保时，共和党立马转变了态度，进而大力支持官员制度改革，希望能用"职务常任"将本党的骨干"冻结"在政府官职上。因此，在进行一定的抽象和简化的基础上，构建了美国官员制度变迁的模型。

假设在某同一时期内存在以下六大影响制度变迁的因素：A、B、C、D、E、F，同时又将以上六种因素划分为，视 A、B、C 为动力因素，D、E、F 为阻力因素，其中：A 表示美国总统在制度变迁中所产生的影响因素；B 表示企业家集团在制度变迁中所产生的影响因素；C 表示民众（以中产阶级知识分子为主体）在制度变迁中所产生的影响因素；D 表示美国国会（参议院，众议院）在制度变迁中所产生的影响因素；E 表示美国两大政党在制度变迁中所产生的影响因素；F 表示官僚集团在制度变迁中所产生的影响因素。我们将用以下的数学模型来表达这些因素在影响美国政府官员制度变迁的过程。

令 T 表示每个因素在制度未变迁时的收益，则 T_A 表示 A 在制度未变迁时的收益，…… T_F 表示 F 制度未变迁时的收益；Y 表示每个因素在制度变迁后的收益，则 Y_A 表示 A 在制度变迁后的收益，…… Y_F 表示 F 在度变迁后的收益；Z 表示每个因素在使得制度变迁所要付出的成本，Z_A 则 A 在使得制度变迁所要付出的成本，…… Z_F 表示 F 使得制度变迁所要付出的成本；χ 表示每个因素影响制度变迁中的权重（$权重 = \frac{单个因素在使制度变迁所要付出的成本}{所有因素在使制度变迁所要付出的成本之和}$），则$\chi_A$ 表示 A 在影响制度变迁中的权重，$\chi_A = \frac{Z_A}{Z_A + \cdots + Z_F}$，…，$\chi_F$ 表示 F_A 在影响制度变迁中的权重，$\chi_F = \frac{Z_F}{Z_A + \cdots + Z_F}$ 用制度变迁度 φ 表示各因素影响制度变迁的效果，基于上述假设，我们可给出一个关于制度变迁度 φ 函数的定义如下：

$$\varphi = \sum_{i=A}^{F} \chi_i (Y_i - T_i) \ (i = A,B,C,D,E,F)$$

其中当 $\varphi = 1$ 时，影响制度变迁的动力合力等于影响制度变迁的阻力合力，制度处于稳态；当 $\varphi > 1$ 时，影响制度变迁的动力合力大于影响制度变迁的阻力合力，制度可有效变迁；$\varphi < 1$ 时，影响制度变迁的动力合力小于影响制度变迁的阻力合力，制度不能变迁但社会仍然有迫切要改革的要求。经过一定的赋值验证，我们可以得知上述模型在一定的条件下是成立的。

二　美国官员制度转型的系统模型

如果把美国官员制度转型过程看成是一个动态变化的政治系统，按照系统论的观点，制度转型的输入其实就决定了制度转型的输出，即美国官员制度转型的动力因素与阻力因素的博弈结果决定了是否维持传统官员制度，还是转变成现代官员制度。直观的系统模型图如图 10－1。

如图 10－1 所示，我们将美国官员制度的转型看作一个动态变化的系统。首先，作为系统的能量输入来自两个方面：一个是动力因素，包括以总统为首的政治改革家、企业家集团、民众和其他动力因素；另一个是阻力因素，包括国会反对派议员、政党党魁、官僚集团和其他阻力因素。在美国现代化进程中，由于官员制度所处的生态环境发生了实质性的变化，即政府组

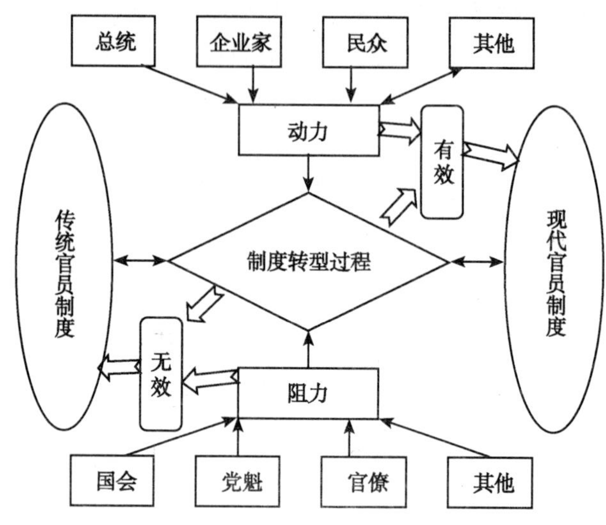

图 10－1 美国官员制度转型的系统模型

织外制度发生了变迁，政府组织内制度的负外部性逐渐增强。同时，在官员制度转型的过程中，动力因素与阻力因素发生冲突与博弈。这是一个长期渐进的过程，也是官员制度变迁是否有效的关键。作为系统输出的结果有两种类型：第一种，当转型的阻力因素大于动力因素时，制度转型无效，官员制度改革失败，传统官员制度得到维持并在一定时期内得以存续；第二种，当转型的动力因素大于阻力因素时，制度转型有效，官员制度改革成功，现代官员制度得以确立，但传统官员制度并未完全寿终正寝，并在一段时期内会继续存在，直到最终退出历史舞台。美国官员制度转型过程正是属于第二种，是官员制度成功转型的范例。

第二节 美国官员制度转型模型的说明

一 转型的日程表

政府权力现代化的现实要求实际上是世界上许多国家所普遍面临的挑战，但政府官员制度能否真正地顺应这些挑战并顺利完成转型，其启动与实施的动力大小尤为重要，它决定了是否实现有效的制度变迁。本书将运用新制度经济学理论对美国官员制度转型的典型案例进行剖析。

与不同的时代其他各国所面临的经济和社会环境的冲击相同，面临新环境，政府的管理体制受到了挑战。可以说，19 世纪末 20 世纪初的美国政府受到的国际竞争和现实要求带有普遍性与代表性。特别是其官员制度转型的启动与实施过程，更具有典型性，其过程如表 10 - 1 所示。结合前文分析，我们可以看到美国官员制度转型的启动与实施改革的动力有五个方面，并分别印证了本书的观点（见表 10 - 1）。

表 10 - 1　美国官员制度转型的日程

项目	启动时间	改革内容	本书观点的证实
联邦权力的增强	1865 年—19 世纪末	1. 内战从政治上摧毁了州权主义； 2. 全国市场从经济上削弱了州权主义； 3. 联邦权力凭借职能扩张而强化； 4. 联邦政府与垄断资本的结合。	提高制度变迁主体的权威性。
总统与国会的权力角逐	1865 年—19 世纪末	1. 国会权力至上； 2. 行政（总统）权力扩张。	提高制度变迁主体的权威性。
现代美国两党制的形成	1876—1884 年	1. 共和党长期执政； 2. 1882 年中期选举共和党损失惨重； 3. 民主党对待改革的态度。	1. 制度变迁阻力的分化； 2. 部分阻力向动力转换。
中西部州“格兰其立法”运动、州政府机构改革	1870—1875 年	1. 中西部州政府承担解决农民困难的任务，如管理铁路经营、运费率、提供农产品存储设施等； 2. 一些州设立了管理和监督大公司的机构。	1. 制度变迁的顺序是由外及内的过程； 2. 增强企业和社会收益，诱发其对政府进行改革诉求，同时减少诉求成本。
纽约、波士顿和费城海关、纽约邮政局	1877—1880 年	1. 改组纽约、波士顿和费城海关； 2. 纽约邮政局推行公开的竞争性考试。	进行改革试点，减少改革的不良影响和阻力。
成立改革协会和联盟	1877—1881 年	1. 1877 年 5 月成立了纽约文官制度改革协会； 2. 众多的地方改革协会建立； 3. 成立全国文官制度改革联盟。	凝聚改革力量、推动改革进程。
社区改良	1870—1890 年	1. 提高居民文化水平； 2. 制度社区改良方案。	启发与教育了公众，改革动员和扩大支持基础。
市政改革	1880—1900 年	1. 主张城市自治； 2. 扩大城市行政部门权力，扩大市长权限； 3. 城市选举超党派，冲淡政治色彩； 4. 专业人士治理，城市科学管理。	改革的初步实践，为大规模改革积累经验。
加菲尔德总统殉职	1881 年 7 月	加菲尔德总统为一个求职未遂者刺杀。	改革的催化剂。
《彭德尔顿法》通过	1883 年 1 月	1. 区别了政治性任命官职与非政治性任命官职； 2. 公开的竞争性考试以选拔文官； 3. 成立组成文官委员会。	通过法律保证改革在法制保障下进行，有效避免既得利益者的阻挠与信息不完全的路径依赖效率。
政治与行政两分	1887—1930 年	政治与行政分离理论开始出现并成熟。	为改革进行理论论证。

续表

项目	启动时间	改革内容	本书观点的证实
科学管理运动	1812—1930 年	科学管理强调中立、经济、效率及标准化。	为改革进行理论论证。
职位分类制	1923 年	通过《1923 年职位分类法》，以五种专业类别区分文官的职别和职级。	对官员进行量化考核，从而降低由于信息不对称产生的机会主义行为。

二　模型的制度框架

从制度的框架来分析美国官员制度转型的有效实施，不难得出如下几点结论。

首先是制度竞争。作为后起之秀，1860 年美国在主要资本主义国家中居工业生产第 4 位，还不足英国工业总产值的 1/2，但它在主要资本主义国只能排名第七，它的经济实力与它在世界市场上的地位极不相称。国内市场的有限和接连不断的经济危机，促使美国走上了海外扩张，参与国际角逐的行列。更重要的是，当美国步入世界舞台时，英、法等老牌殖民帝国已经霸占了可以瓜分的绝大部分殖民地，而德国、日本等后起的资本主义国家也已经占得了先机。因此，美国的扩张活动和国际竞争一开始即面临着严峻形势。改变这种落后状况，迅速地提升国家的实力，打破列强特别是英国的工业垄断地位，就成为 19 世纪末美国政府官员制度改革的一个基本出发点。而在美国之前，英国政府于 1870 年左右已经确立了现代官员制度，构建了一支廉洁高效的官员队伍。在这种激烈的竞争下，美国政府的效率成为美国是否能逐步赶超英国或其他成员国的一个很重要的因素，因此来自国家间国际竞争的压力，迫使美国政府不能不考虑改变传统官员制度模式。

其次是信息成本低，制度变迁的实施与否关键看制度变迁的成本是否低于制度变迁的收益。制度变迁的目标模式决定了制度变迁收益，而制度变迁成本则来自目标模式的搜寻、对变迁客体的激励以及谈判沟通等成本。当目标模式既定时，决定制度变迁被诱致出来的决定变量就是制度变迁成本。对于为何进行改革，改革应达到什么目的，谁是受益者，现在做什么以及将来下一步又做什么？这都是决定制度变迁成本的关键因素。其一，由于通信技术的发展和信息化的普及与深化使得获取他国制度信息的成本降低，其二，美国政府进行官员制度转型的时机选择在英国进行官员制度变迁后进行，并且美国在基本国情和制度习性上与英国非常类似，特别是政府内部行政管理制度非常类似，如议会的两院制、两党制和官员任命等具体的官员管理制度。从历史和现实的境况来说，英国既是美国学习和借鉴的对象，又是美国的竞争对手和前进的障碍。因此美国制度移植便具有了低成本的优势。美国政治家在制度变迁中寻找、搜集、整理与加工新制度模式，并且可以获取制度变迁的激励方案，他们通过对英国官员制度转型的经验教训的学习与研究，获得较为充分的制度信息储备，节约了政治家设计改革模式的成本，使得改革行动在一开始就非常明确，从而减少了制度变迁的摩擦成本和学习成本，制度变迁更为“廉价”，改革方案更易于被官僚机构内外部行为主体所接受，改革也比较顺利。

再次，改革遵循着由外及内的变迁顺序，改革的顺序决定了改革从最符合需要的地方入手，有效克服官僚组织的路径依赖效应。1870—1875年，中西部有组织的农民运动迫使一些州制定许多所谓“格兰其立法”，政府承担解决农民面临的困难的任务，如管理铁路运费、提供农产品存储设施，等等。劳资关系的复杂化和劳资冲突的频繁，迫使一些州相继设立劳工统计局，以调查和研究劳工状况。随着大公司的兴起，中小企事业纷纷要求政府管理和监督大公司的经济活动。许多州也相继制定了反托拉斯立法，设立了管理和监督大公司的机构。鉴于自然资源，特别是森林因不合理的开发和浪费性使用破坏和毁损严重，各州和联邦政府都先后设立了森林管理局一类的机构。类似的专门性机构日益增多。这表明政府的发展趋势是机构不断扩大，功能日趋复杂和多样化。政府功能的扩大，首先要求有一个稳定而高效的文官系统来作为执行各项政策的基础，这无疑对文官制度提出了新的要求。一个稳定而高效的文官系统，是扩大政府对经济与社会事务的干预的重要条件。完全可以认为，美国文官制度转型首先是应现实的政治与社会需要而兴起的。美国官员制度的改革顺序是首先集中联邦政府权力，增强改革的权威性。美国官员制度转型首先是一种增量改革，改革从管制铁路和垄断组织开始，增设了一些管理机构，使社会获得改革收益，从而为政府内部改革奠定基础。政府官员制度改革的一系列政策，在短时期内就形成了基本改革逻辑。

又次，政府内部存在改革的驱动力，形成了一致性的行动。由于政治家对获取政治利益的考虑，要提高经济和收获选票，而此时政府内部与外部经济主体的谈判力量而言，逐步减少。因为在政府组织外形成了较为强大的社会资本基础。所谓社会资本，就是“公民参与网络”、“有条件的互惠规则”。[①] 社会资本理论有助于我们考察美国官员制度转型战略的一些特征，

---

① ［澳］乔·沃利斯、布赖恩·多勒瑞：《政府失灵、社会资本以及新西兰公共部门改革模式对发展中国家的适用性》，《上海行政学院学报》2004年第1期，第82—90页。

这些战略提高了改革家的技术能力，使其在政策过程占据指挥高度，从而为集中化、稳定化改革以及1883—1929年之间的美国官员制度改革的实施和巩固提供必要的政策领导。这一网络中的关键参与者包括：（1）美国总统。（2）主要政党内部的改革者同盟，主要依靠他们通过议会、党派以及国会中不同的“否决权”来推动改革派的改革计划。（3）中产阶级，这是一个自发成立的游说组织，这些重要参与者之间的互动形成了信任和互惠规则，这样一来，他们“第一要务”就是按照同一方向来推动改革，“第二要务”就是在政策圈的每一个阶段互相提携，这可以被视作是经典的社会资本形式。（4）企业家集团，其成员包括了美国大多数垄断公司的资本家。在美国，两大党纷纷向垄断组织靠拢，企业家集团派出了许多“改革指导家”，这些人“活动于一些重要机构之中，将改革提上日程，防止出现瓶颈”。加菲尔德总统殉职成为改革的催化剂，各方的改革力量形成了一致的行动。19世纪末美国联邦主义发展的主要特点在于联邦政府与垄断资本开始全面结合，经济上的统治地位必然要转变为政治上的主宰地位。这些人互相推荐，来填补监督机构中的空缺或者在重组后的前政府部门或企业担任职务。一旦这些改革指导家进入一个特殊的政策共同体，他们就会尽可能保护自己的利益或者观点，力图实现预期结果。

最后，改革的阻力逐渐削弱。首先，州权的削弱使传统的官员制度必须突破狭隘的地方观念和政党利益，国家主义和人民利益开始占据优势。改革的主要阻力来自国会和两党中的党魁势力。在20世纪之前，美国国会在美国三权分立的政治格局中一直居于主导地位，虽然宪法规定官员任免权属于总统，但美国国会议员深深地介入了官员的任免过程中。长期以来，国会坚持与总统分享官职任免权，国会与总统就人事权力始终存在矛盾与较量，特别是内战后国会成为政府核心，总统便有大权旁落之感，1867年官职任期法是激进派击败约翰逊派的一张王牌。总统为首的行政权力上升，在很大程度上代表了经济集中的趋势。全国市场的形成要求联邦政府迅速有效地处理全国性争端。而国会内党魁势力纷争，共和党控制的参议院和民主党控制的众议院长期对峙，使立法部门难以“用一个声音说话”。同时，国会内部也因“分赃制”的弊端而分化，有相当一部分议员支持改革。相反，19世纪80年代以后的历届总统日益强势，有力地促进了总统地位上升。总统所处的位置有利于联邦政府、两大党与垄断资本的三者结合。在竞选过程中，总统比国会表现得更“开明”一些，做出改革姿态以争取民心，并在调整政策方面略胜一筹。此外，总统能比国会更迅速、更坚决地保护企业家利益。

而官员制度改革立法将使总统的人事权力大为扩充，使之在与国会的较量中处于有利地位。两大党的竞争及其内部分裂也使阻力弱化。选举的普及，两党之间的竞争日趋激烈。为了赢得更多的选票，两大党都在表面上支持官员制度改革。共和党被迫支持改革，是因为想利用改革将本党的官员长期固定在文官职位上；民主党中的改革派想利用改革赢得总统选举的胜利。

联邦最高法院也采取了支持联邦政府扩大权力的立场。联邦最高法院历来被看作在联邦政府与州政府之间保持权力平衡的力量。在20世纪30年代中期以前，它对国会和州议会的立法未表现出明显的倾向性。但自1937年联邦最高法院人事发生变动之后，它开始公开支持联邦政府扩大权限。新政时期，联邦最高法院在经济管理范围和社会政策领域里，“有效地消除了国会行使权力的障碍”。20世纪五六十年代，在取消种族隔离问题上，“最高法院通过解释宪法第十四条修正案和权利法案的方式，把州政府的行为严密地控制在联邦法院之下”。美国学者认为，第二次世界大战以后的几十年里，联邦最高法院在奴隶制州权方面达到了顶点。①

使用本书理论分析的框架来分析，可以看到推动政府组织内制度变迁的参与者包括：美国总统、中产阶级知识分子、改革的同盟者、垄断资本集团及民众。与模型中的对应者如表10－2所示。

表10－2　美国官员制度转型制度变迁模式

现实角色	总统	改革者同盟	垄断资本	中产阶级	民众
模型角色	政府制度人（学习、制定方案）	政府制度人（辅助）	企业家集团	压力集团	压力集团
手段	政治权威	否决权	游说、资金	游说	投票
收益	选票与支持	选票与支持	高效的公共服务	新制度中获得职位	廉洁高效的公共服务

于是，在这样的社会网络资源下，改革者与社会之间的合作是高效的，从而才能又好又快地推进了官员制度改革的进行。美国政府官员制度转型也取得了预期的效果，建立一支廉洁高效的官员队伍，更迅速有效地推动了美国的现代化进程。研究发现，美国联邦官僚机构与国内和国外其他的政府官僚机构相比，还是更为有效。官僚机构的有效性存在很大差异，但管理专家

① 张定河：《美国政治制度的起源与演变》，中国社会科学出版社1998年版，第96页。

评估认为美国联邦官僚机构是世界上最佳的。①

第三节 美国官员制度转型的机制

一 转型背景：现代化与传统官员制度的紧张

（一）美国现代化的成就

美国的现代化大约始于1776年至1850年之间，到19世纪末已基本上实现了工业化。1884年，美国的工业生产开始超过农业，到1900年时，工业生产总值已达到农产品的两倍。美国的现代化与早期现代化的国家（主要是英国）相比，有两个突出的特点：政治民主化程度高，经济发展速度快。

首先，经济发展速度快。这可以从两个方面来看。从美国工业生产发展速度看，1790年，美国出现第一家现代化的纺织厂，1860年时已跃居世界第二大纺织工业国。1870年到1913年间，美国工业产量增长了38.1倍，英国只增加了1.3倍；工业发展的平均速度，1861年到1873年间，美国为5%，1874年到1890年为5.2%，差不多同期的英国却分别为3.3%和1.7%；从工业总产值来看，1860年时，英国为28亿美元，美国只有19亿；1894年时，美国为94亿美元，英国却只有42亿美元；在世界工业生产中的比重，1820年美国仅占6%，1894年则占到了1/3。格威尔在谈到美国经济的发展时指出："联邦政府的政策——高关税、宅地法、源源不断的移民、国家银行法为这种迅速的工业增长奠定了法律基础。"我们认为这种说法道出了美国经济迅速发展的一些原因。

其次，民主化程度高。托克维尔曾这样说过，美国人没有经历过民主革命的苦难，却坐享了民主革命的果实。国家一建立就引进了当时英国的政府形式、政体和施政方针。19世纪30年代，美国的男性白人公民已经享有了普选权，而第一个进入现代化国家的英国，在同时期却还未做到这一点。因此，就政治参与来说，美国与欧洲相比不仅早，而且普及程度高；广泛的民主参与还表现在美国需要经过人民选举才能产生的官员数量较欧洲要多。欧洲只需选举国会下院和地方议会，而在美国还包括州长、州议会两院，许多州的官署和委员会以及司法机关等部门的官员也需选举才能任职。从政治权

① ［美］托马斯·帕特森：《美国政治文化》，顾肃、吕建高译，东方出版社2007年版，第463页。

威的合理性来看，美国是实行三权分立的共和制，在这种制度下两党轮流执政，这有利于防止专权现象的出现。当然，美国政治民主化及其人口构成是与没有经过封建社会阶段等有关的。

（二）美国现代化的困局

垄断组织、生产和销售，使大批中小企业被吞并或破产，广大消费者也难逃被其奴役的厄运。经济运行机制遭到破坏，经济活动陷入无序状态。垄断组织对森林和矿产资源的掠夺性开发，使美国森林面积由内战前的 8 亿英亩锐减到 1901 年的不足 2 亿英亩，① 生态环境遭到严重破坏，引起举国关注。反托拉斯呼声此起彼伏，在 1888 年大选中，两大政党都把反托拉斯列入竞选纲领，并取得 1890 年谢尔曼反托拉斯法的胜利。

其次，进入垄断阶段后，社会分配不公和贫困化问题更加突出。据查理斯·B. 斯布尔 1896 年的统计，1% 的美国人占有近一半的国家财富；12% 的美国人拥有近 90% 的国家财富。② 与此形成鲜明对照的是广大工人、农民、移民和黑人却日益陷入贫困的深渊。1890 年，仅纽约市就有 50 万居民住在贫民窟。③ 著名社会活动家罗伯特·亨特估计，在 19 世纪末 20 世纪初，美国至少有 1000 万人（约占总人口的 14%）长期处于贫困状态。④

最后，工农群众贫困化直接引发社会骚动和阶级冲突。19 世纪八九十年代，美国工人运动进入高潮，如 1886 年“五一”运动及秣市惨案、1892 年荷姆斯钢铁工人大罢工、1894 年普尔门城工人大罢工等。小资产阶级不再追随两大政党，反映其愿望的平民党运动蓬勃发展，遍及全国。

总而言之，内战后至 20 世纪初，美国经济基本上处于高度发展的繁荣时期。但与经济大发展相伴随的，不是人民的安居乐业和社会的和谐稳定。物质生活的翻天覆地的变化，带来了一系列难以排解的困惑。为什么经济力量会成为失控的狂潮，冲垮社会的政治、道德和价值观念的堤坝？为什么大部分人不能享有经济繁荣的福祉？为什么资本主义创造出惊人的社会财富，却不能使社会生活和谐安宁？

---

① 梅人编：《美国四十任总统》，时事出版社 1988 年版，第 263 页。

② 塞缪尔·E. 莫里森、亨利·S. 康马杰、威廉·E. 洛伊希滕堡：《美利坚合众国的成长》（Samuel E. Morrison, Henry S. Commager and William E. Leuchtemburg, *The Growth of the American Republic*），牛津大学出版社 1980 年版，第 2 卷，第 272 页。

③ 黄绍湘：《美国通史简编》，人民出版社 1979 年版，第 426 页。

④ 弗雷德里克·L. 艾伦：《巨变》（Frederic Lewis Allen, *The Big Change*），纽约，1952 年，第 4 页。

事实上，现代性产生稳定性，而现代化却产生不稳定性。国家内部和极端行动的中心，不在保持传统的地区，而是在进行现代化的地区。不仅社会和经济现代化会产生政治不稳定，而且不稳定的程度也同现代化的速度相关。“无论从静态或动态标准来衡量，向现代性变化的速度越快，政治上的不稳定性就越大。”① 一个不稳定的国家呈现出来的全面景象是：趋向现代性，传统的生活方式遭到破坏，社会陷入混乱；经济、社会和政治面临改弦更张的压力；新的、“更好”的生产商品和劳务的方法层出不穷；政府一般对现代化的变化过程束手无策，尤其不能满足日益高涨的期望。

（三）传统官员制度的局限及影响

（1）传统文官制度的特征：第一，个人的和特殊的。在个人赡徇制下，官员的任用主要以和重要官员的私人关系为转移，政府任用官员完全凭长官意志，凭与首长的关系亲疏，“对于那些想被国家雇佣的人来说，求助于‘庇护人’和‘裙带关系’，依靠朋友、亲戚找工作或花钱买官等做法是司空见惯的”。政府用人的优与劣，取决于首长个人的良知和美德；而且维护的只是资产阶级权贵这一特殊阶层的利益。在政党分赃制下，竞选获胜的政党把官职作为战利品分配给本党的支持者，选人用人“唯党”、“唯派”、“唯亲”。它虽然一定程度上抑制了贵族的利益，但仍不过是政党利益服务的工具。第二，非制度化。在个人赡徇制和政党分赃制下，人员的作用和使用以统治者、政党领袖、重要官员的自由裁量和意志为支配规则，没有任何固定的、非人格化的制度化的规则加以保证，在可预期性方面没有制度化的保障，官员的任用和管理等具体环节没有严格的准绳，缺乏规范化的管理依据。正如韦伯所论证的，早期的官僚制是“人的、传统的、发散的、同类的和特殊的”这些制度的出现，都有其客观依据，它们都是与早期资本主义时期的政治行政关系——政治化行政相适应的，也具有一定的历史进步性，如防止了君主专制和个人专断，体现了初期民主政治的要求。但是它毕竟是一种非理性的制度，随着政治行政关系的变化，必将被历史淘汰。

（2）美国工业化进程中，社会经济生活及相关领域的新生问题呈几何级数增加，经济关系、经济结构迅速变化，垄断势力扩张，劳资矛盾加深，贫富分化加剧，社会经济生活混乱，进步运动也日益高涨。早期注重自由民主政治意识形态、强调行政活动简单易行且要接受政治控制的政府功能，已

① ［美］塞缪尔·P. 亨廷顿：《变动社会的政治秩序》，张岱云译，上海译文出版社 1989 年版，第 50 页。

经难以应对这种新兴复杂情况了。政府作为一系统，其内在适应性功能要求其调整相应职能，以适应环境的变化，其结果必然是作为管理手段的行政职能的比重第一次超过了政治要求的功能。总体上来看，工业化社会的专业化要求越来越高，而立法、行政、司法固有的权力分工使立法部门（其任用标准取决于政治价值取向）成员缺少应有的专业技术，难以应付经济及社会生活中的种种新生专业领域的变化，不得不采用授权或委任的办法让行政部门成员参与政治生活及专业政策的制定过程，政府行政职能开始强大，"行政国家"开始出现。而"工业化社会是经济化社会，亦即它们的组织原则是职能效率，最迫切的要求是'以少取多'选择比较'合理的'的行动路线"。[①] 效率成为经济发展的首要取向，而资本主义经济交往中的效率取向必然向国家行政管理提出同样的要求，即尽可能提供迅速、准确、高效的服务与保障。而这是以"合议"和"妥协"为特征的议会是无法满足的。政府行政职能无论是量的方面还是质的方面的强化都要求进行效率化操作，经济和效率成为行政管理的基本准则。

行政国家的出现，促使人们越来越关注政府的内部运作。人们对政府如何更好地行政进行了思考，特别对过去的政党政治进行了反省。政党政治是竞争性的政治，政党是在竞争性的选举中获得掌权的机会的。在通常情况下，政治领域的竞争会促使社会分化为对立的集团，会促进不同利益集团对立情绪的成长，结果往往是社会走向非理性化，甚至会出现社会严重动荡局面。在美国，随着政党政治的发展，政党分赃制愈演愈烈，其弊端也日益显露：首先，以私人关系和政治派别为标准选拔和任用官员，必然使各种无能之辈充斥政府，使政府缺乏人才，管理缺乏效率；其次，随着每次大选的结束，选举中获胜的政党总要大幅度撤换前任政府的官员。每次官员的撤换都会引起政治秩序的混乱和动荡，形成周期性政治动荡；最后，由于允许公职买卖，使得结构性贪污腐化不可遏制。因此保证两党制或多党制下的政府管理的连续性，避免政府更替对政府运作所带来的冲击，就成为行政权力增长的内在要求。如何才能使政治领域中的党派竞争不至于对社会造成冲击和伤害呢？答案就是把政治与行政分开来，把政党之间的竞争限制在纯粹意义上的政治领域，而且把行政看作是隶属于政治又与政治相分离和有着自己独立性的领域。

---

① ［美］丹尼尔·贝尔：《后工业社会》，科学普及出版社1985年版，第19页。

二 美国政治现代化的困局

19 世纪末 20 世纪初，美国现代化进入了一个新的阶段，社会取得了巨大的进步，也发生了急剧的变化。但和现代化其他领域相比较，美国政治现代化面临困局。联邦政府从目前组成情况来看，由于权力分散，所以没有力量；由于权威太多，所以行动不够敏捷；由于程序繁多，所以运转不灵；由于职责不清、领导不力，所以效率不高。① 具体表现为：

（一）权力弱小

主要是指联邦政府权力较小。根据美国 1787 年宪法规定，美国建立了联邦制国家。这是十分符合美国国情和特点的国家权力组织形式。美国政治体制的总特点是权力的分割和制约，联邦的行政、立法和司法的三权分立是同水平上的权力分割和制约；联邦制度的联邦政府和州政府的关系则体现了纵向上的权力分割和制约。“联邦制，要求在中央政府和州政府之间分配政治权力。联邦政府和州政府对人民都会有直接影响，都有一些独有权力。联邦制，像分权原则一样，把政治权力分散，防止权力集中在任何一个群体手里。”②

因为美国是先有州后有国的国家，州的观念和地方观念在美国人的心中根深蒂固，酷爱自由和民主的美国人民出于对中央集权体制的害怕，经历了邦联制的实践，推动开国元勋们为未来的美国精心设计了联邦制共和国的政治体制。由于美国的领土是由大西洋沿岸逐步向西扩展推进而成的，19 世纪上半叶，现代美国的完整疆域尚未最后形成，当时的美国也算不上世界强国，统一的国家意识也不是非常强烈，人们缺乏对美国的整体概念，而对地方和州却怀有深厚的乡土情结。联邦制度在美国实施后，州权色彩非常浓厚，州权论者表现活跃。人们往往将州权理论和维护美国人民的民主权利联系在一起。因此维护联邦统一和维护州权的争端始终存在。自从联邦制建立到 19 世纪前半期，美国历史上曾经出现多次关于集权和分权、加强联邦权力和维护州权的斗争，这种斗争从思想发展到政治，从地方闹到联邦，并且愈演愈烈甚至闹到一些州提出脱离联邦的地步。19 世纪 60 年代，最后以奴隶制与资本主义制度为沉闷背景导致南北战争的爆发，用枪炮刺刀解决了奴隶制问题，也维护了联邦制和国家的统一。

---

① ［美］威尔逊：《国会政体——美国政治研究》，商务印书馆 1989 年版，第 176 页。

② ［美］加里·沃塞曼：《美国政治基础》，陆震纶等译，中国社会科学出版社 1994 年版，第 25 页。

虽然联邦得到了维系，但直到20世纪初，美国联邦政府的权力一直都比较有限，十分弱小。随着大工业兴起，一些大公司在规模和影响上都已经超过了各级地方政府，私人权力大大膨胀并有超过政府权力的趋势。如某一铁路公司在波士顿设立的办事处，共雇佣职员1.8万名，年收入4000万美元；而马萨诸塞州政府机关，雇员不过6000人，年收入仅700万美元。而美国钢铁公司所集中的资本，就足够支付当时联邦政府所有部门两年的开支。威尔逊总统感叹道："如果这些人大到足以拥有整个美国政府，我想他们是会去拥有它的。"随着垄断资本主义的发展，垄断组织不断加强了它们在经济上的统治地位和对国家政治生活的控制。

工业化、城市化和垄断资本主义的发展带来了很多新的社会问题和矛盾，需要联邦政府在全国范围内加以调控和解决。而联邦政府的权力的有限和弱小是不能适应这种形势要求的。

（二）权力分散

联邦政府权力过于分散。立法、行政和司法三权的分立和制衡是美国政治体制的根本特征之一。美国人民一贯对暴政怀有特殊的反感，他们对行政权力的膨胀深怀顾忌。美国立国之后的相当长时间里，权力的重心落在国会手里。"在早期及整个19世纪，国会在此制定国家政策方面往往起着主导作用。像丹尼尔·韦伯斯特、亨利·克莱和约翰·卡尔霍恩这样的国会议员，在国会内对当时的重大问题施加了影响。迟至19世纪末，伍德罗·威尔逊总统称，'国会是联邦制中主导的，不，是不可抗拒的力量'"。[①] 总统只是"国会的仆人"，镀金时代成了国会权力居主导地位时期。诚如威尔逊所说，当时"美国国家权力结构实际是国会至高无上的一种体制"。[②]

托克维尔评价说："在美国，无论通过任何法律，总统都无法加以阻止，他也不能回避承担执行法律的责任。在执行公务时，总统如能精诚合作，当然很好，但并非缺之不可。总统的一切重要行动都要直接、间接地报告立法机关；他能自己作主的事是有限的。因此，他之所以能与国会处于对立状态，并不是由于他的强大，而是由于虚弱。在欧洲，国王和其他立法机构必须保持一致，如果发生矛盾，情况就会变得严重；而在美国，这种一致

① ［美］加里·沃塞曼：《美国政治基础》，陆震纶等译，中国社会科学出版社1994年版，第68—69页。

② 威尔逊：《国会政体——美国政治研究》，商务印书馆1985年版，第8页。

不是不可或缺的，因为美国不会发生这类矛盾。”① 国会的实际立法权分别掌握在各个常设委员会手里。因此，威尔逊把美国的国会称作委员会体制，它的特点是立法权力分散，尽管委员会的权力大小不一，但是没有一个委员会有决定性的特殊权力或公认的权威。往全国这锅肉汤中添加佐料的厨师太多了，一次换掉一个厨师是无济于事的。②

但是国会本身是个立法机构，它的特点是：多中心的权力结构，是各种地方势力和经济利益的政治混合体，也是两党党魁争权夺利的场所，利益分散，难以统一。美国制度的最突出的缺点在于，宪法只规定了国会在大政方针上进行领导和在行政管理方面进行监督的权力，但如何保证将工作做好，却没有订出什么办法。从某种程度上说，在这种难以捉摸的捉迷藏式的权威之下，全国必须盲目地跟着国会跑；国会也是在对各委员会完全不了解的情况下唯命是从。各委员会又必须把他们的计划委托给官员们去执行，而官员们可以在很多情况下对委员会进行蒙骗。这种盲人骑瞎马的最终结局会如何呢？作为最高权威的民众，对已经完成的工作或以后要做的工作，心中是否有数呢？对这一整个过程，不要说对民众的意愿无法加以控制，事物的进程又如何能够掌握呢？民众对主管的国会各委员会的良知和他们的所作所为，都无法从职责上对他们施加压力。③

权力分散、民主有余，效率不足，这必然造成国会内部的意见分歧和无休止的争论，以致对一些重大问题的久拖不决或无限期的延宕，难以适应20世纪初的美国社会严峻形势和急速治愈综合征的需求。

（三）权力动荡

美国是一个典型的资产阶级民主共和国。在民主共和制下，资产阶级各个集团为了使国家政策较多地代表本集团的利益，激烈地进行争夺国家机关的各种权力——尤其是立法权和行政权——的斗争，并使这种斗争采取资产阶级民主政治的形式，一般通过政党的活动来进行。经济上的自由买卖、自由竞争在政治上则表现为两个或多个政党的竞争。美国实行的是两党制：民主党和共和党。每四年进行一次总统选举是两党争夺的焦点。虽然两党日益趋同，但随着总统的更迭，政策也会出现较大的调整。在民主政治层面上，

① ［美］威尔逊：《国会政体——美国政治研究》，中译本，商务印书馆1985年版，第147页。

② 同上书，第184页。

③ 同上书，第152—154页。

这是不可避免的政策动荡。

美国早期文官尽管人数在不断增长，但现代意义上的文官制度是不存在的。这表现为政务官与事务官混杂不清；文官的选拔录用完全出于政治性考虑；文官的任期不稳定；文官参与政党政治活动；文官的任期也是极不一致的，专业性强的文官任职期较长，而大部分则是临时性的，随政潮涨落、政党更迭而进退。也就是说，这一时期美国文官制度尚处于政党分肥阶段。具有美国特色的政党分肥制，就是政党分赃制。对于政务官来说，定期更换固然有助于维持官员廉洁和政府活力，有助于民主政治的实现。但对文官则不尽然。文官更需要专业知识、工作经验和熟练技能，在那些专业性较强的部门尤其如此。而在分赃制下，一党上台则大规模更换文官，使一批既无经验又乏才干的人占据职位，导致政府的事务性工作发生停顿和混乱，工作失去连续性，政策的执行因此而大受其累。

在政党分赃制下，官职日益沦为政党政治的工具，成为犒赏政治忠诚与功劳的奖品。在任用官员的过程中，才干与品格占的地位越来越低，几乎可以忽略不计了。1841 年辉格党人威廉·哈里森总统上台后，大量撤换民主党人。詹姆斯·波尔克率民主党重返白宫时又如法炮制，且有过之而无不及。他一口气撤掉了 16000 名各级邮政局长中的 13500 名，其空缺用来奖赏自己的同党。随后辉格党的泰勒总统又回敬了一下民主党，他在职的头一年就把 30% 的职位拿来重新分配。[①] 詹姆斯·布坎南走得更远，不惜撤换本党前任所任命的大批官员以满足自己的追随者的胃口。堪称“政治圣徒”的亚伯拉罕·林肯，在 1861—1865 年间也曾撤换 1639 名可以由总统任命的官员中的 1457 名。[②] 如此循环往复，积弊日深。

分赃制破坏了政府公务员队伍的稳定，政策朝令夕改，导致周期性的政治混乱。政府功能的扩大，首先要求有一个稳定而高效的文官系统来作为执行各项政策的基础。也即说一个稳定而高效的文官系统，是扩大政府对经济与社会事务的干预的重要条件。彼得·布劳指出，“资本主义的利益不仅要求专制的统治者，而且要求建立强大的政府以确保秩序和稳定”[③]。随着时间的推移和流弊的日益深重，这种权力动荡的体制越来越不适应社会和时代

① 阿里·胡吉邦：《废除分赃制：1865—1883 年文官改革运动史》（Ari Hooginboom, *Outlawing the Spoils: A History of the Civil Service Reform Movement, 1865—1883*），伊利诺伊大学出版社 1961 年版，第 6 页。

② 保罗·P. 范里普：《美国文官制度史》，纽约，1958 年，第 41 页。

③ Peter M. Blau, *Bureaucracy in Moedrn Society*, Random House, Inc., 1956, p. 35.

的需要。

（四）权力腐化

垄断资本操纵政治，玩弄权术，权力腐化严重。为了取得竞选的胜利，美国两党都要依靠垄断财团作为后台老板提供竞选经费和资助，两党与大财团联系密切。垄断资本支持两党竞选，党的领袖作为新的企业政治家的仆人而不是主人发挥作用。垄断资本影响政党和操纵政党机器最通常的手法是利用党魁。党魁不是合法产生的领袖，而是一些在党内有势力的职业政客。他们为垄断资本服务，仰资本家鼻息行事。党魁和政党机器利用手中的人事权力，收揽人心，操纵党员，控制选举，建立党魁的一统天下。

同时，垄断大财团通过政党成员控制国会，制定有利于财团的一系列政策，回报财团的恩施。国会是美国的最高立法机关，根据美国的政治游戏规则，它应该是代表民意制定法律的最高权威机构。在美国工业化、城市化和垄断化的总背景下，垄断资本对政治的操纵并利用攫取到的权力进一步侵犯人民的利益。国家的灾祸源于垄断，日益增长的企业集团正在扼杀经济、社会和政治生活的各个领域。用政府立法来规范商业的手段应对垄断，即利用国家干预调节经济领域中的各种关系，遏制过度的集中和兼并。但是企业和政治的紧密结合堵塞了立法机关的通道，权与钱的密切结合使规范商业的立法难以通过，即使通过了也难以执行。权钱勾结，权钱交易的腐败现象严重破坏了美国立法机构的公正性和公平性。这种状况对内战后美国政治的黑暗与腐败负有重大责任。

官员腐败是一种最富有破坏性的犯罪活动。平民党人宣称："我们是在国家已被弄到了道德、政治和物质崩溃的边缘的时刻而集会的。腐败现象充斥着选举、立法和国会，甚至连法院也不能幸免。人民的道德水准下降……千百万人的劳动果实被公然盗窃以建立世界历史上前所未有的巨大财富，而这些财富的拥有者不把共和国放在眼里，威胁着自由……"① 公职人员的违法行为导致的经济后果则更加明显。回扣、受贿和利益冲突增加了政府运转的费用，提高了国民必须支付的赋税。……政治腐败造成的经济代价尽管很高，但它的社会影响则更严重。最重要的是，公职人员的违法行为在人们中间养成了一种不健康的犬儒主义，同时往往侵蚀着政治制度的威信。对贪污、以权谋私和法官受惠于特殊利益等的揭露逐渐损害法律的尊严，降低政

① 张友伦、李剑鸣：《美国历史上的社会运动和政府改革》，天津教育出版社 1992 年版，第 187 页。

府合法性。①

三 "突围之路"：建立现代官员制度

针对美国政治现代化存在的政府权力弱小、权力分散、权力动荡和权力腐化等困局，美国政界改革派和社会进步人士强烈呼吁进行政治体制改革。政治现代化是一个综合的系统，涉及政治领域的方方面面，如政府体制、政党体制、选举制度和官员制度，等等。美国政府选择官员制度作为改革的突破口，建立现代官员制度是美国政府针对政治现代化的困局所选择的一条"突围之路"。

（一）通过建立现代官员制度来增强联邦政府权力，改变联邦政府权力弱小的困局

如果没有通过高度有机的科层体制维持的法律章程，没有国家同社会每一成员间的密切联系，现代国家职能的集中化和管理化几乎是不可能的。既然社会化的大生产需要指挥、监督和管理，这就必须突出权威的重要性。因为没有权威，生产就无法组织进行。恩格斯在评论巴枯宁反对一切权威的观点时曾经这样嘲讽地指出："这些先生是怎样滥用'权威的'这个字眼的。如果他们是工人，而不是资产者、新闻记者等等，或者，如果他们哪怕是稍微研究一下经济问题和现代工业的条件，那末他们就会知道，不强迫某些人接受别人的意志，也就是说没有权威，就不可能有任何的一致行动。……请试试看，在没有领导，也就是没权威的情况下让巴塞罗纳的某个大工厂去进行生产！或者在不能肯定每一个工程师、司炉等等在正是需要的时候坚守自己岗位的情况下去管理铁路！"② 现代化进程中，生产社会化规模前所未有的扩大，经济联系空前的复杂，要求政治体系必须在经济活动中承担计划、控制和干预等各种职能，特别是美国当时准备与欧洲强国争夺世界市场，因此必须增强联邦政府权力。在中世纪，强有力的"现代"国家的萌芽，到处都是与官僚体制机构的发展共同出现的，不仅这是毫无疑问的，而且，正是官僚体制最发达的政治机构，最终摧毁了那些基本上是建立在不稳定的平衡状态之上的混杂体。

从美国联邦政府不断攫取权力的过程可以看出，联邦政府权力的增大是通过不断立法以建立新的行政机构和配备相应的行政人员而得到扩张的。如

---

① ［美］约翰·C. 博伦斯、亨利·J. 施曼特：《美国政治腐败——权力·金钱·美女》，吴瑕等译，浙江人民出版社 1992 年版，第 12—13 页。

② 《马克思恩格斯〈资本论〉书信集》，人民出版社 1976 年版，第 320—321 页。

传统看法认为联邦政府不应管理州际商务。但是为了管理铁路，1887 年，美国成立了州际商务委员会，不仅管理铁路，还将这种管理权扩大到卡车、轮船、货物运输和其他州际间的运输。为加强对托拉斯的管理，设立联邦贸易委员会。建立联邦储备银行体系是扩大联邦政府对全国金融和财政管理权的又一重大措施。联邦政府通过大量立法加强对州际贸易的管理，为了使各种法案付诸实施，联邦政府先后成立各种相应的行政机构。现代官员制度建立在法治与制度的基础之上，就使得官员制度的权威成为一种“法理权威”（rational legal authority）。这种权威又以职位授权的形式赋予具体的行政职位，而不是授予这个职位某一位的官员。所以，从理论上讲，法治化和制度化是树立组织理性权威，防止个人权威的膨胀导致人治现象的重要保障。因为，官员制度实际上是按照权威主义的等级结构建构起来的科层体系，它是“一种利维坦式的、一言堂的、本质上不可控制的力量，吞噬着个人自由和经济资源”。①

（二）通过建立现代官员制度来集中联邦政府权力，改变联邦政府权力分散的困局

政党分赃制在美国政治舞台上盘根错节，它与政客、议员和政党组织的权益息息相关。职业政客以分赃制为依托，以公职职位为权力砝码，玩弄权术，行贿受贿，中饱私囊。他们与分赃制相依为命，对分赃制顶礼膜拜，是分赃制的操纵者和捍卫者。政党组织为了操纵政客党徒，拉拢选民，恩赐官职是政党组织的重要手段。因此，政党组织是分赃制的幕后总指挥，政客是分赃制的先锋战士。

美国现代文官制度建立文官委员会，负责制定文官法规，组织公开竞争考试，监督和调查文官法规的执行情况。文官委员会由三人组成，同党成员不得超过两人；委员会委员经参议院同意由总统任命；委员会每年通过总统向参议院报告工作。现代官员制度把美国文官分为政务文官和业务文官，政务文官是由总统任命并随政府共进退的高级文职官员；除政务文官外的所有政府文官都属业务文官（简称文官）。美国现代文官制度下，文官的选拔实行公开竞争考试择优任命，受任命的文官必须从最低级别开始工作。采用公开竞争考试择优任命文官，这就使议员失去他们享有的部分文官任命权。另外，在三权分立的联邦体制下，总统制定的方针政策往往需要国会的立法支持才能付诸实施。总统为使他赞赏的法案得以顺利通过，经常利用公职砝码

① ［美］B. 盖伊·彼得斯：《官僚政治》，中国人民大学出版社 2006 年版，第 315 页。

来笼络重要议员，打击反对派议员，总统与国会议员间存在一种微妙的互相利用的关系。现代官员制度的确立使官员的任免权牢牢地掌握在总统手中，有利于总统和行政机构权力的增强。现代文官制度的完善保证了美国文官队伍的素质和稳定，文官政治中立且不随政党共进退，有利于总统权力的实施。政党组织也就失去了绝大部分可供恩赐的政府职位，这就使政党失去了赖以施加淫威的权力砝码，这有助于恢复内战后受到削弱的总统权力。

人民认识到，即使是在一个民主国家，也需要强有力的领导。他们渴望一位有远见有个人力量的领袖。而且，人们想要的还是这样一个人，他会使政府和权力人格化，使政治简便易行，他象征国家的保护角色，而看来好像还是关心人民。人们需要力量，但也需要公正。通过现代官员制度这个权力砝码改变了美国的权力格局，形成了一种新的三权分立和制衡的新格局：三种权力结构的重心和力量配置向总统一边偏移，总统权力有很大的扩展甚至可以发挥主导作用。

（三）通过建立现代官员制度来稳定联邦政府权力，改变联邦政府权力动荡的困局

伯克在论及法国早些时候的一次危机时说：“一个国家不具备某些应变的手段，等于没有维护自己的工具。”① 古典政治理论家念念不忘稳定性的问题，也得出了相似的结论。共和政体的自由的性质，似乎一方面是要求不仅一切权力应当来自人民，而且通过短期的任职，使被授予全权的人始终依赖于人民；而且即使在这短时期内，权力也不应该委托给少数人，而应该委托给许多人。可是稳定却要求被授权的人的掌权时间要持久。经常选举造成经常更换人选；经常更换人选又造成措施的经常改变。而政府的坚强有力不仅需要权力的某种持续，而且需要由一个人执行权力。② 行政管理是要学习的，不是生来就会的。无论什么事情，美国人都能比任何其他民族干得轻松。因此，那些认为任期短暂是共和政体的神圣和特有原则的人们的这种看法有什么充分的根据，确实是难以理解的。

任期短暂，不问工作好坏一样对待，则对共和政体和明智的君主政体来说，都是不相容的。不幸的是，美国人并不相信这种理论。人们总是认为，无论是立法工作，还是行政工作，任何人只要小心谨慎，人品好，经过不经

① ［法］埃德蒙·伯克：《对法国革命的思考》，雷格纳利出版社1955年版，第37页。

② ［美］汉密尔顿、杰伊、麦迪逊：《联邦党人文集》，程逢如、在汉、舒逊译，商务印书馆2006年版，第180页。

过锻炼，都可以愉快胜任。但是，没有人会认为，绸布行业、五金行业，甚至是修鞋这门手艺，不经过艰苦的、不给报酬的学徒岁月，不花毕生精力去精益求精地成为一个商人或鞋匠，就能干得很好。然而，人们却把立法看成是任何精明的中年人都可以胜任的事，看成律师们可以很方便地随时和他们的本行结合起来的事，或者任何聪明的年轻人都可以很容易地掌握其中诀窍的事。人们还把行政管理看成是老兵、前外交官，或者出名的政治家们能够本能地担负的工作。一个人只要有一定的天资，生下来就成为总统候选人也不必担忧。制度化是组织和程序借以取得重要性和稳定性的过程。任何政治体系的制度化水平都表现在其组织和程序的适应性、复杂性、自治性和一致性上。同样，任何特定组织或程序的制度化水平，都能以其适应性、复杂性、自治性和一致性衡量。

对公众利益危害最大的做法，莫过于每隔一段武断规定的时间，将一些久经考验和富有经验的公仆解职。世袭占有职位总的来说不是不可取的，而终身任职肯定是值得赞美的。依亚当斯之见，“非持久权力”这个原理并不适用于自由政体。哪里有共和制度，哪里就可以安全地提供长任职期甚至终身任职，而无侵犯人民自由之虞。相反，将权力授予长期任职的官员，真正是使自由政体绵延不绝的保证之一。① 人们对一位政府官员有无信心，唯一的正确标准，是看他的效率。

美国现代文官制度的建立，使民主与效率之间形成了一个合理的张力。政治层面，虽然也追求效率，但首要的价值是民主，政府领导人的更替或权力的转移有利于各种利益的实现，有利于民主的目标。但在行政执行层面上，首要的价值是效率，当然也不能忽视民主。执行工作强调它的连续性和稳定性。文官的短期任职和大规模轮换将使政府行政权力不稳定，政策失去连续性，特别是那些专业性比较强的部门，短期任职更是严重损害行政效率。

（四）通过建立现代官员制度来净化联邦政府权力，改变联邦政府权力腐化的困局

竞争考试文官改革者把自由竞争思想引入文官选拔，建立一套现代文官制度，确保相对而言有章可循的公平竞争政府公职，并为每个合众国公民提供了在能力面前人人平等的竞争机会，这是民主的进步。以功绩制为核心的现代文官制度的建立，就从法律制度上保障了每个公民都有担任公职的权

① ［美］梅里亚姆：《美国政治学说史》，商务印书馆1988年版，第71页。

利，并规定了相对公平的竞争机制，避免了分赃制造成的对政府公职的无章可循的抢劫，在法律制度上保障每个公民都有公开竞争政府公职的权利和机会，这无疑把“人人生而平等”学说在具体实践上向前推进了一步，把美国民主制度——“民有、民治、民享”中的“民治”由理想变成现实。

以功绩为核心的文官选拔和管理体系的建立，是政治现代化——政治制度法制化的具体体现。通过几次改革，美国文官的录用、任免、考核、奖惩和监督都走上了有法可依、有章节可循的法制化轨道。从行政学的角度来看，美国文官制度改革的最大成就在于建立了一套与薪金挂钩的完备周全的文官职位分类系统，现代管理是以定人、定量、定质等定型考核评估为基础的，只有对联邦文官职位做出详细的、精密的、完备的分类，确定每个文官职位在文官系统中的位置，才能对文官工作政绩进行定量定质的考核评估，也才能按相应的规章制度奖罚文官，走上依法管理的正规化轨道。美国文官制度改革对美国政党制度也产生了重大影响。通过竞争考试择优录用文官，使文官摆脱了政客党魁的控制，政党组织也就失去了绝大部分可供恩赐的政府职位，这就使政党失去了赖以施加淫威的权力砝码。

分赃制带来的最严重的恶果，也许是政治腐败。在求官谋职者心目中，官职之所以诱人，乃在于它可以带来种种便利可以满足私欲。一批批捷足先登者深知不久将被人取代，于是疯狂地利用职位牟取私利，中饱私囊。另外，各政党都要求一般文官进行政治捐款。收入微薄之辈便只好寻求额外的财源。在美国工业化、城市化和垄断化的背景下，促使权力腐化的最基本原因是政党分赃制。国家的问题实质上是“利益”和“人民”之间的权力斗争。通过文官中立，切断政府权力与各种复杂利益关系的纠缠，维持“政府中立”的形象，净化政府权力，平衡“利益”和“人民”之间的矛盾。

第四节　美国官员制度转型的经验及其启示

中国目前正处在由传统的农业社会向现代的工业社会转变的转型时期，经济社会发展都相对滞后。改革开放后，在外力的推动及政府的强力催生下，市场经济的因素倒也有了相对的发展，但其他几方面的发展并未同步跟上以适应平衡发展的需求。“发展中国家需要一个强有力的私营部门和强大的市场，这不是一蹴而就的事情，也不能离开与行政管理体系密切相关的基础条件，例如坚持法制、保护竞争、防止出现垄断的法律及有能力的人员。”①

中国虽有很长的官僚制渊源，但却只是传统型的官僚制，而非韦伯式的法理型的官僚制。中国传统社会以高度集权为特色，主要决策的权力集中在皇帝个人或最高层的官员阶层的手中，他们决策，下级严格服从，组织权威沿等级森严的层级结构进行传递。但整个社会所赖以建立的权威是传统型权威，它来自于传统习惯的血缘关系或身份地位，而不是非人格化的法定规则。传统型的官僚制对现代的中国行政管理影响强烈，人身依附和身份地位等级化的现象仍然非常普遍。一方面极力寻求着法律规则的细化和完善，另一方面却得不到切实的执行，规则之内没有解决的途径，规则之外却有广阔的天地。政府权力高度集中于行政首长个人手中，但没有对一把手有效的制约与监督。所以，用韦伯式的官僚制改造和克服传统的官僚制的影响，由非理性走向理性，实现公共行政法治化是中国现代化进程的必由之路。

需要注意的是，虽然中国也处于经济社会的转型时期，但美国的国情与中国不同，在政府官员制度转型中的表现也有所不同。这种不同不仅表现在政治制度的不同，社会结构的不同，更重要的是表现在初始条件和改革的现实挑战不同。美国在改革前是一个比较发达的市场经济国家，在这种情况下，政府组织内制度变迁悖论的情况就比较轻微。这是因为一个比较发达的市场经济具有可以有效配置资源的功能，经济主体的自身理性已经具备，规则界定已经清晰，并不需要更多的政府干预，即政府补充式的制度变迁。从而当市场与政府在制度系统中发生不均衡时，制度变迁的目标将比较清晰，主体与客体也将比较明了。另外，一个充分发达的市场经济，使得资源在政府与私人部门之间配置的效率差异降低，将使得因改革官僚的在位收益所带来的机会成本降低，所以会降低减少政府内部性的机会成本，改革的阻力会更小。当然，这并不影响本书使用美国官员制度转型的案例论证本书的观点。

政府官员制度转型是一项牵扯面极广的制度变迁，是一个庞大的系统工程。改革能否得到顺利推进，影响因素有很多，本书只关注了其动力、激励和实施机制问题，即改革中各主体的利益变化将导致的行为问题。基于全书的分析，从美国政府官员制度有效变迁的角度，提出促进中国政府官员制度有效变迁的六点对策：

① ［澳］欧文·休斯：《公共管理导论》，中国人民大学出版社 2001 年版，第 262 页。

一　找准改革突破口

政府组织内制度的正内部性与负外部性的矛盾是制度转型不能有效进行的根源。政治家通过减少一定的正内部性获取外部性的做法是对的，但会存在巨大的阻力。目前中国的政府改革主要途径是进行机构改革，事实证明机构改革的难度与成本都非常大。其实，政府行政审批制度是官僚获取租金的重要工具，也是政府内部性存在的重要基础。本书认为，改革行政审批制度是更优于改革机构的策略。因为，一旦官僚失去了进行寻租的手段，则自然不会留恋职位，机构改革则会顺水推舟，水到渠成。中国传统的“官本位”思想的根源在于“权能生利”。[①] 因此，从改革实施的可行性角度而言，行政审批制度改革应作为一个突破口。特别是按照改革成本递增原则选择改革顺序的话，则行政审批制度改革的成本要比机构改革成本低，可接受程度更高。实际上，机构改革是进行了两步改革，第一步是使改革对象失去收益权，第二步是使改革对象失去职位。显然，分两步走，改革对象的接受更容易，改革成本也较低。考试录用政府公务员继承了中国传统科举制度的合理内核。目前中国政府公务员“凡进必考”已成为刚性的法律制度，有效地把住了官职“前门”。但考试的公平性和科学性则有待进一步改进和完善。最后，还可以考虑先对官僚逐步实行任期制，减少官僚在同一职位的时间，增强其危机感，完善官员制度的“后门”，这也是官员制度改革逐步减少改革阻力的另一种替代方案。

二　建立适宜的改革补偿机制

政府官员制度的改革面临着各种政府改革成本，这些成本一方面要弥补新制度的建立成本，以增加人们对新制度的认同与强化；另一方面要补偿旧体制下利益主体的利益损失，改变原有体制下的利益格局，以减少改革阻力。同时，应该承认一定的妥协是合理而必要的，在所难免的。从美国《宪法》过程和美国现代官员制度变迁过程来看，改革者在支持改革的正确方向和基本原则时应当照顾被改革者的利益诉求，是减少改革阻力并保证改革长期顺利实施的必要让步和明智策略。我国官员制度改革实施过程中要注意妥协与渐进策略的运用，适当减少改革阻力，确保公务员制度变迁的有效实施。

从前面分析可以看到，美国官员制度改革无法启动的原因部分来自于内外部主体的成本约束。从美国官员制度转型中改革补偿机制的设计也可以看

---

① 王健君：《政府职能转变述评之一——经济调节的理性归位》，《瞭望》2005 年第 10 期。

出，建立改革补偿机制的重要性。因此，应当注意到，政府职能与财政职能调整在体制改革的全局中居于关键地位。相对于官员制度改革而言，财政体制改革应该走在前面，并且可以强化对改革成本补偿机制。我们必须高度重视对自下而上的诱致性制度变迁方式的鼓励和发动。可以通过持续有效的分权化改革，妥善分配并切实保障基层的合理利益，从而充分调动政府中基层官员进行制度创新、强化制度变迁收益，提高制度变迁积极性。通过财政预算的“硬约束”对政府改革发挥“倒逼”作用。因此，行政体制与财政职能的调整应当统一规划、协同推进，并由此达成行政体制改革与财政体制改革的共同深化，进而驱动体制改革全局的良性发展。

三 强化官僚改革长效监督

路径依赖的产生往往来自于对政府内部官僚机构的监督弱化，而政治家的监督要付出极大的代理成本，往往得不偿失，此时需要增加民众对官僚机构的监督，强化监督的法制化，增加政务信息的透明性。政府的行政首长问责制引起了广泛关注，并产生了较好的监督效果。然而在现实中，行政首长又是异地任职、交流轮换，流动性比较大，普通官员的任职往往比较稳定。政府机构中的路径依赖往往来自于官僚制中普通官员的行为选择结果，对普通官员的监督管理很难保证连续性。对普通官员的问责将有利于官僚机构的公正与效率改进，并具有可操作性。为此，当前应制定具体、详细的规则，保障政府中的决策者和老百姓的知情权、保障公民能真正拥有问责权。当前，应通过公众的广泛参与落实行政官员问责制，用具体的程序规则保障对公民举报的重视，加大对政府审计结果的公开性，对重大项目、工程的招标过程和招标结果要给予公开；通过具体的程序规则明确公众和各类组织提起问责的方式、程序，普遍官员对公民和组织提起的问责在什么场合、通过哪种渠道、用什么形式回应等。另外，将政府的改革措施法制化。每一次的改革政策在进行深思熟虑的基础上，都要以立法的形式尽快出台，官僚机构的改革将被法律监督与保障，政治家的权威将得到加强，无疑将有助于减少官僚机构在面对改革时的策略行为。

四 培育完善社会资本

前面分析得到，政府组织外的各种组织在促进政府官员制度转型时会遇到激励不足的问题。从美国官员制度的成功改革模式来看，政府与社会关系即社会资本良好培育状态是推进政府转型的重要途径。从现实分析来看，我国社会组织发育不良、社会参与度及组织化程度低是其中的重要根源。各种社会组织、民间商会及行业协会在市场经济发展、改善社会结构上起到了重要作用。在制度变迁的进程中，它们同时也是制度变迁的诉求主体，可以理解为“集团”的代表。非政府组织可以起到对政府改革的信息提供、动力提供与监督反馈的作用，从而提高“定制”制度产品的“有效”需求能力。为此，我国首先要在党的政治领导下，稳步推进政社分开，逐步实现社会组织领导人自选、活动自主、经费自筹等方面的改革，提高社会组织的自治程度。其次，要顺应利益关系变化的客观实际，建立政府与民间组织的平等协商对话机制。政府与民间组织不是简单的管理与服从、控制与被控制的关系，而是协商关系、合作关系。最后，要把政社分开作为政府改革的一项重要任务。我国政社分开的关键在于各级政府要从部门利益和行业利益中出来。尽快地把公益性、服务性的社会职能逐步交给具备条件的行业协会、民间组织。要在政府和社会组织之间建立起一种取长补短的平衡关系，培育出强大的社会资本，为制度变迁的整体推进提供强大诉求力、推动力和保障力。

五　注重非正式制度的补充

制度不仅包括正式制度也包括非正式制度，政府官员制度变迁主要强调了其正式制度的方面，比如政治体制、法律制度、组织结构等，这些方面的变迁牵扯到的利益问题往往使得改革难以被接受。而非正式制度既包括政府官员之间的沟通习惯、协作方式，也包括官员的权力思想、官本位等。诺斯认为在制度变迁过程中，意识形态作用非常重要。意识形态能在很大程度上节约已经供给的新制度的实施成本（包括维持制度运行的信息成本以及保证制度有效实施的服从成本）。一方面，意识形态本身作为节约信息费用的工具，能大大降低相关制度运行的信息费用（包括搜寻、传递、筛选和反馈信息的费用）。另一方面，意识形态可以部分或全部地替代规范性规则和服从程序，因而它可以起到降低服从成本的作用①。因此，政治家对可以引起更多认同的意识形态进行的投资越多，其维持现有的制度安排或制度结构所支付的服从成本也就越小。因此，政治家应寻求除经济补偿或者强制命令以外成本更低的方法，可以通过思想意识的教育弥补强制性或诱致性制度变迁的不足，逐步改变外部经济组织与内部官僚机构的偏好集或收益函数的参数，使之能够较为主动地推动或配合官员制度转型的进程。在政府外部的企业家中，意识形态的改变将改变其搭便车的动机，而在职官僚的个人利己偏

① ［美］道格拉斯·C. 诺斯：《制度、制度变迁与经济绩效》，上海三联书店 1994 年版，第 229 页。

好及收益成本中对利益的认识都可以通过意识形态加以改变。一方面，强调“立党为公、执政为民”，逐步形成官员的公共利益思想，弱化“官本位”思想。另一方面，可以进行制度比较的宣传教育。通过对比我国与外国在官员制度领域中的差异，以及这种差异的弊端，增强官员的民族责任意识，意识到制度的决定性作用。还可通过公共部门的低效率与私人部门的高效率之间对比，增强危机意识、开放意识。非正式制度的变迁能以一种成本较低的方式推动正式制度变迁。然而，也要意识到非正式制度变迁与正式制度变迁之间可能存在的较强的相关性。因此，改变不是一朝一夕，一蹴而就的，需要一个较长的历史时期，是正式制度与非正式制度良性互变的过程。

六　传统性与现代性的交融

正是因为考虑到历史遗留问题的特殊阻力和社会资本培育的长期性，要实现制度的有效变迁，必须建立适宜的改革补偿机制，重视非正式制度对正式制度的补充，因此，在尊重历史、基本国情与现代化的基础上，在官员制度转型的进程中，当传统性与现代性激烈冲突之际，必须关切传统性与现代性的合理交融。任何一个社会的现代化都不脱“创造”与“适应”一个形态，前者来自社会的内部，是一种“内发的力量”所促成的；后者则来自社会的外部，是一种“外发的压力”逼成的。[①] 海根认为在文化的发展中，根本无“消极地摹仿”这回事。传统社会的“现代化”过程乃是一种“选择的变迁”，亦即将传统性与现代性变成“运作的功能的综合”，即“新传统化过程”。[②] 中国的发展必须依赖一种平衡的发展机制。我们追求理性，但并非绝对的理性，也非价值理性不变条件下的工具理性，而是适合中国社会政治经济环境的理性，并随着社会现实条件的发展而适时调整相应的价值理性。要发展官僚制，完成传统型官僚制向现代理性官僚制的转变，但更应该寻求官僚制与民主、市场之间的平衡与协调，达致政府、市场、社会资本的均衡发展。

在我国建立现代公务员制度的进程中，首先要有一个正确认识和处理传统性与现代性的关系问题。从美国、日本和英国三个国家官员制度变迁的经历来看，现代官员制度既保留了分权制的传统，也继承了贵族制的遗风，更体现了现代社会的现代性：民主与科学。总之，三国现代官员制度是本国历史传统与现代性冲突、调适与交融的产物。因此，反观我国的政府机构改革

---

① 金耀基：《从传统到现代》，广州文化出版社 1989 年版，第 104 页。

② 同上书，第 105 页。

和建立现代公务员制度，应该清醒地认识到我国传统官员制度不乏精华之处，如科举制度中考试择优录用官员制度的形式公平性，古代官吏制度中完备发达的官员管理制度，特别是监察制度，当前我国的干部制度中的“党管干部”、“德才兼备”的制度精华等，这些都是值得我们学习和借鉴的。在合理继承和发展这些合理传统性的基础上，根据当前我国现代化进程中经济社会全面转型的基本国情，紧扣现代化对官员制度的要求（现代性），既不保守地固执传统性之一端，也不激进地唯全盘西化或现代性是从，在渐进改革和构建现代官员制度的进程中，尊重历史和传统性追求理性与现代性，达致传统性与现代性的调适与交融，实现官员制度变迁的有效实施。

我国在现代公务员制度的建立发展过程中既应该认真吸收借鉴西方发达国家的现代官员制度的经验教训，也要批判地继承传统文化，特别是传统官僚制度文化以及新中国干部人事制度的养分和精华，注重传统性与现代性的交流与融合，在坚持社会主义国家性质和民族特色的同时，努力适应现代国家官员制度的发展的总体趋势，坚持构建一个科学、廉洁、高效、民主的现代公务员体系。

结　语

本书在对有关现代化、官员制度和制度变迁等主要理论进行梳理、运用的基础上，分析了美国现代化进程中政府官员制度从传统类型“个人赡徇制”、“政党分赃制”向现代类型“竞争功绩制”——现代官员制度全面转型的过程、阻力、动因、机制、模型与经验等，阐明了美国现代官员制度形成的历史背景、改革步骤以及与现代化各主要领域的重要关联，在与英国、日本官员制度转型进行类比的基础上，从制度变迁层面上分析了美国官员制度转型的实施机制，构建了美国官员制度转型的数学模型，总结了美国官员制度转型的一般规律。美国现代化与政府官员制度之间相互作用和美国官员制度转型的历史规律，对中国（发展中国家）现代化进程中政府官员制度的改革和完善提供了重要的经验和参考，具有重要的理论意义和现实意义。

从现代化进程的角度分析，现代化是一个完整的系统，其中经济现代化、政治现代化和文化现代化是一个不可分割的互相依存的互动过程，任何一个方面的不足或失衡都会导致现代化进程的停滞或中断。官员制度是国家政治权力结构中的中枢，特别是在现代社会，官员制度已成为主导性的组织制度，并在事实上成了现代性的缩影。因此，现代化与现代官员制度是一种共生与耦合的关系，现代化的深化必然导致官员制度的转型。19 世纪末 20 世纪初美国官员制度的转型演变既是政治体制与经济体制相矛盾且相适应这个过程的反映与调整，又是改革动力与改革阻力进行较量和博弈的结果。美国建立现代官员制度是为了适应美国现代化与资本主义发展的迫切要求，也是为了进一步主导和推动美国的现代化，保障美国的现代化健康和稳定发展，实现美国社会的和谐和可持续发展，这是美国朝着现代化目标前进的一个必然过程。

从政治发展的角度来审视，美国官员制度的转型体现了国家与市民社会的控制与平衡、政治与行政的分合与交错、民主与效率的紧张与调适的复合变奏过程。现代化进程，特别是经济社会的现代化是造成政治与经济分离、国家与市民社会二元结构的根本动力，通过国家（政府机构和官员）对市民社会的积极干预而达到市民社会发展的目的。政治与行政是两个不同的领域，但两者并不是截然分开的。美国官员制度转型后，职业文官政治中立，通过政务官领导职业文官来体现政治与行政分与合的关系。民主与效率在现代社会中似乎是一个此消彼长的矛盾体。民主是一个各种利益讨价还价的妥协过程，与现代化的飞速变化所要求的高效率存在一定的紧张，但民主是政治文明不可或缺的内核。美国通过对政务官和职业文官的区分，竞争性考试选拔制度和功绩制的实行调适了民主与效率之间的紧张关系，保持了张力的适度。总之，美国官员制度的转型理顺了美国权力结构之间错综复杂的关系，促进了政治权力的理性化、世俗化、制度化和民主化，促进了美国政治发展。

从制度变迁的角度来透视，政府权力现代化的现实要求实际上是世界上许多国家所普遍面临的挑战，但政府官员制度能否真正地顺应这些挑战并顺利完成转型，其启动与实施的动力大小尤为重要，它决定了是否实现有效的制度变迁。美国官员制度转型成功的原因在于如下的制度变迁实施机制：制度外部推动力形成了合力、政治家的权威得到有效保障、改革的约束降低；同时制度改革的阻力逐渐削弱、制度信息完备、使用权威强制与有效改革补偿相结合。通过建立现代官员制度来增强、集中、稳定和净化联邦政府权力，改革联邦权力弱小、权力分散、权力动荡和权力腐化的困局。建立现代官员制度是美国政治体制改革和制度变迁的延续和突破口。同时，建立适宜的改革补偿机制、强化官僚改革长效监督、培育完善社会资本、注重非正式制度的补充、妥善处理传统性与现代性的冲突与交融等都是官员制度有效变迁的关键因素。

虽然现代官员制度体现了传统性与现代性的交融，但现代官员制度和传统官员制度却存在本质上的巨大差别，体现出明显的现代社会的基本特征。1. 法制化和制度化；2. 竞争选拔机制、等级制、终身制和任命制；3. 职责设定和执行的非人格化；4. 官员的职业化与专业化；5. 管理方法、途径与技术的科学化；6. 接受民选政治领袖的领导与控制。认识并把握现代官员制度的这些基本特征，有助于我们透视并把握现代官员制度的优势与不足，以便于在具体的制度建构和管理实践中更好地发挥其优势为现代化服务，同时注意克服其不足并防止可能造成的弊端。

美国官员制度转型是一个全方位多领域的综合改革，自上而下，自下而上。文官制改革对美国政治体制的调整具有深刻影响，是19世纪末20世纪初美国人事制度中的一次大的改革或改良。列宁指出：“任何改良之所以为改良（而不是反动的或保守的）措施，正因为它是趋向改善的一个一定的步骤或阶段。”① 现代官员制度的形成，只是在一定程度上缓解了美国社会经济基础与上层建筑的矛盾，在一段时期内适应了经济社会发展的需要，但根本矛盾并未解决。文官制度形成后，美国文官管理也出现了很多问题，如官僚主义严重、公众信任危机、缺乏有效的激励机制和官员僵化保守等。因此，在现代官员制度形成后，不断地对其进行改革和创新也成为一项紧迫而长期的任务。麦迪逊在《联邦主义者》第51期的文章中告诫说：“在组建一个人控制人的政府时，最大的困难在于：首先必须使政府控制其臣民，其次是使它控制其自身。”

美国官员制度转型的经验和规律反映了现代化进程中的官员制度发展演变的一般规律，反映了官员制度改革完善的共性，对于我国建构一支廉洁高效的公务员队伍是值得借鉴和参考的。当前我国正处在传统社会向现代社会的转型时期和体制改革的重要关头，现代化的宏伟目标还远未实现。对于一个转型社会来讲，政治现象及其相互关系非常众多、复杂，但其中最为关键的政治现象是政治稳定、政治效率和政治民主及其相互关系。② 今天摆在我国面前的许多问题，与美国的遭遇有很多相似的地方。现代化的巨变削弱了政治权威的传统源泉，也削弱了传统的政治体制；这些变化使建立新的政治联系的基础问题，以及创造新的既具合法性又具高效能的政治体制问题都大大复杂化了。德托克维尔评论说：“在制约人类社会的种种法则中，似乎只有一种法则比其他一切法则更精确和一目了然。如果人想保持其为文明人，或成为文明人，就必须随着人们条件平等的增长同步提高和改进共处一体的艺术。”③

虽然我国具有悠久的官员制度传统和丰富的官员制度实践经验，但同时，我国目前许多官员制度已被实践证明是缺乏工作效率的。从一些调查报告来看，有些单位缺乏效率的关键仍然是体制问题，是组织机构的设置不合理（如机构重叠、多头领导）妨碍了其达到正常的工作效率；另外一些单位在机构形式方面尚无大问题，但组织内部人际关系不正常，结果是压制了

① 《列宁全集》第2卷，人民出版社1956年版，第222页。

② 施雪华：《政治现代化比较研究》，武汉大学出版社2006年版，第551页。

③ ［美］亚历克西斯·德托克维尔：《美国的民主》，诺夫出版社1955年版，第2118页。

人才和下属的工作积极性；历次官员制度变迁的巨大阻力和无效性等。这正是传统性与现代性激烈冲突的具体表现。官员制度变迁绝不是一个短时期内现代性绝对地排除和取代传统性的过程。西方发达国家官员制度成功转型与我国政府公务员制度改革的经验与教训已充分证明：官员制度的有效变迁必须是一个长期的渐进式进程，传统性不是被简单地排除和取代，而是有选择性地吸收和进行创造性的转换，在传统性与现代性冲突的过程中，实现传统性与现代性的交融。针对我国官员制度转型的问题，以本书的研究结论为依据提出了找准改革突破口、建立补偿机制、强化长效监督、培育社会资本、注重非正式制度的补充和传统性与现代性的交融六个对策。所以，只要我们坚定建立现代官员制度信心，善于平衡、精于操作，我国一定能有效地实现官员制度变迁，官僚化趋势一定能够被遏制，必定能够建立一支廉洁高效的官员队伍。

参考文献

一　中文文献

（一）马列经典著作

1.《马克思恩格斯全集》，人民出版社2007年版。

2.《马克思恩格斯选集》第1—4卷，人民出版社1995年版。

3.《列宁全集》，人民出版社1992年版。

4.《列宁选集》第1—4卷，人民出版社1995年版。

5.《毛泽东选集》第1—4卷，人民出版社1991年版。

6.《毛泽东文集》第1—8卷，人民出版社1999年版。

7.《毛泽东书信选集》，人民出版社1983年版。

8.《邓小平文选》第1—3卷，人民出版社1994年版。

9.《江泽民文选》第1—3卷，人民出版社2006年版。

10.《江泽民论有中国特色社会主义》，中央文献出版社2002年版。

（二）中文著作

1.《独立宣言》、《权利法案》、《美利坚合众国宪法》，载朱红编译《美国人怎样管理国家》，北岳文艺出版社2005年版。

2. 阎青义：《世界各国公务员法手册》，吉林大学出版社1988年版。

3. 孔昌生：《外国公务员法选编》，中国政法大学出版社2003年版。

4. ［美］詹姆斯·Q. 威尔逊：《美国官僚政治：政府机构的行为及其动因》，中国社会科学出版社1995年版。

5. ［美］乔尔·阿伯巴奇等：《两种人：官僚与政客》，求实出版社1990年版。

6. ［美］威廉姆·A. 尼斯坎南：《官僚制与公共经济学》，中国青年出版社2004年版。

7. ［美］埃兹昂尼·哈利维著：《官僚政治与民主》，吴友明译，桂冠图书股份有限公司1998年版。

8. ［美］彼德·布劳、马歇尔·梅耶：《现代社会中的科层制》，学林出版社2001年版。

9. ［美］安东尼·唐斯：《官僚制内幕》，中国人民大学出版社2006年版。

10. ［美］B. 盖伊·彼得斯：《官僚政治》，中国人民大学出版社2006年版。

11. ［美］詹姆斯·Q. 威尔逊：《官僚机

构：政府机构的作为及其原因》，三联书店 2006 年版。

12．［美］托马斯·戴伊等：《民主的嘲讽》，世界知识出版社 1991 年版。

13. ［美］麦克尔·巴泽雷：《突破官僚制：政府管理的新愿景》，中国人民大学出版社 2002 年版。

14. ［美］戴维·奥斯本、彼得·普拉斯特里克：《摈弃官僚制：政府再造的五项战略》，中国人民大学出版社 2002 年版。

15. ［美］博森、矢泽修次郎：《官僚制统治》，吴春波编译，民族出版社 1988 年版。

16. ［英］马丁·阿尔布罗：《官僚制》，阎步克译，知识出版社 1990 年版。

17. ［英］戴维·毕瑟姆：《官僚制》，韩志明、张毅译，吉林人民出版社 2005 年版。

18. ［英］帕特里克·敦利威：《民主、官僚制与公共选择：政治科学中的经济学阐释》，中国青年出版社 2004 年版。

19. 石庆环：《20 世纪美国文官制度与官僚政治》，东北师范大学出版社 2003 年版。

20. 吴志华：《美国公务员制度的改革与转型》，上海交通大学出版社 2006 年版。

21. 杨柏华：《美国公务人员的考绩制度》，世界知识出版社 1989 年版。

22. ［美］F. J. 古德诺：《政治与行政》，王元译，华夏出版社 1987 年版。

23. ［美］查尔斯·比尔德：《美国宪法的经济观》，何希奇译，商务印书馆 1983 年版。

24. ［法］托克维尔：《论美国的民主》，商务印书馆 1988 年版。

25. ［美］汉密尔顿、杰伊、麦迪逊：《联邦党人文集》，程逢如等译，商务印书馆 1989 年版。

26. ［美］梅里亚姆：《美国政治思想（1865—1917）》，朱曾汉译，商务印书馆 1984 年版。

27. ［美］伍德罗·威尔逊：《国会政体：美国政治研究》，熊希龄、吕德本译，商务印书馆 1986 年版。

28. ［美］罗杰·希尔斯曼：《美国是如何治理的》，商务印书馆 1986 年版。

29. ［德］马克斯·韦伯：《经济与社会》（上），商务印书馆 1997 年版。

30. ［德］马克斯·韦伯：《经济与社会》（下），商务印书馆 1997 年版。

31. ［美］珍妮特·V. 登哈特、罗伯特·B. 登哈特：《新公共服务：服务，而不是掌舵》，中国人民大学出版社 2004 年版。

32. ［美］盖伊·彼得斯：《政府未来的治理模式》，中国人民大学出版社 2001 年版。

33. ［法］阿兰·佩雷菲特：《官僚主义的弊害》，商务印书馆 1981 年版。

34. ［日］佐藤庆幸：《官僚制社会》，生活·读书·新知三联书店 2007 年版。

35. ［美］理查德·霍夫施塔特：《美国政治传统及其缔造者》，商务印书馆 1994 年版。

36. 黄小勇：《现代化进程中的官僚制：韦伯官僚制理论研究》，黑龙江人民出版社 2003 年版。

37. 池忠军：《官僚制的伦理困境及其重构》，知识产权出版社 2004 年版。

38. 沈宗灵：《美国政治制度》，商务印书馆 1980 年版。
39. 李道揆：《美国政府和美国政治》，商务印书馆 1999 年版。
40. 张友伦、李剑鸣：《美国历史上的社会运动和政府改革》，天津教育出版社 1992 年版。
41. 陈其人、王邦佐、谭君久：《美国两党制剖析》，商务印书馆 1984 年版。
42. 黄贤全、王孝询著：《美国政治与政府调控——美国历史述评》，中国社会科学出版社 2008 年版。
43. 林达：《历史深处的忧虑：近距离看美国之一》，生活・读书・新知三联书店 1997 年版。
44. 林达：《总统是靠不住的——近距离看美国之二》，生活・读书・新知三联书店 1998 年版。
45. 李同泽：《透视美国》，首都经济贸易大学出版社 2000 年版。
46. 庄锡昌：《二十世纪的美国文化》，浙江人民出版社 1996 年版。
47. 杨生茂、陆镜生：《美国史新编》，中国人民大学出版社 1990 年版。
48. 张友伦、林静芬、白凤兰：《美国工业革命》，天津人民出版社 1981 年版。
49. 丁则民等：《美国通史——美国内战与镀金时代：1861—19 世纪末》，人民出版社 2002 年版。
50. 余志森等：《美国通史——崛起和扩张的年代：1898—1929》，人民出版社 2002 年版。
51. 杨生茂、冯承柏、李元良：《美西战争资料选辑》，上海人民出版社 1981 年版。
52. 张金鹏：《英美现代化研究》，云南大学出版社 1995 年版。
53. 李庆余、周桂银：《美国现代化道路》，人民出版社 1994 年版。
54. 中国美国史研究学会：《美国现代化历史经验》，东方出版社 1994 年版。
55. 洪朝辉：《社会经济变迁的主题——美国现代化进程新论》，杭州大学出版社 1994 年版。
56. 李道揆：《官僚体制的改革理论比较》，中信出版社 2003 年版。
57. 王亚南：《中国官僚政治研究》，中国社会科学出版社 1981 年版。
58. 李和中：《比较公务员制度》，中共中央党校出版社 2003 年版。
59. 杨百揆、陈子明等：《西方文官系统》，四川人民出版社 1985 年版。
60. 龚祥瑞：《文官制度》，人民出版社 1985 年版。
61. 龚祥瑞：《美国行政机构与文官制度》，人民出版社 1983 年版。
62. ［美］C. E. 布莱克：《现代化的动力—— 一个比较史的研究》，浙江人民出版社 1989 年版。
63. ［美］塞缪尔・亨廷顿：《第三波——20 世纪后期民主化浪潮》，上海三联书店 1998 年版。
64. ［美］亨廷顿、纳尔：《难以抉择：发展中国家的政治参与》，华夏出版社 1989 年版。
65. ［美］塞缪尔・P. 亨廷顿：《变化社会中的政治秩序》，王冠华等译，生活・读书・新知三联书店 1989 年版。
66. ［美］塞缪尔・亨廷顿等：《现代化理论与历史经验的再探》，上海译文出版社 1993 年版。

67. ［美］R. 科斯、A. 阿尔钦、D. 诺斯等：《财产权利与制度变迁——产权学派与新制度学派译文集》，胡庄君、陈剑波等译，三联书店、上海人民出版社 1994 年版。

68. ［美］康芒斯：《制度经济学》（上卷），商务印书馆 1962 年版。

69. ［美］道格拉斯·C. 诺斯：《制度、制度变迁与经济绩效》，上海三联书店 1994 年版。

70. ［美］道格拉斯·诺思：《经济史中的结构与变迁》，上海三联书店、上海人民出版社 1994 年版。

71. ［古希腊］柏拉图：《理想国》，商务印书馆 1986 年版。

72. ［古希腊］亚里士多德：《亚里士多德选集·政治学卷》，中国人民大学出版社 1999 年版。

73. ［英］密尔：《代议制政府》，商务印书馆 1982 年版。

74. ［英］霍布斯：《利维坦》，商务印书馆 1985 年版。

75. ［英］洛克：《政府论》（上、下），陕西人民出版社 2004 年版。

76. ［英］密尔：《论自由》，商务印书馆 1959 年版。

77. ［英］戴维·赫尔德：《民主的模式》，中央编译出版社 1998 年版。

78. ［英］简·莱恩：《新公共管理》，中国青年出版社 2004 年版。

79. ［美］劳伦斯·C. 迈耶、约翰·H. 伯内特等：《比较政治学：变化世界中的国家和理论》，华夏出版社 2001 年版。

80. ［美］加布里埃尔·A. 阿尔蒙德、G. 宾厄姆·鲍威尔：《比较政治学：体系、过程和政策》，上海译文出版社 1987 年版。

81. ［美］哈罗德·D. 拉斯韦尔：《政治学：谁得到什么？何时和怎么得到？》，商务印书馆 1992 年版。

82. ［美］托克维尔：《民主的政治科学》，上海三联书店 2006 年版。

83. ［美］阿尔蒙德、小鲍威尔：《当代比较政治学》，商务印书馆 1993 年版。

84. ［美］戴维·奥斯本、特德·盖布勒著，周敦仁等译：《改革政府——企业精神如何改革着公营部门》，上海译文出版社 1996 年版。

85. ［美］雅米尔·吉瑞赛特：《公共组织管理：理论和实践的演进》，上海译文出版社 2003 年版。

86. ［美］查尔斯·J. 福克斯、休·T. 米勒：《后现代公共行政》，中国人民大学出版社 2001 年版。

87. ［美］简·芳汀：《构建虚拟政府》，中国人民大学出版社 2001 年版。

88. ［美］罗伯特·达尔：《论民主》，商务印书馆 1999 年版。

89. ［美］萨托利：《民主新论》，东方出版社 1993 年版。

90. ［意］托马斯·阿奎那：《阿奎那政治著作选》，马清槐译，商务印书馆 1963 年版。

91. ［英］阿克顿：《自由与权力》，侯建、范亚峰译，商务印书馆 2001 年版。

92. ［美］埃尔斯特、［挪］斯莱格斯塔德：《宪政与民主：理性与社会变迁研究》，潘勤、谢鹏程译，生活·读书·新知三联书店 1997 年版。

93. ［英］厄奈斯特·巴克：《英国政治思想：从赫伯特·斯宾到现代》，黄维新、胡待岗译，商务印书馆 1987 年版。
94. ［美］萨拜因：《政治学说史》（上、下），商务印书馆 1986 年版。
95. ［美］霍华德·威亚尔达：《民主与民主化比较研究》，北京大学出版社 2004 年版。
96. ［美］格林斯坦、波尔斯比：《政治学手册精选》（上、下卷），商务印书馆 1996 年版。
97. ［英］杰里米·边沁：《政府片论》，沈叔平译，商务印书馆 1995 年版。
98. ［奥地利］卡尔·波普：《开放社会及其敌人》，杜汝辑，戴雅民译，山西高校联合出版社 1992 年版。
99. ［英］埃德蒙·伯克：《自由与传统》，蒋庆等译，商务印书馆 2001 年版。
100. ［古希腊］柏拉图：《法律篇》，张智仁、何勤华译，上海人民出版社 2001 年版。
101. ［英］詹姆斯·布赖斯：《现代民治政体》，张慰慈等译，吉林人民出版社 2001 年版。
102. ［美］罗伯特·达尔：《论民主》，林猛、李柏光译，商务印书馆 1999 年版。
103. ［美］罗伯特·达尔：《多头政治》，谭君久译，商务印书馆 2003 年版。
104. ［德］恩格斯：《家庭、私有制和国家的起源》，《马克思恩格斯选集》第四卷，人民出版社 1995 年版。
105. ［法］B. 贡斯当：《古代人的自由与现代人的自由》，阎克文等译，商务印书馆 1999 年版。
106. ［德］黑格尔：《法哲学原理》，商务印书馆 1961 年版。
107. ［德］罗伯特·米歇尔斯：《寡头统治铁律——现代民主制度中的政党社会学》，天津人民出版社 2003 年版。
108. ［法］孟德斯鸠：《论法的精神》，陕西人民出版社 2001 年版。
109. ［法］让·雅克·卢梭：《社会契约论》，陕西人民出版社 2004 年版。
110. ［法］托克维尔：《旧制度与大革命》，商务印书馆 1992 年版。
111. ［日］猪口孝：《国家与社会》，经济日报出版社 1989 年版。
112. ［意］马基雅维利：《君主论》，陕西人民出版社 2001 年版。
113. ［美］奥尔森：《集体行动的逻辑》，上海人民出版社 1995 年版。
114. ［美］彼得斯：《政府未来的治理模式》，中国人民大学出版社 2001 年版。
115. ［美］爱德华·S. 考文：《美国宪法的高级法背景》，生活·读书·新知三联书店 1996 年版。
116. ［美］简·E. 莱恩：《新公共管理》，中国青年出版社 2004 年版。
117. ［美］哈耶克：《自由秩序原理》，邓正来译，三联书店 1997 年版。
118. ［美］哈耶克：《通往奴役之路》，王明毅等译，中国社会科学出版社 1997 年版。
119. ［美］哈耶克等：《宪政主义与现代国家》，王众编译，三联书店 2003 年版。
120. ［美］哈耶克：《致命的自负》，冯克利等译，中国社会科学出版社2000年版。

121. ［法］让·雅克·卢梭：《社会契约论》，何兆武译，商务印书馆1980年版。

122. ［法］让·雅克·卢梭：《论人类不平等的起源和基础》，李常山译，商务印书馆1962年版。

123. ［美］约翰·罗尔斯：《正义论》，何怀宏等译，中国社会科学出版社1988年版。

124. ［意］尼科洛·马基雅维利：《君王论》，湖南人民出版社2002年版。

125. ［美］约翰·罗尔斯：《正义论》，何怀宏等译，中国社会科学出版社1988年版。

126. ［法］孟德斯鸠：《论法的精神》（上、下卷），张雁深译，商务印书馆1995年版。

127. ［英］詹姆斯·斯图亚特·密尔：《代议政府》，汪暄译，商务印书馆1982年版。

128. ［日］上野贞吉：《欧美政体通览》，中译本，商务印书馆1902年版。

129. ［英］昆廷·斯金纳：《近代政治思想的基础》（上、下卷），奚瑞森、亚方译，商务印书馆2002年版。

130. 阎平：《中国古代官吏制度沿革》，中国城市出版社1992年版。

131. 楼劲、刘光华：《中国古代文官制度》，甘肃人民出版社1993年版。

132. 曾小华：《中国古代任官资格制度与官僚政治》，杭州大学出版社1997年版。

133. 张晋藩：《中国古代政治制度》，北京师范学院出版社1988年版。

134. 卜宪群：《秦汉官僚制度》，社会科学文献出版社2002年版。

135. 郑海峰：《中国古代官制研究》，天津人民出版社2007年版。

136. 刘永佶：《中国官文化批判》，中国经济出版社2000年版。

137. 施雪华：《政治现代化比较研究》，武汉大学出版社2006年版。

138. 施雪华：《政府权能理论》，浙江人民出版社1998年版。

139. 虞崇胜：《政治文明论》，武汉大学出版社2006年版。

140. 金耀基：《从传统到现代》，广州文化出版社1989年版。

141. 丰子义：《现代化的理论基础——马克思现代社会发展理论研究》，北京大学出版社1995年版。

142. 程恩富、胡乐明：《新制度经济学》，经济日报出版社2005年版。

143. 陈郁：《所有权、控制权与激励——代理经济学文选》，三联书店1998年版。

144. 林毅夫：《关于制度变迁的经济学理论：诱致性变迁与强制性变迁》，载《财产权利与制度变迁》，三联书店1994年版。

145. 林毅夫：《一个制度变迁的经济学理论：诱致性和强制性变迁》，载科斯、阿尔钦、诺斯等《财产权利与制度变迁》，三联书店1994年版。

146. 刘智峰：《第七次革命：1998年政府机构改革备忘录》，经济日报出版社1998年版。

147. 刘智峰：《第七次革命：1998—2003中国政府机构改革问题报告》，中国社会科学出版社2003年版。

148. 卢现祥：《西方新制度经济学》，中国发展出版社 2004 年版。
149. 姚洋：《政治过程与有效制度变迁，制度经济学》，经济科学出版社 2003 年版。
150. 姚洋：《制度与效率——与诺斯对话》，四川人民出版社 2002 年版。
151. 姚洋：《政治过程与有效制度变迁》，载《制度经济学》，经济科学出版社 2003 年版。
152. 俞可平：《治理与善治》，社会科学文献出版社 2000 年版。
153. 俞可平：《民主与陀螺》，北京大学出版社 2006 年版。
154. 俞可平：《政治与政治学》，社会科学文献出版社 2005 年版。
155. 戚少烨：《官僚主义种种》，上海人民出版社 1988 年版。
156. 胡绍元：《政治制度比较分析》，四川大学出版社 2006 年版。
157. 刘军宁：《民主与民主化》，商务印书馆 1999 年版。
158. 陈振明、陈炳辉：《政治学：概念、理论和方法》，中国社会科学出版社 1999 年版。
159. 陈炳辉：《西方马克思主义的国家理论》，中央编译出版社 2004 年版。
160. 徐湘林等：《民主、政治秩序与社会变革》，中信出版社 2003 年版。
161. 徐东礼、纪政文：《民主论》，山东人民出版社 2003 年版。
162. 张康之：《公共管理伦理学》，中国人民大学出版社 2003 年版。
163. 徐大同：《西方政治思想史》，天津教育出版社 2005 年版。
164. 彭家和：《国外公共行政理论精选》，中共中央党校出版社 1997 年版。
165. 韩水法：《韦伯文集》，中国广播电视出版社 1999 年版。
166. 国家行政学院国际合作交流部编译：《西方国家行政改革述评》，国家行政学院出版社 1998 年版。
167. 谭安奎：《政治的回归：政治中立性及其限度》，中央编译出版社 2007 年版。
168. 樊纲：《论改革的过程》，《中国的过渡经济学》，上海三联书店 1994 年版。
169. 刘军宁：《共和·民主·宪政》，上海三联书店 1998 年版。
170. 林尚立：《当代中国政治形态研究》，天津人民出版社 2000 年版。
171. 任晓：《中国行政改革》，浙江人民出版社 1998 年版。
172. 宋林飞：《西方社会学理论》，南京大学出版社 1997 年版。
173. 星星：《改革政府》，经济管理出版社 1998 年版。
174. 许崇德：《宪法学》，法律出版社 1998 年版。
175. 郁建兴：《自由主义批判与自由理论的重建》，学林出版社 2000 年版。
176. 余潇枫：《比较行政体制》，浙江大学出版社 1999 年版。
177. 元青：《杜威与中国》，人民出版社 2001 年版。
178. 张曼丽：《从全能型政府到效能型政府》，吉林人民出版社 2000 年版。
179. 石庆环：《行政集权：现代美国官僚政治研究》（博士学位论文），朱寰教授指导，东北师范大学，2004 年。
180. 张剑玉：《官僚制与现代民主政治》

（博士学位论文），陈炳辉教授指导，厦门大学，2007年。

181. 邹珊珊：《超越与限制——西方官僚制理论的三个视角》（博士学位论文），竺乾威教授指导，复旦大学，2004年。

182. 李德全：《科层层制及其官僚化过程研究》（博士学位论文），马庆国教授指导，浙江大学，2004年。

183. 王晓峰：《美国政府经济职能及其变化研究》（博士学位论文），王胜今教授指导，吉林大学，2006年。

184. 锁利铭：《基于制度变迁的政府转型动力与实施机制研究》（博士学位论文），贾永志教授指导，西南交通大学，2007年。

185. 杨代福：《美国文官制度变迁的历史分析》（硕士学位论文），李和中教授指导，武汉大学，2004年。

（三）中文文章

1. 孙彩红：《美国追求责任政府的实践举措与启示》，《中国行政管理》2007年第6期。

2. 石庆环：《20世纪美国文官制度的历史回顾》，《美国研究》2001年第2期。

3. 石庆环：《论美国文官群体的历史演变》，《史学月刊》2007年第7期。

4. 石庆环：《论美国文官制度的三项基本原则——从1883年“彭德尔顿法”谈起》，《东北师范大学学报》2003年第3期。

5. 石庆环：《文官势力的崛起与美国政治结构的潜在危机》，《东北师范大学学报》1997年第6期。

6. 石庆环：《职业保障体系与美国文官的社会地位》，《辽宁大学学报》2007年第2期。

7. 瞿张婷：《从“分赃制”到“考绩制”——透视美国文官制度改革》，《中国监察》2003年第22期。

8. 杨曙光：《从政道德立法：美国治腐的杀手锏》，《中国改革》2007年第6期。

9. 傅兴国：《当代国外公务员制度改革的趋势》，《中国人才》2005年第21期。

10. 毛寿龙：《国家公务员制度与有效政府》，《民主与科学》2003年第6期。

11. 邱永丰：《论美国现代文官制度的形成》，《山东行政学院山东省经济管理干部学院学报》2004年第3期。

12. 党秀云：《美国的高级文官制度》，《北京行政学院学报》2003年第4期。

13. 吴志华：《美国的公务员制度改革及其启示》，《公共管理学报》2005年第4期。

14. 唐晓阳：《美国公务员制度改革的新动向》，《国外社会科学》1995年第8期。

15. 张宇燕、富景筠：《美国历史上的腐败与反腐败》，《书摘》2006年第1期。

16. 张淑华：《美国社会转型时期的文官制度改革——从政党“分赃制”到“功绩制”》，《常德师范学院学报》2000年第5期。

17. 李朋：《美国文官“政治中立”问题的历史考察》，《求是学刊》2004年第1期。

18. 黄贤全：《美国文官改革运动》，《山东师范大学学报》1992年第5期。

19. 庞廉：《美国政府高层公务员选拔管

理机制考察》，《广东行政学院学报》2002 年第 5 期。

20. 张强、韩莹莹：《美国政府绩效评估的基本途径》，《中国行政管理》2005 年第 12 期。

21. 隆廷辉、毛光文：《与美国公务员制度比较下的科举制度的启示》，《湖北行政学院学报》2007 年第 3 期。

22. 王玉萍：《试论 20 世纪 70 年代美国文官制度的改革及其影响》，《河南师范大学学报》2003 年第 2 期。

23. 刘建芳：《试论美国文官制度的形成、演变及其影响》，《青海师范大学学报》1997 年第 4 期。

24. 傅译苇：《英美文官制度比较研究》，《法制与社会》2007 年第 4 期。

25. 杨波：《西方国家公务员制度改革与核心价值的冲突》，《中国行政管理》2001 年第 9 期。

26. 王强：《从西方两类公务员的区分及其角色的演变看政治与行政的关系》，《南京大学学报》1994 年第 2 期。

27. 王强：《政治与行政西方国家的实践历程》，《南京社会科学》2001 年第 11 期。

28. 陈振明：《走向一种新公共管理的实践模式：当代西方政府改革趋势透视》，《厦门大学学报》2000 年第 2 期。

29. 黄新华：《新公共管理：面对市场失灵与政府失灵的新选择》，《理论与现代化》2001 年第 5 期。

30. 原光、王艺：《中国未来行政发展模式的选择——新公共管理还是现代官僚制》，《山东科技大学学报》2003 年第 1 期。

31. 黄洋：《古代与现代的民主政治》，《史林》2007 年第 3 期。

32. 陈炳辉：《民主与多数的专制——解读托克维尔的民主理论》，《厦门大学学报》2004 年第 2 期。

33. 杨君佐：《共和与民主宪政》，《法律科学》2000 年第 2 期。

34. 王强：《略论发展中国家政府的官僚制化》，《南京社会科学》1998 年第 5 期。

35. 孙远东、周宝砚、曾艳：《略论中国理性官僚制化的困境》，《云南行政学院学报》1999 年第 1 期。

36. 陈炳辉：《波普民主理论剖析》，《厦门大学学报》1999 年第 3 期。

37. 张定淮、涂春光：《重申官僚理性》，《中国行政管理》2004 年第 3 期。

38. 陈炳辉：《20 世纪西方民主理论的演化》，《厦门大学学报》1999 年第 3 期。

39. 陈千全：《理性官僚制：危机、突破与回归》，《广东行政学院学报》2002 年第 2 期。

40. 朱国云：《韦伯官僚组织结构理论的新演变》（下），《国外社会科学》1995 年。

41. 张成福：《公共行政的管理主义：反思与批判》，《中国人民大学学报》2001 年第 1 期。

42. 燕继荣：《两种民主观和民主观念的现代性变革》，《学习与探索》2002 年第 2 期。

43. 张红艳：《转型期我国公共行政范式选择——官僚制的建构与超越》，《甘肃行政学院学报》2003 年第 1 期。

44. 魏娜：《官僚制的精神与转型时期我

国组织模式的塑造》，《中国人民大学学报》2002 年第 1 期。
45. 刘大中、高艳：《官僚主义的治理：韦伯官僚制理论的启示》，《行政与法》2004 年第 5 期。
46. 王文章：《理性官僚制的困境与创新》，《华侨大学学报》1999 年第 2 期。
47. 吴镇聪：《“中国官僚制”若干问题研究综述》，《甘肃行政学院学报》2005 年第 2 期。
48. 徐国庆：《中国行政发展中的官僚制：强化与改造并重》，《成都行政学院学报》2001 年第 4 期。
49. 张康之：《论官僚制的实践困境》，《云南行政学院学报》2001 年第 6 期。
50. 张康之：《超越官僚制》，《求索》2001 年第 3 期。
51. 张康之：《韦伯对官僚制的理论确认》，《教学与研究》2001 年第 6 期。
52. 张康之：《“官僚制”的文化省察》，《东疆学刊》2002 年第 3 期。
53. 张康之：《公共行政：超越工具理性》，《浙江社会科学》2002 年第 4 期。
54. 龚咏梅：《韦伯的理想与现实》，《社会科学战线》2001 年第 2 期。
55. 刘力：《官僚制的潮汐与我国行政组织体制的理性构建》，《同济大学学报》2002 年第 8 期。
56. 谭和义：《官僚制理论与我国行政改革取向》，《湖北行政学院学报》2002 年第 5 期。
57. 陈振明：《评西方的“新公共管理”范式》，《中国社会科学》2000 年第 6 期。
58. 武树帜：《我国历代行政制度和官僚简介》，《中国行政管理》1985 年第 2 期。
59. 蔡德林：《以新制度经济学的角度看政府改革》，《公共行政》2006 年第 6 期。
60. 迟福林：《以政府转型为重点的结构性改革》，《江苏社会科学》2004 年第 6 期。
61. 吴传义：《服务政府：民主政府的职能回归》，《湖南科技大学学报》2005 年第 3 期。
62. 马海韵、杨钰：《对官僚制批判的再批判》，《南京工业大学学报》2005 年第 4 期。
63. 陈晓律：《从古典民主到大众民主》，《南京大学学报》（哲学·人文科学·社会科学）2004 年第 2 期。
64. 张旺：《民主政治中的多数统治与少数人的权利》，《理论学刊》2005 年第 1 期。
65. 杨家卿：《形式主义、官僚主义的治理对策》，《体制改革》（报刊复印资料）2004 年第 4 期。
66. 石亚军、李飞：《借鉴“企业家政府”，反思后官僚体制》，《中国行政管理》2004 年第 9 期。
67. 魏姝：《后官僚制下的政府人事管理》，《中国行政管理》2002 年第 5 期。
68. 马骏：《官僚制组织、交易费用和区别性组合：新思路》，《中山大学学报》2004 年第 2 期。
69. 袁瑞军：《官僚自主性及其矫治》，《人大复印资料》2000 年第 2 期。
70. 王敬尧、贾鹏举：《西方官僚体系的权力扩张与民主政治的矛盾》,《社会主义研究》1999 年第 11 期。
71. 刘中兰、师智峰:《对韦伯理性官僚制的再审视》,《武汉理工大学学报》2006 年第 2 期。
72. 张定淮、黄国平:《西方理性官僚制与我国公共行政的发展取向》,《深圳大学学报》2005 年第 3 期。
73. 肖俊:《渐进的制度文明:英国文官制度的历史与贡献》,《中国行政管理》2005 年第 1 期。
74. 田常华:《19 世纪中叶英国文官制度改革剖析》,《淮阴师专学报》1996 年第 4 期。
75. 宋衍涛:《政治民主与政治参与的互动关系研究》,《晋阳学刊》2007 年第 2 期。
76. 刘杰:《"以人为本" 与中国民主政治的发展方向》,《毛泽东邓小平理论研究》2004 年第 5 期。
77. 王强:《全球行政改革浪潮与中国行政现代化——从官僚制的角度思考》,《江苏社会科学》2000 年第 2 期。
78. 赵波:《马克思主义关于社会主义国家的干部理论》,《山东大学学报》(哲学社会科学版)1990 年第 3 期。
79. 叶长茂:《市民社会:民主政治发展的基础和动力》,《甘肃社会科学》2003 年第 2 期。
80. 李海青:《现代语境中的"直接民主与间接民主"》,《理论导刊》2007 年第 5 期。

二 外文文献

1. Al Gore, *From Red Tape to Results, Creating a Government That Works Better and Costs Less*, Washington, D. C.: Government Printing Office, 1933.
2. *American State Paper*, Miscellaneous, I, Washington, D. C.: Congressional Information Serviee, Inc., 1971.
3. B. Guy Peters, *The Future of Governing: Four Emerging Model*, Kansas: Britain, 2000.
4. Richard Christopherson, *Regulating Political Activities of Public Employees*, *Chicago: Civil Service Assembly*, 1954; John R. Bolton: *The Hatch Act: A Civil Libertarian Defense*, Washington: American Enterprise Institute for Public Policy Research, 1976.
5. *Commission on Political Activity of Government Personnal: Findings and Recommendation*, Washington, D. C.: U. S., Government Printing Office, 1967.
6. C. P. Bhambhri, *Bureaucracy and Politics in India*, Delhi: Vikas Publications, 1971.
7. Carl J. Friderich et al., *Problems of the American Public Service*, New York: Mc-Graw-Hill Book Company, Inc., 1935.
8. Carl R. Fish, *The Civil Service and the Patronage*, New York: Longmans, Green and Co., 1905.
9. Case H. Manley, "The Pendleton Act of 1883 to the Civil Service Reform Act of 1978", *Harvard Law Journal*, No. 2, 1978, p. 29.
10. Charles R. Lingley, *Since The Civil War*, New York: The Century Co., 1924.
11. Charles Sellers, *The Market Revolution: Jacsonian America, 1815 – 1864*, New York: Oxford University Press, 1991.

12. David A. Schultz, et al., *The Politics of Civil Service Reform*, New York: Peter Lang Publishing, INC., 1998.

13. David H. Rosenbloom, *Centenary Issues of the Pendleton Act of 1883: The Problematic Legacy of Civil Service Reform*, New York: Marcel Dekker, INC., 1982.

14. Dennis C. Mueller, *Public Choice* Ⅲ, Cambridge, U. K.; New York: Cambridge University Press, 2003.

15. Dennis C. Mueller, *The Public Choice Approach to Politics*, Aldershot, Hants, England: E. Elgar, 1993.

16. Dennis F. Thompson, "Burearcracy and Democracy", In Graeme Duncan, et al., *Democratic Theory and Practice*, Cambridge: Cambridge University Press, 1983.

17. Jay M. Shafritz, Albert C. Hyde, *Classics of Public Administration*, Beijng, Press of Renmin University of China, 2004.

18. Keith M. Henderson and O. P. Dwivedi, *Bureaucracy and the alternatives in World Perspective*, New York: St. Martin's Press, 1999.

19. Martin Minogue, Charles Polidano, David Hulme, *Beyond the New Public Management: changing ideas and practices in governance*, Cheltenham, UK; E. Elgar, 1998.

20. Ewan Febrile, *The New Public Management in Action*, New York: Oxford University Press, 1996.

21. Frances Cahn, "Federal Employees in War and Peace", *The American Political Science Review*, Vol. 43, No. 5, 1949.

22. Frank Goodnow, *Politics and Administration*, New York: Macmillan Co., 1900.

23. Frederick C. Mosher, *The Federal Government Service*, New Jersey: Prentice-Hall Inc., 1965.

24. Frederieke C. Mosher, *Democracy and the Public Service*, New York: Oxford University Press, 1982.

25. Gordon Tullock, *The Politics of Bureaucracy*, Public Affains Press, D. C., 1965.

26. Grief, A., "Microtheory and Recent Development in the Study of Economic Institution Through Economic History", in *Advances in Economic Theory*, David M., Kreps and Kenneth Wallis ads., Cambridge: Cambridge University Press, 1997.

27. Hayek, F. A. Law, Legislation and Liberty, *The Mirage of Social Justice*, Vol. 11, London: Routredge & Kegan Paul, 1976.

28. James D. Richard, et al., Messages and Papers of the Presidents, *Bureau of National Literature and Art*, Vol. 11, 1903.

29. Jan-Erik Lane, *New Public Management*, New York: Routledge, 2000.

30. Kenneth Boulding, *The Organizational Revolution*, New York: Harper & Row, 1953.

31. Leonard D. White, *The Jaeksonians*, New York: Macmillan, 1954.

32. Liebowits, S. J. and Margolis, S. E., "Path Dependence, Lock-in, and History", *Jorunal of Law, Economics and Organization*, Vol. 11, 1995.

33. Lloyd W. Warner, et al., *The American Federal Executive: A Study of the Social and Personal Characteristics of the Civilian and Military Leaders of Federal Government*, New Haven: Yale University Press, 1963.

34. Lynne G. Zucker, "Organizations as Institutions." *Research in Sociology of Organizations* 2, 1983.

35. Mantzavionos, C., North, Douglass C. and Shariq, Syed, "Learning, Institutions and Economic Performance", *Perspectives on Politics*, Vol. 2, No. 1,2004.

36. Mark Granovetter, "Samall is Beartiful: Labor Markets and Establishment Size", *American Sociological Review 49*1984.

37. Max Weber, *The Theory of Social and Economic Organization*, Trans. by A. M. Henderson and Talcott Parsons, New York: The Free Press, 1964.

38. Max Weber, *Economy and Society*, University of California Press, 1978.

39. North, D. C., and Thomas, R. P., *The Rise of the Westem World: A New Economic History*, Cambridge University Press.

40. Ojvind Larsen, *Administration, Ethics and Democracy*, Aldershot: Ashgate, 2000.

41. D. Corpuz, *The Bureaucracy in the Philippines*, Institute of Public Administration, 1957.

42. Pau P. Van Riper, *History of the United States Civil Service*, Evanston, Illinois: Row, Peterson and Co., 1958.

43. Reinhard Bendix, *Work and Authority in Industry Berkeley*, Calif.: University of California Press, 1956.

44. Reinhard Bendix, *Higher Civil Service in American Society: A Study of the Social Origins, the Career and the Power-Position of Higher Federal Administratwrs*, Boulder, 1949.

45. Robert La Polomnara, *Burearcracy and Political Development*, *Princeton*, N. J.: Princeton University Press, 1960.

46. Robert Maranto, *Poltlics and Bureaucracy in the Modern Presidency: Careerists and Appointees in the Regan Administration*, Conneeticut: Greenwood Press, 1993.

47. Robert T. Golembiewski, "Specialists and Generalists? Structure as a Crucial Factor", *Public Administration Review*, 25 June 1965.

48. Samuel Krislov, *Representative Bureaucracy*, Englewood Cliffs, NJ: Prentice-Hall, 1974.

49. Samuelson, P. A., "The Pure Theory of Public Expenditure", *Review of Economics and Statisties*, Vol. 36, 1954.

50. Sidney H. Aronson, *Status and Kinship in the Higher Civil Service*, Cambridge: Harvard University Press, 1964.

51. Terry, Ott & Goodman, "Government Reform or Alternatives to Bureaucracy?" *Academy of Management Review*, Jul. 76, Vol. 1, Issue 3.

52. U. S. Congress House, *43rd Congress, 1st Section, Exec. Doc.* 221, April 15, 1874, Washington, D. C.: Government Printing Office, 1874.

53. U. S. Bureau of the Census, *Federal, State and Local Governments*, Government Division: Greated September 26, 2001, Revised March 18, 2002.

54. U. S. Bureau of the Census, *Historical Statistics of the United States*, Washington, D. C.: U. S., Government Printing Office, 1975.

55. Van Riper, Paul P., *History of the United States Civil Service*, Evanston Ill.: Row, Peterson & Co., 1958.

56. Van Riper, Paul P., *Taproots of American Public Personnel Administration*, Personnes Administration, 1962.

57. Vicky Randall and Robin Theobald, *Political Channge and Underdevelopment; A Critical Introduction to Third World Politica*, Macmissan, 1985.

58. Warwick, Donald P., *A Theory of Public Bureaucracy: Politics, Personality, and Organization in the State Department*, Cambridge: Harvard University Press, 1975.

59. Weber, Max., *Bureaucracies and Bureaucratic Organization*, In David A. Schultz, et al., *The Politics of Civil Service Reform*, New York: Peter Lang Publishing, INC., 1998.

60. William A. Niskanen, Jr., *Bureaucracy and Public Economics*, Aldershot, Hants, England; Brookfield, Vt., USA: E. Elgar, 1994.

61. Woodrow Wilson, "The Study of Administration", In Arthur Link, et al., *The Papers of Woodrow*, Vol. 5, Princeton: Princeton University Press, 1968.